La larga noche hondureña rompe el silencio ensordecedor
que sobrevino a la reciente intervención de Estados Unidos
en Honduras. De manera gráfica documenta su terrible legado.
Cuando muestra cómo Estados Unidos interfirió en la elección
para la presidencia de Honduras, también deja al descubierto
la hipocresía de nuestra indignación ante la injerencia extranjera
en nuestra política.

STEPHEN KINZER,
escritor galardonado y corresponsal extranjero

Si tiene algún interés en Honduras, la política exterior de EUA,
Centroamérica, conocer por qué tanto centroamericano migra
al Norte… o en una lectura de gran calidad, potente e informativa,
seleccione el libro de Dana Frank, *La larga noche hondureña*.
De fácil lectura, no solo cuenta la historia de otro Estado fallido
y de las fuerzas que se oponen al establecimiento de democracias
reales en Centroamérica, sino que también inspira con historias
de gente común —en Estados Unidos y Honduras— que hacen frente
a la adversidad para impulsar cambios, a menudo poniendo
en riesgo su vida.

MARÍA MARTIN,
periodista independiente

Felicito y agradezco a la doctora Dana Frank, una estadounidense
a quien le preocupa Honduras, por entregarnos este libro
y documentar el papel de Estados Unidos en la larga noche de terror
que hemos vivido en Honduras a raíz del golpe de 2009.
Su contribución a la memoria histórica se erige como nuestro testigo.

BERTHA OLIVA,
coordinadora general, COFADEH

LA LARGA NOCHE HONDUREÑA

LA LARGA NOCHE HONDUREÑA

VIOLENCIA, RESISTENCIA, Y ESTADOS UNIDOS TRAS EL GOLPE DE ESTADO

DANA FRANK

Haymarket Books
Chicago, IL

Primera edición en español fue publicado en 2022 por Editorial Guaymuras, Tegucigalpa, Honduras. Traducción por Janeth Blanco con la colaboración de Diego Sancho.

Este edición publicado en 2024 por
Haymarket Books
P.O. Box 180165
Chicago, IL 60618
773-583-7884
www.haymarketbooks.org
info@haymarketbooks.org

ISBN: 979-8-88890-276-4

Distribuido en el mercado de EE.UU. a través de Consortium Book Sales and Distribution (www.cbsd.com) y de forma internacional mediante Ingram Publisher Services International (www.ingramcontent.com).

Este libro fue publicado gracias al generoso respaldo de Lannan Foundation, de Wallace Action Fund, y de la Marguerite Casey Foundation.

Existen descuentos especiales disponibles para compras al por mayor por parte de organizaciones e instituciones. Por favor, mande su información a la siguiente dirección de correo electrónico: info@haymarketbooks.org

Diseño de la portada por Jamie Kerry.
Foto de la portada de militares y policías hondureños con fuerzas de seguridad privadas occupando el pueblo de Guadalupe Carney, Colón, 15 de diciembre, 2010. © Dana Frank.

Los datos de catalogación y publicación de la Biblioteca del Congreso se encuentran disponibles.

A Stephen Coats y German Zepeda,
mis estrellas polares.
Uno en el Norte, uno en el Sur.
Uno en el cielo, en paz,
Uno en la Tierra, en la lucha.

Índice

Preámbulo

El 28 de noviembre de 2021, cuando la edición en español de este libro ya estaba en proceso, la elección de la presidenta Xiomara Castro dio inicio a un nuevo capítulo para el pueblo hondureño. Resguardada por las bases, la democracia recuperó terreno y, con ella, después de casi trece años de régimen posgolpe, también la esperanza. Castro, la primera mujer en la Presidencia de Honduras, simboliza el poder de las valientes mujeres de la Resistencia. Es un gran momento en la historia del país.

Pero, desde luego, su capacidad de cumplir el mandato de justicia social para el cual fue electa dependerá de la amplia e inestable coalición que la postuló, que está plagada de contradicciones internas y, por tanto, de posibles traiciones. Las amenazas nacionales que ella enfrenta son colosales: Policía, ejército, maras, narcotraficantes, élites enquistadas.

Después de doce años de apoyo al régimen golpista, la Administración Biden reconoció la elección de Castro. ¿Por qué? Primero, porque hubiera sido difícil maquinar la victoria amañada del candidato del Partido Nacional, Nasry Asfura, especialmente ante una mayor y vigorosa presión del Congreso de EUA. Segundo, porque EUA necesita la base aérea Soto Cano, y aliados que apoyen la aceleración de la guerra fría contra China. Además, los demócratas necesitan un Gobierno que detenga la emigración, para que los republicanos no la usen como arma en su contra en las elecciones de 2022 y 2024.

Ahora podremos observar cómo EUA se esfuerza por controlar a Castro mediante una creciente intervención de la USAID en la sociedad civil y en los medios de comunicación hondureños; y, especialmente, mediante una agenda «anticorrupción» que amoldará a favor de sus intereses —todo para garantizar mayor presencia de las corporaciones transnacionales de EUA, y exprimir aún más al pueblo hondureño.

Por otra parte, el fantasma de Juan Orlando Hernández comienza a deambular. ¿Qué hará la Administración Biden con el juicio mediático en Nueva York, donde saldrán a la luz pública los pecados de las administraciones de EUA por el apoyo que, durante ocho años, le brindaron a JOH y a sus fuerzas de seguridad?

Introducción a la edición
en español

Para los lectores resultará evidente que escribí *La larga noche hondureña* pensando en el público estadounidense. Quería llegar a activistas, periodistas, políticos, académicos y otras personas de interés, con la esperanza de contribuir a un mayor conocimiento de los desafíos que enfrenta el pueblo hondureño después del golpe de Estado de 2009 y, específicamente, con la esperanza de que el libro contribuyera a modificar la política de Estados Unidos hacia Honduras.

Los objetivos, a la vez, definieron la forma del libro. En la historia general, entremezclé historias cortas sobre mis experiencias personales para ofrecer al lector, por un lado, pausas narrativas que alivien la densidad del contenido principal; y, por otro, para ilustrar de manera diferente los puntos de análisis. También es parte del concepto del libro exponer, desde el inicio, mi falta de experiencia como activista política en temas de política exterior, con el fin de guiar a los lectores a través de mi aprendizaje gradual y, así, mostrar que ellos también podrían lograr cambios. Finalmente, incluí numerosas notas al pie de página para que se tenga la opción de consultar las fuentes de mi investigación y utilizarlas según convenga. Desafortunadamente, las fuentes aquí presentadas, seleccionadas originalmente para lectores en inglés, incluyen pocas fuentes en español.

Este libro es también un ejercicio de transparencia, aunque, lamentablemente, parcial. Las secciones sobre Washington, D. C. fueron escritas, primero, para hacer más visible el de por sí opaco trabajo en el Congreso; y, segundo, para que los futuros activistas que viajen a Washington encuentren algunas lecciones aprendidas sobre cómo ser efectivos. Soy consciente de que con ello se visibilizan las acciones para una diversidad de actores que se oponen a nuestros objetivos, pero mis colegas y yo tomamos una decisión colectiva y consciente de correr el riesgo.

Mi trabajo de incidencia en Washington ha tenido siempre dos objetivos: contribuir al cambio de la política de Estados Unidos hacia Honduras, y ayudar a proteger la vida de los hondureños de los sectores de base, difundiendo los ataques en su contra haciendo eco a sus denuncias, e inducir la presión del Congreso al Departamento de Estado con respecto a luchas específicas.

Como lo muestra el libro, mi papel en esta historia ha sido una combinación de periodista, académica, defensora y amiga. He hecho lo posible por ser útil y responsable ante el pueblo hondureño. Pero, como lo mencioné en la introducción original, no soy hondureña. Como mujer blanca de clase media y con pasaporte estadounidense, mis percepciones son diferentes; y hay un sin fin de cosas que no puedo experimentar o entender y que han incidido en el desarrollo de este trabajo. Estoy profundamente agradecida, como siempre, por el privilegio de hacer trabajo de solidaridad junto al pueblo hondureño.

Por último, quiero expresar mi sincero reconocimiento a quienes hicieron posible esta edición en español. Además de todas las personas a las que agradecí en la edición en inglés, muchas gracias a Jane Weed, Don Lane, Phil McManus y Alexander Gaugine, de la Fundación Appleton, quienes generosamente y con comprometido entusiasmo hicieron posible la traducción y publicación del libro en español, en medio de los desafíos que ha planteado la pandemia de covid-19. Ha sido gratificante haber trabajado con Janeth Blanco quien, una vez más, me ha brindado la satisfacción de traducir profesionalmente otro libro de mi autoría. Trabajar con Isolda Arita, directora de Editorial Guaymuras, ha sido un gusto, un honor y una experiencia de aprendizaje. Es un orgullo y una gran alegría que Editorial Guaymuras haga posible que más hondureños tengan la oportunidad de leer esta contribución a su historia y a nuestra historia compartida.

Santa Cruz, California, enero de 2022

CAPÍTULO UNO

En la lucha: resistencia y represión

Curvas de aprendizaje

El domingo 28 de junio de 2009, a las 5:30 a. m., recibí una llamada telefónica para informarme que el ejército hondureño había sitiado la casa del presidente Manuel Zelaya, y que, en piyama y a punta de pistola, lo había fletado vía aérea hacia Costa Rica.

Traté de llamar a mis amistades en Honduras, pero sus teléfonos no funcionaban. La radio alternativa del país, cuya transmisión llegaba normalmente a través de mi computadora, estaba en silencio. Pasé todo el día en un creciente estado de pánico e impotencia, viendo el desarrollo del golpe por la televisión de habla hispana. Finalmente, entrada la noche, logré contactar a Stephen Coats, director de US Labor Education in the Americas Project (USLEAP, Proyecto de Solidaridad Laboral en las Américas), con sede en Chicago. Él fue quien nueve años atrás me reclutó para trabajar en Honduras; fue mi gran mentor en el trabajo de solidaridad con los sindicatos bananeros. Poseía décadas de experiencia trabajando en derechos humanos y en el mundo de la política en Washington, D.C.

«¡Dígame qué hacer!», demandé. Me hizo dos o tres preguntas directas, luego agregó: «¿Cuál es su plan estratégico?». «Detener el golpe», dije con voz entrecortada.

A decir verdad, no tenía idea de qué hacer. No tenía un plan estratégico. En las semanas, meses y años siguientes, me levantaba cada mañana, lloraba bajo la ducha, me preparaba para recibir correos electrónicos o llamadas que podrían comunicar el asesinato de un amigo, y me preguntaba: ¿qué fuerzas tengo para detener esto? Lo mismo se preguntó el pueblo hondureño que, en los días, meses y años siguientes ante un terror sin precedente, se levantaría en una resistencia impresionante, creativa y valiente ante el golpe.

Ninguno de nosotros pensó que un golpe de Estado sería posible. El presidente Zelaya, miembro de la élite hondureña, provenía de uno de los dos partidos conservadores tradicionales que han gobernado el país por décadas a favor de una docena de familias oligárquicas, que han controlado la mayor parte de la economía hondureña, junto con corporaciones de los Estados Unidos y otras transnacionales.

Electo en 2006, Zelaya empezó a asumir posiciones más progresistas alrededor de 2007, influenciado por los gobiernos de izquierda y centro izquierda electos democráticamente, que llegaron al poder durante la década de 1990 y principios de 2000 en Argentina, Bolivia, Brasil, Ecuador, El Salvador, Venezuela, Uruguay y otros países. Hizo posible el ingreso de Honduras a Petrocaribe y al ALBA (Alianza Bolivariana para los Pueblos de Nuestra América), bloques económicos regionales independientes del control de Estados Unidos de América (EUA). Promulgó el decreto que aumentó en un 50% el salario mínimo, abrió la puerta al restablecimiento de los derechos a la tierra de los pequeños agricultores y, aun más importante, detuvo múltiples asaltos de las élites en su afán de privatizar entidades públicas: puertos, el sistema educativo, el sistema de energía eléctrica y cualquier otro bien del que se pudieran apropiar[1].

---

1   Para información en inglés sobre el golpe de Estado, ver los artículos de Greg Grandin en *The Nation,* «Democracy Derailed in Honduras», 30 de junio 2009; «Waiting for Zelaya», 3 de agosto 2009; «Battle for Honduras —and the Region», 12 de agosto 2009; «Honduran Coup Regime in Crisis», 26 de octubre 2009; «Honduras: Solution or Stall?», 31 de octubre 2009. También Grandin, «Manuel Zelaya's Nighttime Return to Honduras», *Huffington Post,* s.f. (septiembre 2009), en www.huffingtonpost.com/greg-grandin/manuel-zelayas-nightime-r_b_294194.

Enfrentando una gran oposición, perdiendo control, en abril de 2009 Zelaya convocó legalmente a los ciudadanos a participar en una consulta no vinculante, conocida como la Cuarta Urna, que tendría lugar el 28 de junio. A los votantes se les preguntaría si estaban de acuerdo en que, en las próximas elecciones generales de noviembre, se instalara una cuarta urna para decidir sobre la convocatoria a una Asamblea Nacional Constituyente, que podría tener lugar en 2010 o 2011. Zelaya trataba de recrear las recientes asambleas constituyentes en Ecuador, Bolivia y Venezuela, que habían aprobado nuevas constituciones para ampliar los derechos democráticos y el poder de los pueblos indígenas, mujeres, pequeños agricultores y demás grupos excluidos. Activistas de base por la justicia social en Honduras, especialmente los que pertenecían al Bloque Popular, una coalición de acción directa que planteó la demanda inicialmente, retomaron la propuesta de la Cuarta Urna y comenzaron a formar extensas redes para promover el voto a su favor, como una forma de iniciar un diálogo más amplio sobre reformas fundamentales[2].

Las élites hondureñas aprovecharon la propuesta de la Cuarta Urna para denunciar, sin evidencia alguna, que Zelaya estaba montando una asamblea constituyente para eliminar la prohibición constitucional sobre la reelección presidencial y obtener un segundo mandato. Sin embargo, cuando tales cambios tuvieran lugar, Zelaya ya no estaría en el cargo —además, él nunca mencionó la reelección como una razón para la asamblea propuesta.

---

html. Para un resumen véase también Tyler A. Shipley, *Ottawa and Empire: Canada and the Military Coup in Honduras* (Toronto: Between the Lines, 2017), 35-47. Para una documentación detallada, Comisión de la Verdad y Reconciliación (CRV), *Para que los hechos no se repitan: Informe de la Comisión de la Verdad y la Reconciliación*, tomos I y II (San José, Costa Rica: Editorama, 2011). Para un excelente resumen del período previo al golpe, Zelaya y la política de los Estados Unidos antes y después del golpe, ver: René de la Pedraja, «Honduras: The Coup of June 2009», en de la Pedraja, *The United States and the Armed Forces of Mexico, Central America, and the Caribbean*, 2000-2014 (Jefferson, NC: McFarland, 2014), 144-65.

2   Ibíd.

En la víspera de la consulta del 28 de junio, a medida que aumentaban las tensiones, El ejército se negó a distribuir las papeletas de votación a pesar de que, según la Constitución, tenía la obligación de hacerlo cuando el presidente así lo ordenara. Zelaya había dado la orden. Para entonces, la Corte Suprema de Justicia y la mayoría del Congreso Nacional siguieron la línea de respaldar la destitución armada de Zelaya. Roberto Micheletti, el presidente del Congreso y compañero de partido de Zelaya, anunció que a partir de ese momento él era el presidente, y todos los poderes del Estado hondureño hicieron frente común contra Zelaya y contra la gran mayoría del pueblo hondureño[3].

Ese primer domingo estuve, en general, paralizada. El lunes por fin logré contactar a mis dos amigos más cercanos en Honduras: Iris Munguía, secretaria de las Mujeres de la COSIBAH (Coordinadora de Sindicatos Bananeros y Agroindustriales de Honduras), y German Zepeda, el presidente de la organización. Iris contó que venían conduciendo desde Nicaragua rumbo a San Pedro Sula en la Costa Norte, cuando el golpe estalló, y que se habían quedado atrapados en Tegucigalpa, la capital, a cinco horas de casa. Dijo que no había puestos de control militar en las carreteras, pero solo porque la policía y el ejército estaban ocupados tomándose edificios gubernamentales a lo largo del país.

En la mañana del miércoles, la realidad del golpe se hacía evidente. Los tanques deambulaban por las calles. La señal de CNN fue bloqueada. Aviones militares retumbaban en los cielos. El servicio telefónico dejó de funcionar. El ejército cercó, invadió y cerró Radio Progreso, una emisora de oposición en la Costa Norte, propiedad de los jesuitas, y tomó el control de los transmisores de Cholusat SUR, una estación de televisión independiente ubicada en la capital, silenciándola durante los siguientes ocho días[4].

---

3   Elisabeth Malkin, «Honduran President Ousted in Coup», *The New York Times*, 28 de junio 2009.

4   Comisión Interamericana de Derechos Humanos (CIDH): *Honduras: derechos humanos y el golpe de Estado* (Washington: Organización de los Estados Americanos, 30 de diciembre 2009), 114, www.cidh.org. Este informe de la CIDH proporciona un análisis exhaustivo de las violaciones a los derechos humanos en los primeros

Pero, para sorpresa de todos, un enorme movimiento de resistencia cobró vida, aparentemente de la nada. Ese primer domingo por la mañana, la gente empezó a llenar espontáneamente las calles cercanas a la Casa Presidencial para respaldar a Zelaya. Días después un amigo me contaba que él había llegado ahí temprano, tan pronto corrió la noticia del golpe, y que solo había unas pocas personas más. Y pensó: «estamos condenados». Pero en un par de horas, decenas de miles de personas habían llegado —luego los militares y policías las atacarían con gases lacrimógenos y toletes.

El lunes, martes y miércoles estallaron en todo el país manifestaciones contra el golpe y en apoyo al orden constitucional. En respuesta, el gobierno de facto de Micheletti declaró Estado de sitio: impuso un toque de queda a partir de las 6:00 p. m. y desató una represión feroz. El martes por la mañana, cuando los manifestantes bloquearon el puente de La Democracia sobre el río Ulúa en El Progreso, para exigir la restauración del orden constitucional, la policía y los militares los atacaron brutalmente: a diez de ellos los llevaron al hospital y a cuarenta los arrestaron. Los retenes aparecieron por todas partes. El Gobierno cortó la electricidad en los barrios donde las protestas eran particularmente fuertes. En Olancho, lugar de procedencia de Zelaya, los militares, según reportes, comenzaron a irrumpir en las casas, capturando a los jóvenes y obligando a otros a huir a las montañas[5].

El jueves 2 de julio, cientos de miles marcharon en Tegucigalpa y San Pedro Sula, la segunda ciudad más grande del país. A las 3:05 p. m.

---

seis meses posteriores al golpe. Otra fuente acerca de los abusos generalizados es Human Rights Watch, *After the Coup: Ongoing Violence, Intimidation, and Impunity in Honduras,* 10 de diciembre 2009, www.hrw.org/sites/default/files/reports/honduras1210webwcover_0.pdf. Para una documentación completa, Comisión de Verdad, Reporte final: *La voz más autorizada es la de las Víctimas,* abril 2013, ccrjustice.org/sites/default/files/attach/2015/01/TrueCommission_Report_English_04_13.pdf

5 COSIBAH, «Informamos a nuestros Compañeros de Lucha, a la comunidad en general y a las Organizaciones Cooperantes», 30 de junio 2009, correo electrónico de COSIBAH a la autora, 30 de junio 2009; Rights Action, «Honduran Military Regime Disappearing Youth in Olancho», 30 de junio 2009, hablahonduras.com/articles/3569-honduran-military-regime-disappearing-youth-in-olancho

llamé a German para saber cómo estaba la marcha en San Pedro Sula. Me dijo que la policía acababa de sacar a Iris de la marcha, que la habían arrojado a la parte trasera de un camión militar sobre unas quince personas más, y que estaba detenida. Esa siguiente hora, en pánico, llamé a cuanta persona recordaba del mundo laboral y de ONG. Pero no se me ocurría a quién más llamar: ¿contacto a Human Rights Watch? ¿Amnistía Internacional? No sabía nada de ellos. Una hora después, recibí una llamada informándome que la habían liberado después de que un grupo de defensores de derechos humanos locales llegó al centro de detención. Iris estaba bien, pero yo no quiero nunca más vivir una hora como esa, imaginando lo que la policía y los militares le podrían estar haciendo, o pensando si aún estaría con vida. Esa tarde y sus posibles horrores me acompañaron por años.

Esa primera semana, no era obvio que el golpe de Estado se mantendría. Sabíamos que en Bolivia, el año anterior, detuvieron un intento de golpe y que, en 2002, se revirtió un golpe en Venezuela dos días después del suceso. Podíamos sentir la sorprendente fuerza de la resistencia hondureña. Sabíamos que la Organización de los Estados Americanos y docenas de países a lo largo de Latinoamérica y el mundo habían condenado el golpe con firmeza y demandaban la inmediata restitución de Zelaya[6].

Pero la Administración Obama se mostraba vacilante. El día del golpe, Obama simplemente expresó sus deseos de que los hondureños «respeten las normas democráticas, el Estado de derecho y los principios de la Carta Democrática Interamericana»; y que resuelvan sus diferencias «pacíficamente a través de diálogo, libre de cualquier interferencia externa»[7]. Hacia el lunes, Obama tuvo la voluntad de referirse al evento

---

6   Ginger Thompson y Marc Lacey, «O.A.S. Votes to Suspend Honduras Over Coup», *The New York Times*, 4 de julio 2009.

7   «Statement from the President on the Situation in Honduras», 28 de junio 2009, Office of the Press Secretary, The White House, obamawhitehouse.archives.gov/the-press-office/statement-president-situation-honduras

como un golpe de Estado, pero a mitad de la semana el Departamento de Estado tomó distancia de la exigencia del retorno inmediato de Zelaya[8].

Una semana después del golpe, el domingo 5 de julio, el depuesto presidente Zelaya intentó regresar a Honduras en un vuelo chárter, acompañado de sus principales ministros y del presidente de la Asamblea General de las Naciones Unidas, Miguel D'Escoto. Los presidentes de Argentina, Ecuador y Paraguay, junto con el Secretario General de la OEA, acompañaban en otro avión. Después de dos horas, el avión de Zelaya por fin atravesó el espacio aéreo hondureño. El avión sobrevoló un par de veces sobre el aeropuerto Toncontín en Tegucigalpa e intentó aterrizar. Pero justo cuando lo intentaba por segunda ocasión, irrumpieron dos grandes camiones del ejército hondureño, usados para el transporte de tropas, y bloquearon la pista de lado a lado. El avión de Zelaya finalmente se elevó y partió derrotado[9]. Pude ver en directo, por la televisión venezolana, a los militares y policías abalanzarse sobre doscientos manifestantes que habían alcanzado llegar a la última cerca que limita con la pista. Francotiradores en el techo del aeropuerto disparaban contra los manifestantes, mientras las tropas los forzaban a retroceder, empujándolos contra cientos de miles de manifestantes que se

---

8   Para un resumen detallado y un análisis de la política de los Estados Unidos en los seis meses que le siguieron al golpe, ver Alexander Main, «'A New Chapter of Engagement': Obama and the Honduran Coup», *NACLA: Report on the Americas* 43, No. 1 (Enero/Febrero 2010): 15-37, y Rosemary A. Joyce, «Legitimating the Illegitimate: The Honduran Show Elections and the Challenge Ahead», *NACLA: Report on the Americas* 43, No. 2 (Marzo/Abril 2010). También artículos de ese momento por Mark Weisbrot; por ejemplo, «Does the US Back the Honduran Coup?» *The Guardian*, 1 de julio 2009; «US leaves Honduras to its fate», *The Guardian*, 8 de julio 2009. Para otra versión resumida, similar a la del Departamento de Estado, ver United States Department of the Treasury, «Review of U.S. Response to the Honduran Political Crisis of 2009», 20 de octubre 2011, www. gao.gov/products/GAO-12-9R and www.gao.gov/assets/590/585824.pdf. Nótese la referencia del título a la «crisis política» de 2009. Los partidarios del golpe, en ese momento y desde entonces, se refieren a una «crisis constitucional» o «crisis política»; se niegan a llamarlo golpe de Estado.

9   «Honduran Leaders Shut Main Airport», *The Guardian*, 6 de julio 2009; «Zelaya's Plane Not Allowed to Land in Honduras», *Washington Post World Service*, 6 de julio 2009.

lanzaron a las calles alrededor del aeropuerto para recibir a Zelaya. Más tarde, aparecieron fotografías de manifestantes cargando el cuerpo de Isis Obed Murillo, de 19 años, quien recibió un disparo y fue asesinado por uno de los francotiradores. La sangre que derramaba de su cabeza caía al suelo[10].

Para ese entonces la oposición se había consolidado en el Frente Nacional de Resistencia Popular (FNRP), conocido popularmente como la Resistencia o el Frente, una coalición amplia de movimientos: sindical, campesino, indígena, afrohondureños y de mujeres; católicos progresistas; miembros de la clase media e incluso miembros de la elite pertenecientes al Partido Liberal; personas del espectro político que estaban comprometidas con el orden constitucional, y sorprendentemente, en medio de una feroz cultura homofóbica, el movimiento LGBTI. La columna vertebral era el Bloque Popular, una coalición organizada mucho antes del golpe para oponerse a las privatizaciones, detener el Tratado de Libre Comercio entre Centroamérica, República Dominicana y Estados Unidos (CAFTA, por sus siglas en inglés) y plantear demandas colectivas al Estado. De repente, mis conocidos, al unirse a la Resistencia, sonaban como si estuvieran en Francia durante la Segunda Guerra Mundial, y sindicalistas marxistas de la vieja guardia de los años sesenta hablaban de sus compañeros en el «movimiento gay»[11].

---

10 Comité de Familiares Detenidos Desaparecidos de Honduras (COFADEH), *Informe Preliminar, Violaciones a Derechos Humanos en el Marco del Golpe de Estado en Honduras* (Tegucigalpa: 15 de julio, 2009), 13-14, dataspace.princeton.edu/jspui/handle/88435/dsp01z029p477v; «Un hondureño muerto durante el frustrado regreso de Zelaya», *El País*, 6 de julio 2009.

11 Suyapa G. Portillo Villeda, «The Coup that Awoke a People's Resistance»; Dana Frank, «Out of the Past, a New Honduran Culture of Resistance»; Eugenio Sosa, *La protesta social en Honduras: Del ajuste al golpe de Estado* (Tegucigalpa: Federación Luterana Mundial/Editorial Guaymuras, 2010). Sobre las profundas raíces y la evolución de las culturas de resistencia en Honduras, incluso en comunidades indígenas, antes y después del golpe, ver: James J Phillips, *Honduras in Dangerous Times: Resistance and Resilience* (Lanham, MD: Lexington Books, 2015). Para un análisis continuo, incisivo y reflexivo del golpe y la resistencia, leer los artículos mensuales de Ismael Moreno, SJ, en *Envío* (Nicaragua), disponibles en línea en español e inglés, e.g. «More from the Honduras Diary: From Jubiliation to Repression», No. 339 (octubre 2009).

El Frente, a su vez, se cimentó sobre una coalición que había surgido un año antes en solidaridad con una huelga de hambre de treinta y ocho días que llevaron a cabo siete fiscales que protestaban contra la corrupción en el Poder Judicial. El pueblo indígena lenca, los jesuitas y otros aliados se unieron gradualmente al campamento que tenían los fiscales en los bajos del Congreso Nacional en Tegucigalpa. Las alianzas forjadas durante esa campaña, incluida la nueva Coordinadora Nacional de Resistencia Popular (CNRP), subyacen tras la alianza progresista mucho más amplia que lideró la resistencia frente al golpe[12].

Ese verano y otoño de 2009, mientras el golpe desgarraba a Honduras y yo trataba de averiguar qué hacer al respecto, me convertí en una maniática tratando de explicar mi nueva vida a los demás. Era como si una enorme pared se levantara entre mis conocidos en Santa Cruz y yo. Me provocaba gritar: «¿Acaso no entienden? ¡Hubo un golpe de Estado! ¡Están matando gente!». No podía entender cómo a nadie parecía importarle. Mientras los días se convertían en semanas, tuve que procesar el hecho de que a la mayoría de las personas con las que hablaba nunca les iba a importar, estaban ocupadas con sus propios problemas, sus propias causas. Tenía que respetar eso. Después de unas cuantas semanas, cuando la gente preguntaba qué era lo que estaba haciendo, simplemente respondía: «Tengo una nueva vida como luchadora por la libertad hondureña», aludiendo en broma a la referencia que el presidente Ronald Reagan hizo en 1983 sobre las fuerzas de la Contra, financiadas por Estados Unidos, a las que se refirió como «Nicaraguan Freedom Fighters» («luchadores por la libertad»)[13].

Mientras el régimen golpista se mantenía durante los últimos meses de 2009, el FNRP organizaba protestas masivas que eran brutalmente atacadas. La policía y el ejército se abalanzaban sobre los manifestantes blandiendo toletes con puntas de metal, que repente en la entrepierna de

12 Ismael Moreno, SJ, «Lo que vi, sentí y descubrí en tres semanas de huelga de hambre», Revista *Envío*, año 27, No. 318 (Julio, 2008).

13 Steven R. Weisman, «President Calls Nicaraguan Rebels Freedom Fighters», *The New York Times*, 5 de mayo 1983.

las mujeres manifestantes. A corta distancia, desataban densas nubes de gas lacrimógeno, del tipo que hace vomitar o llorar o sentir que no se puede respirar, o los tres efectos a la vez. German me decía en tono de broma que estaba aprendiendo a distinguir los sabores de las diferentes marcas de gas. A finales de septiembre, cuando Micheletti suspendió cuatro artículos de la Constitución —restringiendo la libertad de tránsito, prohibiendo las reuniones públicas no autorizadas por las fuerzas de seguridad y prohibiendo a los medios criticar al gobierno[14]— de tres mil quinientas a cuatro mil personas habían sido detenidas ilegalmente por manifestarse pacíficamente, según la Comisión Interamericana de Derechos Humanos[15].

El 14 de agosto la policía detuvo a Irma Melissa Villanueva, de 25 años de edad, en una manifestación en Choloma, cerca de San Pedro Sula, donde ella marchaba junto a amigos míos; la llevaron a un lugar apartado donde cuatro policías la violaron en grupo durante horas. «Hoy sí cabrona, ya vas a saber lo que va a suceder por andar en cosas que no te conviene», le dijeron. Tres días después, demostrando una valentía increíble, con su madre y esposo a la par, ella testificó en Radio Progreso sobre lo sucedido[16].

---

14 Decreto Ejecutivo Número PCM-016-2009, *La Gaceta*, República de Honduras, 26 de septiembre 2009.

15 Comisión Interamericana de Derechos Humanos, Observaciones preliminares de la visita a Honduras, 21 de agosto 2009. www.cidh.org/Comunicados/English/2009/6009eng.Preliminary.Observations.htm

16 «Translation of Irma Villanueva's Testimony by María Soledad Cervantes», *Quotha* (blog), 25 de agosto 2009, quotha.net/node/244; Comisión de Verdad, 139-43. «Auto de prisión dictan a vocero de la secretaría de Seguridad», *El Heraldo*, 7 de abril 2014; «Justicia piden en caso de represión en Choloma tras golpe de Estado», Radio Progreso y ERIC (blog), 13 de noviembre 2014; «Piden destituir a oficiales por agresión a manifestantes», *La Prensa*, 21 de agosto 2013; Israel Cruz, «Dictan sobreseimiento definitivio a oficiales acusados de salvaje represión en Choloma, Cortés», *Conexion*, 26 de agosto de 2013, honduprensa.wordpress.com/2013/08/26/dictan-sobreseimientodefinitivo-a-oficiales-acusados-de-salvaje-represion-en-choloma-cortes/; «Impunity for Police Abuse of Anti-Coup Demonstrators», *SOA Watch* (blog), s.f (agosto 2013), www.soaw.org/about-us/equipo-sur/263-stories-from-honduras/4136-august14impunity; «Sobreseimiento definitivo a favor de dos comisionados de la Policía Nacional», *Proceso Digital*, 26 de agosto de 2013.

El terror se intensificó: uno a uno los activistas desaparecían o eran asesinados. El 11 de julio, hombres armados irrumpieron en la casa de Roger Bados, presidente de un sindicato local y líder de la Resistencia en San Pedro Sula, y lo mataron a tiros. Esa misma noche en Santa Bárbara, en el occidente, varios hombres abordaron un autobús, bajaron a Ramón García, un activista de la oposición, y lo asesinaron[17]. Con todo, increíblemente, la Resistencia no recurría a la violencia, con la excepción de las pedradas dirigidas a las fuerzas de seguridad en algunas ocasiones, luego de que estas atacaran. En contraste con los años setenta y ochenta en Centroamérica, no hubo asesinatos de miembros de los cuerpos de seguridad, y nunca surgió una lucha armada, aun después de meses de represión.

A pesar de la evidente naturaleza criminal e ilegítima del régimen, la Administración Obama rápidamente empezó a tratar al presidente de facto, Micheletti, como un presidente electo democráticamente. El 7 de julio, diez días después del golpe, la secretaria de Estado Hillary Clinton anunció que Estados Unidos había persuadido a ambas partes para que aceptaran negociar en San José, Costa Rica, trasladando así de forma exitosa el control de la situación a terreno estadounidense. La OEA, por el contrario, no reconoció el régimen posgolpista y la gran mayoría de los gobiernos de los Estados miembros se mantuvieron firmes en que Zelaya debía recuperar sus plenos poderes de inmediato[18].

La Administración Obama revirtió su reconocimiento de Zelaya como el único presidente legítimo de Honduras. El 4 de agosto, un funcionario sénior estadounidense escribió a los republicanos en el Congreso: «Nuestra política y estrategia de compromiso no se basa en apoyar a

---

17 CIDH, Human Rights and the Coup D'Etat, 60-61; Misión Internacional de Observación sobre la Situación de DDHH, Informe Preliminar, 23 de julio 2009, www.alainet.org/es/autores/misi%C3%B3n-internacional-de-observaci%C3%B3n-sobre-la-situaci%C3%B3n-de-los-ddhh

18 William Finnegan, «An Old-Fashioned Coup», The New Yorker, 30 de noviembre 2009; Main, «'A New Chapter of Engagement'»; Ginger Thompson, «Honduras Conflict Talks Yield Little Movement», The New York Times, 10 de julio 2009; de la Pedraja, «Honduras: The Coup of June 2009».

ningún político o individuo en particular». Pero luego criticó a Zelaya por sus acciones, que «contribuyeron a la polarización de la sociedad hondureña y condujeron a una confrontación que desencadenó los eventos que propiciaron su destitución», una forma bastante enrevesada, gramaticalmente, de culpar a la víctima[19].

El Departamento de Estado finalmente suspendió algunas visas de importantes funcionarios golpistas y líderes empresariales asociados al golpe, también redujo una porción de la ayuda policial y militar[20]. Pero Estados Unidos nunca condenó los atroces y continuados abusos a los derechos humanos cometidos por el gobierno de facto. Obama y Clinton se negaron deliberadamente a usar la frase «golpe militar», que habría obligado legalmente a Estados Unidos a suspender de inmediato casi toda la ayuda externa a Honduras. La ley estadounidense establece claramente que el financiamiento a un gobierno extranjero debe suspenderse de inmediato en caso de un golpe de Estado con significativa participación militar[21].

Obama y Clinton decidieron hilar fino, y usar el término «golpe» pero no «golpe militar»[22]. Sin embargo, Hugo Llorens, el embajador de

---

19   David Luhnow y José de Córdoba, «US Decides Not to Impose Sanctions on Honduras», *Wall Street Journal*, 7 de agosto de 2009.
20   Main, «'A New Chapter of Engagement'...».
21   Omnibus Appropriations Act of 2009, Section 7008, Department of State, Foreign Operations and Related Programs Act, 2009, Div. H, Pub. L. No. 111-18. S, 11 de marzo de 2009: «None of the funds appropriated or otherwise made available pursuant to titles III through VI of this Act shall be obligated or expended to finance directly any assistance to the government of any country whose duly elected head of government is deposed by military coup or decree» (Ninguno de los fondos asignados o puestos a disposición de conformidad con los títulos III a VI de esta Ley serán destinados o gastados para financiar directamente cualquier asistencia al gobierno de cualquier país, cuyo jefe de gobierno debidamente elegido sea depuesto por golpe militar o decreto).
22   Para un análisis incisivo del error de la Administración Obama en no denominarlo golpe militar y actuar en consecuencia, véase al congresista Howard Berman (en aquel momento Chair of the Committee on Foreign Affairs of the United States House of Representatives/Presidente del Comité de Asuntos Exteriores de la Cámara de Representantes de Estados Unidos), en: «Honduras: Make It Official —Call It a Coup», *Los Angeles Times*, 3 de septiembre 2009. La exsecretaria de Estado Hillary Clinton, posteriormente, afirmaría en una entrevista del 9 de abril

---

Estados Unidos en Honduras, fue inequívoco en un cable enviado el 24 de julio a Clinton, titulado «Abierto y Cerrado: El caso del golpe de Estado hondureño»: «No hay duda de que el ejército, la Corte Suprema y el Congreso Nacional conspiraron el 28 de junio en lo que constituyó un acto ilegal y un golpe inconstitucional contra el Poder Ejecutivo»[23].

¿Por qué Obama y Clinton apoyaron el triunfo de un golpe de Estado militar en Honduras, retrocediendo la política estadounidense al siglo XX, cuando Estados Unidos, en la época de Reagan, armaba y festejaba dictaduras atroces? Durante la Administración Bush (2001-2009), la atención de la política exterior de EE. UU. se centró en gran medida en Medio Oriente y Asia. Las naciones latinoamericanas disfrutaron de una breve pausa para ejercer un grado relativamente mayor de soberanía —aunque Estados Unidos sí bendijo el breve y fallido intento de golpe en Venezuela en 2002—, para abrir procesos democráticos, instaurar políticas más progresistas y establecer una mayor independencia de los Estados Unidos. Florecieron alianzas regionales como el ALBA; el estatus de paria asignado a Cuba comenzó a ignorarse en la región y Estados Unidos perdió su dominio sobre la OEA. Pero cuando Obama asumió en enero de 2009, los ojos del imperio del Norte voltearon hacia el Sur y notaron que su poderío decaía. Vieron las restricciones que los nuevos gobiernos ponían a las políticas neoliberales diseñadas para servir a los intereses de las corporaciones transnacionales y élites locales[24].

Todavía no tenemos evidencia concreta de que Estados Unidos haya promovido el golpe o lo haya aprobado con antelación. Sí sabemos que

---

2016 con el consejo editorial del *New York Daily News* que nunca lo llamó golpe de Estado y que, en efecto, no lo fue. «Transcript, Hillary Clinton Meets with New York Daily News Editorial Board», 11 de abril 2016, www.nydailynews.com/opinion/transcript-hillary-clinton-meets-news-editorial-board-article-1.2596292. Para una discusión ampliada de sus afirmaciones, «'She's Baldly Lying': Dana Frank Responds to Hillary Clinton's Defense of Her Role in Honduras», *Democracy Now!*, 13 de abril 2016, www.democracynow.org/2016/4/13/shes_baldly_lying_dana_frank_responds

23 Cable, Hugo Llorens al Departamento de Estado, «Open and Shut: the Case of the Honduran Coup», 24 de julio 2009, wikileaks.org/plusd/cables/09TEGUCIGALPA645_a.html

24 Main, «'A New Chapter of Engagement'».

---

el avión en que el ejército hondureño sacó a Zelaya del país hizo una parada para abastecerse de combustible en la Base de la Fuerza Aérea Soto Cano, una base conjunta estadounidense-hondureña, y presumimos que eso no hubiera sucedido sin el permiso de Estados Unidos. Sabemos que cuatro de los seis generales que supervisaron el golpe fueron entrenados por EUA en la Escuela de las Américas/Instituto del Hemisferio Occidental para la Cooperación en Seguridad, en Fort Benning, Georgia, y que es poco probable que hayan perpetrado un golpe de Estado sin la aprobación de los Estados Unidos[25].

Un artículo de 2017 de Jake Johnston, en *The Intercept*, documentó que la noche anterior al golpe de Estado, altos funcionarios del ejército hondureño asistieron a una fiesta organizada por el Agregado de Defensa de la Embajada de Estados Unidos. A las nueve de la noche, Kenneth Rodríguez, el comandante de las fuerzas estadounidenses en Honduras, salió de la fiesta para reunirse con el general Romeo Vásquez Velásquez. Después regresó a la celebración[26]. La mañana siguiente, Vásquez dirigió el golpe.

Independientemente de lo que haya pasado antes del golpe, sabemos con claridad lo que la Administración Obama hizo posteriormente para garantizar la permanencia del régimen golpista. Tomando prestada una metáfora de la guerra de Vietnam, Honduras fue la primera pieza de dominó que Estados Unidos movió para contrarrestar los nuevos gobiernos en Latinoamérica. Zelaya era el más débil de los nuevos líderes de centro izquierda e izquierda; carecía de un partido independiente y una base popular. Fue la primera víctima idónea, en tanto el apoyo estadounidense al golpe advertía al resto de los gobiernos que podrían ser los siguientes.

---

25 «Four of Six Generals Tied to 2009 Coup Were Trained at the School of the Americas», SOA Watch (blog) 6 de septiembre 2012, www.soaw.org/category-table/3807-honduran-coup-generals; «Generals Who Led Honduras Military Coup Trained at the School of the Americas», *Democracy Now!* 1 de julio 2009, www.democracynow.org/2009/7/1/generals_who_led_honduras_military_coup.

26 Jake Johnston, «How Pentagon Officials May Have Encouraged a 2009 Coup in Honduras», *The Intercept*, 29 de agosto 2017, theintercept.com/2017/08/29/honduras-coup-us-defense-departmetnt-center-hemispheric-defense-studies-chds/

El apoyo de Estados Unidos al golpe nace de intereses geopolíticos para reafirmar su poder en el hemisferio. La base aérea Soto Cano es uno de los pocos lugares en América Latina donde Estados Unidos puede aterrizar sus grandes aviones, especialmente luego de que Ecuador desalojara a EUA de su base en 2007 (el presidente Rafael Correa bromeó: «Lo renovamos con una condición: que nos permita poner una base militar en Miami —una base ecuatoriana»[27]). Esas preocupaciones geopolíticas, a la vez, sirven a los intereses corporativos transnacionales para extraer la riqueza de Honduras y asegurar el control de la región de forma más amplia.

Antes del golpe, la economía hondureña presumía de grandes zonas francas de exportación, o maquiladoras, donde las corporaciones transnacionales producían prendas de vestir y partes electrónicas, en tanto que las compañías mineras, especialmente de Canadá, avanzaban en el rubro de los recursos minerales[28]. Las utilidades corporativas aumentaron con políticas económicas neoliberales, aplicadas por el Fondo Monetario Internacional (FMI) y el Banco Mundial (BM), que promovían la privatización de entidades estatales y la eliminación de servicios gubernamentales básicos.

Pese a mi férreo compromiso de bloquear el golpe, aún me sentía bastante confundida sobre lo que realmente debía hacer. Gran parte de mis actividades consistía en difundir información, facilitar contactos y tratar de descifrar qué estaba sucediendo en Honduras; al mismo tiempo, activaba las redes que conocía, conformadas principalmente por académicos y activistas sindicales. Después de que ayudé a difundir y publicitar una carta suscrita por ciento cincuenta profesores y expertos latinoamericanos pidiendo la intervención del Consejo de Seguridad de las Naciones Unidas en Honduras, se me ocurrió la idea de organizar algún tipo de delegación académica para Honduras —¿acaso no era eso

27 Phil Stewart, «Ecuador Wants Military Base in Miami», Reuters, 22 de octubre 2007, uk.reuters.com/article/ecuador-base/ecuador-wants-military-base-in-miami-idUKADD25267520071022

28 Sobre los intereses de los canadienses, especialmente las corporaciones mineras, véase Shipley, *Ottawa and Empire*.

lo que la gente hacía en esas circunstancias? Pero no tenía idea de cómo organizarla[29]. Me pesaba que mi querida Honduras estuviera convertida en uno de esos lugares que necesitaba la visita de delegaciones.

Me enfrenté a una constante contracorriente de implacable brutalidad y auténtico temor por mis seres queridos, sumado al conocimiento de que las cosas en Honduras se podían poner mucho, mucho peor. El 26 de septiembre, la BBC publicó una fotografía de un estadio en Tegucigalpa donde el ejército y la policía habían detenido a más de seiscientas personas, algunas durante cuatro días, y pensaba en Chile de 1973, cuando el gobierno de Augusto Pinochet, respaldado por Estados Unidos, detuvo a siete mil personas en el Estadio Nacional de Santiago, justo después del golpe de septiembre; muchas de ellas fueron torturadas o asesinadas[30].

Pero el contrapeso a la angustia y el horror fue la nueva solidaridad en la medida que estaba siendo parte de algo más grande. Las relaciones con viejos amigos y colegas en Honduras tomaron un nuevo y más profundo significado. En EUA ahora estaba trabajando con docenas de activistas —hondureños, estadounidenses, canadienses y salvadoreños, todos tratando de detener el golpe.

El punto más alto de mi curva de aprendizaje se dio con respecto a los medios de comunicación. Los periódicos hondureños, propiedad absoluta de las élites, estaban encantados con el golpe, excepto *Diario Tiempo*, que de alguna manera se contenía, y estaban repletos de historias fantásticas y alarmistas: ¡Zelaya es narcotraficante! ¡Los ejércitos de Venezuela y Nicaragua se juntan en la frontera hondureña, listos para invadir y recuperar el poder! Los periódicos daban gran espacio a minúsculas manifestaciones de apoyo a Micheletti, pero ignoraban

---

29 «Over 150 Scholars and Latin America Experts Call for UN Pressure on Honduran de facto Regime», Comunicado de prensa, 25 de septiembre 2009, reimpreso en *Quotha*, quotha.net/node/395

30 «Horrifying Image from Honduras», *Havana Times*, 27 de septiembre 2009, www.havanatimes.org/?p=14459; Inter-American Commission on Human Rights, *Honduras: Human Rights and the Coup D'Etat*, capítulo 3, No. 103; Ian Roxborough, Philip O'Brien, and Jackie Roddick, *Chile: The State and Revolution* (Londres: Macmillan, 1977), 239.

las protestas de la Resistencia donde participaban cientos de miles de personas. Para su eterna vergüenza, *La Prensa* incluso publicó una foto manipulada de los hombres en el aeropuerto cargando el cuerpo de Isis Obed, el joven asesinado por los francotiradores del Gobierno, en la que habían borrado la sangre que brotaba de su cabeza[31].

Al mismo tiempo, el régimen posgolpista seguía atacando los medios de comunicación de la oposición. El 16 de julio, veinte militares invadieron por segunda vez Radio Progreso, de los jesuitas, y ordenaron el cierre de su transmisión. El 28 de septiembre, actuando bajo la orden de un decreto ejecutivo, policías y militares ingresaron por la fuerza a las oficinas de tres estaciones de radio y al canal de televisión 36, confiscaron sus equipos y los trasladaron a una de las instalaciones del Ejército[32]. Los miembros de la Resistencia comenzaron a hablar de un cerco mediático, refiriéndose a la combinación de la burda represión a medios de comunicación opositores, con las mentiras y silencios de las televisoras, estaciones de radio y periódicos progolpistas.

En Estados Unidos me encontré de frente con nuestro propio cerco mediático. La brecha entre lo que sucedía en Honduras y lo que informaban los principales medios estadounidenses era impresionante. Con regularidad, reducían a quienes se oponían al golpe de Estado a simples «partidarios de Zelaya», a pesar de que al menos la mitad de esos manifestantes se había opuesto a la gestión del gobierno de Zelaya; sin embargo, la mayoría salió a las calles a defender no a Zelaya en sí, sino el Estado de derecho, por el que se ha luchado arduamente tanto en Honduras como en toda Latinoamérica. El 26 de septiembre, Associated Press incluso se refirió a «partidarios acérrimos del derrocado Presidente Zelaya», dando a entender que la oposición era un simple grupo de fanáticos que debieron haberse rendido dignamente desde mucho antes[33].

---

31   «Foto manipulada por el diario hondureño *La Prensa*», 8 de febrero 2009, *TerceraInformación* (blog), www.tercerainformacion.es/antigua/spip.php?article9279

32   Inter-American Commission on Human Rights, *Human Rights and the Honduran Coup D'Etat*, 25-26.

33   Esteban Félix, «Life Inside Embassy with Ousted Honduran Leader: Bad Food, No Baths, Shared Toothbrushes», Canadian Press 24 de septiembre 2009, www.ctvnews.ca/supporters-hole-up-with-ousted-honduran-president-1.437346.

Aun más falsa era la afirmación de que Zelaya había precipitado el golpe al intentar obtener un segundo mandato. La falacia de los perpetradores del golpe se convirtió rápidamente en realidad; *Newsweek*, sin ningún sentido crítico, citó a Jorge Castañeda de México afirmando que Zelaya estaba intentando de manera ilegal obtener un *tercer* mandato[34]. Los silencios resultaban aún más chocantes. A pesar de informes de Amnistía Internacional, Human Rights Watch y decenas de observadores internacionales, para la mayoría de los principales periódicos estadounidenses, la represión no estaba ocurriendo[35].

En julio y agosto de 2009, mientras las señales apuntaban cada vez más a que el presidente Obama permitiría deliberadamente que el régimen golpista se estabilizara, muchos observadores liberales estadounidenses fueron sorprendidos con la guardia baja. Obama tenía en el cargo solo cinco meses cuando el golpe ocurrió, y muchos todavía albergaban la esperanza de una gestión progresista; y que seguramente no apoyaría un golpe de Estado en América Latina.

Muchos críticos potenciales, todavía deslumbrados, no podían creer que él permitiría la estabilización del golpe. Por otra parte, los académicos y demás expertos sobre Honduras eran pocos y distantes entre

---

34   Jorge Castañeda, «Obama's Policy on Honduras», *Newsweek*, 4 de diciembre 2009.
35   Para análisis de los informes de los medios sobre el golpe y sus secuelas, ver Robert Naiman, «U.S. Media Fail in Honduras Coup Reporting», *NACLA: Report on the Americas*, 42, No. 6 (2009): 54-56, nacla.org/article/us-media-fail-honduras-coup-reporting; Michael Corcoran, «A Tale of Two Elections: Iran and Honduras», *NACLA: Report on the Americas*, 43, No. 1 (enero/febrero 2010): 46-48. Sobre Amnistía Internacional ver, por ejemplo, «Honduras: Human Rights Crisis Threatens as Repression Increases», 18 de agosto 2009. Para una breve excepción, ver «Honduras: Military is Accused of Abuses», *The New York Times*, 18 de agosto 2009. Sin embargo, el artículo que cubría el informe de Amnistía Internacional sobre la represión, brindó una de tres oraciones en total a los golpistas: «The government of Roberto Micheletti, the country's de facto leader, accuses demonstrators of engaging in violent acts and provoking the authorities». Para Human Rights Watch, léase por ejemplo «Honduras: Evidence Suggests Soldiers Shot into Unarmed Crowd», *Human Rights Watch* (blog), 8 de julio 2009, www.hrw.org/news/2009/07/08/honduras-evidence-suggests-soldiers-shot-unarmed-crowd. Para otros organismos, ver e. g. Inter-American Commission on Human Rights, *Honduras: Human Rights and the Coup D'Etat.*

sí, en contraste con el interés académico generalizado y de largo data prestado a los vecinos Guatemala, Nicaragua y El Salvador. De los pocos académicos que sí tenían conocimiento de Honduras, aun menos se animaron a desafiar el discurso de la Administración Obama, dejando un vacío en la discusión pública sobre el golpe.

El 3 de noviembre la periodista Martha Mendoza me llamó de Associated Press en la Ciudad de México. Había oído hablar de ella: se graduó de la Universidad de California en Santa Cruz y trabajó para el periódico local de la ciudad donde vivo. Mientras conversábamos sobre las negociaciones entre Zelaya y Micheletti, sin pensar mucho mis palabras, dije que «quizá los negociadores estadounidenses han subestimado el gran disparatado caos de la política hondureña». Cuando terminé de decir eso, guardó tal silencio que pude escuchar el sonido del teclado al otro lado de la línea. En efecto, a la mañana siguiente, de manera parafraseada (si acaso potencialmente precisa), mi cita aparecía en un artículo de la AP enviado a buena parte de los periódicos de los Estados Unidos y del mundo[36]. Apenada, lamenté no haber planteado en pocas palabras una crítica precisa y elaborada sobre la política de los Estados Unidos. Aprendí la lección y fui más cuidadosa con los periodistas después de ello.

Después de la primera semana, tiempo en el que conseguí un espacio en el *San Francisco Chronicle*, nunca logré que los principales periódicos aceptaran mis artículos de opinión, excepto una única vez en el *San José Mercury-News*, a pesar de la gran cantidad que envié; tampoco lo lograron otros críticos del golpe. Mientras, a oscuros personajes a favor de este, les publicaban en todas partes. Afortunadamente, los medios de comunicación alternativos y los medios de comunicación en línea tomaban en cuenta mis escritos: *Common Dreams*, el *Huffington Post* y una fuente de noticias de opinión administradas por *The Progressive*[37].

---

36 Por ejemplo, Olga R. Rodríguez, «Ousted Honduran leader asks Clinton stand on coup», Associated Press, 5 de noviembre 2009.

37 Dana Frank, «President Obama's Honduran Test», *San Francisco Chronicle,* 1 de julio 2009; «Honduras: Are We Going to Make Concessions to Those Who Perpetuate Coups?» *New America Media*, 17 de julio 2009; «Honduras Coup Has

La radio alternativa también fue un valioso espacio abierto. En televisión, *Democracy Now!* de Amy Goodman logró, de forma admirable y con regularidad, cubrir la represión, la política de los Estados Unidos y las voces hondureñas de la resistencia[38].

El 21 de septiembre, el presidente Zelaya apareció sorpresivamente en la embajada de Brasil en Tegucigalpa, junto con trescientos simpatizantes. Los militares y policías rodearon de inmediato la embajada, lanzaron gases lacrimógenos, cortaron la mayoría de los suministros y empezaron un acoso psicológico que duró meses: música a todo volumen, bocinas y el sonido de animales chillando, por ejemplo. Micheletti declaró otro estado de sitio para todo el país. Asoló una nueva ola de represión[39].

Durante el otoño se hizo evidente que EUA estaba jugando con el tiempo, esperando las elecciones presidenciales del 29 de noviembre. En los últimos días de octubre, el juego llegó a su fin y las piezas calzaron en su lugar. Zelaya, entonces cautivo en la embajada, con una posición cada vez más débil en las negociaciones manipuladas por Estados Unidos en San José, Costa Rica, acordó el 30 de octubre llegar a un acuerdo con Micheletti, negociado por los Estados Unidos. El presidente Zelaya sería reinstalado en el poder brevemente, hasta el término de su mandato en enero, siendo parte de un «gobierno de unidad», que también formaría una comisión de la verdad para abordar el tema del golpe y sus secuelas. El ardid en todo ello era que el Congreso Nacional tenía

---

Been Far from Bloodless», *San José Mercury-News*, 4 de septiembre 2009; «Obama Shouldn't Cave in to the Far Right on Honduras», *The Progressive*, 24 de octubre 2009; «No Fair Election in Honduras Under Military Occupation», *Huffington Post,* 26 de noviembre 2009.

38   Por ejemplo, «Military Using 'Brutal' Force Against Anti-Coup Protests in Honduras», *Democracy Now!,* 1 de julio 2009.

39   Elisabeth Malkin, «Ousted Leader Returns to Honduras», *The New York Times,* 21 de septiembre 2009; Rory Carroll, «Honduran Forces Blast Sound Effects Outside Brazilian Embassy, *The Guardian,* 22 de octubre 2009; Fabiano Maisonnave, «Manuel Zelaya Endures Strange Seige Inside Brazilian Embassy», *The Guardian,* 25 de octubre 2009; Inter-American Commission on Human Rights: Human Rights and the Coup D'Etat, 23-24.

---

que aprobar el regreso de Zelaya[40]. Y nunca lo hizo. El 3 de noviembre Thomas Shannon, subsecretario de Estado de Asuntos del Hemisferio Occidental y arquitecto de la estrategia estadounidense posgolpe, dijo a CNN que Estados Unidos reconocería el resultado de las elecciones incluso si a Zelaya no lo restituían. De esta forma, dio luz verde a los golpistas para frustrar el regreso del presidente[41].

Las elecciones de finales de noviembre fueron un resultado inevitable. La continua represión de las libertades civiles básicas hizo claramente imposible la realización de unas elecciones libres y justas, durante las cuales el mismo Ejército que perpetró el golpe, controlaba el traslado de las papeletas de votación. Con la excepción del Partido Republicano de los EUA y algunos delegados del Partido Demócrata, todos los organismos internacionales, incluyendo la ONU, el Centro Carter y la OEA, se negaron a observar el proceso[42].

Carlos H. Reyes, un candidato presidencial independiente de izquierda quien, según algunos observadores, podría haber obtenido un 25 por ciento o más de los votos, y que acababa de ser hospitalizado luego de que la policía le fracturara un brazo en una manifestación, retiró su candidatura; lo mismo hicieron candidatos del minoritario partido de izquierda Unificación Democrática (UD), y muchos otros del tradicional Partido Liberal, seguidores de Zelaya, que se mantuvieron leales a él[43]. Con los ignominiosos perpetradores del golpe en sus filas, el Partido Liberal, en gran medida, se derrumbó. Solo un candidato simbólico permaneció en las papeletas. El último hombre en pie fue Porfirio «Pepe» Lobo, del otro partido tradicional de derecha, el Partido Nacional, que apoyó el golpe de Estado, pero con menor descaro. Él se llevó la victoria electoral[44].

---

40 Main, «'A New Chapter of Engagement'»; Joyce, «Legitimating the Illegitimate».
41 «US Stance Confuses Ousted Honduran Leader», CBS News, 5 de noviembre 2009; Finnegan, «An Old-Fashioned Coup».
42 Mary Beth Sheridan, «U.S. and Some Allies at Odds over Honduras Presidential Election», *Washington Post*, 1 de diciembre 2009.
43 «Carlos H. Reyes anuncia su retiro de los comicios», *Tiempo*, 8 de noviembre 2009; Frank, «No Fair Election in Honduras Under Military Occupation».
44 Joyce, «Legitimating the Illegitimate»; Elisabeth Malkin, «Conservatives Poised to Win in Honduras», *The New York Times*, 29 de noviembre 2009.

El 29 de noviembre el Departamento de Estado emitió un comunicado validando el proceso electoral y bendiciendo su resultado: «Felicitamos al pueblo hondureño por ejercer pacíficamente su derecho democrático de seleccionar a sus líderes en un proceso electoral que comenzó hace más de un año, mucho antes del golpe de Estado del 28 de junio»[45]. Mediante una elección completamente ilegítima, Porfirio Lobo sería el nuevo presidente de la República de Honduras. Los golpistas habían triunfado.

El día de las elecciones, el subsecretario de Estado Thomas Shannon le escribió a la secretaria de Estado Hillary Clinton, aconsejándole cómo reaccionar ante la situación:

> Mientras pensamos qué decir, encarecidamente recomendaría que no seamos cautelosos. Deberíamos felicitar al pueblo hondureño, deberíamos vincular la votación de hoy con la profunda vocación democrática del pueblo hondureño, y deberíamos llamar a la comunidad de las naciones democráticas (y especialmente la de las Américas) a reconocer, respetar y responder a este logro del pueblo hondureño[46].

A pesar de todo lo que aprendí en esos cinco terribles meses, mi curva de aprendizaje nunca estuvo lo suficientemente alta. No sabía nada acerca de grupos de derechos humanos, ya sea en los EE. UU, Honduras o Ginebra, ni sobre organizaciones sin fines de lucro y grupos de análisis *(think tanks)* en Washington. Nunca encontré a los activistas religiosos

---

45 United States Department of State, comunicado de prensa, «Honduran Election», 29 de noviembre de 2009, 2009-2017.state.gov/r/pa/prs/ps/2009/nov/132504.htm. En una sesión informativa especial sobre las elecciones hondureñas celebradas el 30 de noviembre de 2009, Arturo Valenzuela, subsecretario de Estado, Oficina de Asuntos del Hemisferio Occidental, declaró: «Me gustaría felicitar al pueblo hondureño por una elección que cumplió con los estándares internacionales de equidad y transparencia a pesar de algunos incidentes que se informaron aquí y allá». United States Department of State, Special Briefing on the Honduran Elections, 30 de noviembre 2009, 2009-2017.state.gov/p/wha/rls/rm/2009/132777.htm.
46 Alexander Main, «Hillary Clinton's Emails and the Honduras Coup», *The Americas Blog*, Center for Economic and Politics Research (CEPR), 23 de septiembre 2015, cepr.net/blogs/the-americas-blog/the-hillary-clinton-emails-and-honduras

que sabía que tenían que estar allí, en algún lugar, dado su largo historial de lucha por la justicia social en Centroamérica. Tampoco sabía sobre el Departamento de Estado o cómo incidir en el Congreso. Aún no tenía un plan estratégico. Estaba trabajando muy de cerca con Stephen Coats, Lupita Aguilar y Rebecca Van Horn de USLEAP, con sede en Chicago, y estaba en contacto con la AFL-CIO; pero apenas conocía el nuevo mundo de solidaridad con Honduras que se construyó en Washington, D.C., después del golpe. Por ejemplo, personas que lograron de miembros del Congreso cartas de protesta; que invitaron a Zelaya a conversatorios; que movilizaron a defensores de los derechos humanos y comenzaron a construir los componentes básicos de una red de aliados a escala nacional: Jenny Atlee y Tom Loudon, en ese entonces con el Quixote Center; Alexander Main, Mark Weisbrot y Dan Beeton del Center for Economic and Policy Research; Lisa Haugaard del Latin American Working Group; Annie Bird, entonces en Rights Action; activistas de la School of the Americas Watch. Sabía poco o nada del esmerado y demandante trabajo que esas personas hicieron en los primeros seis meses después del golpe (y muchas más a quienes no conozco). Tampoco sabía de las personas que viajaron a Honduras con misiones de investigación, o para acompañar a aquellas en riesgo, dar testimonios o mostrar solidaridad, como las Hermanas de la Misericordia de las Américas, Tom Loudon, el Consejo Mundial de Iglesias y Alianza Américas; ni de las docenas de personas de todo el mundo que se unieron al presidente Zelaya en la embajada brasileña. Pasarían años para descubrir todo eso.

Pese a mi ignorancia en ese momento, tenía, sin embargo, nuevas tácticas a desplegar —hablar con periodistas y en la radio, escribir artículos de opinión, acercarme al Congreso—, y mi limitado contacto con las nuevas redes y sus tácticas. Tenía a mis amigos hondureños, con sus nuevas estrategias y redes.

Dos semanas después de las elecciones, el 13 de diciembre de 2009, asesinaron a tiros a Walter Tróchez, el líder LGBTI más destacado del

FNRP y miembro de su Comité Ejecutivo. Era evidente que la espantosa violencia no había desaparecido[47].

Grandes despertares

Con la banda azul y blanco sobre su pecho, y toda la pompa de una presidencia legítima, un sonriente y orejudo Porfirio «Pepe» Lobo prestó juramento como Presidente de la República el 27 de enero de 2010[48]. Inmediatamente nombró en puestos importantes a las mismas figuras militares que habían perpetrado el golpe. El general Romeo Vásquez Velásquez, quien lo dirigió, fue galardonado con la gerencia de Hondutel, la empresa estatal de telefonía, de la cual rápidamente dijo que sería utilizada para fines de inteligencia. Un juicio amañado que duró solo unos días exoneró a los tres principales líderes militares del golpe. El día previo a su instalación, el Congreso declaró una amnistía general para los involucrados en el golpe de Estado y en todas las atrocidades cometidas a raíz de este[49].

---

47 «Honduras: Full and Prompt Investigation Needed into Death of Human Rights Campaigner», Amnistía Internacional, Comunicado de Prensa, 14 de diciembre de 2009. Sobre la represión posgolpista hacia miembros de la comunidad y movimiento LGTBI, véase Suyapa Portillo Villeda, «'Outing' Honduras: A Human Rights Catastrophe in the Making», *NACLA: Report on the Americas* 45, No. 3 (octubre 2012).

48 «New Honduran President Takes Office», CNN, 27 de enero 2010, www.cnn.com/2010/WORLD/americas/01/27/honduras.president/index.html.

49 Alexandro Olson y Juan Carlos Llorca, «New Honduran Leader to Take Office, Ending Turmoil», *Newsday*, 27 de enero 2010; Dana Frank, «Hondurans' Great Awakening», *The Nation*, 18 de marzo 2010; «Romeo Vásquez nuevo gerente de Hondutel», *La Prensa*, 10 de marzo 2010. Sobre otras figuras principales del golpe designadas para cargos en el gobierno: «And the Coup Goes On», Honduras Culture and Politics (blog), 10 de marzo 2010, hondurasculturepolitics.blogspot.com/2010/03/and-coup-goes-on.html; Congreso Nacional de Honduras, Decreto 2/2010, 27 de enero 2010; Comisión Interamericana de Derechos Humanos, «CIDH manifiesta preocupación por decreto de amnistía de Honduras», Comunicado de prensa 14/10, 3 de febrero 2010.

Una vez electo, Lobo anunció descaradamente que su Administración sería un «gobierno de reconciliación y unidad nacional»[50]. Durante el siguiente año, la Administración Obama citaba hasta la saciedad esa promesa en los comunicados oficiales. El Departamento de Estado también promovió la promesa de Lobo de formar una Comisión de la Verdad, tal como lo había contemplado el Acuerdo de San José de octubre de 2009 en su intento de resolver el golpe[51].

Pero a los pocos días del reinado de Lobo, la represión violenta contra la oposición se agudizó una vez más y con total impunidad. El 15 de febrero, un sicario enmascarado que se conducía en una motocicleta mató a tiros en la acera de su casa a Julio Fúnez Benítez, otro activista sindical involucrado en la Resistencia. En los meses posteriores al golpe se mantuvo un patrón: con la excepción de Walter Tróchez, el activista LGBTI, las víctimas seleccionadas nunca fueron líderes en altos mandos, sino personas comunes, activas en la lucha, cuyas muertes eran más difíciles de asociar con motivaciones políticas. La estrategia era brillante: a todos les llegaba el mensaje, pero a la oposición le resultaba difícil atribuir las muertes a la represión, cuando las reportaba a los observadores de la comunidad internacional de derechos humanos[52].

La represión a los medios de comunicación independientes reapareció también poco antes de que Lobo asumiera el cargo. A altas horas de la noche del 6 enero, por ejemplo, en Triunfo de la Cruz, una comunidad

---

50 «Porfirio Lobo: Haremos un gobierno de unidad nacional», *El País* (España), 30 de noviembre 2009; el presidente de la Organización de Estados Americanos, José Miguel Insulza, sobre este tema, «Insulza valora esfuerzo de Lobo por lograr reconciliación en Honduras», *La Prensa* (Nicaragua), 22 de enero 2010. Para un análisis resumido y de apoyo a la posición de la Administración Obama respecto a la «reconciliación nacional», la Comisión de la Verdad y Lobo, ver la declaración de Kevin Casas Zamora, «Next Steps for Honduras», ante el Subcommittee on the Western Hemisphere, House Committee on Foreign Affairs, 18 de marzo 2010, www.brookings.edu/testimonies/next-steps-for-honduras/.

51 Véase, e. g., Blake Schmidt, «Lobo Attempts Reconciliation in Honduras», *Tico Times,* 5 de febrero 2010.

52 «IACHR Condemns Murders, Kidnappings, and Attacks in Honduras», Inter-American Commission on Human Rights, Comunicado de prensa No. 26/10, 8 de marzo 2010.

garífuna en la Costa Norte, un grupo de hombres robó el transmisor y dos computadoras de la radio comunitaria Coco Dulce, y luego quemó la estación[53]. Más escalofriante era el patrón, copiado de las guerras de la década de 1980 en Centroamérica, de matar a los hijos para llegar a sus padres. A mediados de febrero, Dara Gudiel, de diecisiete años, hija de un conocido locutor de radio de oposición en Danlí, estuvo secuestrada durante dos días: la maltrataron, la liberaron y, unos días más tarde, la encontraron ahorcada[54].

El 12 de febrero de 2010, dos semanas después de la toma de posesión, finalmente regresé a Honduras por primera vez desde el golpe. Sabía muy bien que sería deprimente y aterrador. No tenía idea de cuán seguro o inseguro sería para mí, en términos personales, dados los artículos de opinión que había escrito denunciando el régimen, así que diseñé un meticuloso sistema de seguridad con mi amigo Stephen Coats en USLEAP, el cual le permitía saber dónde estaba yo en todo momento. «No hables con los taxistas», advirtió una amiga; «cuida cada una de tus palabras en público». Me juré a mí misma no ir a manifestaciones, no hablar en la radio, no tomar taxis en la calle ni llevar algo que sugiriese que apoyaba a la Resistencia[55].

Pero cuando llegué, en lugar de ser deprimente, fue estimulante. Regresé a un país completamente nuevo, donde las personas a las que conocía estaban llenas de entusiasta energía, y una nueva cultura de resistencia estallaba por todas partes.

El mayor cambio se dio en los jóvenes. Cuando me trasladé del aeropuerto a la casa de mis amigos, los veinteañeros que conocía y que antes

---

53 «En Triunfo de la Cruz, deconocidos asaltan e incendian Radio Coco Dulce», Radio Progreso (blog), 9 de enero de 2010; «Arson Attack on Community Radio Station Previously Targeted by Coup Supporters», Reporters Without Borders (blog), 7 de enero 2010.
54 Inter-American Commission on Human Rights, «IACHR Condemns Murders, Kidnappings, and Attacks in Honduras».
55 Este apartado se basa en gran parte en Dana Frank, «Hondurans' Great Awakening», *The Nation*, 5 de abril 2010.

del golpe no se interesaban en los asuntos políticos, se arremolinaban para contarme historias sobre sus nuevas vidas: lo que habían hecho el día del golpe; cómo habían sacado tiempo del trabajo para acudir a las marchas; cómo habían evitado que la policía los capturara; cómo boicoteaban los establecimientos de comida rápida, cuyos propietarios eran golpistas. Se sentaban en sus sillas de manera diferente. Los celulares en la mesa sonaban con tonos de canciones de la Resistencia: «Traidores», «Nos tienen miedo porque no tenemos miedo»; o los cuatro audaces acordes que introducen el «Himno de la Resistencia» que escuché por todos lados esa semana. La vecina, una joven de quince años, llegó con una camiseta roja que decía «Yo [corazón] a Honduras Sin Golpistas». Les encantaba la historia de un niño de cinco años que, en su clase, cuando se le pidió a cada niño que se pusiera de pie y cantara una canción, él cantó «Nos tienen miedo»; la aprendió escuchándola en Radio Progreso y en las marchas a las que su madre lo llevaba.

Los jóvenes me contaron que en todas partes la gente había comprado celulares baratos con recepción de radio para poder escuchar Radio Progreso, la estación de los jesuitas, y Radio Uno, una estación de oposición de baja potencia que transmitía en San Pedro Sula. Cuando uno entraba en una tienda, se cruzaba con un vendedor ambulante, o caminaba por la calle, en cualquier lado, notaba que todos estaban escuchando una de estas emisoras. Ambas recibían abundantes y entusiastas opiniones, expresadas en las llamadas de los oyentes o en los reportajes de noticias locales producidos por la misma audiencia.

En el trayecto de La Lima a San Pedro Sula, pasamos por un río contaminado y maloliente conocido popularmente como «río Tufoso». Los jóvenes señalaron un rótulo verde, de aspecto oficial, que apareció misteriosamente rebautizando el río como «Río Micheletti», en referencia al presidente de facto posterior al golpe. Cuando llegamos a la ciudad, vimos grafitis en todas partes. La mayoría de los mensajes eran directos: «¡Golpista!», el epíteto multiuso que etiquetaba a un golpista o agresor; «Militares Asesinos»; «¡Elecciones No!», en rechazo a las elecciones del 29 de noviembre, que fueron boicoteadas por casi todos los candidatos de la oposición. Vi un «Micheletti Pinochetti», comparando a Micheletti con Augusto Pinochet, el dictador de Chile después del golpe de Estado de 1973, y largas rayas con gotas de pintura roja simulando la sangre, en los costados del edificio municipal de San Pedro Sula.

Una crítica sofisticada a los medios de comunicación aparecía de repente en cualquier parte, y era el canto favorito de la juventud en las marchas: «¡No somos cinco, no somos cien, prensa vendida contanos bien!». En frente de la catedral, en el costado este del parque central de San Pedro Sula, una manta blanca gigante, que replicaba el logo de uno de los principales diarios de San Pedro Sula, decía: «Hágase estúpido en tres días. Lea La Prensa». En otra se cambiaba «Televicentro» por «Televicerdo». El parque mismo había sido renombrado Plaza Libertad; el Frente también había pintado de rojo y negro las verjas, postes de luz y bancos de una de las esquinas del parque.

Las personas mayores con las que hablé también estaban emocionadas, pero con expresión sobria. Habían pasado por las guerras centroamericanas de la década de 1980. Sabían cuán terribles podían ponerse las cosas. Pero, como veteranas de aquellas batallas, también tenían la sensación de que esta, a lo mejor, era la gran oportunidad para el cambio fundamental que habían esperado durante toda su vida. «Todos estos años he estado involucrado en la lucha, pero nunca había sentido ese cambio tan cerca», me decía en tono bajo y firme Efraín Aguilar, un activista sindical de toda la vida. Percibí una cautelosa pero totalmente nueva esperanza.

El feminismo de la Resistencia también florecía. La frase «Ni golpes de Estado ni golpes a las mujeres» predominaba en camisetas, afiches y cánticos. La nieta de tres meses de edad de mi amiga tenía un pequeño mameluco bordado con la frase «Feminista en Resistencia», que lucía dentro de su cochecito cuando se unía a las marchas con su madre, abuela y bisabuela. Tomé una foto de todas ellas sentadas en un sofá —cuatro generaciones de mujeres en resistencia. Todos me contaban que las manifestaciones estaban llenas de personas mayores, bebés y niños pequeños, a pesar de que los gases lacrimógenos y las golpizas eran continuas.

Poco después de mi llegada, mi amigo German, de los sindicatos bananeros, me convenció de dar una entrevista para su programa en Radio Uno de San Pedro Sula. Acepté, incumpliendo uno de mis votos de previaje. German mencionó que yo estaría interesada en conocer a su coanfitrión, que resultó ser Pedro Brizuela, un comunista de siempre, listo e ingenioso, a quien había entrevistado dos años atrás como parte de mi investigación sobre el movimiento sindical en Honduras. Ambos, disfrutando la sorpresa, subimos las escaleras hacia el estudio pasando por los tres pisos de la escuela de periodismo y radiodifusión de Radio Uno, poblada por entusiasmados adolescentes vistiendo nítidas camisas blancas y pantalones azul marino o, las jóvenes, faldas cuadriculadas azul y blanco, sentados en pupitres desvencijados. En la esquina de la parte superior del edificio, una adolescente de cabello negro brillante y una falda a cuadros manejaba los controles. Por la ventana pudimos ver un grafiti en el edificio del otro lado de la calle que proclamaba en letras gigantes: «Radio Uno, Estamos Contigo».

German, Pedro y yo nos acomodamos en nuestros asientos, codo con codo alrededor de una mesa circular, y alineamos los micrófonos. Una vez al aire, Pedro de inmediato anunció: «Tenemos con nosotros a Dana Frank, y está aquí en Honduras buscando comunistas». ¡Agh! No podía hacer que se retractara. Me preguntó qué había observado hasta ahora durante mi visita. Hice algunos comentarios alentadores sobre el nuevo espíritu de lucha y cómo el país se sentía tan diferente; luego lancé una agresiva denuncia contra el Gobierno hondureño y el de mi país.

Pude sentir cómo elegía decir esas cosas, elegía correr el riesgo. Era como estar en una dinámica que solo había leído en libros, en la que los activistas de movimientos sociales respondían a la represión sufrida por sus compañeros colocándose ellos mismos en un mayor nivel de riesgo. No estoy diciendo que yo hice algo heroico, como lo que mis amigos hondureños hacían todos los días, todo el día; solo que podía sentir hondamente las nuevas elecciones que estaba asumiendo, dentro de mis posibilidades, inspiradas por un nivel más alto de compromiso y valentía a mi alrededor.

Sin embargo, a pesar de la impresionante renovada esperanza, flotaba un trasfondo de terror en el ambiente, y las personas de mayor edad estaban particularmente conscientes de ello. La vida diaria era peligrosa. «Ahora siempre miro a ambos lados antes de salir a la calle», me decía Iris, mi amiga del movimiento sindical bananero. En El Progreso, una profesora activa en la Resistencia y en su sindicato, me contó la larga historia de los principales sindicatos de maestros del país, su militancia de décadas, que ahora estaba dirigida a luchar contra el golpe y tratar de evitar la privatización de la educación. Al igual que las otras personas mayores, ella llevaba un largo recorrido. «El terrorismo continuará», dijo. Y la potencial violencia la perseguía todos los días. «Puedo irme de aquí y ser asesinada en el camino a mi casa». El estrés tuvo sus efectos: Efraín, el educador sindical que expresó que nunca había sentido tan cerca el cambio, sufrió un derrame cerebral.

Con Zoila Lagos, una vieja amiga y veterana del movimiento sindical y de mujeres, nos encontramos en la oficina del sindicato bananero en el centro de La Lima. Conversamos en el ambiente abrasador del centro de educación laboral ubicado en el segundo piso, que estaba vacío, salvo por unas pocas sillas y una mesa cubierta con un plástico. Zoila me dijo que en su empobrecido barrio de Choloma —el distrito de las maquiladoras ubicado en las afueras de San Pedro Sula—, la policía disparaba y hacía sonar las sirenas en medio de la noche, todas las noches, una y otra vez, «como si fuera una guerra. Lo hacen para que nos acostumbremos a la guerra, como si fuera parte de la vida diaria. Para que tengamos miedo, y nos quedemos callados en nuestras casas. Para que no participemos en la Resistencia». Dijo que la policía tocaba las puertas al amanecer y allanaba las casas sin órdenes legales, acusando falsamente a la gente de tener drogas o armas. En lo que se conoce como «madrugones», llegaron a la casa de su hermano a las cuatro de la mañana, destrozaron todo el lugar y se robaron el dinero que la familia había ahorrado. Él nunca estuvo involucrado en nada.

Pero la Resistencia en los barrios de Choloma respondió organizando manifestaciones nocturnas con grandes fogatas. Llegaban de cien a doscientas personas. El terror no logró que Zoila se quedara en la casa. «Me siento peor cuando me quedo en casa», dijo. La profesora con la que hablé dijo lo mismo: «Nos sentimos como una familia. Cuando estamos solos, sentimos miedo. Cuando estamos juntos, nos sentimos poderosos. Convertimos ese miedo en valentía y nos fortalecemos con ella».

También entrevisté a una abogada veintiañera de clase media, que había sido leal al Partido Liberal; pero cuando el partido se dividió debido al golpe, se alineó con el ala zelayista. Emocionada y llena de energía, al igual que el resto de los jóvenes, dijo que la mayoría de sus amigos de la escuela, incluido el hijo de Micheletti, cortaron relación con ella, eliminándola del Facebook. Pero ahora tenía un mar de nuevos amigos en la Resistencia. «Me acostumbré a dormir encima de las bancas durante las manifestaciones», me decía con orgullo. «Me acostumbré a comer sentada en las calles». Al escucharla pude sentir cómo la Resistencia había reunido a personas con antecedentes de clase y cultura muy diferentes en una nueva comunidad.

Pero también escuché historias de familias que estaban completamente despedazadas. Una línea divisoria partió el país en dos, los golpistas en un lado y los de la Resistencia en el otro, atravesando el núcleo familiar —maridos y esposas, padres e hijos— produciendo una cruel angustia. También escuché que miles habían perdido sus empleos porque participaban en la Resistencia, como el caso de un joven trabajador de una fábrica, que solicitó un día libre por razones personales, que aprovechó para ir a una manifestación. Cuando un canal de televisión transmitió un primer plano de él en la plaza central de San Pedro Sula, portando una lata en la que recolectaba dinero para la Resistencia, lo despidieron.

Esa nueva Honduras llena de lucha, alegría y orgullo, como también de nuevas angustias, era muy diferente a la que había visitado hacía un año y medio. Durante la década de 1980, Honduras siempre fue el lugar menos popular, pues nunca vivió las enormes luchas que surgieron en Guatemala, El Salvador y Nicaragua. En los Estados Unidos, los activistas progresistas veían a Honduras, en gran medida, como el lugar menos interesante en Centroamérica, un títere de los Estados Unidos que no era «cool» para visitar o estudiar. «Los hondureños siempre tuvieron la reputación de ser cobardes», me confirmaba un sociólogo con quien conversé. Él también estaba completamente sorprendido: «Nunca imaginé que los hondureños tuvieran la capacidad o disposición de luchar de esta manera», dijo. «Ha sido terrible y también un gran despertar».

La capacidad del hondureño común para defenderse con tanta valentía en una escala tan alta y crear una nueva cultura de resistencia, fue una gran sorpresa para todos. Era como si los hondureños, colectivamente, se sorprendieran a sí mismos. Ahora estaban orgullosos de quiénes eran, no solo individualmente, sino como pueblo. Tenían sus propias historias sobre lo que habían hecho. Ahora tenían una nueva cultura —humor, arte, música, camisetas, cantos— que nadie les podría quitar. Sabían que gente de todas partes del mundo visitaba Honduras, celebrando la Resistencia por su asombrosa habilidad para unir tantos sectores en un movimiento común. El coro del «Himno de la Resistencia» que el hijo de mi amiga, usualmente tímido, cantó para mí en la cena esa primera noche, significaba algo muy real: «Honduras, el pueblo está contigo».

Cuando visité Tegucigalpa, mi viaje se volvió aún más impredecible. Mi vuelo de la tarde se retrasó muchas horas. Me senté en la sala de espera en medio de un par de docenas de personas de apariencia próspera, pensando todo el tiempo: «¿Quiénes serán golpistas?». Mi mejor conjetura fue una familia, aparentemente de la élite, compuesta de dos adultos mayores y una mujer al final de sus veinte años; con una expresión dura en el rostro, hacía todo lo posible por ignorar al niño que cuidaba una joven niñera. Unos veinte minutos antes de que el avión finalmente partiera, apareció una nueva pasajera que empezó a conversar con ellos. Era alta, de piernas largas, cabello rubio, tal vez de unos bien conservados cincuenta años, con aspecto de una residente adinerada de Miami. Escuché la palabra «Micheletti» en cierto punto, y de repente tuve que bajar la vista cuando ella miró a su alrededor para ver si alguien estaba escuchando.

Cuando nuestro avión finalmente aterrizó en Tegucigalpa, eran las diez de la noche y el aeropuerto estaba cerrando. Llamé a mi pequeño hotel tan pronto aterrizamos, y me prometieron enviar un conductor. Poco a poco el aeropuerto se iba vaciando, incluso de las personas que tuvieron que esperar su equipaje registrado como carga, pero el conductor no aparecía. Me puse cada vez más nerviosa y volví a llamar al hotel; dijeron que el conductor llegaría en ocho minutos. Al ver a una gringa blanca de clase media a quince metros de distancia, la mujer que parecía de Miami se acercó y me preguntó en inglés: «¿Necesita ayuda?». Ofreció llevarme, pero decliné y solo le pregunté si no le molestaría esperar hasta que el conductor llegara. Mientras esperábamos, ella me dijo que era diputada. Le pregunté su nombre. «Marcia Villeda», respondió. Entonces apareció el conductor. Le di las gracias profusamente, mientras el conductor se hacía cargo de mi maleta.

Una vez acomodados en el taxi, le mencioné de manera casual al conductor: «La mujer que me ofreció ayuda es diputada, se llama Marcia Villeda». «¡GOLPISTA!», exclamó venenosamente. Dijo que era la mano derecha de Micheletti y quien, según los informes, falsificó la firma de Zelaya en el también falso documento de renuncia el día del golpe; su familia pertenecía a la más alta élite: los Facussé, peces gordos. El conductor había visto tres o cuatro grandes camionetas SUV, con vidrios polarizados, llenas de guardaespaldas esperando por ella en el aeropuerto.

Él me contó más cosas sobre Villeda, y luego sobre su propia vida en la Resistencia. Él era de clase media. Su buen empleo como técnico en una institución gubernamental había pasado a medio tiempo, gracias al anterior gobierno neoliberal, de ahí su trabajo como taxista. Me dijo que estaba haciendo trabajo de organización en los barrios pobres de Tegucigalpa, ayudando a construir la Resistencia en las bases. Ya que estábamos por el aeropuerto, le pregunté sobre los francotiradores que habían matado a Isis Obed el 21 de septiembre, el día que Zelaya intentó regresar en avión. Dijo que él mismo había estado en la manifestación, aunque no estaba protestando cerca de la pista, donde se dio la peor represión.

Sí, había prometido que no revelaría mi ideología política a los taxistas. Pero sabía que mis preguntas sobre la Resistencia dejaban en claro de qué lado estaba. Justo antes de llegar al hotel, lo expresé. Y lo celebramos con una pequeña manifestación de alegría. Luego acordamos que me llevaría al aeropuerto cuando tomara el vuelo de regreso unos días después. «¿No le da miedo ser tan franco sobre sus posiciones políticas con un pasajero? «No», dijo, «ellos ya saben quién es quién. Han pasado tantas cosas que ya no tenemos miedo». Era radical, fuerte, seguro de sí mismo y de lo que decía.

La tarde siguiente, otro entusiasmado veinteañero de la Resistencia me dio un *tour* gratuito por el centro de Tegucigalpa para ver los grafitis. Era como pez en el agua en esas calles y callejones. Los lemas que me mostró eran más sofisticados que los que había visto en San Pedro Sula. Mi favorito era «Nadie ama a Cristo como el Cardenal ama al pisto», una referencia al cardenal Óscar Rodríguez Maradiaga, quien le dio su bendición al golpe en el sexto día. Vi muchas paredes con pintura fresca, color blanco; mi guía me explicó que era el trabajo de jóvenes estudiantes que la Policía había organizado para tapar los grafitis. En la parte inferior de una de las paredes pintadas de blanco, alguien se burló escribiendo con un aerosol rojo «¡Bórrame, Golpista! - FNRP». Mi guía contó que había visto otra pared recién pintada a la que posteriormente se le agregó: «Gracias por limpiar la pizarra - FNRP».

En mi última mañana en el país, mi amigo taxista llegó puntual. Cuando nos acercábamos al aeropuerto me mostró un pequeño monumento en un cruce de la calle que, con aerosol, había sido renombrado «Plaza Isis Obed». Me mostró el lugar exacto de la mediana donde Obed recibió un disparo en la cabeza.

En un rincón de una tienda de regalos del aeropuerto, entre objetos artesanales, descubrí varias placas de cerámica para colgar en la pared, pintadas de color crema con flores azules y rojas. Entre la clásica «Mi casa es tu casa» y la feminista «Cocinera en Huelga» —la cual compré, también vi una que decía: «Este Gobierno ama al pueblo, pero hay amores que matan».

Eso fue el sábado. El miércoles, hombres armados y enmascarados tocaron a la puerta de Claudia Brizuela, hija del perspicaz viejo comunista que me había entrevistado en Radio Uno. Abrieron fuego y la mataron frente a sus hijos, a cuatro cuadras de donde me había hospedado en San Pedro Sula[56].

A principios del verano, a medida que se acercaba el primer aniversario del golpe, el 28 de junio, era evidente que bajo el mando del presidente Lobo la represión a la oposición y los medios de comunicación independientes había alcanzado niveles comparables a los del período posterior al golpe. Los asesinatos aumentaron: según Reporteros Sin Fronteras, ocho periodistas, todos trabajando en radio y televisión, fueron asesinados durante los primeros seis meses de gobierno[57]. Solo en febrero, la CIDH contabilizó dos secuestros, dos violaciones, ocho casos de tortura y cincuenta detenciones, aparte de los asesinatos[58].

Gran parte de la violencia fue perpetrada por las fuerzas de seguridad del Estado con total impunidad. La historia más terrible tenía que ver con Irma Villanueva, la joven que en agosto de 2009 fue sacada de una manifestación de la Resistencia en Choloma, secuestrada y violada por un grupo de policías. Luego ella dio por la radio su testimonio sobre lo que le habían hecho, y dio los nombres que había visto en sus placas. El 9 de febrero de 2010, dos semanas ya de la Administración Lobo, hombres armados y usando pasamontañas nuevamente secuestraron a Villanueva junto con su esposo, a su hermana y a su esposo; los llevaron a un sitio remoto, ataron a los hombres a unos árboles y violaron

---

56 Comité para la Defensa de los Derechos Humanos en Honduras (CODEH), «Asesinan a Claudia Larissa Brizuela Gonzales Miembro del Frente Nacional de Resistencia», CODEH (blog), 24 de febrero de 2010.

57 «Another Journalist Gunned Down Eighth Since Start of 2010», Reporters Without Borders, 16 de junio 2010, rsf.org/en/news/another-journalist-gunned-down-eighth-start-2010

58 Susan Fitzpatrick-Behrens, «Honduras: Repression Intensifies, Resistance Deepens, and Washington Promotes Recognition of the Post-Coup Regime», *NACLA: Report on the Americas*, 19 de marzo 2010, nacla.org/node/6480

en grupo a ambas mujeres frente a sus maridos. «A ver si esta vez nos denunciás», le dijeron[59].

A medida que la conducta criminal de todo tipo se disparaba, Lobo supervisaba el desmantelamiento casi total del sistema de justicia penal, ya echado por la borda con el golpe. Asesinatos, amenazas, secuestros, destrucción de transmisores de gran alcance, violaciones, narcotráfico, extorsión —cualquiera que fuese el delito, casi nunca era investigado y, mucho menos, llevado ante la justicia. Tres jueces y una magistrada de la Corte de Apelaciones del Trabajo, Tirza Flores Lanza, quienes se opusieron al golpe, fueron depuestos sumariamente[60].

La agenda económica oculta de las élites hondureñas también empezó a desplegarse. El Congreso comenzó a debatir una nueva ley de minería que legalizaría la minería a cielo abierto y los desalojos forzosos, mientras que consultaría a las comunidades afectadas solo después de la aprobación de las concesiones mineras[61]. Una muy pregonada Ley de Empleo Temporal, finalmente aprobada en noviembre de 2010, terminó con el empleo permanente a tiempo completo y, por primera vez, se legalizó la creación de trabajos temporales, de medio tiempo —en aras de, supuestamente, generar nuevos empleos. Los trabajadores en esa nueva modalidad no serían elegibles en el seguro social ni en el sistema de pensiones, ni tendrían el derecho a organizar sindicatos. En una versión inicial, los empleados bajo ese régimen incluso recibirían el 30 por ciento de su paga en certificados emitidos por la compañía, y no en dinero real[62].

---

59 14 de agosto 2009: «Transcript of Irma Villanueva's testimony by María Soledad Cervantes» (transcripción del testimonio de Irma Villanueva por María Soledad Cervantes), *Quotha*, 25 de agosto 2009, quotha.net/node/244; 9 de febrero 2010: Inter-American Commission on Human Rights, «IACHR Condemns Murders, Kidnappings, and Attacks in Honduras».

60 Human Rights Watch, After the Coup; Dana Frank, «The Long Judicial Arm of the Honduran Coup», *Huffington Post*, 4 de febrero 2015.

61 Mary Duran, «Honduran Partners Mobilize Against New Mining Law», 26 de enero 2012, *Development and Peace* (blog); «Honduran New Laws Put Communities at a Disadvantage», *Development and Peace*, 19 de abril 2013; Phillips, *Honduras in Dangerous Times*, 46-47.

62 Office of Trade and Labor Affairs Bureau of International Labor Affairs, United States Department of Labor, *Public Report of Review of US Submission 2012-*

A pesar de todo eso, la Administración Obama continuó apoyando a Lobo y actuó como que si en Honduras todo estaba bien. Apostó a la Comisión de la Verdad que Lobo formó, encabezada por Eduardo Stein, exvicepresidente de Guatemala. Sin embargo, la Comisión tenía un mandato muy limitado: no investigó la represión golpista hacia periodistas de la oposición, por ejemplo, y no entrevistó a las víctimas. «El único propósito [de la comisión] es apoyar los continuos esfuerzos del régimen hondureño para encubrir a los responsables del golpe y sus violentas secuelas», declaró Bertha Oliva, coordinadora del COFADEH[63]. Conforme a los deseos de EUA, en febrero y marzo el Banco Mundial y el FMI reabrieron la válvula de préstamos a Honduras por un total de USD 430 millones que habían suspendido después del golpe, y lo premiaron con USD 280 millones adicionales. El 16 de marzo, el Banco Interamericano de Desarrollo (BID) anunció que liberaría otros USD 500 millones[64].

Pero varios gobiernos de América Latina, incluidos los de Argentina, Brasil, Ecuador, Nicaragua y Venezuela, se mantuvieron firmes en su negativa de reconocer el gobierno de Lobo, y no readmitirían a Honduras en la OEA. En una conferencia de prensa el 4 de marzo en Costa Rica, la secretaria de Estado Clinton los reprendió por no darle a Honduras la bienvenida de retorno al grupo. «Creemos que Honduras ha tomado medidas importantes y necesarias que merecen la normalización

01 (Honduras), 27 de febrero 2015, Annex 2, «National Plan for Employment by Hours», 95; Dana Frank, «Repression's Reward in Honduras? Dinner with Obama», *Huffington Post*, 24 de septiembre de 2010; «Open Season on Teachers in Honduras», TheNation.com, 5 de mayo 2011.

63 Bertha Oliva, «A Real Truth Commission for Honduras», *Huffington Post*, junio 2010; Jeremy Bigwood, «Truth in Honduras», 11 de junio 2010, en *These Times*; Kevin Casas Zamora, «Demanding the Truth in Honduras», Brookings (blog), 19 de abril 2010.

64 Chrissie Long, «United States to Restore Aid to Honduras in Step Toward Normalized Ties», *Christian Science Monitor*, 5 de marzo 2010; «Honduras: World Bank to Restore Aid», *The New York Times*, 22 de febrero 2010; «World Bank, IMF, and IDB Resume Links (and Loans) With Honduras», MercoPress (blog), 18 de marzo 2010; Fitzpatrick-Behrens, «Honduras: Repression Intensifies, Resistance Deepens...»; «IDB Lends Honduras USD 500 Million, CentralAmericaData (blog), 24 de mayo 2010.

de las relaciones», reprochaba. «Presenciamos las elecciones libres y democráticas del presidente Lobo», insistió; y alabó a la Comisión de la Verdad. «Compartimos la condena del golpe que ocurrió, pero creemos que es hora de avanzar y asegurarnos de que esas interrupciones de la democracia no ocurran y no puedan ocurrir en el futuro».

Por supuesto, al reconocer, financiar y elogiar el régimen golpista en curso, estaba anunciando que precisamente tales «interrupciones de la democracia» en otros países serían recompensadas, no sofocadas, por los Estados Unidos. Clinton aprovechó la ocasión para anunciar que USD 31 millones de fondos estadounidenses, retenidos después del golpe de Estado, serían liberados[65].

La moda en las calles

A finales de mayo experimenté un estado de zozobra más o menos permanente, preocupada de que a mis amigos o a sus hijos los pudieran asesinar o torturar. Preocupada por el país entero, canalicé mis ansiedades en un trabajo obsesivo sobre Honduras. Nuevas puertas se abrieron en los medios de comunicación, especialmente en *The Nation*. Dan Beeton, el director de comunicaciones del Center for Economic and Policy Research (Centro de Investigación Económica y Política, CEPR, por sus siglas en inglés) en Washington, D.C., empezó a darme información, gradualmente, sobre los periodistas estadounidenses que cubrían Honduras, y me enseñó cómo llegar a ellos.

También trabajaba estrechamente con la red de activistas estadounidenses y canadienses que se había creado, coordinada en gran parte mediante la nueva lista del servidor: *Honduras-presente*. Grupos como La Voz de los de Abajo de Chicago; la Red de Líderes Religiosos de Chicago

---

65 Matthew Lee, «Clinton urges recognition of Honduras government», Associated Press, 4 de marzo 2010. Clinton reiteró sus puntos el 7 de junio en una reunión de la OEA en Lima, Perú. Mark Landler, «Clinton Asks the O.A.S. to Readmit Honduras», *The New York Times*, 8 de junio de 2010.

para Latinoamérica (Chicago Religious Leadership Network on Latin America) y la Alianza por la Justicia Global (Alliance for Global Justice), regularmente, organizaban delegaciones para Honduras y también giras para que los hondureños dieran conferencias en Estados Unidos.

Regresé a Honduras dos días antes del primer aniversario del golpe. El 28 de junio de 2010, la mañana del aniversario, un lunes, unas diez personas nos reunimos en la oficina de la COSIBAH (Coordinadora de Sindicatos Bananeros y Agroindustriales de Honduras), en el centro de La Lima, veinte minutos al sureste de San Pedro Sula. Todo el mundo tenía espíritu festivo: íbamos a una gran manifestación y luego a una marcha. Los activistas sindicales, sus familiares y amigos ya eran veteranos de un año de resistencia contra el golpe, y varios de ellos cuentan con décadas de trabajo en el movimiento sindical, el movimiento de mujeres y otros movimientos sociales.

La sala vibraba con energía y con el rojo brillante de elaboradas prendas que habían acumulado durante un año en las calles: camisetas color carmesí impresas con las siglas FNRP o con la silueta de Francisco Morazán, prócer del país; gorras rojas o anchos sombreros de paja con tiras rojas bordadas alrededor con las inscripciones: FNRP y «Mujeres en Resistencia» respectivamente; y bolsos de manta colgando a lo ancho del pecho, estampados con «¡FUERA GOLPISTAS! FNRP», diseñados para llevar un almuerzo, una botella de agua y un pañuelo para el gas lacrimógeno.

Alguien llevó una bolsa de plástico rosada llena de baleadas envueltas en papel aluminio, un tradicional desayuno hondureño que consiste en una tortilla de harina sobre la cual se ponen frijoles fritos, huevos revueltos y quizá algo de queso o una rodaja de jamón, y se dobla por la mitad. Nos sentamos alrededor de la mesa comiendo y bromeando, hasta que llegó un par rezagado. Luego nos apiñamos en un pick-up Nissan cabina sencilla y partimos hacia el norte de Choloma, la zona de las maquilas, donde la amplia carretera de cuatro carriles, entre San Pedro

Sula y Puerto Cortés, llega a un cuello de botella estratégico, perfecto para bloquear las protestas deteniendo el tráfico.

Mientras viajábamos por una ruta alterna, pasando verdes campos con grandes árboles propios del trópico a lo largo de las orillas, todos los que iban en la «paila» del carro gritaban y ondeaban, atadas a palos, gigantes banderas rojinegras con la inscripción FNRP en letras negras. En la cabina hacíamos también nuestra propia celebración. Me entretuvieron contando historias de lucha de las veinte y tantas veces que habían bloqueado la carretera en Choloma los meses después del golpe de Estado, especialmente el 9 de agosto de 2009, cuando la policía y el ejército se abalanzaron con implacable brutalidad, persiguiendo a los manifestantes hasta en las casas de los barrios pobres cercanos, lanzando gases lacrimógenos al interior de las viviendas, golpeando a la gente con los toletes. Gloria Guzmán, exempleada de una maquila, que ahora trabaja en COSIBAH temas organizativos, contó cómo se escondieron en la parte trasera de una casa, cuyos habitantes valientemente los dejaron pasar, para escapar luego por la puerta trasera.

Mientras seguíamos el viaje, el noticiero de Radio Progreso informaba que los manifestantes del FNRP habían llegado a Choloma al amanecer y que, exitosamente, habían bloqueado la carretera, deteniendo el tráfico. Otros manifestantes habían bloqueado con éxito cada carretera clave en el país.

A mitad de camino, sin embargo, el locutor informó que la policía se estaba concentrando en Choloma y estaba a punto de desalojar a los manifestantes que bloqueaban la carretera. De repente hubo silencio en el auto. Todos, yo incluida, pensamos en lo que nos podía ocurrir más adelante. Más tarde, le pregunté a un joven veintiañero, a quien llamaré Pablo, cómo lo manejaba. «Tenemos preparación psicológica», dijo con firmeza y confianza. Escuché la misma frase de otras tres personas ese día.

La noche anterior, domingo, mi preparación psicológica, o más bien la falta de ella ya se había puesto a prueba. Iris Munguía, mi amiga sindicalista, y yo fuimos al parque central de San Pedro Sula, a una celebración cultural del FNRP, que comenzaría a las 4:30 de la tarde. Cuando llegamos, mantas gigantescas contra el golpe colgaban en lo alto a lo largo de la calle. Una de ellas decía: «BIENVENIDOS JORNADA CULTURAL». Las bancas, barandas y postes de la electricidad del área frontal derecha del parque habían sido pintados de rojo y negro. A lo largo de la acera, frente al Gran Hotel Sula, hombres en fila sostenían cruces negras de tres metros de altura con los nombres, pintados en blanco, de miembros de la Resistencia que habían sido asesinados: Roger Bados, Anastasio Barrera, Roger Vallejo, Claudia Brizuela, la hija de mi amigo. Más. Muchos más.

Departí con amigos, escuché discursos llenos de emotividad, conversé con periodistas y tomé notas, en «spanglish», en uno de esos cuadernos de espiral que utilizan los periodistas. La multitud, bien unas tres mil personas, estaba tranquila. Las personas con las que hablé al azar eran, a menudo, de clase media: abogados, maestros, jueces, profesores, empleados del gobierno, además de los sindicalistas y campesinos que llenaban las filas de la Resistencia.

Antes del golpe, ninguno de mis conocidos iba al parque central. Era demasiado peligroso; alguien se atrevía a ir solo si necesitaba cambiar dólares a lempiras, cuando no se contaba con cajeros automáticos. Ahora, cuando organizaba reuniones, la gente me decía: «Veámonos en el parque central». Se referían a una de las esquinas ocupada por el Frente, donde canciones de la Resistencia se escuchaban a través de potentes altavoces las veinticuatro horas del día, y las letras retumbaban en las habitaciones del Hotel Sula que dan a la calle: «Honduras, el pueblo está contigo», una y otra vez.

También noté que la gente ya usaba mucho el «vos» conmigo. Los hondureños generalmente usan el formal «usted» con casi toda la gente y no utilizan para nada el «tú». Sin embargo, en esta visita, capté el «vos» por todas partes, a menudo incorporado en la manera en que los amigos acentuaban la forma imperativa de los verbos cuando se dirigían a mí. El juego de palabras del lema de Radio Progreso, «La voz que está con vos», que aparecía en las pegatinas por todo el pueblo, captura esa intimidad y afecto.

Oscureció. De repente me di cuenta de que todos se estaban alejando del Hotel Sula, rumbo a las montañas. Iris anunció que se uniría a la marcha y comenzó a caminar rápidamente. No recibí ningún aviso, tenía quince segundos para decidir: quedarme en el parque, que se estaba vaciando rápidamente, o adentrarme con ella en las calles de San Pedro Sula, una de las ciudades más peligrosas del mundo.

En ese momento me molesté con ella por no haberme dicho con antelación lo de la marcha prevista. Pero después caí en cuenta de que sus responsabilidades hacen que ignore algunas de mis ansiedades, propias de gente privilegiada. Eso fue lo que ella y mis otros amigos hicieron en ese momento.

Me decidí y me apresuré junto a ella hacia la oscuridad. Doblamos a la izquierda y entramos en una vía estrecha, pues entre el Palacio Municipal y el parque había una línea sólida de enormes camiones del ejército, bómper pegando con bómper, estacionados a lo largo de la calle. No había salida por ninguno de los lados. Estaba real y profundamente asustada. «Esto es lo que estoy haciendo», recuerdo que me decía a mí misma para mantener la calma; aunque al día de hoy no tengo idea de qué quería decir con eso.

En la siguiente cuadra nos lanzamos a la calle, cientos de nosotros avanzando. Vi a una familia completa con tres niños pequeños y personas mayores poniendo gasolina en las antorchas, una para cada uno de ellos, incluidos los niños. Más adelante rebasamos a los hombres que cargaban las cruces negras con los nombres de las personas muertas. Adelante de ellos, ataúdes negros de gran tamaño estaban colocados en fila en la calle; en uno habían pintado «Corte Suprema RIP» con una esvástica sobre la tapa; un segundo con «Procuraduría General» y una esvástica más grande; y un tercero con «Iglesia Golpista», a lo ancho de la tapa, junto a una flecha apuntando hacia un signo de dólar.

Luego de unas diez cuadras, nos detuvimos en la intersección de dos bulevares, debajo de la estatua blanca de Francisco Morazán. Está de pie, orgulloso, de levita, inclinado ligeramente sobre el tronco de un árbol cortado. Su mano sostenía una bandera roja del FNRP con su propia silueta dibujada en negro. Me di cuenta de que nuestra rápida caminata por las calles no era la marcha; simplemente caminamos para unirnos a la verdadera marcha, que ahora estaba por comenzar.

A lo largo de esas peligrosas calles de San Pedro Sula, de fama mundial, las antorchas se mantuvieron en alto irradiando un brillo dorado a nuestro alrededor. En cuatro o cinco largas filas paralelas de gente común y valiente cantando, marchamos lentamente de regreso al parque. No tenía miedo.

Nos detuvimos al llegar al edificio de Radio Uno. La noche anterior, entre medianoche y la una de la madrugada, de setenta y cinco a cien policías se congregaron en las aceras frente a la estación de radio, provocando, gritando improperios y amenazando a los locutores que trabajaban en la esquina del último piso. En respuesta, los locutores desde el estudio dirigieron su cámara hacia los policías y los denunciaron al aire, transmitiendo el video en directo a través de su página web. En esas mismas aceras, durante veinte minutos, los manifestantes le cantamos y coreamos a la radio para que el espanto de la policía desapareciera en la profundidad de la noche.

La mañana siguiente, al llegar al plantón en la carretera de Choloma, estacionamos el pick-up en el mismo barrio donde, en agosto recién pasado, a Gloria y demás les permitieron entrar a las casas y esconderse, y caminamos rápidamente hacia la autopista, que tiene cuatro carriles de ancho, con una delgada franja de mediana. A la derecha, unas pocas cuadras más abajo, pude vagamente distinguir grandes grupos de manifestantes frente a un par de neumáticos en llamas; y a la distancia, a través de una cortina de humo negro, después de los manifestantes, treinta o cuarenta policías alineados. A mi izquierda, en los dos carriles de la carretera, una fila de enormes furgones que llegaba hasta donde alcanzaba a ver, estaban detenidos. Delante de los camiones, en los cuatro carriles, alrededor de cien policías estaban ubicados de forma dispersa, con chalecos antibalas negros y cascos antimotines azules o blancos, portando escudos antidisturbios de plexiglás con profundos rayones incrustados en ellos. En medio, a lo largo de las cuatro cuadras de la autopista, había unos cuatrocientos manifestantes, desplegados holgadamente. La unidad de sonido de Radio Progreso estaba estacionada al otro lado de la calle. A los costados de la carretera, vendedores ambulantes ofrecían bolsas con tajadas de plátano fritas y refrescos, viendo el espectáculo. Todo era bastante normal[66].

Contemplé más frases grabadas en las camisetas que usaban las mujeres: «Nosotras mujeres exigimos democracia en el país y en la casa»; «La salud es nuestro derecho»; «Mujeres recuperemos la Patria, FNRP». Después de media hora, noté que pedazos de concreto del tamaño de un puño estaban por todos lados sobre la carretera; vi a una joven colocar un trozo de diez pulgadas. Observé a veinticinco o treinta hombres y mujeres con pañuelos atados cubriéndoles la boca, sentados al otro lado de donde yo estaba, frente a la policía, ubicados a metro y medio entre sí, recostados sobre sus brazos y las piernas extendidas al frente. Estos manifestantes de Choloma parecían en general más combativos que aquellos con los que había marchado en el centro de San Pedro Sula la noche anterior, eran más obreros y campesinos; había muchos hombres y mujeres mayores, de profundas arrugas, ataviados con prendas de protesta.

Un camión de la policía cargando un enorme tanque de gas lacrimógeno, apareció del lado izquierdo de la formación de la policía. En medio de un grupo grande de policías pude ver a una mujer que conocí por medio del sindicato y los movimientos de mujeres, hablando rápidamente con el que parecía ser el oficial al mando. «Nos van a empezar a reprimir en treinta minutos», anunció a su regreso.

Llamé a Stephen Coats de USLEAP y luego a otro activista de derechos humanos en los Estados Unidos, y les describí lo que estaba viendo. Stephen me dijo que debía llamar a la embajada de los Estados Unidos en Honduras y preguntar por Silvia Eiriz, la funcionaria de asuntos políticos —la tercera de mayor rango, con quien él había hablado en una ocasión anterior. Respiré hondo y llamé a la embajada por primera vez en mi vida y pregunté por Eiriz, quien atendió la lla-

---

66 Partes de este apartado aparecieron originalmente en Dana Frank, «Crisis of Legitimacy in Honduras?», *The Nation*, 30 de junio 2010.

mada. Identificándome como de la Universidad de California, asumí un tono profesional y le dije que posiblemente una peligrosa situación de derechos humanos estaba incubándose, con potencial violencia y brutalidad por parte de las fuerzas de seguridad. Sabía que la embajada entonces tomaría nota de que yo me encontraba allí, observando lo que podría suceder. Ella, educadamente, se disculpó por no poder hablar y dijo que me devolvería la llamada.

Quince o veinte minutos después, el camión con el gas lacrimógeno retrocedió, dio media vuelta y se fue. Algunos policías se dispersaron; otros se juntaron en la mediana como ganado debajo de los árboles, sofocados en los 35 grados de un clima húmedo. Miré hacia atrás y me di cuenta de que toda la gente sentada en el camino se había levantado. ¿Habrá habido algún tipo de negociación para suspender el bloqueo? ¿Mi llamada telefónica a la embajada habrá tenido algo que ver? No lo sé.

Lenta y de forma natural, todos giraron a la izquierda, avanzando hacia San Pedro Sula, y el ambiente cambió. Ahora los manifestantes estaban alegres y festivos. Se suponía que la siguiente acción sería una caravana de autos en la que recorreríamos en los vehículos los catorce kilómetros y medio hacia el centro de San Pedro Sula, pero la gente espontáneamente decidió caminar lo más posible. Salimos por los dos carriles de la derecha, avanzando lentamente en automóviles, motocicletas, pequeñas camionetas y a pie, mientras que, por los carriles de la izquierda, los autos y camiones en sentido contrario comenzaron a avanzar.

La gente desfilaba al lado de los autos; subían y bajaban de las motocicletas; una decena caminaba codo con codo adelante de nuestro bómper; posaban de forma libre, teatral para mi cámara, con banderas alrededor de sus hombros como chales o sobre sus cabezas para hacer un poco de sombra. Fue una de las cosas más bellas y alegres que he visto.

Yo iba en el pick-up debido a un problema en el pie, bajándome de vez en cuando para platicar con amigos, mientras avanzábamos poco a poco, pasando por pequeños parques industriales, un antiguo proyecto habitacional sindical; un centro de capacitación sindical; y, finalmente, por áreas residenciales con mucha sombra, donde altos árboles se vislumbraban en ambos lados del camino. Vi a Gloria García, una de las mujeres de más alto rango en el SITRATERCO —el sindicato de trabajadores más grande de la Chiquita—, y coordinadora de asuntos ambientales de la COSIBAH, caminar con expresión de alegría; al menos la mitad del camino hacia la ciudad lo hizo con un par de sandalias negras con tacones de tres pulgadas, atadas a sus tobillos con cintas infantiles de color rosa pálido y azul. Vi a dos jóvenes con botes de pintura en espray, delgados como rieles y con mochilas pequeñas e improvisados antifaces de tela de camiseta, pasando velozmente a nuestro lado haciendo grafitis.

Cuando llegamos al centro de San Pedro doblamos a la izquierda hacia un bulevar arbolado. La marcha se tupía cada vez más. Salí de la cabina del carro y me monté en la parte de atrás para poder observar el escenario y tomar fotografías, incluso a los dos camiones llenos de policías que nos seguían. Una banda musical de colegio, vistiendo camisetas blancas impresas con la frase «Campeones de Honduras 2009», se unió a la marcha. Divisé una gran manta roja que decía «Feministas en Resistencia», un extremo sostenido por un hombre con una camisa de vestir azul, el otro por una mujer en un mini vestido negro y «leggins» negras y una bufanda roja con la cara del Che Guevara colocada ingeniosamente alrededor de su cadera. Vi un muchacho de aspecto menudo, solo, con una sudadera roja que enmarcaba cuidadosamente su plácida y levemente irónica sonrisa, cargando un cartel con los colores del arco iris en el que se leía «Diversidad en Resistencia». Me pregunto ahora quién era él, y si estará vivo todavía.

También pude ver la logística de la Resistencia en acción. En Choloma y ahora en San Pedro Sula, los voluntarios me ofrecían agua en pequeñas bolsas plásticas selladas. Cuando atravesamos San Pedro, un hombre pasó a la par de nosotros con una caja de cartón repartiendo sándwiches de pan blanco con jamón colocados en bolsitas. Otros, más adelante, repartían folletos a los miles de espectadores alineados a lo largo de la ruta. He estado en muchas manifestaciones, pero nunca en mi vida había visto a la gente no solo tomar los folletos, sino quedarse allí en fila leyéndolos. Varios hombres con camisas amarillo brillante, el uniforme de una tienda de autopartes, estaban en una hilera con panfletos en mano, leyendo. Cuando pasamos por un edificio de oficinas de cuatro pisos en construcción, docenas de hombres desde los diferentes pisos, se apoyaban en los marcos de las ventanas para asomarse y mirarnos, algunos de ellos agitando tubos de PVC en apoyo.

La marcha se hizo cada vez más grande. Cuando doblamos hacia el parque central, parecía que había alrededor de cincuenta mil personas. Me dijeron que la marcha pudo haber sido mucho más grande, pero que era un día entre semana y la gente no podía salir del trabajo; de hacerlo, perdían su empleo. Ya en el parque, medio escuchamos larguísimos discursos, cantamos junto con la banda de rock, sacamos energía para una última ronda de conversaciones y luego regresamos a casa. Feliz aniversario.

La siguiente noche, Iris y yo nos tumbamos en nuestras camas a ver televisión en la habitación de un hotel en Sabá, en el valle del Aguán, donde nos trasladamos para participar en un taller con trabajadores de las plantaciones de Dole. Los canales principales, todavía transmitiendo reportajes en el contexto del aniversario, estaban llenos de depuradas discusiones oficiales sobre la «crisis» —negándose aún a calificarla de golpe de Estado— o entrevistas aduladoras a Roberto Micheletti. Cambiamos de canal y pusimos Cholusat Sur, de la oposición, y pasamos las siguientes dos horas en silencio, cautivadas, viendo un nuevo documental sobre la Resistencia: «¿Quién dijo miedo?»[67]. En las entrevistas, presentaba imágenes de la policía y el ejército persiguiendo, golpeando brutalmente, lanzando gases lacrimógenos, disparando y matando manifestantes una y otra vez, en lo que para mí era un interminable nubarrón de represión.

Cuando terminó, le dije a Iris: «Qué año el que has pasado», dándole unas palmaditas, cuando me levanté para ir al cuarto de baño. «Fue magnífico», respondió ella. Como me di cuenta de que no sabía a lo que se refería exactamente, cuando salí le pregunté: «¿Te refieres al documental o al año?». «Al año», respondió.

---

67   «¿Quién Dijo Miedo?: Honduras de un Golpe...», dir. Katia Lara (Honduras Argentina, Terco Producciones, 2010).

CAPÍTULO DOS

Campesinos, policías y prisioneros

Día de la Independencia

En el otoño de 2010, la Resistencia continuaba en la lucha. Lo sobresaliente del primer año se mantuvo —el orgullo de la gente por la forma en que se sublevó; las manifestaciones diarias de compañerismo; el florecimiento creativo de la cultura de resistencia—, pero en un contexto más difícil. La represión se intensificó y la realidad de los conflictos de largo plazo, tanto individuales como colectivos, se percibió con mayor claridad. Enfrentando un panorama deprimente, decenas de miles de hondureños activos en la Resistencia sacaban fuerzas de flaqueza. En las grandes ciudades, la gente seguía protestando.

En los valles del nororiente de Honduras, los campesinos también dieron un paso al frente y exigieron derechos sobre la tierra, pagando el precio con su sangre. Para los hondureños en la Resistencia, el siguiente año y medio fue brutal; y concluyó con un nuevo horror, casi más allá de la comprensión humana. También se presenció cómo la Resistencia formal definió su estrategia principal de los años siguientes.

Poco después del aniversario del golpe de Estado, el Gobierno de Lobo demostró que la represión se mantenía. Los primeros en sentir el impacto fueron los maestros. Durante agosto de 2010, 63 mil agremiados de seis sindicatos de maestros de escuelas públicas, aglutinados en la FOMH (Federación de Organizaciones Magisteriales de Honduras), continuaron con las protestas; entre otros reclamos, por el cumplimiento del Estatuto del Docente y el pago de los fondos que el Estado adeudaba al INPREMA (Instituto Nacional de Previsión del Magisterio). El 20 de agosto, en una marcha pacífica, la policía atacó a cuatro líderes sindicales y los detuvo durante doce horas, sin atención médica. Seis días después, durante una gran manifestación pacífica de maestros y sus aliados frente a la Casa Presidencial, policías y soldados les lanzaron unas cien latas de gas lacrimógeno e hirieron a cuatro maestros, a quienes un hospital público les negó atención médica[68].

Docentes de la Universidad Pedagógica Nacional Francisco Morazán, en la capital, estaban en huelga desde principios de mayo. El viernes 27 de agosto, en una manifestación pacífica frente a su universidad, acompañados por campesinos y simpatizantes de varios sindicatos, la policía y los militares repentinamente comenzaron a atacarlos. Cuando se refugiaron en la Universidad, las fuerzas de seguridad los rodearon y les lanzaron gases lacrimógenos, a la vez que golpearon y detuvieron a las personas que intentaban huir, hiriendo a siete de ellas, incluido un periodista. Frente a la universidad, desde una camioneta 'SUV negra, alguien disparó con arma de fuego a los manifestantes. El vehículo, según registro, estaba a nombre del Congreso Nacional[69].

Mientras la represión avanzaba, muchos gobiernos de América Latina, el Caribe y otras regiones trataban al país como un Estado paria. La OEA se negó a readmitirlo como miembro[70]. En contraste, en EUA, los principales medios de comunicación permanecieron en gran medida callados con respecto a la resistencia en curso y los abusos a los derechos

---

68 Karen Spring, «Honduras: Teachers and Students Resist Repression», *Monthly Review Online* (blog), 31 de agosto 2010; COFADEH, «August, 2010-Deadly Month for Human Rights in Honduras», agosto 2010, reproducido en *Quotha*, 9 de septiembre 2010; Honduras Solidarity Network; «Take Action! End the Brutal Repression of the Honduran Social Movement», *UpsideDownWorld*, 30 de agosto 2012.
69 Ibíd.
70 Marc Lacey, «Latin America Still Divided Over Coup in Honduras», *The New York Times*, 5 de junio 2010; Mark Weisbrot, «One Year On, Honduras Rift Persists», *The Guardian*, 30 de junio 2010.

humanos que tenían lugar en Honduras. Y durante 2010 y el primer semestre de 2011, era casi como si el país no existía.

A mediados de septiembre de 2010, viajé con mi madre al Parque Nacional Yosemite, en lo alto de Sierra Nevada, California, donde agradecidamente me liberé del celular por primera vez desde que se produjo el golpe, quince meses atrás. Después de tres días en las montañas, mientras descendíamos las secas colinas doradas, ya con señal en el celular, revisé los mensajes. Dos días antes, el 15 de septiembre, mi amiga Iris había llamado y dejó un mensaje desesperado: «¡Ayuda! ¡Hagan algo! ¡Nos están atacando con gases lacrimógenos y garrotes!».

El 15 de septiembre es el Día de la Independencia en Honduras. Ese día en Tegucigalpa, 50 mil manifestantes de la Resistencia llenaron las calles; la multitud cubrió unos tres kilómetros, sonriendo, vitoreando y portando pancartas. Los policías y los militares permanecieron quietos, observándolos, sin tocarlos[71]. En San Pedro Sula, otros 50 mil marcharon también en forma pacífica hacia el parque central. Al pasar frente al edificio de tres pisos donde funcionaba Radio Uno, cuando menos lo esperaban, policías y militares rompieron las ventanas y lanzaron gases lacrimógenos en los estrechos pasillos del local. Al entrar, destruyeron una estatua tamaño real de Manuel Zelaya, atacaron a Ernesto Bardales y le quebraron las piernas y los dientes. Después avanzaron como una aplanadora hacia el parque central, donde la mayoría de los manifestantes ya había llegado. Con aterradoras detonaciones, lanzaron latas de gases lacrimógenos por todas partes, incluso donde estaba la banda musical de un colegio. Con mangueras de agua contra la multitud, subieron al escenario y destrozaron o robaron miles de dólares en instrumentos musicales de la banda de rock Café Guancasco, que estaba a punto de presentarse. Un anciano vendedor ambulante murió de un ataque de asma provocado por el gas lacrimógeno. La pequeña camioneta de Iris estaba estacionada cerca, con un parlante sobre el techo y una pegatina

---

71   Chuck Kaufman, «Resistance March in Tegucigalpa, Honduras», 15 de septiembre 2010, reproducido en *Rights Action* (blog); «Honduras: Resistance & Repression», *Honduras Resists* (blog), 17 de septiembre 2010.

de Radio Progreso en el vidrio trasero. Durante el alboroto, las fuerzas de seguridad le quebraron las ventanas[72].

Según lo documentó una investigación de 75 páginas que realizó una alianza de grupos hondureños de derechos humanos en 2012, el responsable de desatar esa represión, junto con otros, fue Héctor Iván Mejía, en ese entonces director de la Policía de San Pedro Sula. Un año antes, el 20 de agosto, Mejía también estuvo al mando de la Policía de San Pedro Sula cuando atacaron brutalmente la manifestación de la Resistencia en Choloma; persiguieron por las calles a quienes participaban en una manifestación pacífica, lanzaron gases lacrimógenos a las casas y violaron en grupo a Irma Melissa Villanueva, todo con impunidad[73].

La mañana del Día de la Independencia, la secretaria de Estado Hillary Rodham Clinton se dirigió al pueblo hondureño con una declaración de apoyo de EUA al régimen:

Honduras está saliendo de un período muy difícil. La reanudación del gobierno democrático y constitucional este año ha sido un testimonio de

---

72 Convergencia por los Derechos Humanos Zona Noroccidental, *Protesta Social y Libertad de Expresión en Honduras: El Caso de 15-S*, mayo 2012, en www.academia.edu; para un informe documentado de los incidentes, ver Comisión de Verdad, *La voz más autorizada es la de las víctimas*, 151-153; «Auto de prisión dictan a vocero de la secretaría de Seguridad», *El Heraldo*, 7 de abril 2014 [fecha modificada]; «Justicia piden en caso de represión en Choloma tras golpe de Estado», Radio Progreso y ERIC (blog), 13 de noviembre 2014; «Piden destituir a oficiales por agresión a manifestantes», *La Prensa*, 21 de agosto 2013; Israel Cruz, «Dictan sobreseimiento definitivo a oficiales acusados de salvaje represión en Choloma, Cortés», *Conexión*, 26 de agosto 2013; «Impunity for Police Abuse of Anti-Coup Demonstrators», *SOA Watch* (blog), s.f (agosto, 2013); «Sobreseimiento definitivo a favor de dos comisionados de la Policía Nacional», *Proceso Digital*, 26 de agosto 2013; COFADEH, «Audiencia inicial contra Héctor Iván Mejía y Abraham Figueroa Tercero altos oficiales de la Policía», *Defensores en Línea*.
73 Traducción del testimonio de Irma Villanueva por María Soledad Cervantes, *Quotha*, 25 de agosto 2009; Comisión de Verdad, *La voz más autorizada es la de las víctimas*, 139-43; «Auto de prisión dictan a vocero de la secretaría de Seguridad»; «Justicia piden en caso de represión en Choloma tras golpe de Estado»; Cruz, «Dictan sobreseimiento definitivo a oficiales acusados de salvaje represión en Choloma, Cortés»; «Sobreseimiento definitivo a favor de dos comisionados de la Policía Nacional».

la resiliencia del pueblo hondureño, y trabajaremos con ustedes para fortalecer las salvaguardias de los derechos humanos y el Estado de derecho. EUA apoya los esfuerzos de Honduras orientados a obtener reconocimiento internacional, por el progreso realizado, y reclamar plenamente el lugar que le corresponde en la comunidad interamericana...

Les deseo a todos los hondureños un seguro y feliz Día de la Independencia[74].

Esa semana, el FMI anunció que otorgaba al Gobierno de Honduras un nuevo préstamo de USD 196 millones, otro mensaje indicando que EUA continuaba su apoyo con mucho entusiasmo[75].

«Twister» o «En el ojo de la tormenta»

De nuevo en San Pedro Sula, tres meses después, la noche del 14 de diciembre me uní a mis amigos German Zepeda y Ruy Díaz para participar en su programa de noticias y entrevistas en Radio Uno. German era uno de los principales líderes del FNRP en la Costa Norte y el presidente de la COSIBAH. Un pensador brillante y formal, constituía el interlocutor ideal del igualmente brillante y un tanto excéntrico profesor de matemáticas Ruy Díaz quien, durante dieciocho meses de régimen golpista, ha usado una gorra de color rojo encendido del FNRP y ha cargado sobre su hombro un palo con una gran bandera roja impresa con la sigla FNRP en letras negras sobre la silueta de Francisco Morazán, prócer de la patria.

Después del programa nos trasladamos a uno de los tradicionales restaurantes de comida típica, donde llegaron tres o cuatro amigos más; supuse que venían de una reunión del equipo de Radio Uno. Alrededor de las 8:30 p.m., uno de ellos recibió una llamada telefónica: los mili-

---

74 Hillary Rodham Clinton, Comunicado de prensa, «Honduras's Independence Day», Secretary of State, Washington, D. C., 13 de septiembre 2010, en 2009-2017.state .gov/secretary/20092013clinton/rm/2010/09/11147052.htm

75 Fondo Monetario Internacional, Comunicado de prensa N° 10/338, 13 de septiembre 2010.

tares anunciaron que en la mañana desalojarían a los campesinos de la carretera.

Hacía tres semanas dos mil campesinos de la comunidad Guadalupe Carney tenían tomada la carretera principal que atraviesa el valle del Aguán, en el norte del país. Demandaban reparaciones de puentes, la salida inmediata de las tropas que ocupaban la zona y, lo más importante, justicia en el caso de cinco campesinos asesinados tres semanas antes por los guardias de seguridad de un terrateniente; y a nadie arrestaron por ello[76].

Durante unos ocho minutos, algo revoloteó en mi cabeza. «¿Cuánto se tarda en llegar al Aguán?», pregunté. German se dio cuenta de mis intenciones: «cinco horas». Silencio. «¿Quieres ir?», le pregunté. «Sí», dijo sin vacilar. Ruy también quería ir. Accedí, con cierta reticencia. «Solo si no te pones la gorra roja. Lo digo en serio. Es como ondear una capa roja. Y no traigas la bandera gigante». «Okey», respondió.

Resolvimos el tema de la logística sobre la marcha. Necesitábamos rentar un vehículo —el de German estaba averiado. Llamamos a la Hertz. Las agencias rentadoras de autos del aeropuerto cerraban a las diez y no traía la tarjeta de crédito conmigo. Ruy fue a su casa y le explicó a su esposa por qué no iría al trabajo el día siguiente. German y yo fuimos a la casa donde me hospedaba, saqué mi tarjeta Visa y llegamos al aeropuerto a las 9:45. Mientras el empleado llenaba los formularios, nos paseamos nerviosamente, pues comenzamos a procesar, de forma individual, lo que estábamos haciendo.

---

76 Annie Bird, «World Bank-Funded Biofuel Corporation Massacres Six Honduran Campesinos», *Rights Action*, 22 de noviembre de 2009, reproducido en www .scoop.co.nz/stories/HL1011/S00175/world-bank-funded-biofuel-corp-massacres-six-hondurans.htm; Annie Bird, «Predictable, Endless Repression Continues in Honduras», 16 de diciembre 2010, republicado en *Quotha*, quotha.net/node/1442; Sorcha Pollak, «Death Valley: The Land War Gripping Honduras», *Irish Times*, 9 de mayo 2015; «Policías y Militares Reprimen Huelga de Campesinos en Honduras», TeleSUR, 17 de diciembre 2010, en telesurtv.net/secciones/noticias/85964-NN/policias-y-militares-reprimen-huelga-de-campesinos-en-honduras/; Movimiento Unificado Campesino del Aguán (MUCA), «Comunicado», Tocoa, Colón, *Movimiento MUCA* (blog), 16 de noviembre 2010.

Yo estaba consciente de lo que potencialmente se avecinaba. Sabía que algo podía salir mal: fácilmente, al llegar al pueblo, podíamos estar en medio de ataques con gas lacrimógeno, palizas brutales y tiroteos. También sabía que los testigos son importantes: si hay una profesora blanca, de clase media, estadounidense, observando lo que el ejército y la policía hacen a los campesinos, la represión podría disminuir; y si hay represión, podría denunciarla. German y Ruy también podrían transmitir lo presenciado a través de Radio Uno y otros medios de comunicación de San Pedro Sula y El Progreso. Ambos habían trabajado tendiendo puentes entre el mundo de la Resistencia de la ciudad y el aislado, pero osado, movimiento campesino del lejano Aguán.

Los campesinos hondureños tienen un historial de lucha. En los años 1970 y 1980, en respuesta a organizaciones campesinas fuertes, el Gobierno llevó a cabo una importante reforma agraria, otorgando tierras a grupos campesinos, especialmente en el Bajo Aguán; pero en la década de 1990, los gobiernos neoliberales al servicio de la élite de terratenientes lanzaron una contraofensiva. Mediante escrituras de traspaso amañadas, una ley que permitía la venta de tierras colectivas, un Poder Judicial corrupto y el terror de las armas, los grandes terratenientes se apropiaron de aproximadamente veinte mil hectáreas, incluidas las de 35 cooperativas campesinas. En gran parte de la zona plantaron palma africana; esto redujo dramáticamente la necesidad de mano de obra, consumió las aguas subterráneas y provocó el uso de insumos químicos contaminantes; la palma suplantó los cultivos básicos que sustentan a los campesinos y son importantes para el mercado interno.

Por mucho, el mayor responsable fue Miguel Facussé, la persona más rica y poderosa del país y un destacado defensor del golpe, quien, a través de su Corporación Dinant, comandaba un imperio de plantaciones de palma en el Aguán y a lo largo de la Costa Norte; y también comandaba su propio ejército privado de más de cien guardias de seguridad (no está claro el número exacto)[77].

---

77   Una fuente fidedigna sobre el valle del Aguán es Annie Bird, Human Rights Viola-
      tions Attributed to Military Forces in the Bajo Aguán Valley in Honduras, Rights

En los meses previos al golpe de Estado, las organizaciones campesinas del Aguán acordaron con el presidente Zelaya una revisión de alto nivel de las transacciones corruptas de tierras. Pero el proceso terminó cuando, el mismo día del acuerdo, le dispararon al representante de los campesinos, Fabio Ochoa. Posteriormente, los regímenes posgolpistas de Micheletti y de Lobo tiraron por la borda el proceso de negociación. En respuesta, con una audacia asombrosa, el MUCA (Movimiento Unificado Campesino del Aguán) y el MCA (Movimiento Campesino del Aguán) organizaron las denominadas «recuperaciones», ocupando tierras del Estado y elegibles para su repartición, o reclamadas ilegalmente por las élites. Al mismo tiempo, acudieron a los tribunales en busca de justicia, como lo hicieron otros grupos campesinos[78].

La masacre de los cinco campesinos en noviembre de 2010, que provocó el bloqueo de la carretera, sucedió en una plantación llamada El Tumbador, en terrenos de una antigua instalación militar, cerca de la Guadalupe Carney, una comunidad de mil doscientas familias campesinas a las que, varios años antes del golpe, el Gobierno les había prometido El Tumbador; pero la Corporación Dinant adquirió la plantación,

Action, 20 de febrero 2013; y Annie Bird, Petición ante la Comisión Interamericana de Derechos Humanos presentada por Rights Action y MUCA en representación del Movimiento Unificado Campesino del Aguán (MUCA), Movimiento Campesino Recuperación Aguán (MOCRA) y el Movimiento Campesino Refundación Gregorio Chávez (MCRGC) contra la República de Honduras, Rights Action (2013). Ver también Tanya M. Kerrsen, *Grabbing Power: The New Struggles for Land, Food and Democracy in Northern Honduras* (Oakland, CA: Food First Books, 2013). Sobre Facussé, ver Dana Frank, «Wikileaks Honduras: US Linked to Brutal Businessman», *TheNation.com*, 21 de octubre 2011; [Hugo] Llorens, Cable, «TFH01: Ambassador Urges Regime Supporters to Persuade Micheletti to Sign San Jose Accord», 8 de septiembre 2009, wikileaks.org/plusd/cables/09TEGUCIGALPA900_a.html. Múltiples noticias reportan doscientos guardias de seguridad en El Tumbador en el momento de la masacre, pero el número exacto de las fuerzas de seguridad de Dinant no es claro. Sobre conflictos por tierras, Phillips, *Honduras in Dangerous Times*.

78   Bird, Human Rights Violations Attributed to Military Forces in the Bajo Aguán; entrevista telefónica efectuada por la autora a Annie Bird, 6 de octubre 2017; «Nuevo atentado contra dirigente popular en Colón», *HondurasLaboral* (blog), 23 de junio 2009; Kerssen, *Grabbing Power: The New Struggles for Land, Food and Democracy in Northern Honduras* (Food First Books, 2013).

mediante maniobras ilegales. Funcionarios gubernamentales les dijeron a los campesinos que, para obtener sus títulos de propiedad sobre la tierra, necesitaban ocuparla. A partir de ese momento, los campesinos del MCA intentaron ingresar a El Tumbador para establecer la posesión[79].

El 15 de noviembre de 2010, entre doscientos y trescientos guardias de seguridad de la Corporación Dinant rodearon a un grupo de campesinos que trabajaban en sus parcelas colindantes con El Tumbador; les dispararon y mataron a cinco miembros del MCA. Tres semanas después, el 7 de diciembre, con la certeza de que nadie sería arrestado por los asesinatos, dos mil campesinos desarmados, del MUCA y el MCA, bloquearon la carretera que conecta Puerto Castilla y la ciudad de Trujillo con el resto del país, en frente de la comunidad Guadalupe Carney. Las fuerzas de seguridad entraron para ocupar la parte baja del valle. El 14 de diciembre, cuando recibimos la llamada en el restaurante, entre quinientos y mil elementos de las fuerzas policiales, militares y privadas, habían sitiado la Guadalupe Carney, apuntando con sus armas a la comunidad[80].

Estados Unidos entrenó esas fuerzas de seguridad y, en parte, financió sus equipos[81]. En 2010, después de una suspensión parcial del apoyo a las fuerzas de seguridad, como efecto del golpe de Estado, el financiamiento estadounidense para la policía y el ejército hondureño aumentó[82]. De hecho, cuando comenzó el bloqueo de la carretera, soldados estadounidenses de la Fuerza de Tarea Conjunta Bravo recién

---

79 Bird, *Human Rights...*, 25-26; Human Rights Watch, «Aquí no hay investigaciones: Impunidad de homicidios y otros abusos en el Bajo Aguán, Honduras» (Human Rights Watch, 2014), 21-25, en www.hrw.org/report/2014/02/12/there-are-no-investigations-here/impunity-killings-and-other-abuses-bajo-aguan; Bird, Petición ante la Comisión Interamericana de Derechos Humanos...

80 Entrevistas realizadas por la autora, 15 de diciembre 2010, comunidad Guadalupe Carney; «Report on Evictions in Aguán», *Food First-FIAN*, 15 de noviembre 2010, reproducido en archive.maryknollogc.org/regional/latinamerica/Honduras_Aguan_Valley_attack.html.

81 Bird, *Human Rights Abuses Attributed to Military Forces in the Bajo Aguán*, 14-15.

82 Peter J. Meyer, Congressional Research Service, *Honduras-US Relations*, 5 de febrero 2013 (Washington, D.C.: Congressional Research Service, 2013), 21-23; United States Government Accountability Office, *Review of US Response to the*

habían iniciado una misión de entrenamiento con militares hondureños en Puerto Castilla, a pocos kilómetros de distancia[83].

German pasó por mí a las 4:30 a.m. A su lado estaba Ruy. Sin la gorra y en la oscuridad, me costó reconocerlo —vestía una camisa celeste y pantalones caqui cuidadosamente planchados: todo un respetable profesor de matemáticas. Subí como pude al asiento trasero del auto y me acomodé para dormir, mientras ellos, en voz baja, hablaban de política.

Cuando paramos a desayunar un par de horas después, ellos se bajaron del carro antes que yo, y ahí, en el asiento del pasajero, aplastada, vi la gorra roja de Ruy. Vale más que había hecho una promesa... A partir de ahí, los tres bromeamos continuamente, las risas alimentadas por nuestra conciencia de los peligros que se podían presentar.

Dos horas más tarde doblamos hacia el sureste, a través de las montañas, en dirección al valle del Aguán. Antes de llegar al río, hicimos una izquierda hacia el Bajo Aguán. A la derecha se extendía el territorio de Dole, un mar de plantaciones de banano y sus trabajadores; a la izquierda palmas africanas, cooperativas campesinas y narcotraficantes. Alrededor de las 8:00 a.m., nos llamaron para decirnos que los campesinos se habían retirado de la carretera a último minuto, justo antes de que los militares y la policía les lanzaran gases lacrimógenos y blandieran sus macanas. Así que nos relajamos un poco. Solo un poco.

Llamé a mi amigo de USLEAP, Stephen Coats, para reportarme, pues era mi apoyo en seguridad; también para decirle que estábamos a punto de perder la señal de teléfono y estaríamos incomunicados durante las próximas cuatro horas. Me dijo que acababa de llamar a Jeremy Spector, el Agregado Laboral y de Derechos Humanos de la embajada estadounidense en Tegucigalpa, para informarle que un miembro de la junta

---

Honduran Political Crisis of 2009, 20 de octubre 2011 (Washington, D.C.: United States Government Accountability Office, 2011), 7.

83 John T. Stamm, United States Southern Command, «Joint Task Force-Bravo Troops Conduct Counter-Drug Training», 16 de diciembre 2010, en www.jtfb.southcom. mil/News/Article-Display/Article/434755/joint-task-force-bravo-enhances-counter-drug-capabilities/

directiva de USLEAP (o sea, yo) estaba en el Bajo Aguán, camino a la Guadalupe Carney, y que agradecería que la embajada prestara atención a mi seguridad. Me pareció absurdo. ¿Miembro de la junta directiva? ¿Prestar atención a mi seguridad? Pero Stephen, un profesional con experiencia, sabía lo que estaba haciendo: presentándome ante Spector como una observadora importante y advirtiendo a la embajada que estaba allí, investigando. Sabía que el mensaje, probablemente, llegaría al ejército hondureño.

Entre más nos acercábamos al ojo de la tormenta, menos conversábamos. Quince minutos después pasamos por un cuartel, bajamos la velocidad y vimos cuatro vehículos color verde olivo para el transporte de tropas, una camioneta militar y un camión gigante que transportaba un tanque de gas lacrimógeno, en cuyos costados se leía «Policía Nacional». Las bromas cesaron. Por la ventana tomé fotos de todo lo que pude enfocar; la acreditación de prensa hecha en casa colgaba de mi cuello como una ristra de ajos. Más adelante había una pinta: «FUERA MILITARES DEL AGUÁN», firmada por el MUCA.

Finalmente, alrededor de las diez, llegamos a la Guadalupe Carney. El asfalto de la carretera estaba todavía humeante por la lluvia que recién había caído, con restos de ceniza amontonada producto de las hogueras de los manifestantes. Soldados con trajes moteados y rifles de asalto estaban alineados en ambos lados de la carretera; y más adelante, un segundo camión de gas lacrimógeno. Nos detuvimos a un lado de la entrada al pueblo: un puente de barandas bajas sobre una quebrada, donde un grupo de quince o veinte hombres uniformados hacían consultas o se desplazaban por los alrededores. Al otro lado de la carretera, un hombre con un capote azul grisáceo, quien parecía estar al mando, hablaba por un celular. Sentí el olor de la lluvia, el asfalto, las cenizas y la fuerza bruta.

Vimos que algunas personas salieron de la comunidad en bicicletas —los primeros pobladores autorizados a salir desde que las fuerzas de seguridad cerraron el pueblo tres horas antes. German salió del carro y habló con la persona a cargo del grupo, quien nos dio permiso de entrar al pueblo. Mientras tanto, Ruy se había bajado del auto y, con tono de autoridad, vociferaba en el teléfono. Él también habló con los uniformados. Le pregunté qué les había dicho. Dijo que les había dicho que era periodista. «¿De dónde?», pregunté. «Radio Uno», respondió. Hasta ahí llegó nuestra fachada. Las siguientes tres horas se las pasó informando en directo vía teléfono. Fui a la parte trasera del auto para guardar mi bolso en el baúl, y ahí, escondida, estaba la gran bandera carmesí FNRP de Ruy.

Al cruzar el puente, el pueblo mostraba un laberinto de calles llenas de barro conectando casas ocultas entre los árboles, en el más hermoso valle que uno pueda imaginar —rodeado de montañas, salpicado de plantaciones bananeras verdes y brillantes. Frente a nosotros cruzaban, a paso rápido, grupos de siete a diez soldados y policías, armados hasta los dientes. Supuestamente, realizaban «inspecciones» en busca de armas y drogas. Portaban uniformes diferentes que rápidamente desistí de decodificar: desde el uniforme diario del ejército y la policía, hasta el de los Cobra y otras fuerzas especiales. Los denominé la bandada mixta, en alusión a los pájaros que llegan al patio de mi casa cada mañana. Algunos vestían trajes de camuflaje con el clásico verde olivo; otros en tonos azul claro a azul marino. Casi todos presumían chalecos antibalas negros, cascos y rifles de asalto sujetados firmemente a la altura del pecho. Algunos llevaban cachiporras largas de color azul.

Al llegar al centro del pueblo, encontramos extensos prados con unos cuantos caballos, una iglesia blanca en uno de los costados y, ubicada en el centro, una tienda de campaña grande del ejército. A la izquierda estaba el restaurante del pueblo, que era administrado colectivamente, tomado por las fuerzas de seguridad; un grupo de oficiales, aparentemente de alto rango, abarrotaba la entrada. Fotografié todo lo que pude, aprovechando algunos descansos para hablar con la gente de la comunidad. Contaron que los soldados orinaron deliberadamente en la iglesia, y que esa mañana los militares detuvieron un bus en la carretera, en las afueras del pueblo, y se llevaron las baterías de los teléfonos celulares de los pasajeros, e hirieron a dos personas. Mientras hablábamos, el ensordecedor ruido de un helicóptero comenzó a martillar sobre nosotros, dando vueltas a baja altura. German me dijo que al entrar había visto francotiradores en las partes altas.

Gradualmente, varios soldados y policías volvieron al centro del campo. Se sentaban en las bancas, hacían la siesta bajo los árboles, o entraban y salían de la tienda, mientras dos de ellos trotaban de un lado a otro llevando el almuerzo en recipientes de cartón, y una hielera; uno cargaba una botella de refresco de naranja bajo su brazo izquierdo y un rifle de asalto acunado en el derecho. Para ese entonces, periodistas y otros observadores comenzaron a llegar al lugar e hicieron entrevistas.

Sin embargo, las redadas continuaron. En una casa cerca de la entrada, vi a diez policías «inspeccionando» un pick-up plateado. Me acerqué lo más que pude —la preocupación de los campesinos era que les plantaran drogas o armas. Tres semanas antes, el presidente Porfirio Lobo expresó, sin prueba alguna, que en el Bajo Aguán había más de mil AK-47 y M-16, donde subversivos, afirmó, estaban siendo entrenados para atacar al Gobierno[84].

Otros hombres, no todos con uniformes, comenzaron a salir del pueblo en camionetas. Varios vecinos identificaron a sicarios que, según dijeron, trabajaban para Miguel Facussé. Yo vi hombres vestidos de civil entre la bandada mixta, incluido uno especialmente autoritario con un gorro de lana, quien estuvo en el restaurante con los mandamás.

Antes de irnos le pregunté tímidamente a la joven con quien estaba conversando si me permitía ver el interior de su casa. Ella dijo que sí; fue muy amable y cálida. En el interior había dos cuartos de paredes de bloques de hormigón gris, casi vacíos, en uno de ellos colgaba una hamaca. Me contó que su esposo era parte de los cinco campesinos asesinados por los guardias de Facussé cuatro semanas atrás, y que al bebé recién nacido que sostenía en brazos, su padre no lo conoció.

Alrededor de la 1:30 o 2:00 p.m., German, Ruy y yo cruzamos el puente para regresar al auto. Durante el recorrido de vuelta a casa, ape-

---

84 «Dreams of an Insurgency», *Honduras Culture and Politics*, 25 de noviembre 2010, en hondurasculturepolitics.blogspot.com/2010/11/dreams-of-insurgency.html

nas cruzamos palabra sobre lo que vimos, ni cuando paramos a comer un pescado frito junto al mar. Después de eso, cuando la luz se apagó gradualmente, y el auto alquilado también, dormité en la parte de atrás; mientras, Ruy entretenía a German con historias de sus andanzas de juventud cuando estudió en el extranjero. German arregló el auto, a medias; y a vuelta de rueda llegamos a El Progreso a tiempo para mi participación en el programa de los miércoles en la noche, que tenían las mujeres en Radio Progreso.

A la mañana siguiente, German me llamó para decirme que habían bloqueado de nuevo la vía que pasa frente a la Guadalupe Carney. Solo que esta vez la habían bloqueado doscientos hijos de campesinos que se sentaron en la carretera. Después de dos horas, dos mil adultos se unieron a los niños; pasado un tiempo, se retiraron juntos. «No le tenemos miedo a su represión», decían los campesinos. «No vamos a detenernos. Estamos enseñando a nuestros hijos a luchar. No tienen otra salida».

No recuerdo si German lo solicitó o si lo hice por mi cuenta, pero llamé a la embajada de EUA e informé sobre los niños en la carretera. Dudosa, pedí hablar con Jeremy Spector, el Agregado Laboral y de Derechos Humanos que Stephen Coats contactó un día antes. Era la segunda vez que hablaba personalmente con alguien de la embajada. Spector atendió mi llamada, pero brevemente; solo le mencioné que los niños estaban en la carretera en ese momento, que era una situación de derechos humanos peligrosa, y que la embajada debería advertir a los militares hondureños no usar gases lacrimógenos ni violencia.

El día siguiente tomé un autobús clase ejecutiva con destino a Tegucigalpa, un viaje de cinco horas. Veinte minutos después de haber salido de San Pedro Sula, la película Twister (Tornado) apareció, a todo volumen, en nueve pantallas de video distribuidas a lo largo del autobús. La película trata sobre un equipo de científicos que intenta poner en funcionamiento un aparato especial que aportaría a una investigación innovadora, pero solo si se coloca, en el momento exacto, en el ojo de un poderoso tornado. La acción, en gran parte, gira alrededor de Helen Hunt, saltando de una camioneta a otra mientras cruzan por las plantaciones de maíz del Medio Oeste. Los científicos conducen deliberadamente hacia el centro del peligro, con la adrenalina en su nivel más alto, tal como lo hicimos German, Ruy y yo. Lamentablemente, justo cuando estaba atrapada por el torbellino de la curiosidad acerca de la relación entre Hunt, su medianamente guapo, agradable, pero al final de cuentas poco memorable exmarido y su esposa actual, mi teléfono sonó. Era Jeremy Spector de la embajada.

Traté de explicarle que estaba en un autobús con la película Twister sonando a todo volumen, pero se hizo el desentendido. Quería saber si me encontraba bien; luego dijo que había leído mis artículos. Era evidente que, el día anterior, no sabía quién era yo; y ahora estaba informado. «¿Está escribiendo algo?», preguntó repetidas veces. «¿Podría enviar lo que escribe?».

Charlamos durante media hora de temas sindicales y derechos humanos. Traté de mantener nuestra conversación de forma tal que me permitiera exponer los problemas sin proporcionar información exacta de lo que sabía o estaba haciendo —durante el tiempo que duró la conversación, me preguntaba si alguno de los pasajeros entendía inglés. Me dijo que estaba «promoviendo el diálogo entre la comunidad de derechos humanos y el Gobierno hondureño». Como funcionario de la embajada en asuntos laborales y de derechos humanos, le expresé mis preocupaciones sobre la propuesta de una reforma a la legislación laboral, que se debatía en ese momento, que convertiría trabajos de tiempo completo en trabajos de medio tiempo, donde la sindicalización no aplicaba. Todo el rato traté de no mirar a Helen Hunt saltando de una camioneta a otra.

Media hora después, un amigo estadounidense llamó para contarme que el Departamento de Estado había condenado la conducta de los campesinos de la Guadalupe Carney por poner en riesgo la vida de sus hijos. Confesaré que, en el fondo, me sentí culpable durante varios años. ¿Pudo ser mi llamada telefónica a Spector la causa de la acción mediante la cual el Departamento de Estado —que no condenó la masacre de cinco campesinos, que guardó silencio ante el despliegue de intimidación militar y la clara colusión entre las fuerzas de seguridad estatales financiadas por EUA y matones a sueldo—, acusó a los campesinos de ser malos padres? ¿No debí haber llamado a Spector, informando de esa manera a la embajada sobre lo que estaba pasando en la carretera? Eso me mortificaba y nunca le conté a German que hice tal llamada.

Cuatro meses después, una colega desenterró el perfil de Jeremy Spector, y lo publicó en su blog. El bien nombrado Spector tenía una maestría en Inteligencia Estratégica por el Joint Military Intelligence College (EE.UU), fue teniente coronel en la Marina y gerente de programa en la Agencia Nacional de Inteligencia-Geoespacial; estuvo algún tiempo en el Joint Military Intelligence Operations Center (Comando de Operaciones Especiales Conjuntas) en Afganistán. No había evidencia de antecedentes o formación en temas de derechos humanos o laborales[85].

Durante años he sabido, por mi investigación histórica sobre Honduras, que los agregados laborales de las embajadas estadounidenses en Latinoamérica durante los años 1950 y 1960 mantenían relaciones cercanas con la CIA; e incluso, algunas veces, eran exagentes de la misma Central[86]. Pero tratar de cerca a una persona con una carrera en inteligencia era otra cosa.

Cuatro años después, todavía con dudas sobre mi llamada telefónica, todavía con sentimiento de culpa, decidí buscar lo que el Departamento de Estado expresó sobre los niños ese día. Resulta que el Departamento de Estado no se pronunció al respecto mediante una declaración pública, sino durante una llamada telefónica con una colega estadounidense. Esa mañana, ella llamó a la oficina de Honduras en Washington, D.C., para expresar su preocupación sobre la situación de los derechos humanos en la Guadalupe Carney. Un hombre llamado Greg Maggio atendió la llamada. Cuando la contacté, recordó que él había respondido agresivamente. «En lugar de tomar mi declaración y deshacerse de mí, él siguió hablando y hablando, básicamente intentaba convencerme de la irresponsabilidad

---

85 «A Correction», *Quotha*, 21 de abril 2011, en quotha.net/node/1732
86 Véase Philip Agee, *CIA Diary: Inside the Company* (New York: Farrar, Straus, and Giroux, 1975).

de los padres al exponer a sus hijos de esa manera», recordó. «No estaba segura si se sentía molesto y preocupado por los niños o si solo estaba ensayando conmigo la nueva directriz del Departamento de Estado sobre la utilización de los niños. O quizá simplemente estaba cansado de lidiar con el tema», especuló, «y estaba desahogándose»[87].

Busqué en Internet a Greg Maggio del Departamento de Estado y, además de varias menciones ambiguas refiriéndose a él en Washington, D.C., lo encontré en un cable de Wikileaks del 15 de marzo de 2006, en el que la embajada de EUA en Guatemala le pidió a la embajada de EUA en Nicaragua que aprobara un traslado: «Post quiere que Greg pase tres semanas en Managua para trabajar en algunos asuntos de derechos humanos de alto perfil que tienen considerable importancia para el año electoral»[88]. En otras palabras, el Departamento de Estado, aparentemente, envió a Maggio para poner en evidencia potenciales irregularidades del izquierdista gobierno sandinista previo a las elecciones.

Dejé de sentirme culpable. Ahora, pensando al respecto, entendí que, con seguridad, el Departamento de Estado supo de los niños en la carretera tan pronto llegaron. Y Maggio utilizó la valentía de los campesinos tergiversando el hecho y presentándolo como un caso de paternidad irresponsable.

Tres años después, en 2014, cuando los medios hicieron un gran revuelo por la llegada de 57 mil menores, no acompañados e indocumentados a la frontera de EUA, y los expertos del momento trataban de explicar por qué los padres harían algo aparentemente tan irresponsable, como enviar a sus hijos a otro país en un peligroso viaje por bus, tren y automóvil, y en compañía de extraños, pensé en los padres campesinos del Aguán y sus hijos; esos padres sabían exactamente cuán inhumanas eran las alternativas en el país. Y, tal como los padres que enviaron a

---

87 Comunicación vía correo electrónico, Babette Grunow a la autora, 16 de abril 2014; comunicación vía correo electrónico, Babette Grunow a la autora, 26 de diciembre 2010.

88 Cable, Paul Trivelli, «Embassy Managua Request for TDY for Greg Maggio», 15 de marzo 2013, en wikileaks.wikimee.org/cable/2006/03/06MANAGUA599.html

sus hijos al Norte, ellos trataban de imaginar y construir un futuro para sus seres queridos.

Acelerando, desacelerando

Ese invierno y primavera de 2010-2011, mientras los campesinos comenzaban a tomar los asuntos de justicia social por su propia mano, el FNRP lidiaba con decisiones estratégicas de alto nivel. Los golpistas controlaban el poder del Estado; pero la Resistencia aún tenía fuerzas formidables. La pregunta era cómo juntar las potentes energías de la base, que se liberaron durante el período inmediato al golpe, y canalizarlas hacia un cambio estructural. Y vivir para contar la historia.

El verano y otoño anterior, durante 2010, el FNRP centró sus demandas en una Asamblea Nacional Constituyente. Por supuesto, una Constituyente fue la opción a la que Zelaya se aferró, en junio de 2009, con el proyecto de la Cuarta Urna. Mediante esta, consultaría a los votantes si querían, en noviembre de 2009, como parte de las elecciones generales, votar sobre la instalación o no de una Asamblea Nacional Constituyente a celebrarse en el futuro, presumiblemente en 2010 o 2011, después de su periodo presidencial. Zelaya intentaba replicar las exitosas constituyentes que modificaron las constituciones de Bolivia (2009), Ecuador (2008) y Venezuela (1999), otorgando poder a los pueblos indígenas, reconociendo derechos humanos y protegiendo el medioambiente; y que, simbólicamente, marcaban una nueva era, más democrática, para sus países[89].

En 2010, el FNRP retomó la demanda de la Asamblea Constituyente y la utilizó para subrayar la necesidad de refundar la nación desde abajo —como la única salida ante el bloqueo del poder económico y político de la élite—, y como el medio concreto para iniciar la transición. En el verano de 2010, miles de personas de la Resistencia, entre ellas campesinos organizados y miembros del COPINH (Consejo Cívico de

---

89   Grandin, «Democracy Derailed in Honduras».

Organizaciones Populares e Indígenas de Honduras), difundieron una petición solicitando una Constituyente. En noviembre, sus partidarios informaron que habían recogido más de un millón doscientas cincuenta mil firmas, en un país de ocho millones de habitantes[90].

En ese momento, el FNRP aglutinaba un conjunto sumamente diverso de actores políticos. Por un lado, estaban los movimientos sociales: organizaciones campesinas, afrodescendientes e indígenas, todos luchando con uñas y dientes por el derecho a la tierra; el movimiento de las mujeres a través de grupos consolidados, como el Centro de Derechos de Mujeres (CDM), y nuevas iniciativas de articulación, como Feministas en Resistencia; y los movimientos sindicales. El STIBYS (Sindicato de Trabajadores de la Industria de la Bebida y Similares) puso a disposición de la Resistencia su infraestructura, especialmente sus amplias instalaciones en Tegucigalpa y San Pedro Sula, donde el FNRP sostuvo concurridas asambleas. También participaba una variedad de grupos profesionales, entre ellos Abogados en Resistencia, Periodistas en Resistencia y la Asociación de Jueces por la Democracia. Por otro lado, estaban los miembros del FNRP que provenían del sector del Partido Liberal leal a Zelaya: más clase media, más identificada con los procesos políticos formales y, en muchos casos, los beneficios del clientelismo político; muchos de estos veteranos del Partido Liberal transitaron por una incómoda alianza con el complicado mundo de los movimientos sociales de base y sus demandas más radicales.

En medio quedaban sindicalistas de izquierda que se habían comprometido con el proceso político tiempo atrás, en gran medida por medio de partidos políticos alternativos; pero también había sindicalistas de los dos partidos tradicionales. En noviembre de 2009, algunos fueron candidatos al Congreso y a gobiernos municipales por el pequeño y progresista partido Unificación Democrática (UD), pero se retiraron de los

90 «Más de un millón y cuarto de firmas soberanas exigen Constituyente y el retorno de Manuel Zelaya», *Tercera Información* (blog), 22 de noviembre 2010; Ismael Moreno, «¿Huelga General? ¿Asamblea Constituyente?», *Envío* N°. 342, septiembre 2010.

comicios en señal de protesta. Aquel otoño, la candidatura independiente a la presidencia de Carlos H. Reyes, presidente del STIBYS y patriarca del movimiento sindical hondureño, resultaba potencialmente más amenazante para los poderes fácticos; Berta Cáceres, coordinadora general del COPINH, se unió a Reyes, como candidata a la vicepresidencia. La imagen de Cáceres junto a Reyes en los carteles simbolizaba las nuevas alianzas que emergían entre los dinámicos movimientos sociales rurales, que habían florecido en las décadas de 1990 y 2000, y la tradicional izquierda sindical urbana. Tanto Reyes como Cáceres se retiraron de las elecciones en protesta[91].

Las organizaciones de derechos humanos independientes de larga data fueron cruciales para la oposición en general. COFADEH, la organización más destacada, mantuvo una distancia profesional; pero asumió el gran riesgo de estar allí en todo momento para documentar, divulgar e impugnar los abusos a los derechos humanos por las fuerzas de seguridad del Estado. Otras instituciones progresistas independientes desempeñaron papeles esenciales, sobre todo Radio Progreso y el ERIC (Equipo de Reflexión, Investigación y Comunicación), ambas instituciones de los jesuitas en El Progreso, media hora al suroeste de San Pedro Sula[92].

Tratando de mantener la unidad y avanzar, el FNRP comenzó en 2010 y 2011 un necesario proceso para formalizar su estructura interna y definir su plan estratégico. Decidieron cambiar la estructura centrada geográficamente en la capital y en San Pedro Sula. En febrero de 2010, el FNRP realizó una asamblea en la pequeña ciudad de Tocoa, enclavada en el epicentro de la lucha campesina en el valle del Aguán.

En Tocoa, las tensiones internas del FNRP estallaron rápidamente. La facción del Partido Liberal se retiró, potencialmente para bien,

---

91 «Carlos H. Reyes anuncia su retiro de los comicios», *Diario Tiempo*, 8 de noviembre 2009; Frank, «No Fair Election in Honduras Under Military Occupation»; entrevistas telefónicas de la autora con German Zepeda, uno de los candidatos de UD, noviembre 2010.

92 Sobre COFADEH, véase sitio web: noticias e informes, y el sitio web de análisis: defensoresenlinea.com/. Sobre el ERIC y Radio Progreso, véase: radioprogresohn. net/

cuando fracasó su intento de aumentar el número de sus delegados. Para apaciguarlos, los demás líderes negociaron un trato y nombraron a Manuel Zelaya —quien estaba en República Dominicana—, como el coordinador general del FNRP. Los liberales se reincorporaron, con su candidato ausente al mando.

La decisión de poner a Zelaya a cargo del FNRP tuvo enormes consecuencias a largo plazo. Manuel Zelaya, de muchas formas, suplantó a la junta directiva del FNRP, que representaba la diversidad de la Resistencia, en especial los movimientos sociales. Como efecto inmediato, la decisión lo convirtió en la figura de culto en torno de la cual giraba la Resistencia. Gran parte de la base del FNRP, sobre todo los pobres de las zonas urbanas, ya miraban a Zelaya como un salvador, un santo que llevaría al pueblo hondureño a la tierra prometida. Los acólitos en San Pedro Sula, incluso, construyeron una estatua de Zelaya en tamaño real, rojo y negro, con el brazo en alto saludando, que guardaban en las oficinas de Radio Uno y sacaban al Parque Central, donde la gente se agolpaba para tomarse fotos con el Zelaya suplente. Con él como coordinador general, el culto a la personalidad se fusionaría con el caudillismo institucional del FNRP[93].

El 26 y 27 de febrero de 2011, el FNRP llevó a cabo otra gran asamblea en Tegucigalpa, con mil quinientos delegados que estremecieron, con sus cantos y consignas, el salón del STIBYS hasta sus cimientos. Tomaron dos decisiones importantes: Primero, crear una estructura nueva, más formal, de representación, con delegados de cada uno de los dieciocho departamentos del país, más un nuevo «Departamento 19», para incluir a los hondureños activos en la Resistencia fuera del país. Segundo, decidieron que el FNRP no haría política electoral. «Las condiciones para

---

93 Ismael Moreno, «¿Huelga General? ¿Asamblea Constituyente?» *Envío* N°. 342; «Reactions to the National Assembly of the FNRP: From Mel on Down», *Honduras Culture and Politics*, 12 de julio 2010, en hondurasculturepolitics.blogspot; sobre antecedentes de Zelaya como figura de culto y líder, Ismael Moreno, «Diálogo: cambiar algo para que no cambie nada», *Envío*, N° 344 (noviembre, 2010). Presencié las multitudes que se agolpaban alrededor de la estatua de Zelaya durante una manifestación de 2010 en San Pedro Sula.

participar en el proceso electoral no existen; queremos el regreso del coordinador general y todos los que están en el exilio, y queremos la Asamblea Nacional Constituyente», declaró Xiomara Castro, la esposa de Zelaya, quien surgió como líder símbolo por derecho propio.

En la batalla por el alma estratégica del FNRP, los movimientos sociales les ganaron a los exliberales, quienes creían que el FNRP debía convertirse en un partido político. Los movimientos sociales argumentaron que el poder de la Resistencia provenía de su base diversa, y debía permanecer independiente; y si bien se podía forjar alianzas, el movimiento social unificado debía permanecer aparte. A muchos también les preocupaba que cualquier incursión en la política electoral, en el contexto de la arraigada tradición clientelar del país, degeneraría rápidamente en oportunismo[94].

El momento cumbre del FNRP tuvo lugar a mediados de marzo cuando, una vez más, salió de la capital; esta vez para realizar una asamblea en La Esperanza, Intibucá, en territorio indígena lenca, en lo alto de las montañas. Berta Cáceres dio un magnífico discurso de bienvenida, que Radio Progreso transmitió en directo. Muy lejos, en mi estudio, en el Norte de California, sus palabras me estremecieron de pies a cabeza, y expresaron de la mejor manera las virtudes más profundas, la visión y el feminismo de la Resistencia, mientras hablaba de las mujeres cuyas manos, con cuidado y amor, cultivaron los frijoles, palmearon las tortillas y cocinaron los frijoles que alimentarían a los delegados (desafor-

---

94 «Honduran resistance movement decides not to participate in elections» (trad. de Radio del Sur), *Quotha*, 28 de febrero 2011; Frank, «Open Season on Teachers in Honduras». Sobre posiciones, ver, e. g., «Posición de STIBYS ante la asamblea de FNRP del 26 febrero 2011», 8 y 22 de febrero 2011, en copinh.org/article/posicion-del-stibys-ante-la-asamblea-del-fnrp-del-/; «Honduras: Propuesta del D-19-USA ante la asamblea de FNRP el 26 de febrero», 22 de febrero 2011, en www.elsoca. org/index.php/america-central/hondu/1640-honduras-propuesta-del-d-19usa-ante-la-asamblea-del-fnrp-el-26-de-febrero. Acerca del Departamento 19, ver «Department 19: A New Political Player in Honduras?», *Honduras Culture and Politics*, 22 de marzo 2011.

tunadamente, el texto exacto de su discurso parece que desapareció del registro histórico)[95].

Sin embargo, la Resistencia no abandonó su importante táctica de usar las protestas masivas en las grandes ciudades para alterar el comercio, obstaculizando la normalización del régimen posgolpista y desafiando su capacidad de gobernar; y, a la vez, plantear demandas concretas. En marzo y abril de 2011, cuando el FNRP definía sus estructuras y estrategias, los maestros, en particular, volvieron a tomarse las calles, generando el choque más brutal y frontal, desde las postrimerías del golpe, entre el gobierno y quienes demandaban justicia social[96].

Mucho antes del golpe, los sindicatos de maestros ya tenían una militancia de base poderosa y de larga trayectoria. Gracias a esta, en 1997, lograron obtener el Estatuto del Docente, que garantiza salarios y beneficios no disponibles para otros empleados gubernamentales. Cuando se dio el golpe, los maestros fueron los primeros en salir a las calles, conscientes de que el control del Estado sería crucial para su destino. Tal cual, el régimen posgolpista de Micheletti rápidamente atracó su enorme fondo de pensiones y, con frecuencia, en el Gobierno de Micheletti y después en el de Lobo, no les pagaban el salario. Ante ello, los maestros inundaron las calles y, a finales de 2009 y durante 2010, se declararon en huelga varias veces, durante largos períodos, para exigir pagos atrasados y la restitución de sus pensiones.

Sin embargo, en cierto modo, los maestros guardaron distancia del FNRP. Después de obtener el Estatuto del Docente veinte años atrás, la mayoría de los colegios magisteriales —aunque no todos— se mantuvieron al margen del movimiento obrero. En el infierno político posgolpe, algunos militantes criticaron a los maestros por preocuparse mezquina-

---

95 Giorgio Trucchi, «II Encuentro Nacional por la Refundación de Honduras: Refundar y construir el poder popular y constituyente en Honduras», UITA Secretaría Regional Latinoamérica, 16 de marzo 2010, en www6.rel-uita.org/internacional/honduras/democradura/hacia_la_refundacion_de_honduras-2.htm

96 Parte de lo expuesto a continuación fue publicado originalmente en Frank, «Open Season on Teachers in Honduras», *TheNation.com*, 5 de mayo 2011.

mente solo por lo suyo. No obstante, fueron ampliamente admirados por la valentía y militancia demostrada en las protestas posteriores al golpe.

En marzo de 2011, cuando el Congreso debatió una ley que abriría la puerta a la privatización del sistema de educación pública del país, se hizo evidente lo que estaba en juego. La ley transferiría el control de la educación a las municipalidades, que tendrían libertad para establecer escuelas con fines de lucro. Detrás de dicha ley había un programa piloto impulsado por el expresidente neoliberal Ricardo Maduro (2002-2006), en el que los docentes tendrían contratos de diez meses, recibirían un pago de tan solo un tercio de sus salarios actuales (debajo del salario mínimo), y no recibirían pensiones. El modelo fue desarrollado con financiamiento del Banco Interamericano de Desarrollo (BID), como parte de un programa global más amplio de «reforma» educativa, enfocado en debilitar los sindicatos magisteriales[97].

El 17 de marzo, un contundente 90% de los 68 mil docentes de escuelas públicas se declaró en huelga, saliendo a las calles de Tegucigalpa en señal de protesta. En respuesta, la policía y los militares les lanzaron gases lacrimógenos durante casi tres semanas seguidas. El Gobierno suspendió a 305 maestros, de dos a seis meses, por participar en las manifestaciones y, cuando las negociaciones con los sindicatos se vinieron abajo, amenazaron con suspender a 5 mil más[98].

El 31 de marzo, transcurridas dos semanas en huelga, el Congreso aprobó la ley de privatización. El día anterior, en solidaridad, el FNRP anunció un paro cívico nacional, protestando contra la ley y la represión. A la par, exigía aumento del salario mínimo; reducción de precios

---

97   Annie Bird y Karen Spring, «Honduras: Protesters Challenge IDB-Funded Privatization of Education, despite Massive Violent Retaliation», *Monthly Review Online*, 12 de abril 2011; Lois Weiner y Mary Compton, eds., *The Global Assault on Teaching, Teachers, and Their Unions: Stories for Resistance* (Nueva York: Palgrave Macmillan, 2008).

98   Bird y Spring, «Honduras: Protesters Challenge IDB-Funded Privatization of Education, despite Massive Violent Retaliation»; Frank, «Open Season on Teachers in Honduras».

de alimentos, combustibles y servicios públicos, y una constituyente[99]. Ese día y el siguiente, la resistencia en las calles se intensificó, en la medida que los hondureños echaron mano de una de las pocas armas que tenían: colocaron sus cuerpos frente a las fuerzas de seguridad del Estado, formando un resistente muro de rebeldía.

En estas manifestaciones, y durante el período posgolpe, la Resistencia se presentó como un movimiento pacífico. En la práctica, eso significó un asombroso movimiento no violento y desarmado. Una fracción pequeña de los manifestantes siguió fiel a sus propias reglas de participación: si la policía o los militares atacaban, respondían; pero solo lanzando piedras y utilizando palos.

Ilse Ivania Velásquez Rodríguez fue una de las maestras no violentas que se declaró en huelga el 17 de marzo. Esta maestra de educación primaria de 59 años de edad, quien también fue directora de escuela en Tegucigalpa, llegó a Casa Presidencial para defender a Zelaya la mañana del golpe. Durante meses y meses siguió protestando. En el verano de 2010, repartió hojas para recolectar firmas de respaldo a la Constituyente. «Mi hermana quería retirarse ese año», me contó a principios de abril de 2011 su hermana Zenaida, quien vive en San José, California, cerca de donde yo vivo. «Pero le dijeron que era necesario estar en una lista de espera», con otros dos mil anotados antes que ella, porque habían saqueado el fondo de pensiones[100].

La mañana del 18 de marzo de 2011, el segundo día de la gran huelga contra la aprobación de la nueva ley, Ilse se unió a otros maestros en una manifestación frente a las instalaciones del Instituto Nacional de Previsión del Magisterio. Cuando la policía y los soldados ocuparon las calles y lanzaron gases lacrimógenos, los maestros, para demostrar su

---

99 Freddy Cuevas, «Trabajadores de la salud en paro por apoyo maestros de Honduras», *La Prensa*, 28 de marzo 2011; COFADEH, «Honduras: Continúan en emergencia los DDHH»/«Honduras: The Human Rights Emergency Continues», 31 de marzo 2011, trad. Vicki Cervantes, republicado en *Quotha*, 3 de abril 2011.

100 Frank, «Open Season on Teachers in Honduras»; Zenaida Velásquez, «Slain Honduran Teacher Writes to Nancy Pelosi: Stop Supporting Porfirio Lobo's Regime in Honduras», *Monthly Review Online,* 17 de abril 2011.

no violencia, alzaron los brazos; pero la policía siguió lanzando gases lacrimógenos. A las 10:44 a.m., mientras Ilse intentaba escapar, un policía le lanzó deliberadamente una lata de gas lacrimógeno directo a la cara, a corta distancia. Ella cayó al suelo, inconsciente, en una asfixiante nube de gas. El conductor del carro de una televisora, también afectado por el humo, pasó sobre su lado derecho. Tres horas después, Ilse murió en un hospital[101].

La impresionante muerte de Ilse Velásquez anticipó la violencia que las fuerzas de seguridad emplearon contra los manifestantes dos semanas después, el 31 de marzo, día del paro cívico nacional contra el proyecto de Ley de Fortalecimiento a la Educación Pública. En la ciudad de Nacaome, al sur del país, la policía lanzó gases lacrimógenos contra los maestros y sus aliados, mientras estos se reunían y preparaban para bloquear la calle. Cuando un grupo de manifestantes se refugió en una casa cercana, la policía lanzó varias latas de gas al interior de la misma, donde había al menos cinco niños y un bebé de dos meses, Christopher de Jesús Bonilla García, quien sufrió asfixia. Cuando dejó de respirar, su padre le dio respiración boca a boca. La policía continuó lanzando latas de gas, mientras el padre intentaba escapar con el bebé. Finalmente escaló una pared y le pasó el bebé al abuelo, quien escapó en una motocicleta y llegó a un centro médico. El bebé sobrevivió, pero con la posibilidad de tener, a largo plazo, daño en sus pulmones[102].

A las seis y media de esa mañana, durante una manifestación en el Triunfo de la Cruz, una comunidad del pueblo garífuna en la Costa Norte, la policía irrumpió y capturó selectivamente a Miriam Miranda, coordinadora de OFRANEH (Organización Fraternal Negra Hondureña), una prominente organización garífuna. Profiriendo insultos racistas la golpearon, lanzaron gas lacrimógeno contra su abdomen, a corta distancia, la tiraron al pavimento y luego la trasladaron a la cárcel donde, pese a sus pulmones afectados y a los moretones en su pecho, le negaron

---

101 Ibíd.
102 COFADEH, «Honduras: Continúan en emergencia los DDHH». Este informe describe, de forma más completa, la represión generalizada en ese momento.

atención médica. Mientras estuvo detenida, no le leyeron sus derechos; después fue acusada de sedición.

Al día siguiente, después de que el clamor internacional lograra su liberación, Miranda declaró que, «A pesar de las sonrisas plásticas de los funcionarios estatales y su afán de obtener reconocimiento internacional, la criminalización de la disidencia se ha agudizado bajo el régimen de Porfirio Lobo»[103].

Esa mañana, también en solidaridad con los maestros, campesinos organizados bloquearon el tráfico en Planes, entrada al valle del Aguán. Después del mediodía, cuando estaban a punto de dispersarse, la policía les disparó gases lacrimógenos y municiones, hiriendo al menos a doce y matando a una persona. Las autoridades levantaron tan rápido el cuerpo, que nadie pudo identificar quién era[104].

En esos primeros terribles meses de 2011, las fuerzas de seguridad dominaron el arte de usar las latas de gas como armas mortales, no solo contra manifestantes, sino también contra periodistas identificados con la Resistencia. Ese mismo día en Tegucigalpa, la policía cercó a la reportera Lidieth Díaz, jaloneando el cable de su micrófono, que portaba el logotipo azul, rojo y amarillo de TV Globo, una estación de oposición. Cuando ella se opuso, lanzaron una lata de gas lacrimógeno directo a sus pies. Dos días después, la policía disparó una lata de gas lacrimógeno a la cara de Salvador Sandoval, camarógrafo de la estación de televisión opositora Cholusat Sur, fracturándole el tabique. Desde su cama en el hospital, denunció que «la policía tiene a todos los medios identificados como resistencia o no resistencia»[105].

---

103 Miriam Miranda, «Honduras: The Coup d'Etat, Its Inheritors and the Criminalization of Social Protest», 29 de marzo 2011, trad. Matt Ginsberg Jaeckle, republicado en *Quotha*, 30 de marzo 2011, quotha.net/node/1669; «Joint Appeal —Assault and Judicial Harassment of Human Rights Defender Ms Miriam Miranda Chamorro», *Front Line Defenders*, 30 de marzo 2011.

104 COFADEH, «Honduras: Continúan en emergencia los DDHH».

105 Alerta de C-Libre, «Periodistas víctimas de represión policial», *C-Libre* (blog), 25 de marzo de 2011; Frank, «Open Season on Teachers in Honduras».

A la represión contra las manifestaciones de marzo y abril, se sumó un implacable bombardeo diario de amenazas a muerte, acoso y agresiones por parte de paramilitares y otros agentes irregulares, dirigido contra los sectores de la oposición, ampliamente definida para incluir tanto a la militancia del FNRP, como a cualquier persona trabajando por los derechos humanos, la justicia social y el Estado de derecho, o informando sobre ello. En la capital llovían piedras sobre los automóviles en el estacionamiento de las instalaciones del STIBYS. En San Pedro Sula, un automóvil sin placas, rutinariamente, acechaba la oficina del Centro de Derechos de Mujeres, vigilando a María Elena Sabillón, una abogada que representaba a víctimas de violencia doméstica. Mujeres transgénero aparecían muertas en callejones y basureros[106].

Cuando las fuerzas de seguridad atacaron y capturaron a Miriam Miranda, múltiples activistas de derechos humanos de EUA le escribieron a Jeremy Spector, el Agregado Laboral y de Derechos Humanos de la embajada en Honduras que habló conmigo, solicitándole apoyo para la protección de Miranda. En su respuesta, Spector les informó de forma escueta que el Gobierno hondureño había liberado a Miranda. Seguidamente escribió cuatro párrafos en los que criticaba con virulencia a los maestros por su agresividad, sin decir una palabra sobre la violencia perpetrada por las fuerzas de seguridad del Estado hondureño ese día, o las semanas previas. Spector fue más allá de lo indicado al criticar a los maestros por su decisión de declarar la huelga, desestimar la alerta sobre la ley de privatización considerándola «infundada» e «injusta», y hacerles un llamado de retorno a las aulas, pese a que no estaban recibiendo salario. Escribió que era una «tragedia» que la maestra Ilse Velásquez hubiera sido «atropellada por un carro de la prensa», pero no mencionó la lata de gas lacrimógeno que un policía lanzó directamente a su cara, lo cual la hizo caer cerca del paso del vehículo[107].

---

106 Frank, «Open Season on Teachers in Honduras».
107 Correo electrónico, Jeremy Spector a Jerold Block, 30 de marzo 2011, en posesión de la autora.

Vueltas de la victoria

La represión de la policía y el ejército, al mando de Lobo, no se trataba solo de fuerza bruta. Al igual que el golpe, se trataba también de controlar el Estado para cumplir una agenda económica al servicio de la oligarquía hondureña y las corporaciones transnacionales. Su proyecto económico fue diseñado para succionar el dinero de maestros, obreros industriales, trabajadores de plantaciones y defensores del derecho a la tierra, que estaban en las calles; y para canalizar esos fondos hacia los bolsillos de la élite. Esa primavera de 2010, la Administración Lobo no solo lanzó latas de gas lacrimógeno, sino también iniciativas económicas a las que dichas latas servían.

En las primeras posiciones de la lista estaba un plan tan absurdo que parecía inconcebible, conocido como Ciudades Modelo o Ciudades Charter. Ostensiblemente inspiradas en Hong Kong y Singapur, serían zonas especiales, conocidas como ZEDE (Zonas de Empleo y Desarrollo Económico), donde inversionistas extranjeros tendrían libertad para invertir y desarrollar ciudades enteras, como lo creyeran conveniente; y a donde los hondureños podrían migrar cuando quisieran. Las leyes laborales, ambientales y otras vigentes en el país no aplicarían; la Constitución hondureña no se aplicaría; las Ciudades Modelo podrían incluso firmar tratados con gobiernos y fuerzas militares extranjeras. La «mente maestra» detrás de las originales Ciudades Modelo en Honduras, propuestas en 2010, era la del economista estadounidense Paul Romer, miembro de un grupo asesor creado por Michael Reagan, hijo de Ronald Reagan, y Grover Norquist, el creador del movimiento de base de extrema derecha del Tea Party, que llevó a los ultraconservadores al poder en el Congreso de EUA[108].

La propuesta de las Ciudades Modelo es una de las fantasías más demenciales concebida por los neoliberales. En el contexto hondureño, tuvo eco gracias a una larga historia de enclaves económicos contro-

---

108 «Hong Kong in Honduras», *The Economist*, 10 de diciembre 2011; Danielle Marie Mackey, «'I've Seen All Kinds of Horrific Things in My Time. But None as Detrimental to the Country as This'», *The New Republic*, 14 de diciembre 2014.

---

lados por corporaciones transnacionales[109]. A lo largo del siglo XX, la United Fruit Company y la Standard Fruit Company gobernaron zonas enteras del territorio hondureño mediante sus plantaciones bananeras. A comienzos de la década de 1970, las empresas transnacionales se trasladaron a nuevas «zonas de procesamiento para exportaciones» o maquiladoras, donde las fábricas de la industria textil y electrónica explotan a trabajadores —más de cien mil en los tiempos del golpe— con poca interferencia del Gobierno hondureño[110].

Mientras la propuesta de las Ciudades Modelos permanecía al acecho, el Gobierno preparó el camino para salarios más bajos, menos derechos laborales básicos y un movimiento laboral debilitado. En septiembre de 2010, el Congreso aprobó el Programa de Empleo por Hora, atentando contra los empleos de tiempo completo y convirtiéndolos en empleos de tiempo parcial, no elegibles para sindicalización o para el sistema de pensiones y salud del Gobierno[111].

A principios de mayo, con mucha fanfarria, el Gobierno organizó un espectáculo de inversión llamado «Honduras Is Open for Business» (Honduras, abierta para los negocios). El empresario mexicano Carlos Slim, en ese momento el hombre más rico del mundo, y Paul Romer, el defensor de las Ciudades Modelo, figuraban entre los expositores (Bill Clinton figuró en la lista inicial, pero canceló). La conferencia fue diseñada para asegurar a los inversionistas que Honduras era de nuevo un lugar seguro para invertir, y con un futuro prometedor. «Somos el más atractivo destino para la inversión extranjera directa en América Latina»,

---

109 Para seguimiento, véase Ismael Moreno, «Honduras: Una Ciudad Modelo en una sociedad en harapos», *Envío*, N°. 349 (abril, 2011).

110 Sobre el sector de las maquiladoras, Benedicte Bull, F. Castellaci y Yuri Kasarahara, *Business Groups and Transnational Capitalism in Central America* (Nueva York: Palgrave Macmillan, 2014); Ralph Armbruster-Sandoval, *Globalization and Cross-Border Solidarity in the Americas: The Anti-Sweatshop Movement and the Struggle for Social Justice* (Nueva York: Routledge, 2004).

111 República de Honduras, Decreto N°. 230-2010, *La Gaceta*, 4 de noviembre 2010; AFL-CIO, *Trade, Violence, and Migration: The Broken Promises to Honduran Workers*, 9 de enero 2015, en aflcio.org/sites/default/files/2017-03/Honduras PDF, 12-13.

afirmaba en su portada el satinado panfleto de la conferencia. No se sabe si el evento generó alguna inversión real, pero ciertamente generó algunas frases punzantes en el mundo solidario del norte: «Honduras, abierta para la represión». «Honduras, en quiebra para los negocios»[112].

Entonces, aparentemente de la nada, el 22 de mayo de 2010, los presidentes Juan Manuel Santos, de Colombia, y Hugo Chávez, de Venezuela, anunciaron la negociación de un acuerdo con el Gobierno hondureño, que le permitiría al expresidente Zelaya regresar libremente al país. El Acuerdo de Cartagena, como fue conocido, contenía tres cláusulas clave: primero, todos los cargos penales contra Zelaya y sus principales ministros, también en el exilio, serían anulados. Segundo, el Gobierno de Honduras se comprometía a proteger los derechos humanos. Tercero —aquí se complica la trama— se habilitaría una vía legal para que el FNRP se convirtiera en un partido político[113].

Al parecer, muchos de los líderes del FNRP no sabían del pacto antes de su firma y de que se hiciera público. La Resistencia hondureña, en general, no tuvo un proceso democrático de toma de decisiones en relación con la negociación o aprobación. El FNRP, de hecho, tres meses antes, había decidido democráticamente no participar en política electoral. En Cartagena, Zelaya y su círculo más íntimo, sabiendo muy bien que la

---

112 Secretaría de Relaciones Exteriores, República de Honduras, *Honduras is Open for Business*, panfleto (San Pedro Sula, 5 y 6 de mayo de 2011); John Perry, «Honduras, Open for Business», *LRB Blog* (London Review of Books), en www.lrb. co.uk/blog/2011/05/18/john-perry/honduras-open-for-business/; Comunicado de prensa, «Obama Trade Official Highlights International Investment Opportunities in Honduras», Asociación de comercio internacional, 5 de mayo 2011, en www. trade.gov/press/press-releases/2011/obama-trade-official-highlights-international-investment-opportunities-in-honduras-050511.asp

113 Elisabeth Malkin, «Ex-Leader of Honduras Signs Accord Clearing Path for Reform», *The New York Times*, 22 de mayo 2011; «Ousted Leader Manuel Zelaya to Return to Honduras», *The Guardian*, 23 de mayo 2011. Para un análisis de los debates sobre el acuerdo, véase «The Cartagena Accord», *Honduras Culture and Politics*, 22 de mayo 2011; «Reactions to the Cartagena Accord, Part One: The FNRP», 24 de mayo 2011; «Reactions to the Cartagena Accord, Part Three: Artists in Resistance»; «There's a Hidden Agenda», 25 de mayo 2011; «'The ancestral force of Lempira', COPINH Responds», 27 de mayo 2011; «Reactions to the Cartagena Accord, Part Four: The UCD Responds», 29 de mayo 2011.

base del Partido Liberal dentro del FNRP anhelaba una porción del pastel electoral, llegó a un acuerdo que, en la práctica, arrojó por la borda a los movimientos sociales de la Resistencia. Los poderes en el hemisferio que respaldaron el pacto —Venezuela, Colombia y Nicaragua—, querían una solución al «problema» del exilio de Zelaya y al estatus de Honduras como un Estado paria. EUA, especialmente, quería que los países que aún se resistían, reconocieran el Gobierno de Lobo y, así, el retorno de Honduras a la OEA[114].

El 28 de mayo de 2011, casi dos años después del golpe, Zelaya aterrizó triunfante en el Aeropuerto Internacional Toncontín. La emocionada multitud que le dio la bienvenida llenó los bulevares, más allá de lo que se alcanzaba a ver; incluso periódicos y estaciones de televisión a favor del golpe y ultraconservadoras, reportaron entre 900 mil a un millón 200 mil personas, quizá una octava parte de la población hondureña. La gran prensa de EUA, que guardó silencio respecto de Honduras por año y medio, durante la represión, asesinatos, robos de alto nivel y destrucción del Estado de derecho, informó sobre el regreso de Zelaya y el reingreso del país a la comunidad internacional[115].

El 1 de junio, cuatro días después, la OEA votó para readmitir a Honduras, obteniendo 32 votos a favor y uno en contra[116]. A finales de septiembre, el presidente Porfirio Lobo viajó al Norte para hacer su propia gira triunfal. En las Naciones Unidas dio un discurso en el que reconoció los errores cometidos por el Gobierno, promovió su Comisión

---

114 Ibíd.
115 «Ousted Ex-President Zelaya Returns to Honduras», *CNN.com*, 30 de mayo 2011; Gustavo Palencia, «Ex-President Zelaya Returns from Exile», Reuters, 28 de mayo 2011. Para información más crítica: Tracy Wilkinson y Alex Renderos, «Ousted President Zelaya Returns from Exile», *Los Angeles Times*, 29 de mayo 2011; Dana Frank, «Zelaya Returns to Honduras, But Justice Is Still Not Done», *The Nation*, 2 de junio 2011; Frank, «Ousted President's Return Doesn't Mean Repression Is Over in Honduras», *TheProgressive.org*, 27 de mayo 2011. Para una presentación audiovisual y un análisis profundo, véase «Out of Exile: Exclusive Report on Ousted President Zelaya's Return Home 23 Months after US-backed Coup», *Democracy Now!* 31 de mayo 2011.
116 «OAS Lifts Honduras Suspension After Zelaya Agreement», BBC News, 1 de junio de 2011.

de la Verdad y la Reconciliación y aseguró que los derechos humanos en su país estaban mejorando. Puso sobre la mesa el nuevo tema que direccionaría el discurso político de EUA y Honduras en los años venideros: las maras y los narcotraficantes, advirtió, estaban en ascenso en Honduras, y constituían «grave amenaza» para el pueblo hondureño[117].

Pero el crimen, la violencia y el narcotráfico —en efecto al alza peligrosamente después del golpe— florecieron, por supuesto, en el clima propicio de pobreza masiva promovida por Lobo y las élites hondureñas. Si el crimen era el problema, uno de los principales actos criminales que sufrió el pueblo hondureño fue el golpe de Estado; y, posteriormente, la casi total destrucción del Estado de derecho por el régimen golpista. Y Lobo mismo, no las maras, supervisaba la Policía que, a su vez, atacaba manifestaciones pacíficas y favorecía las ejecuciones extrajudiciales[118].

Al discurso de Lobo en las Naciones Unidas le siguió una cena en la Casa Blanca[119]. En la sesión de fotos en la Oficina Oval, lucía jovial y simpático, a la par del presidente Barack Obama, de aspecto relajado, los dos en sillones similares. Obama expresó:

> Hoy comienza un nuevo capítulo en la relación entre nuestros dos países. En parte por la presión de la comunidad internacional, pero también por el firme compromiso con la democracia y el liderazgo del presidente Lobo; lo que hemos presenciado es la restauración de las prácticas democráticas y un compromiso con la reconciliación, que nos llena de esperanza.

Lobo hizo eco a lo expresado: «Hemos reafirmado nuestra vocación democrática. Hemos reafirmado el camino hacia la democracia en el que

---

117 «Honduras' Lobo Renews Commitment to Human Rights», *Latin America News Dispatch*, 22 de septiembre 2011.

118 Para un análisis de la guerra contra las drogas en Latinoamérica, véase Dawn Paley, *Drug War Capitalism* (Chico, CA: AK Press, 2014).

119 Partes de esta sección fueron publicadas originalmente en Dana Frank, «Repression's Reward in Honduras? Dinner with Obama», *Huffington Post*, 24 de septiembre 2010.

estamos y en el que seguiremos estando. Abriremos más espacios para que nuestro pueblo pueda expresarse»[120].

Honduras en llamas, I: *rigor mortis*

El 24 de junio, un mes después del regreso de Zelaya, los militares y la policía destruyeron casi toda la comunidad campesina de Rigores, en el valle del Aguán. Convirtieron en escombros una escuela de siete salones de bloques de hormigón, tres iglesias, un centro comunitario y más de cien casas, que quemaron en una sola tarde. A los casi quinientos pobladores se les informó que tenían una hora para sacar sus pertenencias. Después, vieron cómo las fuerzas de seguridad aplastaron sus viviendas con una excavadora y les prendieron fuego[121]. En los videos captados por el documentalista Jesse Freeston, quien casualmente se encontraba en la zona, y que los difundió por medio de la lista de correos electrónicos de Solidaridad Honduras, pude ver las llamas en las paredes consumiendo los techos de paja, elevándose en una danza macabra, ondeando en el viento[122].

Seis semanas después, de regreso en Honduras, pregunté a mis amigos German y Ruy si podíamos conducir de nuevo por cinco horas, tiempo que toma llegar de San Pedro Sula al valle del Aguán, para visitar Rigores. Una vez en el Aguán, antes del gran puente, giramos a la izquierda y veinte minutos después dejamos la carretera principal y nos adentramos en un camino de tierra; estacionamos en un área abierta cerca de unos árboles. Nos sentamos en un espacio cubierto por una lona verde

---

120 Office of the Press Secretary, The White House, «Remarks by President Obama and President Lobo of Honduras Before Bilateral Meeting», 5 de octubre 2011.

121 La autora entrevistó a vecinos de la comunidad de Rigores, 6 de agosto 2011; Amnistía Internacional, «Violent Forced Eviction Leaves Families at Risk», UA 215/11, 13 de julio 2011.

122 Para imágenes, véase Jesse Freeston, «Honduran Police Burn Community to the Ground», The Real News Network, 30 de julio 2011, en www.youtube.com/watch?v=TRB8Pao3NzQ; *Resistencia: The Fight for the Aguan Valley*, dir. Jesse Freeston (2014).

brillante, a manera de techo, sostenida por cuatro tubos, donde había tres bancas, seis o siete sillas escolares pequeñas, color naranja, y una pizarra. De un árbol colgaba un letrero de 20 x 25 cm, con una flecha apuntando hacia el improvisado salón, que decía RUTA DE EVACUACIÓN. Todavía no sabría decir si eso era en broma o en serio, en caso de que la policía, los militares o matones privados reaparecieran.

German y Ruy llamaron con anticipación, y varios hombres y una mujer nos estaban esperando. Poco a poco llegaron más personas, incluyendo varios niños. Nos dijeron que esa champa era la nueva escuela del pueblo. El primero en hablar fue Santiago Maldonado, un hombre mayor que vestía una camisa holgada de manga corta, color gris, yins, botas negras de hule y un sombrero vaquero de cuero marrón, que cubría su cabello plateado y su cara alargada. Era cálido pero muy serio, y nos miraba directo a los ojos cuando contaba los episodios más duros.

Rigores fue fundada en el año 2000 por miembros del Movimiento Campesino de Rigores (MCR). El desalojo ocurrió en medio del proceso para obtener el título legal de la tierra a través del Instituto Nacional Agrario (INA). El proceso incluyó la expropiación de las tierras de Eric Rivera, un terrateniente y presuntamente traficante de drogas, quien alegaba ser el propietario. Durante las agresivas demandas de Rivera para desalojar a los campesinos, César Ham, director del INA, aseguró repetidamente que no habría desalojo. Pese a ello, a partir de 2005, personas particulares intentaron desalojarlos en reiteradas ocasiones. Las amenazas e intimidaciones aumentaron[123]. El 15 de mayo de 2011, un testigo contó que los guardias de seguridad de la Corporación Dinant le dispararon a Francisco Pascual López, un agricultor de la comunidad de Rigores, cuando cuidaba su ganado, y lo arrastraron a la cercana plan-

---

123 Bird, *Human Rights Violations Attributed to Military Forces in the Bajo Aguán*, 28-29; Bird, Petición ante la Comisión Interamericana de Derechos Humanos..., 32, 34; entrevistas de la autora con Annie Bird, 29 de diciembre 2015, 6 de octubre 2017. Sobre el desalojo, véase también Human Rights Watch, «Aquí no hay investigaciones»; Amnistía Internacional, «Violent Forced Eviction Leaves Families at Risk».

tación Panamá, propiedad de Facussé. Nunca más se supo de él, pese a que hubo mucha presión para investigar la desaparición[124].

Sentados en las bancas del lugar, los vecinos nos contaron que, a las nueve en punto de la mañana del 24 de junio de 2011, entre quinientos y mil policías, militares y hombres vestidos de civil aparecieron en la entrada de Rigores sin previo aviso. Los agentes les ordenaron que desalojaran, pero no tenían orden de desalojo; entonces los campesinos pusieron una barrera en la entrada de la comunidad, y las mujeres permanecieron en las casas con los niños. Entre la 1:00 y 2:00 p.m., las fuerzas de seguridad presentaron, según lo afirmaban, una orden de desalojo de un juez. En ese momento los defensores de derechos humanos demostraron que la orden era ilegal, porque ningún juez se presentó en el sitio; además, el Ministerio Público nunca hizo la investigación correspondiente de los derechos de propiedad de las familias[125].

Nos contaron que los oficiales les dieron una hora para retirar sus pertenencias. Las mujeres sacaron las cosas de sus casas y las metieron en bolsas plásticas, a prisa, mientras sus hijos permanecían adentro, llorando, asustados; algunos niños salían llorando a las calles. Si los hombres intentaban acercarse a las casas o a los niños, las fuerzas de seguridad los detenían (al menos dieciséis hombres y una mujer fueron retenidos por la policía en el transcurso de ese día). Las mujeres trataron de sacar algunos de sus muebles, pero la mayoría de estos no pudieron moverlos porque el tiempo no les alcanzó. Una joven nos dijo que ella y otras mujeres intentaron conmover a los policías y soldados diciéndoles: «¡Ustedes son gente pobre también!», pero simplemente respondieron: «Apúrense, no nos importa si también lo somos».

Pasada una hora, las fuerzas policiales y militares, encendedores en mano, les prendieron fuego a las casas de paja. Tiempo después, los vecinos de la comunidad les dijeron a los investigadores que los guardias

---

124 Bird, *Human Rights Violations Attributed to Military Forces in the Bajo Aguán*, 49; Human Rights Watch, «Aquí no hay investigaciones».
125 Entrevista con Annie Bird, 6 de octubre 2017. Entrevistas de la autora con residentes de Rigores, 6 de agosto 2017.

de seguridad de la Corporación Dinant participaron en el ataque[126]. Una excavadora abrió camino, derribando las construcciones de bloques y aplastando los escombros de las construcciones de paja incendiadas. Las tres iglesias del pueblo —una católica, una «Iglesia de Dios» y una misionera protestante— fueron de las primeras en ser destruidas, y no hubo tiempo de sacar nada de su interior. Eric Rivera, el hombre que reclamaba la propiedad, dirigió a los policías por las subidas y bajadas de la dispersa comunidad, entre los árboles, indicándoles dónde encontrar casas y construcciones.

Los vecinos llamaron a los defensores de derechos humanos, sindicatos, federaciones campesinas, organismos de socorro y a todo aquel que recordaron. Finalmente llegaron aliados de la Fundación San Alonso y de COPA (Coordinadora de Organizaciones Populares del Aguán), y la policía les permitió ingresar a la comunidad en cuatro pick-ups, para que ayudaran en el traslado de pertenencias. También llegaron personas amigas con carros, y ayudaron a sacar a los niños —aterrorizados y traumatizados— poniéndolos a salvo, lejos del lugar de los hechos. Ellos presenciaron todo. Una mujer relató: «Le dije al mayor, ¡sacá tus cosas! ¡Sacá los papeles!». Su hijo Eduardo, de trece años de edad, contó: «Tenía miedo de que me fueran a agarrar». «Tenía miedo», dijo Ruth, de diez años de edad.

La policía y los militares destruyeron veinticuatro estructuras, además de las casas, la escuela, un kínder y las iglesias. También derribaron las cercas que rodeaban las casas, y quemaron y destruyeron cultivos. Dos mujeres abortaron ese día. Otra sufrió un derrame cerebral y la llevaron al hospital.

Después de la reunión, Eduardo, el niño de trece años, nos propuso hacer un recorrido por la comunidad. Era mediodía para entonces, con al menos 38 grados centígrados, humedad y un ardiente sol. Olía a humo en todos lados. Parecía una zona de guerra. Era una zona de guerra.

---

126 Bird, *Human Rights Violations Attributed to Military Forces in the Bajo Aguán*, 28.

Anduvimos por caminos polvorientos y senderos que se internaban en un paisaje poco ondulante de verdes campos, manchas de bosque, plantas tropicales espinosas y urracas; de vez en cuando aparecía una cerca rota o una vaca. Sobre todo, vimos pilas tras pilas de escombros y palos, e hice un esfuerzo para imaginar, sin mucho éxito, los hogares ahí construidos. Frente a una de las pilas de escombros estaba tirada una bicicleta oxidada y quemada. Cerca de otro bulto vi una pequeña estructura de cocina con un nuevo techo de paja cobijando un fogón de concreto y una mesa con pocos platos y ollas. En la parte trasera, un pedazo de plástico rojo rodeaba cuatro postes de madera. Toda la obra tenía tres hileras de alambre de púas trenzadas tensamente en sus costados. Era la casa reconstruida de una familia.

Después de media hora, German y Ruy decidieron regresar al carro, advirtiéndome del sol. Estoy bien, dije, estoy acostumbrada, y seguí caminando con el niño. Al alejarnos de la entrada, apareció una hermosa vista, una extensa llanura pintada de verde y amarillo brillante. El joven me mostró un pedazo de pared que una vez fue parte de la escuela de siete aulas, y los escombros que quedaban de una iglesia. Nos encontramos con un hombre y un niño; dijeron que venían de cazar, llevaban un machete y una iguana muerta de poco más de medio metro colgando de un palo. Pasamos por un pequeño bosque donde un grupo de mujeres lavaba ropa en un arroyo que no podía tener más de 21 centímetros de profundidad.

Caminando sola de regreso, a corta distancia de la champa y del carro, apareció un anciano de baja estatura y encorvado. Me dijo que venía de trabajar. Señaló hacia la minúscula vivienda de paja en la que él y su esposa vivían ahora, apenas un pequeño techo triangular para hacer frente la copiosa lluvia y el feroz sol. Me dijo que cuando la policía y los soldados comenzaron a incendiar las casas, estos se reían, «posiblemente drogados». Pero uno de los policías, cuando vio lo que iba a suceder, se fue.

Ruy, German y yo nos despedimos y dimos las gracias a nuestros anfitriones, y prometimos nuestra solidaridad. Mientras nos alejábamos, encendimos el aire acondicionado al máximo. Una vez en la carretera principal, German y Ruy pararon frente a una pulpería y compraron refrescos. No salí del auto. Tenía fuertes náuseas y me costaba hablar. Debe ser por el calor y el sol, le dije a German. Ahora pienso que eran solo una parte de la causa.

Nadie fue acusado por lo que la policía y el ejército hicieron en Rigores ese día. Nadie fue a la cárcel. José Antonio Maradiaga, el coordinador de los fiscales del Bajo Aguán, le dijo a Human Rights Watch, a fines de 2013, que nunca ordenó investigar a quienes hicieron el desalojo en Rigores. Según Human Rights Watch, Maradiaga insistió en que «no hubo viviendas incendiadas y que, entonces, la situación no ameritaba una investigación». Cuando se le comentó que había un video sobre la presunta destrucción, manifestó: «Si en verdad hubo violencia, seguramente los campesinos fueron los responsables»[127].

En 2012, al conocerse las atrocidades cometidas por el Gobierno del periodo posgolpe, finalmente filtradas a la prensa internacional, algunos analistas hablaron de Honduras como un «Estado fallido», porque el Estado de derecho estaba colapsado, y el Poder Judicial, la policía y los fiscales eran abrumadoramente corruptos[128]. Pero no era un Estado fallido. El Estado hondureño funcionaba muy bien para quienes lo controlaban —los terratenientes, los narcotraficantes, los oligarcas, las corporaciones transnacionales, los militares, entrenados y financiados por EUA, y los funcionarios públicos corruptos que les servían. La destrucción de Rigores era solo un pequeño ejemplo del torbellino de codicia posgolpe, incendiando cualquier apariencia de legalidad y justicia.

Tiempo después, busqué el término «rigor» para conocer el significado que podría tener el nombre de la comunidad de Rigores. Mi diccionario español-inglés lo tradujo como «severity» o «rigor». Y daba un ejemplo: «con todo el rigor de la ley».

---

127 Human Rights Watch, «*Aquí no hay investigaciones*»: *Impunidad de homicidios y otros abusos en el Bajo Aguán*, Honduras, 2014.
128 Por ejemplo, «Out of Control», *The Economist*, 9 de marzo 2013.

Una masacre sostenida

La destrucción de Rigores y la masacre en El Tumbador eran solo unas cuantas gotas del río de horror que recorría el Aguán. Entre enero de 2010 y el 1 de noviembre de 2011, al menos 61 campesinos organizados, sus familiares y aliados fueron asesinados, de uno en uno, de dos en dos, en una masacre ejecutada de manera sostenida, que convirtió las hermosas tierras cultivables del Bajo Aguán en una siniestra plantación de terror y muerte. A mediados de febrero de 2013, otros 33 más morirían, junto con cinco guardias de seguridad. Tres años y medio después, el número total de campesinos y aliados muertos fue mayor de ciento cincuenta[129].

Antes del golpe, las cooperativas campesinas agrupadas en el MUCA entablaron procesos legales para recuperar los derechos sobre 28 fincas, que les habían arrebatado ilegalmente. Pero el golpe tiró por la borda esa iniciativa. Así que, después del golpe, decidieron recuperar las pérdidas de los años 1990 y 2000 mediante las clásicas tácticas que los campesinos han utilizado durante treinta años para hacer uso de la Ley de Reforma Agraria: volver a ocupar la tierra mediante «recuperaciones», y luego presentar escritos para obtener títulos de propiedad, de acuerdo con la ley, como lo hicieron, por ejemplo, en Rigores. Además, la Ley establece que ningún terrateniente puede poseer más de una cantidad limitada de tierra en una región.

Sin embargo, Miguel Facussé, el famoso golpista millonario, a través de coerción, terror y fraude, se apropió de 8,903 tres hectáreas en el Bajo Aguán, al menos una quinta parte de la zona; y plantó allí palma

---

129 Bird, *Human Rights Violations Attributed to Military Forces in the Bajo Aguán*; Bird, *Petición ante la Comisión Interamericana de Derechos Humanos...*, Apéndice 1; Entrevista con Annie Bird, 6 de octubre 2017; COFADEH, «Campesinos denuncian falta de voluntad política para resolver conflicto agrario e impunidad en Bajo Aguán», Defensores en línea, 17 de noviembre 2017. Para informes detallados sobre el Aguán ver, además, FIDH (Federacion Internacional de Derechos Humanos), «Honduras: Human Rights Violations in Bajo Aguán», septiembre 2011, en www.fidh.org/IMG/pdf/honduras573ang.pdf; Human Rights Watch, «Aquí no hay investigaciones»; Kersson, *Grabbing Power*.

africana para su imperio de biocombustibles en expansión. En diciembre de 2009 y enero de 2010, miles de miembros del MUCA ocuparon veintiséis de las veintiocho fincas que habían negociado durante una década. Anteriormente, campesinos del MCA impulsaron procesos legales y recuperaciones para establecer los derechos sobre la tierra de una antigua base militar, el CREM (Centro Regional de Entrenamiento Militar), que el Gobierno acordó distribuir entre los campesinos[130].

Un exhaustivo informe de 64 páginas compilado en febrero de 2013 por Annie Bird, en ese momento codirectora de Rights Action, documenta qué sucedió después. Durante los años siguientes, los guardias de seguridad y personas que supuestamente trabajaban para la Corporación Dinant y para otras similares, perseguían campesinos como si fueran animales, en la calles, ríos y caminos del valle. El 17 de agosto de 2011, por ejemplo, cuando Víctor Manuel Amaya (# 15 en su informe), Rodving Omar Villegas (# 16) y Sergio Magdiel Amaya (# 17), miembros del MUCA, viajaban de Tocoa al campamento de Marañones, los guardias de Dinant, en una camioneta azul, según se informa, abrieron fuego con una AK-47, matándolos al instante. El 11 de octubre de 2011, según informes, seis guardias de seguridad, junto con fuerzas policiales y militares, asesinaron a tiros a Santos Serfino Zelaya Ruiz (# 57) y abrieron fuego contra quince mujeres que estaban esparciendo sal en campos reclamados por Facussé. Las mujeres se escondieron durante horas entre los árboles. El 11 de enero de 2008, en el valle del Aguán, secuestraron, torturaron e interrogaron al activista de la Resistencia y periodista Juan Chinchilla quien, después de dos días, escapó y denunció que sus captores «casi todos llevaban uniformes de la policía y de la guardia privada de Miguel Facussé»[131].

---

130 Bird, *Human Rights Violations Attributed to Military Forces in the Bajo Aguán*, 4; Bird, *Petición ante la Comisión Interamericana de Derechos Humanos...*; Kersson, *Grabbing Power*; Elisabeth Malkin, «In Honduras, Land Struggles Highlight Post-Coup Polarization», *The New York Times*, 15 de septiembre 2011.
131 Bird, *Forces Human Rights Violations Attributed to Military in the Bajo Aguán*, 40, 48, 51.

Un informe de julio de 2011 de una Misión de Verificación Internacional formada por la Federación Internacional de Derechos Humanos, el Consejo Mundial de Iglesias, la Organización Internacional por el Derecho a la Alimentación (FIAN) y otros grupos internacionales de derechos humanos, concluyó que: «En todos los casos, según las versiones de testigos y miembros de los movimientos campesinos, se señala como principales actores a los guardias de seguridad de los empresarios Miguel Facussé y René Morales (otro terrateniente)»[132].

Bird reunió evidencia abundante demostrando que las fuerzas de seguridad del Estado hondureño eran responsables de un gran número de asesinatos y atrocidades en el Aguán, actuando tanto de forma independiente, como en colaboración con guardias de seguridad. El 5 de junio de 2011, desde un carro de la policía, abrieron fuego contra José Recinos Aguilar, Joel Santamaría y Genaro Cuesta (# 38-40), todos miembros del MARCA, mientras permanecían de pie en la finca San Esteban. Luego cargaron sus cuerpos y los ingresaron a la morgue. Tres semanas después, policías y miembros del ejército quemaron Rigores. A mediados de septiembre, seis semanas después de mi visita, regresaron a la comunidad y la arrasaron de nuevo, deteniendo personas al azar, hasta niños. Uno de ellos, de dieciséis años, testificó que la policía le puso una bolsa en la cabeza, le roció gasolina y amenazó con matarlo[133].

La línea entre las fuerzas de seguridad públicas y privadas era permeable. «Se reporta que fuerzas militares, policiales y de seguridad privada intercambian uniformes, dependiendo del contexto, para movilizarse conjuntamente tanto en patrullas policiales como en automóviles que pertenecen a empresas de seguridad privada contratadas por los empresarios de la palma africana», escribió Bird. Hombres vistiendo uniformes de la empresa de seguridad Orión, de Facussé, supuestamente dispararon y mataron a Roney Díaz (# 31), por ejemplo; pero personas que

---

132 FIDH, «Honduras: Human Rights Violations in Bajo Aguán».
133 Bird, *Human Rights Violations Attributed to Military Forces in the Bajo Aguán*, 39, 49; Bird, *Petición ante la Comisión Interamericana de Derechos Humanos…*, 39.

observaron el hecho, los reconocieron como miembros del 15 Batallón de las Fuerzas Armadas de Honduras. COFADEH subrayó: «La relación entre los militares y los guardias de seguridad privada demuestra claramente que los guardias de seguridad actúan como fuerzas paramilitares»[134].

Sin embargo, en muchos casos, la identidad de los asesinos nunca se conoció. El 12 de mayo de 2011, Olvin Gallegos (# 35) y Segundo Gómez (# 36), miembros del MARCA, salieron en bicicleta para trasladarse de una de las fincas ocupada a otra. Se les vio entrar al tramo carretero entre estas, que pasaba por una propiedad en disputa llamada El Mochito. Nunca más se les volvió a ver. Las bicicletas fueron encontradas en El Mochito. Los familiares que buscaban a los dos hombres fueron víctimas de amenazas y persecución.

El 16 de julio de 2011, Luis Alonso Ortiz Borjas (# 41) y Constantino Morales Enamorado (# 42), miembros del MUCA, salieron del campamento Marañones a Ilanga, una comunidad cercana, para comprar comida. Hombres armados con AK-47 abrieron fuego contra ellos, pusieron sus cuerpos en la parte trasera de una camioneta y se fueron[135]. Desde entonces no se sabe nada de ellos. Cuando visité Marañones un mes después, integrantes de las mil cuatrocientas familias campesinas viviendo y trabajando ahí, contaron que tenían un año de no salir de esas tierras; sus hijos no asistieron a la escuela; no fueron al médico, y tres mujeres dieron a luz en el campamento. «Si nos vamos de aquí nos matan», me dijeron.

Los números entre paréntesis a la par de cada nombre nos ayudan a comprender tanto la particularidad como la magnitud de los asesinatos. Pero nos distancian de la tortura, el dolor sufrido por los seres queridos y compañeros, el estado permanente de terror, y la continua angustia,

---

134 Annie Bird (con Karen Spring), «Campesinos in Honduras Killed», *Rights Action*, agosto 2011, reproducido el 17 de agosto 2011 en Alianza para la Justicia Global, afgj.org/campesinos-in-Honduras-killed; Bird, *Human Rights Violations Attributed to Military Forces...*, 40; COFADEH citado en Dana Frank, «Wikileaks Honduras: US Linked to Brutal Businessman», *TheNation.com*, 21 de octubre 2011.

135 Bird, *Human Rights Violations Attributed to Military Forces in the Bajo Aguán*, 49-50.

---

tanto individual como colectiva, de casos impunes indefinidamente. Los asesinatos eran la punta del iceberg, en lo referente a amenazas, detenciones ilegales, uso excesivo de la fuerza, tortura y hostigamiento, de lo que se vivía a lo largo y ancho del Bajo Aguán, día tras día, mes tras mes, año tras año.

Al agravarse la crisis, el Gobierno hondureño respondió con una secuencia de militarizaciones masivas en el valle del Aguán. En abril de 2010, el presidente Lobo envió un total de siete mil policías y militares en la Operación Trueno que, para consumo público, prometía poner fin a la violencia en la región; en la práctica, aumentó el nivel de terror. Con mucha publicidad, el Gobierno negoció la venta de cinco de las 26 fincas para las cooperativas del MUCA, pero en condiciones onerosas imposibles de cumplir.

En noviembre de 2010, cuando los campesinos protestaron por los asesinatos de cinco de sus compañeros en El Tumbador, Lobo envió una tropa de mil efectivos. En agosto de 2011, la Fuerza de Tarea Conjunta Xatruch II volvió a ocupar el valle, y esta vez se quedó definitivamente. «Con la militarización de Xatruch II están tratando de convertir nuestra zona en Irak», expresaron el COFADEH y el MUCA en una declaración conjunta. «Nuestros asentamientos están sometidos a un permanente estado de sitio»[136]. Las fuerzas militares estuvieron principalmente bajo el mando del 15 Batallón, al cual se le responsabiliza de al menos 34 actos criminales en la región en el curso de tres años, documentó Bird[137].

La Fuerza de Tarea Conjunta Xatruch II, que estableció su campamento en el Bajo Aguán durante esos años, fue parte del problema; de ninguna manera la solución. Los asesinatos, las desapariciones y el terror continuaron, perpetrados por las fuerzas de seguridad del Estado, así como por guardias de seguridad. El 17 de septiembre de 2011, llamé a la posta policial de Tocoa, el poblado más grande del Bajo Aguán, para preguntar sobre la condición de más de treinta campesinos a quienes

136 Citado en Frank, «Wikileaks Honduras».
137 Bird, *Human Rights Violations Attributed to Military Forces in the Bajo Aguán*, 12-13 y passim.

acababan de cercar y detener. Escuché con claridad a un funcionario que, desde el fondo, dijo: «Dígale que mataron a todos los campesinos». Y colgaron. De inmediato llamé a una colega en EUA y le pedí que también hiciera una llamada. Lo hizo de inmediato y preguntó cómo estaban tratando a los detenidos. «Como perros», respondió el oficial que atendió el teléfono. «¿Están siendo torturados?», preguntó mi colega. «Yo espero que sí», respondió el oficial.

El 6 de octubre, agentes de la Operación Xatruch II capturaron, retuvieron sin cargos y torturaron a Walter Nelin Sabillón Yanos, miembro del MUCA, informó FIAN. En testimonio ante FIAN, Sabillón declaró que, mientras estuvo detenido en la estación policial de Tocoa, las autoridades lo golpearon; en repetidas ocasiones le colocaron una capucha sobre su cabeza, y tres veces le aplicaron descargas eléctricas en sus manos, abdomen y boca, mientras lo interrogaban sobre el movimiento campesino[138].

Dólares estadounidenses contribuyeron al pago de los abusos. En los primeros dos años del Gobierno de Lobo, los fondos de EUA para el ejército y la policía hondureña aumentaron drásticamente. El financiamiento policial y militar, de al menos USD 6.7 millones en 2010, aumentó a no menos de USD 9.8 millones en 2011. El presupuesto de la Iniciativa Regional de Seguridad para América Central, supuestamente para combatir el narcotráfico en Centroamérica, aumentó a USD 135 millones en 2012, un aumento de un tercio respecto del año anterior. EUA también asignó USD 45 millones en nuevos fondos para su propia infraestructura militar en Honduras, que incluyó la expansión y mejora de la base de la Fuerza Aérea Soto Cano, operada conjuntamente en Palmerola, y abrió tres nuevas bases militares[139].

---

138 FIAN Honduras, «Campesino sometido a tortura en el Bajo Aguán», 7 de octubre 2011, en www6.rel-uita.org/agricultura/palma_africana/FIAN-campesino_sometido_a_torturas.htm

139 John Lindsay-Poland, «Honduras and the US Military», *Fellowship of Reconciliation* (blog), 21 de septiembre 2011, en archives.forusa.org/blogs/john-lindsay-poland/honduras-us-military/9943; la Casa Blanca, Comunicado de prensa, «Fact Sheet: United States Support for Central American Security», 4 de mayo 2013, en obamawhitehouse.archives.gov/the-press-office/2013/05/04/fact-sheet-united-states-support-central-american-citizen-security. Para un análisis de bases esta-

Operaciones militares hondureñas en el Bajo Aguán, entre estas las operaciones conjuntas con los guardias de Facussé, se beneficiaron de estos fondos, así como de equipo y entrenamiento especial. Ese verano de 2011, mientras muchos campesinos eran asesinados, los Rangers de EUA impartieron un curso especial, un entrenamiento de 33 días, a setenta miembros del 15 Batallón. En septiembre, elementos del grupo de Fuerzas Especiales Xatruch en el valle del Aguán, en una reunión con representantes de la Red Solidaria con Honduras, coordinada en EUA, confirmaron que habían recibido capacitación del ejército de EUA[140].

En medio de todo esto, los cables difundidos por Wikileaks el 30 de septiembre de 2011 arrojaron luz no solo sobre las actividades de Facussé, sino sobre el papel del ejército de EUA y el Departamento de Estado en el valle del Aguán y en Honduras en general[141]. Un cable del 19 de marzo de 2004 —cinco años antes del golpe— de la embajada de EUA en Tegucigalpa a Washington, titulado «Avión con drogas quemado en la propiedad de prominente hondureño», informaba que «un vuelo que traficaba droga con un cargamento de 1000 kilos de cocaína desde Colombia... aterrizó con éxito el 14 de marzo en la propiedad privada de Miguel Facussé». Según el autor del cable, el embajador Larry Palmer, fuentes informaron a la Policía que el «cargamento de la avioneta fue transbordado a un convoy de vehículos custodiado por unos 30 hombres fuertemente armados». Vieron el avión quemado y cómo lo enterraron valiéndose de un «bulldozer». Palmer escribió: «La propiedad de Facussé está fuertemente custodiada y la posibilidad de que las personas hayan

---

dounidenses en Honduras y la estrategia «Lily Pad», ver David S. Vine, «When a Country Becomes a Military Base: Blowback and Insecurity in Honduras, the World's Most Dangerous Place», en *Biosecurity and Vulnerability*, eds. Lesley A. Sharp y Nancy N. Chen (Albuquerque, NM, School for Advanced Research Press, 2014) 25-44. Véase también Thom Shanker, «Lessons of Iraq Help US Fight a Drug War in Honduras», *The New York Times*, 5 de mayo 2012; «New US Bases in Honduras», *Honduras Culture and Politics*, 28 de noviembre 2011.

140 Bird, *Human Rights Violations Attributed to Military Forces in the Bajo Aguán*, 14-15; 5 de octubre 2011, Informe de la visita de la delegación, *Honduras Resists* (blog), en hondurasresists.blogspot.com/2011/

141 Partes de lo aquí expuesto se publicaron originalmente en Frank, «Wikileaks Honduras».

podido acceder a la propiedad y utilizar la pista de aterrizaje sin autorización, es cuestionable». Informó que una fuente «consignó que Facussé estaba en la propiedad cuando el incidente tuvo lugar». El embajador Palmer agregó que «este incidente marca la tercera vez, en los últimos quince meses, que a los narcotraficantes se les vincula con esta propiedad perteneciente al Sr. Facussé». En el cable del 31 de marzo de 2004, Palmer señaló que las autoridades hondureñas confiscaron «aproximadamente 700 kilos de cocaína», y dejó entrever que la droga podría tener relación con el avión quemado en la propiedad de Facussé[142].

Pruebas adicionales vincularon a Facussé con el narcotráfico en el año del golpe. El 22 de febrero de 2009, *El Heraldo*, un periódico de Tegucigalpa, informó que, según un funcionario de la Oficina de Asuntos Antinarcóticos del Gobierno, una avioneta Cessna con 1,400 kilos de cocaína fue encontrada en Farallones, al este del valle del Aguán en el departamento de Colón, «en una pista de aterrizaje que según nuestra información pertenece a Miguel Facussé»[143].

Mientras los fondos estadounidenses aumentaban para la policía y el ejército hondureño, con el pretexto de la guerra contra las drogas, tropas apoyadas por EUA realizaban operaciones conjuntas con los guardias de seguridad de una persona a la que EUA relacionaba con el narcotráfico, y reprimían violentamente un movimiento campesino en atención a reclamos ilegales sobre vastas extensiones en el valle del Aguán.

A pesar de la violencia, la muerte, la intimidación militar, los campesinos permanecieron en muchas de las propiedades recuperadas. En los años que siguieron, cada vez que los desalojaban, volvían de nuevo, e incluso ocuparon más fincas. «Piensan que con esto pueden debilitar al grupo y detener la lucha», le dijo al *The New York Times*, en septiembre de 2011, Eliseo Pavón, un campesino a quien le habían disparado

---

142 Para un resumen de los wikileaks sobre Facussé, véase Frank, «Wikileaks Honduras». Para consulta directa de los wikileaks, véase, e. g., wikileaks.org. Sobre los aterrizajes de las avionetas, cable, «Drug Plane Burned on Prominent Hondurans' Property», 19 de marzo 2004, en wikileaks.org/plusd/cables/04TEGUCIGALPA672_a. htm

143 Ibíd.

desde una motocicleta, matando a uno de sus compañeros. «Pero no sucederá»[144].

«Es mejor morir aquí», le dijo al *Times* un líder en el campamento de Marañones. «No tenemos otro lugar a dónde ir. No podemos rendirnos en esta lucha. ¿Dónde dejaría eso la muerte de nuestros compañeros? ¿En vano?»[145]. El MUCA cerraba sus comunicados con el siguiente texto: «No somos peces para vivir en el agua, No somos pájaros para vivir del aire, somos campesinos y campesinas que necesitamos vivir de las tierras. ¡Ya basta el derramamiento de sangre en el Bajo Aguán!»[146].

Honduras en llamas, II: recuento de víctimas

La gente de las ciudades tampoco se libró de la muerte a manos de la Policía. La noche del sábado 22 de octubre de 2011, Alejandro Rafael Vargas, de 22 años de edad, hijo de Julieta Castellanos, rectora de la universidad más grande del país, la Universidad Nacional Autónoma de Honduras (UNAH), junto con su amigo Carlos David Pineda Rodríguez, pasaron por un puesto de control policial en Tegucigalpa, después de asistir a una fiesta de cumpleaños en la casa de un exministro de Zelaya.

Después de pasar el puesto de control, la policía le disparó al auto cuatro veces. Una de las balas atravesó el auto, impactando la espalda de Vargas. Posteriormente los forenses establecieron que ambos estaban con vida cuando los transportaron a las afueras de la ciudad, salida al sur, y luego los ejecutaron con disparos en la cabeza. Sus cuerpos fueron encontrados esa tarde en un botadero[147].

---

144 Malkin, «In Honduras, Land Struggles Highlight Post-Coup Polarization».
145 Ibíd.
146 Por ejemplo, comunicado del MUCA, «Denunciamos la ola de persecución y los asesinatos hacia los campesinos del Bajo Aguán», 7 de julio 2012, traducido y republicado en *Honduras Resists*, 8 de julio 2012, hondurasresists.blogspot.com/2012/07/below-is-english-translation-of.html
147 «Honduras arrests 176 in corruption purge», BBC News, 4 de noviembre 2011.

Cuando la noticia llegó a los medios, funcionarios de Gobierno admitieron que los posibles culpables eran al menos cuatro miembros de la Policía. Investigadores públicos arribaron a la estación policial, confiscaron tres vehículos policiales y encontraron sangre que coincidía con la de una de las víctimas. El Gobierno anunció el arresto de cuatro policías y Lobo destituyó a cinco de los principales directores de la Policía Nacional. Sin embargo, una semana después se reveló que el jefe de la Policía de Tegucigalpa liberó a los cuatro arrestados, diciéndoles que se tomaran unos días libres y que después se reportaran. Por supuesto, desaparecieron.

Dos semanas después de los asesinatos, el ministro de Seguridad anunció, con gran publicidad, que habían arrestado 176 policías por conexiones con otros asesinatos, narcotráfico y robos. Pero pronto se supo que tales policías no fueron realmente arrestados, y que solo entre 50 y 72 miembros de la fuerza policial —el número variaba—, según consta, fueron llamados ante una comisión de la Policía, creada de un día para otro. Por lo visto, después de todo, solo cuatro hombres estuvieron, momentáneamente, bajo custodia[148].

El alto perfil de Julieta Castellanos y la participación evidente de la Policía desencadenaron un gran escándalo. A lo largo de aquel otoño, los hondureños abrieron las compuertas que reprimían sus protestas contra la corrupción policial, y la gente daba un paso adelante para denunciar a la Policía, proporcionar evidencia de actividades criminales y hacer llamamientos a la intervención internacional[149]. Denunciaron que la Policía estaba plagada de escuadrones de la muerte, narcotraficantes y miem-

---

148 «Honduras arrests 176 in corruption purge»; «Police Suspected of Murdering Students», *Honduras Culture and Politics*, 26 de octubre 2011, en hondurasculturepolitics.blogspot.com/2011/10/police-suspected-of-murdering.html; «Police Shakeup», *Honduras Culture and Politcs*, 31 de octubre 2011; «Policías los subieron a la patrulla y tomaron la decisión de asesinarlos», *La Tribuna*, 31 de octubre 2011; «Policías separados de la granja serán enviados a otras jefaturas», *La Tribuna*, 12 de noviembre 2011.

149 E.g., Sandra Rodríguez, «COFADEH demands complete overhaul of the Ministry of the Attorney General and the Ministry of Security», traducido por la Oficina de Amistad de las Américas, republicado en Quotha, 1 de noviembre 2011.

bros del crimen organizado hasta el más alto nivel. «Es más aterrador encontrarse con cinco policías en las calles que con cinco pandilleros», declaró la excomisionada de la Policía María Luisa Borjas[150].

La corrupción policial reinaba desde mucho antes del golpe, pero la putrefacción posgolpista en el poder Judicial y la oficina del Fiscal General, al igual que la destrucción general del Estado de derecho, crearon condiciones para una corrupción colosal en la Policía. A principios de 2012, el COFADEH informó que, desde el golpe, se presentaron más de diez mil denuncias de abusos de la policía y el ejército; ninguna de las denuncias fue atendida[151]. El vicepresidente del Congreso informó que los jefes de la Policía le confiaron que más del cuarenta por ciento de la policía estaba vinculada al crimen organizado[152]. Castellanos, quien emergió como una líder pública valiente e indignada, exigió en noviembre de 2011 que la comunidad internacional —incluido EUA— cortara los fondos para la Policía hondureña: «Dejen de alimentar a la bestia», demandó[153].

Las compuertas también se abrieron con respecto a los criminales del narcotráfico y sus aliados enquistados en el gobierno. Analistas prestigiosos e incluso funcionarios, incluido Marlon Pascua, ministro de Defensa, hablaron de «narco-jueces» que bloqueaban los juicios y «narco-congresistas» que dirigían cárteles. Alfredo Landaverde, exdiputado y exdirector de la Comisión de Lucha contra el Narcotráfico, declaró que uno de cada diez miembros del Congreso era narcotraficante y que tenía pruebas que demostraban la participación de «destacadas figuras nacionales y políticas» involucradas en el narcotráfico[154].

---

150 «María Borjas dice que en Honduras policías atemorizan más que pandilleros», Diario *Tiempo*, 4 de noviembre 2011.

151 «COFADEH: Mas de 10,000 denuncias contra policías desde el 2009», *La Tribuna*, 4 de noviembre 2011.

152 Ronan Graham, «Honduras Politician: 40% Police Tied to Organized Crime», Insight Crime (blog), 20 de julio 2011.

153 «Mi hijo murió primero, a Carlos lo mataron con un disparo en la cara», *La Tribuna*, 1 de noviembre 2011.

154 Dana Frank, «Honduras: Which Side Is the US On?» *The Nation*, 22 de mayo 2012.

A lo largo de noviembre, Landaverde osó hablar de la corrupción policial, no solo en el caso del hijo de la Rectora y su amigo, sino en toda la institución. Denunció, por ejemplo, la documentada «desaparición», de miles de armas confiscadas, muchas de las cuales aparecieron en el mercado negro. Dos años antes, en diciembre de 2009, el general Julián Arístides González, director de la Dirección de Lucha contra el Narcotráfico, expresó que había demostrado cómo la Policía estaba ligada a extensas actividades de tráfico de droga. Fue rápidamente asesinado. Landaverde, a su vez, anunció que tenía pruebas de que la Policía había matado a González. El 7 de diciembre de 2011, a un día del segundo aniversario de la muerte de González, Landaverde fue abatido a tiros en su automóvil; iba también su esposa, quien sobrevivió. Después de dos años, fue el asesinato de mayor impacto en Honduras, y conmocionó los cimientos de la sociedad hondureña, al igual que sucedió en el Norte, en la solidaridad: si mataron a Landaverde, matarían a cualquiera[155].

Seis años más tarde, en 2016, *The New York Times* publicó evidencia de que tanto el asesinato de González, como el de Landaverde, fueron ordenados por los oficiales de más alto rango de la Policía hondureña[156].

La mañana del 15 de febrero de 2012, por primera vez en meses, dormí después de las 6:30 a.m., exhausta de investigar y responder a tantas cosas. Cuando desperté, no revisé mi correo electrónico de inmediato, como solía hacer. A las 9:15, respondí una llamada telefónica de Adrienne Pine, de la American University, quien también trabajaba

---

155 «Al ex 'zar antidrogas' lo asesinaron agentes de seguridad del Estado: Landaverde», *La Tribuna*, 22 de noviembre 2011; «Asesinan a Alfredo Landaverde», *La Tribuna*, 7 de diciembre 2011. Para un análisis completo, véase Elisabeth Malkin y Alberto Arce, «Files Suggest Honduran Police Leaders Ordered Killing of Antidrug Officials», *The New York Times*, 15 de abril 2016; para una versión más amplia y detallada en español, Alberto Arce, «Tres generales y un cartel: violencia policial e impunidad en Honduras», *The New York Times*, edición en español, 15 de abril 2016.

156 Malkin y Arce, «Files Suggest Honduran Police Leaders Ordered Killing of Antidrug Officials»; Arce, «Tres generales y un cartel: …».

en temas de derechos humanos relacionados con Honduras. «¿No sabes del incendio en la prisión?», preguntó[157].

La noche anterior, día de San Valentín, al menos 359 personas (todos hombres excepto una mujer, que estaba visitando a su marido) fallecieron en un incendio en la penitenciaría de La Granja en Comayagua, uno de los peores incendios de centros penitenciarios de la historia moderna. Cuando estalló el incendio, los prisioneros estaban encerrados en celdas superpobladas, en algunos casos sesenta por celda. «Los cuerpos de los reos se hallaron apilados en los baños de la prisión, donde aparentemente se refugiaron con la esperanza de que el agua de las duchas los salvara de las abrasadoras llamas», según nota periodística[158].

En Honduras, los guardias de las cárceles son policías comunes. Una vez que el fuego comenzó, muchos de los guardias no tenían llaves o se rehusaron a usarlas y huyeron, abandonando a los prisioneros. Rubén García, un sobreviviente, atestiguó que los guardias dispararon contra los prisioneros antes de huir. Los bomberos salieron a toda prisa de su estación situada a pocos minutos, pero los guardias no les permitieron ingresar, sino hasta treinta minutos después. A los bomberos del ejército estadounidense de la base aérea Soto Cano, a quince minutos de distancia, nunca los llamaron. Familiares que vivían en las cercanías llegaron rápidamente a la prisión, solo para encontrarse con balas y gases lacrimógenos. Podían escuchar los gritos[159].

---

157 Partes de este contenido se publicaron originalmente en Dana Frank, «Honduras in Flames», *TheNation.com*, 16 de febrero 2012.

158 Christine Armario y Martha Mendoza, «Honduras fire inmates not convicted», Associated Press, 16 de febrero 2012; Mark Stevenson y Martha Mendoza, «Prison Fire Exposes Chaos in Honduras», Associated Press, 16 de febrero 2012; Mariano Castillo y Elvin Sandoval, «More than 300 Killed in Honduras Prison Fire», CNN. com, 16 de febrero 2012; Javier C. Hernández y Randall Archibold, «Blaze at Prison Underscores Broad Security Problems in Honduras», *The New York Times*, 15 de febrero 2012. Cita: Armario y Mendoza, «Honduras fire inmates not convicted».

159 Armario y Mendoza, «Honduras fire inmates not convicted»; Melissa Sanchez y Tim Johnson, «Inmates Trapped in Blazing Honduran Prison Say Guards Shot at Them», McClatchy News Service, 15 de febrero 2012, en www.mcclatchydc.com/news/nation-world/world/article24724234.html

El vocero de la Policía era Héctor Iván Mejía, el mismo que dirigía la Policía de San Pedro Sula el 20 de agosto de 2009, cuando un grupo de policías violó a Irma Melissa Villanueva, y también el 15 de septiembre de 2010, día en que la policía atacó la marcha por el Día de la Independencia[160]. En el momento del incendio, otro portavoz de la Policía sostuvo que los reclusos eran pandilleros peligrosos y criminales empedernidos, aunque la penitenciaría de Comayagua era una prisión de segundo nivel, que albergaba delincuentes comunes de la región. The Associated Press pronto descubrió, además, que más de la mitad de los encarcelados nunca fueron acusados formalmente. Muchos esperaban, en un país cuyo sistema judicial no funciona, citas de los juzgados que nunca llegarían[161].

La excomisionada de la Policía María Luisa Borjas, blanco de continuas amenazas a muerte por sus críticas a la corrupción policial, expresó que el incendio fue un «acto criminal» del Gobierno. El abogado Joaquín Mejía lo llamó «la violencia institucionalizada del Estado»[162]. José Miguel Vivanco, director de Human Rights Watch para las Américas, dijo al The New York Times: «Esta horrenda tragedia es el resultado de las condiciones carcelarias que son sintomáticas de la crisis de seguridad pública más grande del país»[163].

A media mañana, recibí un correo electrónico de The Nation, solicitándome un artículo que publicaría el día siguiente[164]. En las primeras horas de la tarde, Democracy Now! me pidió que participara, vía Skype,

160 «Policía dice que incendio fue provocado y que ya tienen nombre de responsable», Proceso Digital, 12 de febrero 2012. Para antecedentes de Mejía, véase capítulos 1 y 2.

161 «Policía dice que incendio fue provocado y que ya tienen nombre de responsable»; Armario y Mendoza, «Honduras fire inmates not convicted»; «Honduras fire victims 'Burned up against the bars, stuck to them'», The Guardian, 16 de febrero 2012; Freddy Cuevas, «As many as 356 killed in Honduras prison fire», Associated Press, 15 de febrero 2012.

162 Entrevistas en Radio Progreso, 15 de febrero 2012, citado en Dana Frank, «Honduras in Flames».

163 Javier C. Hernández y Randall Archibold, «Blaze at Prison Underscores Broad Security Problems in Honduras». The New York Times, 15 de febrero 2012.

164 Frank, «Honduras in Flames».

en su programa de las 5:00 a.m.[165]. Consternada, pasé el resto del día escuchando la estación de los jesuitas, Radio Progreso, mientras sus locutores leían los nombres de los muertos una y otra vez, como un conjuro; y los tradicionales nombres hondureños resaltando la magnitud de la tragedia del pueblo. Entrevisté a Óscar Estrada, un hondureño viviendo en EUA; él hizo un documental acerca de un incendio en una prisión, en 2003, donde la Policía, deliberadamente, inició el fuego que mató a 69 presuntos pandilleros. Un año después, otro incendio en otra prisión mató a 104 reclusos que no pudieron escapar. En cada ocasión, el Gobierno prometió atender las terribles condiciones de hacinamiento en las cárceles; nunca volverá a suceder, dijeron. De luto por las nuevas víctimas, Estrada me dijo: «Por lo menos ahora sé que todavía puedo sentir»[166].

A las seis de esa tarde, con mucho esfuerzo, empecé a escribir el artículo para *The Nation*. Se lo envié a mi editor justo antes de la medianoche, e intenté dormir. Me levanté a las 3:00 a.m., me maquillé y vestí para una presentación televisiva; y a las 5:00, desde mi estudio, me enlacé vía Skype con *Democracy Now!*; trastabillé y se notó mi cara de desvelo, pero posicioné mis puntos bastante bien.

Más tarde cometí un grave error. Adrienne, la colega que me avisó sobre el incendio, estuvo informando sobre el suceso en su blog Quotha. net. Cuando ingresé de nuevo al sitio, había agregado fotografías, advirtiendo a los lectores que, si se desplazaban con el cursor hacia abajo, las imágenes resultarían perturbadoras. Pese a ello, lo hice. Apareció la imagen más espantosa y aterradora que haya visto en mi vida: cuerpos carbonizados de veinte o treinta hombres apilados, en un apiñamiento desesperado, tratando de escapar a través de una rejilla de metal.

Sin una gota de sueño, abrumada por el estrés que significó buscar información y asimilar lo del incendio, escribir al respecto en corto tiempo, y luego hablar en televisión, me hizo caer en un abismo psico-

---

165 «Deadly Fire at Overcrowded Prison Adds to Worsening Toll in Post-Coup Honduras», *Democracy Now!*, 16 de febrero 2012.
166 *El Porvenir*, dir. Óscar Estrada (Marabunta Films, 2008).

lógico nunca antes experimentado y que no he vuelto a experimentar desde entonces, a lo largo de ocho años de atrocidades posgolpe. ¿Cómo pueden los seres humanos hacerse cosas tan terribles los unos a los otros? ¿Cómo pudo la Policía deshacerse de las llaves, retener a los bomberos y disparar a los familiares? ¿Qué decía eso acerca del mundo? ¿Qué haría ahora con mis pensamientos, imaginando lo que tuvieron que pasar los moribundos en esas circunstancias? Estaba perdiendo la cordura.

Esa tarde tuve que conducir por la autopista 101 con destino a Los Ángeles. Tomé una de las salidas en dirección al Monumento Nacional Pinnacles y conduje media hora en dirección este, hacia el parque. Luego caminé poco más de dos kilómetros, llegué a unas rocas donde me senté y observé las crestas rocosas color marrón que se levantaban frente a mí, justo cuando el sol de la tarde caía sobre ellas[167]. Ahí me senté e invoqué todas las fuerzas del bien en el mundo que pude imaginar y las canalicé hacia lo más profundo de mi ser.

De regreso, pasé por un pino donde estaba un gran búho, observándome y haciendo eso que hacen los búhos cuando, misteriosamente, giran sus cabezas 360 grados. De nuevo en la autopista, en el ocaso, un gran búho blanco cruzó frente al auto. En la carretera secundaria que tomé hacia la costa, justo antes del anochecer, pasó de largo un tercer búho marrón grisáceo. He viajado por estas rutas durante décadas y nunca había visto uno. En muchas culturas, los búhos son un símbolo de muerte.

---

167 En 2013 fue denominado Parque Nacional Pinnacles.

CAPÍTULO TRES

La lucha en el Norte: Medios, solidaridad y el Congreso de Estados Unidos

La situación en el Norte

La oscuridad se disipó un poco en los Estados Unidos, aunque no en Honduras. A comienzos de 2012, vimos con asombro cómo el cerco noticioso que los medios de comunicación de EUA construyeron alrededor de Honduras, se vino abajo; y cómo, en la primavera, el Congreso de Estados Unidos confrontó las políticas de la Administración en reiteradas ocasiones. El Departamento de Estado actuó a la defensiva con celeridad. En verano, el público estadounidense tuvo más claro tanto lo que sucedía en Honduras, como el hecho de que las atrocidades las cometían, en muchos casos, con armas financiadas por Estados Unidos, incluso manejadas por fuerzas estadounidenses.

En el otoño anterior, un rayo de luz logró filtrarse a través del cerco de los medios de comunicación de EUA. Elisabeth Malkin, de *The New York Times,* viajó al valle del Aguán y regresó con un gran reportaje que publicaron el 15 de septiembre de 2011: «In Honduras, Land Struggles Highlight Post-Coup Polarization» (En Honduras, las luchas por la tierra evidencian la polarización posgolpe). Sin embargo, en octubre, cuando la policía asesinó al hijo de la Rectora y a su amigo, y los medios hondureños abordaron a diario el escándalo de corrupción en la Policía, ni una palabra apareció en los principales periódicos estadounidenses. En diciembre, cuando asesinaron a Alfredo Landaverde, el destacado excoordinador de la Dirección de Lucha Contra el Narcotráfico (DLCN) y crítico de la Policía, solo unos cuantos periódicos mencionaron brevemente el hecho un par de días después[168].

Si los medios lo pasaron por alto, el Congreso no lo hizo. El 28 de noviembre de 2011, el congresista demócrata de mayor rango en el Comité de Asuntos Exteriores de la Cámara de Representantes (House Foreign Affairs Committee), Howard Berman, envió una explosiva carta de tres páginas a la secretaria de Estado Clinton, donde enumeró abusos de derechos humanos en Honduras y cuestionó el apoyo de Estados Unidos a las fuerzas de seguridad hondureñas. «Señora Secretaria, el aspecto más escalofriante de este espantoso conjunto de problemas es que la asistencia del gobierno de EUA esté fluyendo hacia la raíz del mismo»[169]. Para concluir, parafraseó el llamado que Castellanos hizo a cortar la ayuda en seguridad brindada por EUA: «Se lo debemos a ella y a todos los hondureños, así como a los contribuyentes estadounidenses, evaluar de inmediato la asistencia de los Estados Unidos para asegurarse de que, en efecto, no estamos alimentando a la bestia».

A mediados de diciembre, por primera vez, el Congreso incluyó condiciones relacionadas con el respeto a los derechos humanos sobre el veinte por ciento de los fondos para las fuerzas de seguridad hondureñas en la Ley de Asignaciones del Departamento de Estado y Operaciones Extranjeras (State and Foreign Operations Appropriations Act) de 2012, firmada por Obama[170]. Bajo la presión del Congreso, la Cuenta del Milenio (MCC, por sus siglas en inglés), controlada por EUA, suspendió, ese mes, una cantidad similar a doscientos millones de dólares en fondos

---

168 Elisabeth Malkin, «Honduras: Killings Prompt a Ban on Motorcycles Carrying Passengers», *The New York Times*, 8 de diciembre 2011.

169 Rep. Howard L. Berman to Secretary of State Hillary Clinton, 28 de noviembre 2011, reproducido en *Just Foreign Policy* (blog), www.justforeignpolicy.org

170 Alexander Main, «Congress Places Conditions on Military and Police Aid to Honduras», *CEPR Americas Blog*, 28 de diciembre 2011.

programados para el gobierno hondureño[171]. En su momento, ninguno de los principales medios de comunicación cubrió algo al respecto.

Pero a inicios de año, finalmente, la crisis en Honduras quedó expuesta. El 18 de enero de 2012, el Cuerpo de Paz comunicó que retiraba a sus voluntarios del país debido al creciente peligro, y los medios de comunicación hicieron eco de la noticia[172]. CNN y otros importantes medios divulgaron datos estadísticos, elaborados por Naciones Unidas, que ubicaban al país con la tasa más alta de homicidios del mundo, y a San Pedro Sula como la ciudad con la tasa más alta de homicidios —superando a Ciudad Juárez, México[173].

Pocos días antes de Navidad, Dan Beeton, director de comunicaciones del Centro de Investigación en Economía y Política (CEPR, por sus siglas en inglés), con sede en Washington, D.C., como parte del trabajo de brindar información a los reporteros y editores estadounidenses que cubrían Latinoamérica, contactó a una editora de *Los Angeles Times* y le habló de Honduras. El 21 de diciembre, en atención a la sugerencia de Dan, ella me llamó y sostuvimos una conversación telefónica de treinta minutos sobre Honduras. Estuve expectante durante diez días. Al fin, el 2 de enero, *Los Angeles Times* publicó un editorial a tono con la línea oficial del periódico: «Holding Honduras Accountable: President Porfirio Lobo Must Demonstrate that He's Taking Measurable Steps to Prevent Human Rights Abuses»[174] (Exigiendo cuentas a Honduras: el Presidente Porfirio Lobo debe demostrar que está tomando medidas mensurables para prevenir abusos contra los derechos humanos). Inició con la tasa

---

171 «Honduras no califica a Cuenta del Milenio, pero recibe voto de confianza de Estados Unidos», *El Heraldo*, 15 de diciembre 2011; «No estamos fuera de la Cuenta del Milenio», *La Tribuna*, 21 de diciembre 2011.

172 Randal Archibold, «Peace Corps to Scale Back in Central America», *The New York Times*, 21 de diciembre 2011.

173 United Nations, *Global Study on Homicide*, www.unodc.org; Nick Miroff, «San Pedro Sula, Honduras, Is the World's Most Violent Place», *Washington Post*, 13 de enero 2012; «Central America's Bloody Drug Problem», *CNN.com*, 19 de enero 2012.

174 Editorial, «Holding Honduras Accountable: President Porfirio Lobo Must Demonstrate That He's Taking Measurable Steps to Prevent Human Rights Abuses», *Los Angeles Times*, 2 de enero 2012.

de asesinatos y un informe de Human Rights Watch; hizo referencia a la carta de Berman y al asesinato de Landaverde; citó preocupaciones del Congreso; y, en caso de seguir recibiendo asistencia permanente de los Estados Unidos, instó a Lobo a rendir cuentas por los abusos contra los derechos humanos.

Por primera vez un periódico estadounidense —además uno importante— le puso nombre al problema, cuestionó la ayuda a Honduras y difundió el rechazo del Congreso. Otros periódicos de renombre publicaron extensas noticias que exponían partes de la crisis, con énfasis en la creciente violencia, pero también en la corrupción policial: *The Washington Post,* el 27 de diciembre; el *McClatchy News Service,* el 20 de enero; el *Miami Herald,* el 23 de enero; el día siguiente, el *Herald* publicó su propio editorial cuestionando la ayuda de EUA a Honduras en temas de seguridad[175].

Esta cobertura en cascada fue asombrosa. Pero casi ninguna mencionó el golpe de Estado o la responsabilidad de EUA por el consecuente colapso hondureño. Indignada ante la posibilidad de que ambas situaciones desaparecieran de la historia como si nada, a las dos de la madrugada del domingo 22 de enero, redacté en mi cabeza las primeras líneas de un artículo de opinión, luego me levanté y las escribí acomodada en la mesa de la cocina. La tarde siguiente, en tres horas, redacté el artículo y lo envié a *The New York Times.* Sabía que aún era un tema candente. Quizá, finalmente, después de dos años y medio de rechazos, me publicarían en uno de los principales periódicos. 24 horas más tarde, el *Times* respondió que estaba interesado. El jueves, el artículo fue aceptado oficialmente y editado. Me sorprendió que el *Times* no cambiara ni una pizca de mi argumentación política.

---

175 Miroff, «San Pedro Sula, Honduras, Is the World's Most Dangerous Place»; Tim Johnson, «Crime Booms as Central Americans Fear Police Switched Sides», McClatchy News Service, 23 de enero 2012; Frances Robles, «Honduras Becomes Murder Capital of the World», *Miami Herald,* 23 de enero 2012; Editorial, «Central America's Free-Fire Zone. Dramatic Crisis in Honduras Demands Action», *Miami Herald,* 24 de enero 2012.

El viernes en la mañana, con destino a Connecticut, en un estacionamiento para viajeros cerca del aeropuerto de San Francisco, tomé de una estantería el *The New York Times* de esa mañana; sentada en el autobús que me trasladaría al aeropuerto, abrí el periódico lentamente y encontré mi artículo colocado en la página editorial, en el centro del lado derecho: «In Honduras, a Mess Made in the U.S.» (En Honduras, un desastre hecho en EUA). Ahí estaba mi línea de entrada: «Es hora de admitir el desastre que el apoyo estadounidense brindado a la administración de Porfirio Lobo ha creado en política exterior». Un recuadro entre el texto destacaba: «Después de un golpe y elecciones manipuladas, una ola de represión estatal». Todo estaba ahí, con esa tipografía formal del *Times*: el golpe, las elecciones ilegítimas, Landaverde, la muerte del hijo de Castellanos y su amigo a manos de la Policía, el llamado que ella hacía a «dejar de alimentar a la bestia», y mis críticas a la Administración Obama por financiar fuerzas de seguridad del Estado que estaban asesinando campesinos en el Aguán[176].

El artículo dio en el blanco. Durante las siguientes dos semanas recibí 200 correos electrónicos, dos a uno a mi favor; con cartas conmovedoras, hondureños en los Estados Unidos y en otros lugares daban las gracias por expresar con claridad lo que sucedía. Cartas hostiles de otros hondureños afirmaban que mis datos eran errados, y casi siempre concluían en que Zelaya era un agente del presidente venezolano Hugo Chávez, y que debió removerse «de cualquier forma». La edición impresa del *Times* publicó una carta al editor con un mensaje de apoyo. Poco después, publicó en la versión digital dos cartas hostiles. La primera de James Creagan, exembajador de Estados Unidos en Honduras, que afirmó: «Debe ser provechoso atribuir los problemas de Honduras a generales con anteojos de sol o a elecciones arregladas. Pero no es cierto. Estos no son los años 1970, con golpes, contras y revolucionarios centroamericanos» (falló por una década en el cálculo de la guerra de los contras en Nicaragua, que fue en los años 1980). Creagan sostuvo

---

176 Dana Frank, «A Mess in Honduras, Made in the U.S.», *The New York Times*, 27 de enero 2012.

que la violencia en Honduras «es causada por drogas, pandillas y corrupción... todo controlado por el mercado de los productos de la hoja de coca». La segunda, una carta del embajador hondureño en Estados Unidos, Jorge Ramón Hernández Alcerro, atacó mis «insinuaciones» sobre las elecciones, considerándolas «ofensivas»; atribuyó la violencia a la demanda de drogas por Estados Unidos, y elogió los avances del gobierno hondureño en el tratamiento de los problemas de seguridad. Su discurso coincidía, casi al pie de la letra, con un comunicado de prensa del Departamento de Estado publicado dos semanas antes[177]. En Honduras, *Diario Tiempo* publicó mi artículo en español como noticia destacada. *El Heraldo* se refirió a las cartas antes mencionadas con el titular «Ofensiva diplomática hondureña en el NYT»[178].

Dos semanas después de publicadas dichas cartas, llegó la fecha de un viaje a Honduras, que había planificado tiempo atrás; sin embargo, lo cancelé —no era seguro ingresar al país en esas circunstancias. Pensé: ¿será que nunca más podré visitar mi querida Honduras? Por angustiante que fuera, sabía que apenas equivalía a una pizca de lo que experimentaban los miles de hondureños en el exilio por el golpe de Estado.

La cobertura de los medios y el artículo de opinión generaron tres situaciones: primero, derrumbaron el bloqueo sostenido por los medios de comunicación, tanto en términos de difundir la crisis en Honduras, como en términos de responsabilizar a EUA por esta. Segundo, me convertí en referente público en el debate sobre la política estadounidense en Honduras. Tercero, y lo más importante, los artículos legitimaban lo que cientos de activistas en EUA dijeron durante tres y medio largos años desde el golpe, repitiendo lo que nos transmitían quienes estaban en Honduras. Dejamos de ser marginales.

El 14 de febrero, día de San Valentín, el incendio en la prisión hondureña que mató a 359 personas, apareció en los titulares de las noticias

---

177 «US Policy in Honduras: Views of Two Diplomats», *The New York Times*, 5 de febrero 2012.
178 «En Honduras, un caos hecho en los EEUU», *Tiempo*, 28 de enero 2012; «Ofensiva diplomática hondureña en el NYT», *El Heraldo*, 6 de febrero 2012.

del mundo. Para entonces, había un factor nuevo y clave en la cobertura mediática estadounidense sobre Honduras. A principios de 2012, Associated Press (AP) asignó dos reporteros de investigación para la cobertura de Honduras: la ganadora del Premio Pulitzer, Martha Mendoza, una estadounidense que vivía en California; y Alberto Arce, un español que se mudó a Tegucigalpa. El impacto de su trabajo fue inmediato pues, junto con otros, cubrieron el incendio de la prisión con una profundidad conmovedora. Fueron los reporteros de AP quienes descubrieron, por ejemplo, que la mayoría de las personas que murieron en el incendio no habían sido juzgadas[179].

A principios de marzo, 94 miembros del Congreso, liderados por el congresista Jan Schakowsky, de Illinois, enviaron una carta a la secretaria de Estado Clinton donde exigían que la asistencia de EUA a las fuerzas de seguridad hondureñas se suspendiera hasta que los problemas de derechos humanos fueran atendidos[180]. No era la primera carta de este tipo; el congresista Sam Farr envió una similar en octubre de 2010 con 29 cosignatarios. El 31 de mayo de 2011, 84 congresistas firmaron una carta liderada por James McGovern, quien también solicitó la suspensión de la ayuda[181]. Sin embargo, la carta de McGovern se hizo pública tres días después del regresó de Zelaya a Honduras y fue sepultada por la cobertura de este acontecimiento. La carta de Schakowsky, de marzo de 2012, tampoco apareció de inmediato, pero noticias sobre esta comenzaron a difundirse, y fue retomada en notas posteriores sobre Honduras. El 22 de mayo, el congresista Sam Farr emitió una declaración de alarma

---

179　Para mayor información sobre el incendio de la prisión, véase el capítulo 2. Alberto Arce escribió un libro sobre sus experiencias cubriendo Honduras, *Honduras a ras de suelo: Crónicas desde el país más violento del mundo* (Ediciones Culturales Paidós, Ciudad de México, 2016).

180　Comunicado de Prensa, «94 House Members Send Letter to Clinton to Suspend Security Assistance to Honduras», Representative Jan Schakowsky, 12 de marzo 2012, schakowsky.house.gov/press-releases/94-house-members-send-letter-to-clinton-to-suspend-security-assistance-to-honduras/

181　James McGovern and eighty-six additional members of Congress to Hillary Clinton, 31 de mayo 2011, mcgovern.house.gov/news/documentsingle.aspx?DocumentID=397143

sobre los abusos contra los derechos humanos en Honduras, y *Tiempo* publicó el siguiente titular: «Congresista estadounidense denuncia ataques contra periodistas y gays»[182].

Es difícil expresar qué tan impactante fue experimentar el cambio de los medios y la no complacencia del Congreso ese invierno y primavera, después de tanto horror y silencio. Quienes estábamos en el Norte, sentimos que nuestro trabajo de solidaridad daba frutos en formas inimaginables. Integrantes de la oposición hondureña, al ver los artículos, cartas y declaraciones que aparecían en medios de prensa nacionales, se sintieron menos aislados, sintieron que la oscuridad que cubría los horrores cedía un poco, y que alguien con poder en el gobierno de EUA no solo prestó atención, sino que alzó la voz. Personalmente, en medio de todo, esa primavera fue para mí una experiencia extraordinaria de empoderamiento y esperanza.

Pero la primavera también estuvo marcada por nuevos temores que hicieron de la vida cotidiana en Honduras una montaña rusa, llena de altibajos. Los asesinatos de los campesinos en el Aguán continuaron. El 20 de enero, dos hombres enmascarados, a bordo de una motocicleta, mataron a tiros a Matías Valle, del MUCA, cuando esperaba el autobús a la orilla de la carretera. El 29 de marzo, Edilberto Flores, del MUCA, fue asesinado a tiros cuando se desplazaba del trabajo a la casa. El 10 de abril, Arnoldo Tróchez, también del MUCA, fue asesinado a tiros mientras trabajaba en la finca recuperada Los Marañones[183]. Cuando los campesinos lanzaron una nueva oleada de ocupaciones de tierra en los valles del Aguán y Sula, el 24 de abril, el ejército y la policía, a petición de los terratenientes, se movilizaron para expulsarlos brutalmente[184].

---

182 «Congresista estadounidense denuncia ataques contra periodistas y gays», *Tiempo*, 22 de mayo 2012; para la declaración original en inglés, «Human Rights in Honduras-Hon. Sam Farr», Congressional Record, 112th Congress May 17, 2012, E835.

183 Bird, *Human Rights Violations Attributed to Military Forces in the Bajo Aguán*, 51-52.

184 COFADEH, «Campesinos detenidos en San Manuel Cortés por órdenes de terratenientes», *Defensores En Línea*, 24 de abril 2012; Bird, *Petición ante la Comisión Interamericana de Derechos Humanos...*, 50-51.

Las noticias nefastas no solo hacían referencia a campesinos. El 5 de mayo, el periodista y destacado activista del movimiento LGBTI y de la Resistencia, Erick Martínez, quien se estaba postulando para el Congreso, desapareció; lo encontraron dos días después, estrangulado. Grupos de derechos humanos informaron que al menos 70 personas LGBTI fueron asesinadas a partir del golpe de Estado[185]. El 9 de mayo, Alfredo Villatoro, un reconocido periodista radial, fue secuestrado. Apareció muerto seis días después[186]. Cuando se le preguntó a la Policía qué haría para proteger a los periodistas, su portavoz, Héctor Iván Mejía, responsabilizó a las víctimas: los periodistas, dijo, deben «tratar de hacer el trabajo de manera responsable, de manera profesional, sin mucha emotividad que ponga en riesgo los derechos de otra persona, para evitar las probables consecuencias de venganza»[187].

A principios de mayo, en la medida que las críticas a la política estadounidense aumentaban, *The New York Times* lanzó una contraofensiva sostenida y evidentemente organizada, por lo que no es aventurado asumir que fue impulsada por la Administración Obama. El 5 de mayo, un reportaje de una página titulado «Lessons of Iraq Help US Fight a Drug War in Honduras» (Lecciones de Irak ayudan a EE. UU a librar la guerra contra las drogas en Honduras), celebraba la instalación de tres nuevas «bases de operaciones avanzadas» a través del Foreign-Deployed Advisory and Support Teams (FAST) en Honduras, que permitía a las fuerzas de seguridad de EUA y al personal de la Administración para el Control de Drogas (DEA, por sus siglas en inglés), trabajar con el gobierno hondureño para combatir a los narcotraficantes de «forma discreta», considerando lo que llamó la «turbia» historia del apoyo militar de

---

185 «Missing Honduran journalist found dead», *BBC News.com*, 12 de marzo 2012. Sobre la represión a miembros de la comunidad LGBTI, véase Portillo Villeda, «'Outing' Honduras».

186 «Abducted Honduras reporter Alfredo Villatoro found dead», *BBC News.com*, 16 de mayo 2012.

187 «Practicar periodismo responsable aconseja el portavoz de Seguridad», *Tiempo*, 12 de mayo 2012.

Estados Unidos a la guerra de los contras durante la década de 1980[188]. Tres días después, el *Times* promovió un debate en línea: «¿Deberían las tropas estadounidenses librar la guerra contra las drogas?». De los seis expertos consultados, cinco respondieron que sí, aunque aconsejaron cautela en el despliegue de tropas[189].

Ese domingo 8 de mayo, la *New York Times Magazine* publicó una desconcertante página que elogiaba la propuesta de las Ciudades Modelo, titulada «Who wants to buy Honduras?» (¿Quién quiere comprar Honduras?), complementada con la indignante caricatura de una gran selva, en cuyo centro aparece una ciudad en construcción, entre grúas. Un avión amarillo, que sobrevuela la ciudad, despliega una manta en la que se lee «THE NEW HONDURAS, EST. 2010». Un letrero entre la selva dice: «GOOD HONDURAS», con una flecha apuntando hacia la ciudad, y «BAD HONDURAS», con una flecha apuntando hacia la siguiente página. En otro letrero se lee: WELCOME TO THE NEW HONDURAS (DON'T WORRY, IT'S NOT REALLY HONDURAS)[190]». (Como le encantaba decir al columnista Dave Barry, «no me lo estoy inventando»).

Una semana después, hubo un hecho explosivo ante los ojos de la Administración Obama. A las dos de la mañana del 15 de mayo de 2012, desde dos helicópteros del Departamento de Estado, que transportaban fuerzas de seguridad hondureñas y «asesores» estadounidenses de un equipo DEA FAST, dispararon y mataron a cuatro indígenas hondureños —dos mujeres embarazadas— e hirieron a otros cuatro. Las víctimas viajaban pacíficamente en un largo y estrecho bote por el río Patuca, cerca de Ahuas, en La Mosquitia, al noreste del país. Al principio, los periódicos hondureños reportaron el incidente como una exitosa incursión conjunta de la DEA y Honduras, que había matado narcotraficantes. Pero los pobladores locales, incluido el alcalde de Ahuas, insistieron en que

---

188 Thom Shanker, «Lessons of Iraq Help US Fight a Drug War in Honduras», *The New York Times*, 5 de mayo 2012.

189 «Should US Troops Fight the War on Drugs?», *The New York Times*, 8 de mayo 2012.

190 Adam Davidson, «Who Wants to Buy Honduras?», *The New York Times Magazine*, 8 de mayo 2012.

las víctimas no eran narcotraficantes, sino personas de las comunidades que aprovechaban las frescas horas de la noche para regresar a casa con las compras hechas en la costa, como lo hacía la población local regularmente[191]. Después de que grupos de derechos humanos encendieron las alarmas, Bloomberg News y Associated Press retomaron la historia; la AP informó ampliamente; *The New York Times* envió a alguien a entrevistar a las víctimas y rápidamente se divulgó la noticia: la DEA mató a civiles inocentes en Honduras[192]. El 22 de mayo, la AP informó que las fuerzas estadounidenses y hondureñas no solo dispararon a las víctimas en los botes, sino que, posteriormente, en una incursión de comando, hostigaron e interrogaron a los habitantes de Ahuas[193].

Ante repetidos cuestionamientos en las ruedas de prensa, el Departamento de Estado insistía en que los agentes de la DEA participaron en

---

191 Para un análisis detallado del incidente, de otros dos incidentes relacionados y las respuestas del Departamento de Estado, la DEA, el gobierno hondureño, la Oficina de los Inspectores Generales, el Departamento de Justicia de los EE.UU., véase *A Special Joint Review of Post-Incident Responses by the Department of State and Drug Enforcement Administration to Three Deadly Force Incidents in Honduras, May 2017*, Office of the Inspectors General, Oversight and Review 17-02, Office and Evaluations and Special Projects ESP 17-01. Para una investigación exhaustiva del incidente en sí, incluidas las perspectivas de las víctimas, Annie Bird y Alex Main, con contribuciones en investigación de Karen Spring, *Collateral Damage of a Drug War: The May 11, 2012 Killings in Ahuas and the Impact of US War on Drugs in La Moskitia, Honduras, August 12, 2012*, Center for Economic and Policy Research y Rights Action. Para las secuelas, especialmente una evaluación de la respuesta del gobierno hondureño, Alexander Main y Annie Bird, *Still Waiting for Justice: An Assessment of the Honduran Public Ministry's Investigation of the May 11, 2012, Killings in Ahuas, Honduras*, Center for Economic and Policy Research y Rights Action, abril 2013. Para un análisis posterior, ver Mattathias Schwartz, «A Mission Gone Wrong», *The New Yorker*, 6 de enero 2014.

192 Adam Williams, «Honduras to Probe DEA for Death of Pregnant Woman in Drug Raid», Bloomberg News, 16 de mayo 2012; Martha Mendoza y Freddy Cuevas, «US agents on deadly Honduran military operation», Associated Press, 16 de mayo 2012; Damien Cave, «Anger Rises after Killings in US-Honduras Drug Sweep», *The New York Times*, 17 de mayo 2012; Damien Cave, «From a Honduras Hospital, Conflicting Tales of a Riverside Shootout», *The New York Times*, 18 de mayo 2012; Charlie Savage y Thom Shanker, «D.E.A.'s Agents Join Counternarcotics Efforts in Honduras», *The New York Times*, 16 de mayo 2012.

193 Alberto Arce y Katherine Corcoran, «Hunt for trafficker terrorizes Honduran villagers», Associated Press, 23 de mayo 2012.

el ataque solo como asesores, que las víctimas eran narcotraficantes, y que habían disparado contra agentes de la DEA que estaban en otra embarcación. Negó la responsabilidad de Estados Unidos por las muertes y los daños. En un famoso intercambio en la sesión informativa del 17 de mayo, Matt Lee, de AP, lanzó una pregunta tras otra a la portavoz Victoria Nuland. «La DEA se involucró solo en su rol de apoyo... Estuvimos involucrados dando apoyo y asesoramiento exclusivamente», declaró Nuland.

PREGUNTA: Bueno, eso significa que aconsejaron abrir fuego contra una canoa que transportaba civiles con una mujer embarazada y...

SRA. NULAND: Bueno, yo altamente...

PREGUNTA: Bueno, no entiendo... usted dice que tenían un papel de asesoramiento y de apoyo. Entonces, ¿qué fue lo que aconsejaron y apoyaron? Acaso ellos...

SRA. NULAND: Bueno, de nuevo, yo...

PREGUNTA: ¿Indicaron... dijeron, ey, ese parece un buen objetivo; le disparan?

SRA. NULAND: Bueno, en primer lugar, según entiendo, las autoridades hondureñas están tomando... están haciendo una amplia investigación de este incidente para evaluar qué sucedió exactamente y cómo sucedió. Así que pienso que debemos dejar que eso avance[194].

Después, en lugar de hacer su propia investigación del incidente, el Departamento de Estado la defirió al corrupto gobierno hondureño. Pero la investigación fue deficiente, viciada y limitada. En un claro ejemplo de ello, un mes después del incidente, las autoridades hondureñas practicaron una pésima autopsia a una de las víctimas; durante el procedimiento, partes del cuerpo en descomposición caían sobre un pedazo de plástico. El gobierno utilizó su reporte de autopsia para insistir en que la mujer no estaba embarazada —un argumento irrelevante para la investigación de

---

194 United States Department of State, Daily Press Briefing, 17 de mayo 2012, disponible en transcripción y video en 2009-2017.state.gov/r/pa/prs/dpb/2012/05/190242. htm; ver también State Department Daily Press Briefings, del 18 y 22 de mayo.

cómo fue asesinada; fue concebido, más bien, para refutar los testimonios de las víctimas sobrevivientes[195].

En agosto, Annie Bird, en ese entonces de Rights Action, y Alexander Main, del CEPR, con el apoyo de Karen Spring, publicaron un informe de 58 páginas, documentando a profundidad las historias de las víctimas y la evidencia disponible. Confirmaron la versión de las víctimas y evidenciaron la vasta incompetencia del gobierno en el manejo del caso. No obstante, el Departamento de Estado continuó negando responsabilidad y mantuvo su versión de los hechos. Cuando senadores y miembros de alto rango del Congreso continuaron indagando sobre la realidad de lo sucedido, funcionarios del Departamento de Estado recorrieron el Congreso y mostraron secciones editadas de un video de vigilancia, que un avión acompañante había grabado. Afirmaron que el video mostraba el bote de las víctimas embistiendo intencionadamente un segundo bote con agentes estadounidenses a bordo, mientras les disparaban. Insistieron en que el video era información clasificada y la Administración nunca permitió que el público lo viera[196].

Cinco años después, en mayo de 2017, las oficinas del Inspector General de los departamentos de Justicia y de Estado (Offices of the Inspector General of the Departments of Justice and State) emitieron un informe de 424 páginas que hizo trizas la respuesta de la Administración. Reivindicó la versión de las víctimas con contundencia: no eran narcotraficantes, informaron los inspectores generales. Los agentes de la DEA, en efecto, estaban en el helicóptero y gritaban a las fuerzas hondureñas «disparen, disparen». El video, según la investigación, no mostró disparo alguno desde el bote de las víctimas —pero sí mostró disparos contra ellas desde el otro bote. Los inspectores generales concluyeron que tanto

---

195 Main y Bird, *Still Waiting for Justice*, 5, 9.
196 Bird y Main, *Collateral Damage of a Drug War*; Office of the Inspectors General, US Department of Justice, US Department of State, A Special Joint Review of Post-Incident Responses…, chapter 12, «Information Provided to Congress».

la DEA, como el Departamento de Estado, malinformaron y engañaron al Congreso y al público, y obstruyeron la investigación posterior[197].

Cuando la noticia sobre el incidente salió a la luz en mayo de 2012, el sistema de control de la Administración no pudo controlar la cobertura de los medios, ni tampoco la indignación ante lo que Estados Unidos hizo. En ese momento se cuestionó no solo el apoyo de EUA a las represivas fuerzas de seguridad de Honduras, sino también el hecho de que fuerzas de EUA estuvieran involucradas de forma directa en los asesinatos.

En agosto recibí un correo electrónico de un editor de *Foreign Affairs* —una revista de mucho respeto y reconocimiento— solicitándome un artículo para su sitio web sobre la política estadounidense en Honduras[198]. Entonces supe con certeza que la discusión pública sobre la política de Estados Unidos en Honduras había cambiado por completo. Pero, de nuevo, el lado oscuro reaparecía: en respuesta a mi artículo publicado en *The New York Times* y un artículo de portada que escribí para *The Nation*, Miguel Facussé, el magnate del aceite de palma, me envió tres agresivas cartas; en la última, amenazó con demandarme por difamación. En el contexto hondureño, eso se acercaba a una amenaza letal[199].

---

197 La Administración permitió a los reporteros de *The New York Times* ver el video en junio de 2012. Charlie Savage y Thom Shanker, «Video Adds to Honduran Drug War Mystery», *The New York Times*, 22 de junio 2012. Cinco años después, Mattathias Schwartz de ProPublica y *The New York Times* obtuvo el video, lo publicó en línea y lo resumió en forma impresa. Schwartz, «D.E.A. Says Hondurans Opened Fire During a Drug Raid. A Video Suggests Otherwise», *The New York Times*, 23 de octubre 2013; www.propublica.org/article/the-dea-says-it-came-under-fire-during-a-deadly-drug-raid-its-own-video-suggests-otherwise; www.nytimes.com/2017/10/23/world/americas/drug-enforcement-agency-dea-honduras.html?

198 Frank, «Honduras: Which Side is the US On?»; Frank, «US has blinders on in Honduras», *Los Angeles Times*, 24 de agosto 2012; Frank, «Honduras Gone Wrong», *Foreign Affairs.com*, 16 de octubre 2012.

199 Correos electrónicos, Roger Pineda a la autora, 16 de marzo 2012, 12 de abril 2012, 28 de mayo 2012 y carta adjunta, Roger Pineda a la autora, 25 de mayo, con la insinuación de que podría ser «legalmente responsable por el daño causado a la imagen de Miguel Facussé y sus compañías».

«Houston, tenemos un problema»

La explosiva cobertura mediática y la reconsideración del Congreso sobre el tema de Honduras hicieron que la Administración Obama reaccionara a la defensiva. A mediados de enero de 2012, casi se podían escuchar las alarmas sonando en la sede del Departamento de Estado, en el área de Foggy Bottom[200]: «Houston, tenemos un problema»[201].

El 18 de enero el presidente Lobo hizo un breve viaje a Miami, donde está la sede central del Comando Sur. El Departamento de Estado anunció que el mandatario se reunió con «altos funcionarios de los Estados Unidos», con el fin de «revisar la cooperación en seguridad y reconocer el liderazgo y esfuerzos que el presidente Lobo y el Congreso hondureño han hecho a favor de la seguridad ciudadana». El comunicado de prensa estaba lleno de elogios: «En los últimos meses, Honduras ha fortalecido su marco legal para combatir de mejor manera el crimen organizado, nombró jueces con jurisdicción nacional, aprobó un impuesto de seguridad, autorizó escuchas telefónicas y creó una junta asesora para la Policía, entre otras reformas».

En el comunicado, la Administración reconoció —por primera vez— que Honduras tenía una crisis en seguridad, que demandaba reformas; pero también dio su bendición a dos peligrosas medidas recién aprobadas por el Congreso hondureño, y que fueron denunciadas por la comunidad hondureña de derechos humanos: primero, el nuevo impuesto de seguridad mediante el cual se gravan las transacciones financieras dentro del país, incluido el uso de las tarjetas de crédito, y cuyos ingresos irán a un fondo de seguridad controlado de manera centralizada, carente de transparencia; y, segundo, una ley de escuchas telefónicas que autoriza

---

200 Foggy Bottom (Washington, D.C.) es el barrio donde se ubican las oficinas del Departamento de Estado de EUA (N. de T.).
201 «Houston, hemos tenido un problema», frase original pronunciada en la misión Apolo 13 de la NASA, que editó y popularizó en EUA la película «Apolo 13», 1995 (N. de T.).

una mayor vigilancia por parte de las mismas fuerzas de seguridad que cometen abusos contra los derechos humanos[202].

Lo siguiente fue un desfile de funcionarios estadounidenses. El 7 de febrero, Oliver Garza, funcionario de alto nivel del buró antinarcóticos del Departamento de Estado, apareció en Honduras; sostuvo reuniones con el presidente Lobo, la embajadora de Estados Unidos y otros funcionarios, y se instaló en la embajada. Su pasado era oscuro: en 2001, estuvo implicado en un incidente relacionado con el envío, desde Centroamérica, de tres mil AK-47 a paramilitares colombianos[203].

A finales de febrero, la Casa Blanca anunció que el vicepresidente Biden viajaría a México y Honduras del 4 al 6 de marzo. Contextualizó la visita en un explosivo debate sobre la guerra contra las drogas. El presidente guatemalteco Otto Pérez Molina había anunciado recientemente su apoyo para descriminalizar drogas, desafiando abiertamente la política de Estados Unidos; en tanto, las críticas sobre el impacto destructivo de la guerra militarizada contra las drogas en México, financiada por Estados Unidos, iban en aumento[204].

En el contexto hondureño, la visita de Biden, combinada con otras iniciativas administrativas, buscó replantear el escándalo de corrupción policial, las estadísticas de asesinatos y la alarma sobre abusos contra los derechos humanos por las fuerzas de seguridad financiadas por EUA, todo dentro de la denominada guerra contra las drogas: los asesinatos

---

202 Media Note, Office of the Spokesperson, US Department of State, «Meeting with Honduran President Lobo», 18 de enero 2012, 2009-2017.state.gov/r/pa/prs/ps/2012/01/181487.htm

203 «Presidente Lobo se reunió con asesor estadunidense Oliver Garza», *Proceso Digital*, 9 de febrero 2012; Annie Bird, «The US's Drug War Should Not Hit Central America», *Rights Action*, 18 de febrero 2012, reproducido en *Quotha*, quota.net/node/2134

204 «Biden Visits Honduras Amid Drug Legalization Debate», *CNN.com*, 6 de marzo 2012; Press Release, The White House, «Vice President Biden to Travel to Mexico and Honduras», White House Archives, 22 de febrero 2010, obamawhitehouse.archives.gov/the-press-office/2012/02/22/vice-president-biden-travel-mexico-and-honduras.

cometidos por la policía fueron subsumidos en la inespecífica «crisis de seguridad», y la «crisis de seguridad» era, a su vez, resultado del narcotráfico. Por tanto, EUA necesitaba continuar, incluso aumentar, la asistencia en seguridad a Honduras, en lugar de suspenderla. A finales de marzo, William Brownfield, Secretario de Estado Adjunto de la Oficina de Asuntos Internacionales de Narcóticos y Aplicación de la Ley (Assistant Secretary of State for the Bureau of International Narcotics and Law Enforcement) —los periódicos hondureños se referían a él como «el Zar Antidrogas»—, viajó para reafirmar el apoyo estadounidense y abordar temas de crimen organizado, seguridad ciudadana y derechos humanos[205].

Sin embargo, después de que la carta liderada por el congresista Schakowsky se hizo pública, el Departamento de Estado admitió preocupaciones por los derechos humanos. Julissa Reynosa, la subsecretaria de Estado adjunta para la Oficina de Asuntos del Hemisferio Occidental, viajó a Honduras y empleó un tono más crítico en sus declaraciones públicas, expresando preocupaciones sobre impunidad, violaciones de derechos humanos y los asesinatos de personas LGBTI y periodistas[206].

Al mismo tiempo, el Departamento de Estado, actuando de prisa y tras bambalinas, animó al gobierno a reformar su Policía. Dos nuevas comisiones, concebidas supuestamente para adecentar la Policía hondureña después del asesinato del hijo de la Rectora y su amigo, fueron un fracaso. En agosto de 2012, después de varios meses de trabajo, solo 18 miembros de la fuerza policial fueron procesados[207].

---

205 Media Note, Office of the Spokesperson, US Department of State, «Travel of Assistant Secretary Willim R. Brownfield Bureau for International Narcotics and Law Enforcement Affairs», 22 de marzo 2012, 2009-2017.state.gov/r/pa/prs/ps/2012/03/186701.htm

206 «'La Situación es algo crítica'», *El País* (Tegucigalpa), 26 de marzo 2012; «Reynoso: a Honduras aún le falta mucho por hacer», *La Prensa*, 26 de marzo 2012.

207 «DIECP recomienda sanciones a miembros de la carrera policial investigados por delitos», *HRN* (blog), 7 de agosto 2012; «DIECP pide separar al menos 18 miembros de la policía que sometieron a pruebas de confianza», *Proceso Digital*, 1 de septiembre 2012.

A principios de 2012, EUA promovió la creación de un organismo, por lo visto más poderoso: la Comisión de Reforma de la Seguridad Pública (CRSP), a la que el gobierno hondureño otorgó un mandato amplio: investigar la corrupción en la Policía y recomendar cambios profundos en los sistemas de educación y capacitación policial del país. Al parecer, sus miembros fueron seleccionados «de dedo» por el Departamento de Estado. El presidente, el sociólogo Víctor Meza, un excomunista con políticas de centro, era visto por la embajada, antes del golpe, como alguien generalmente cordial con los Estados Unidos. Los otros miembros procedían de la izquierda y de la derecha: Matías Funes, filósofo, profesor de la UNAH, de tendencias progresistas; Adam Blackwell, un importante diplomático canadiense de la OEA; Jorge Omar Casco, un abogado hondureño conservador y profesor universitario de Derecho; y Aquiles Blu, un general chileno vinculado al lavado de dinero y a narcotraficantes[208].

Sin embargo, el presidente Lobo dio su propia respuesta a la crisis policial: los militares ejercerían las funciones de la Policía; primero lo hicieron en incursiones esporádicas, después mediante amplias movilizaciones que se extendieron gradualmente durante meses. En noviembre de 2011, el Congreso hondureño votó para una interpretación de la Constitución que permitiera y ampliara el papel de los militares en la función policial. El 24 de abril, por segunda vez, Lobo extendió el nuevo mandato a los militares por seis semanas más[209].

---

208 «Nombran a comisionados para depuración policial en Honduras», *La Prensa*, 17 de abril 2012; «Comisión para la reforma avanza en pro de seguridad del país», *La Tribuna*, 24 de abril 2012. Sobre las acusaciones contra Blu, «Corrales: Corruption Accusations are OK», *Honduras Culture and Politics*, 27 de abril 2012. Sobre la embajada y Meza, Wikileaks cable, US Embassy, «Possible Candidates to Serve as First Honduran Ambassador to Cuba», 8 de abril 2003, wikileaks.org/plusd/cables/03TEGUCIGALPA856_a.html. Para información más amplia de la CRSP, véase el capítulo 4.

209 Austin Robles, «The Honduran Military Shouldn't Police», *Foreign Policy in Focus* (blog), 10 de julio 2012, fpif.org; Geoffrey Ramsey, *InSight Crime*, 30 de noviembre 2011, www.insightcrime.org

---

Mientras, las críticas del Congreso a la política de Estados Unidos aumentaron. El 5 de marzo, la senadora Bárbara Mikulski, de Maryland, segundo miembro de más alto rango del Comité de Asignaciones (Committee on Appropriations), lideró a siete colegas en la primera carta emitida desde el Senado para cuestionar la situación de derechos humanos y la política estadounidense en Honduras. El 31 de mayo la congresista Jan Schakowsky y otros dieciséis miembros de la Cámara de Representantes enviaron una carta al presidente Lobo, donde expresaron su alarma por los ataques a defensores de derechos humanos, especialmente en el valle del Aguán. El 26 de junio, el congresista Jared Polis, en su primer mandato, dirigió una carta a la secretaria de Estado Hillary Clinton, expresando preocupación por la ola de asesinatos impunes de población LGBTI. La carta incluyó, entre sus 84 cosignatarios, varias figuras de alto nivel que no habían firmado cartas sobre derechos humanos en Honduras anteriormente; entre ellos los congresistas Howard Berman, Adam Schiff y Deborah Wasserman-Schultz.

El 21 de mayo, como pieza clave en su compromiso de limpiar la Policía, el gobierno hondureño anunció el nombramiento del nuevo director nacional de Policía, Juan Carlos Bonilla, conocido como «el Tigre». La embajadora de Estados Unidos, Lisa Kubiske, le dio la bienvenida en un tweet[210].

Los rumores sobre «el Tigre» Bonilla habían circulado por años. En 2011, fue sujeto de una investigación interna que determinó su rol, mientras se desempeñaba como jefe de Policía regional, en la supervisión de los escuadrones de la muerte de la Policía hondureña, que asesinaron a presuntos pandilleros como parte de las campañas de «limpieza social» entre 1998 y 2001. Un testigo declaró a los investigadores que, vía teléfono, le informaron a Bonilla de la captura de un presunto líder de una pandilla; y Bonilla dijo: «Ya lo tienen... hagan lo que tienen que hacer». El testigo, que estaba con Bonilla cuando recibió la llamada,

---

210 Katherine Corcoran, «Honduras names new national police chief», Associated Press, 22 de mayo 2012. «Embajadora de EEUU desea suerte a Bonilla», *Tiempo*, 23 de mayo 2012.

escuchó disparos. Después Bonilla dijo: «Está hecho. Vayamos a ver». Al llegar al lugar, el cuerpo de la víctima estaba en un automóvil que había chocado contra una pared. Como resultado de la investigación, Bonilla fue suspendido por dos años, a partir de 2003, mientras recibía tratamiento por, supuestamente, problemas de salud mental. María Luisa Borjas, comisionada de Policía que dirigió la investigación —y quién en 2011 y en años posteriores fue bastante directa en sus críticas sobre la corrupción policial— denunció en ese entonces que la investigación fue cancelada por altos funcionarios, incluido el entonces secretario de Seguridad, Oscar Álvarez. A ella la suspendieron después de convocar a una conferencia de prensa en protesta por el cierre de la investigación[211].

Cuando nombraron a Bonilla como Director Nacional de la Policía en 2012, AP obtuvo el informe de Borjas, confirmó su validez y, el 1 de junio, reveló la historia del pasado de Bonilla con los escuadrones de la muerte[212]. Entonces las noticias en el Norte y en el mundo no solo trataban de cómo Estados Unidos financiaba las represivas fuerzas de seguridad hondureñas y mataba civiles con sus propios agentes de seguridad, sino también de cómo comía en el mismo plato con el líder de un escuadrón de la muerte, a la cabeza de la fuerza policial. El papel de Estados Unidos en Honduras se asemejaba cada vez más al de la década de 1980.

Pese a su pasado, Bonilla mantuvo su posición en el alto mando de la Policía. Una ley estadounidense de 1998, conocida como Ley Leahy, determina que si el gobierno estadounidense recibe evidencia creíble de que un individuo o unidad financiada por los Estados Unidos ha cometido graves violaciones a los derechos humanos y no se presenta ante la justicia, inmediatamente debe suspender toda ayuda y cooperación con ese individuo o unidad. También requiere que las fuerzas financiadas por los Estados Unidos sean vetadas por antecedentes criminales antes de recibir asistencia[213].

---

211 Katherine Corcoran y Martha Mendoza, «New Honduras top cop once investigated in killings», Associated Press, 1 de junio 2012.
212 Ibíd.
213 Para un análisis de la Ley Leahy y su historia, véase Nina M. Serafino, June S. Beittel, Lauren Plonch Blanchard y Liana Rosen, «*Leahy Law*» *Human Rights*

El 22 de mayo, el día después del nombramiento de Bonilla, un reportero de la AP, en la conferencia de prensa diaria del Departamento de Estado, le hizo una pregunta a la portavoz Victoria Nuland sobre la aplicación de la Ley Leahy con respecto a los asesinatos en Ahuas a manos de la DEA. Nuland respondió que no tenía conocimiento de que la Ley Leahy se estuviera aplicando en Honduras en ese momento[214]. Con esa respuesta, el Departamento de Estado ignoró la evidencia documentada contra Bonilla —además de la vasta evidencia documentada de abusos contra los derechos humanos por las fuerzas de seguridad hondureñas en otros cientos de casos. También cabe preguntar si la embajadora Kubiske estaba al tanto de la evidencia contra Bonilla cuando lo felicitó por su nombramiento.

El Congreso puso condiciones relacionadas con derechos humanos sobre el veinte por ciento de la ayuda en seguridad a Honduras por medio de la Ley de Asignaciones del Departamento de Estado y Operaciones Extranjeras de 2012, que retenía los fondos hasta que el Departamento de Estado certificara avances en aspectos de libertad de expresión, libertad de asociación, Estado de derecho y otros temas. Vergonzosamente, en la segunda semana de agosto, el Departamento de Estado certificó que las condiciones se habían cumplido. Pero en el desarrollo del documento de certificación había un inadvertido párrafo:

El Departamento conoce las denuncias de violaciones de derechos humanos relacionadas con el servicio del jefe de la Policía Juan Carlos Bonilla hace una década, y ha establecido un grupo de trabajo para investigar a fondo las acusaciones en su contra para garantizar el cumplimiento de la Ley Leahy. Mientras la investigación está en curso, estamos limitando cuidadosamente la asistencia a unidades especiales de aplicación de la ley hondureña, atendidas por personal hondureño aprobado por Leahy, que recibe capacitación, orientación y asesoramiento directamente de

---

Provisions and Security Assistance: Issue Overview, Congressional Research Service, 29 de enero 2014, disponible en fas.org/sgp/crs/row/R43361.pdf

214 State Department Daily Press Briefing, 22 de mayo 2012.

las fuerzas del orden público de EUA y que no están bajo la supervisión directa de Bonilla[215].

La AP tuvo acceso al documento y, el sábado 11 de agosto por la mañana, dio la noticia de que Estados Unidos retuvo dinero de Bonilla porque este era un presunto líder de los escuadrones de la muerte. El domingo Bonilla apareció en 30/30, un programa de entrevistas de la televisión nacional; dijo que todo era mentiras inventadas por la AP y que cualquiera que repitiera acusaciones en su contra era un criminal y debía ser tratado como tal. El moderador del programa, Edgardo Melgar, aseguró a la audiencia que fuentes oficiales del gobierno de EUA confirmaron que en ningún momento Estados Unidos suspendió la ayuda al «Tigre». La embajada permaneció en silencio. La tarde del lunes, esta confirmó que el documento de certificación del Departamento de Estado era real y que los fondos, en efecto, habían sido retenidos. Pero no hizo más comentarios. AP informó el mismo día que el senador John Kerry, en ese momento jefe del Comité de Relaciones Exteriores del Senado (Senate Foreign Relations Committee), dijo que era «prudente limitar la ayuda hasta que se resolvieran las interrogantes sobre Bonilla»[216].

La guerra contra las drogas, financiada y librada por Estados Unidos en Honduras, continuó degenerándose ese verano. El 23 de junio,

---

215 United States Department of State, Report on the Government of Honduras's protection of human rights and the investigation and prosecution of security services personnel credibly alleged to have violated human rights, 8 de agosto 2012, en posesión de la autora, reproducido en securityassistance.org

216 Alberto Arce y Martha Mendoza, «US withholds funds to Honduran police», Associated Press, 11 de agosto 2012; Canal 3, Tegucigalpa, 12 de agosto 2012; «El 'Tigre' Bonilla es caso juzgado señalamientos a violaciones de DDHH», *La Tribuna*, 13 de agosto 2012; «Campaña contra el Tigre favorece la delincuencia», *La Prensa*, 12 de agosto 2012; «Denuncia y campaña contra el 'Tigre' favorecen delincuencia», *La Prensa*, 15 de agosto 2012; Martha Mendoza y Alberto Arce, «Honduras cooperating with US human rights probe», Associated Press, 14 de agosto 2012; «Kubiske: No solo al 'Tigre' Bonilla se investiga por violación a derechos humanos», *Proceso Digital*, 13 de agosto 2012; «Honduras reafirma apoyo al 'Tigre' Bonilla, tras investigaciones y recorte de ayuda de EEUU», *Proceso Digital*, 12 de agosto 2012.

durante una incautación de drogas, fuerzas de seguridad de Honduras, trabajando con un miembro del equipo DEA FAST, mataron a un sospechoso que yacía en el suelo, supuestamente después de que el sujeto intentó alcanzar un arma. El 3 de julio, cuando otro avión, presuntamente con drogas, se estrelló cerca de Catamacas, departamento de Olancho, las autoridades estadounidenses y hondureñas detuvieron a un piloto. Cuando el segundo piloto, supuestamente, intentó regresar al avión, los miembros del equipo US FAST le hicieron dos ráfagas de disparos que le causaron la muerte. La investigación de los inspectores generales, cinco años después, reportó que, presuntamente, Bonilla había ordenado que se plantara un arma entre la evidencia. La DEA tuvo conocimiento de ello en su momento, pero lo encubrió[217].

La situación se salía de control. El 28 y 31 de julio, la Fuerza Aérea Hondureña derribó dos aviones que sobrevolaban el Caribe porque, supuestamente, transportaban droga; violó así los protocolos internacionales y utilizó información de inteligencia obtenida por Estados Unidos a través de Colombia. A mediados de agosto, EUA dejó de compartir con Honduras información de inteligencia obtenida de radar —primer reconocimiento público de que las cosas iban muy, pero muy mal[218]. No obstante, las premisas básicas de la guerra contra las drogas permanecieron, en gran medida, inalterables. Implícitamente, según la lógica de la Administración, matar narcotraficantes estaba bien; el único problema

---

217 Office of the Inspectors General, US Department of Justice, US Department of State, *A Special Joint Review of Post-Incident Responses by the Department of State and Drug Enforcement Administration to Three Deadly Force Incidents in Honduras*; Alberto Arce, «DEA agents killed pilot of drug flight in Honduras», Associated Press, 8 de julio 2012; A. Arce y M. Mendoza, «US suspends anti-drug radar support in Honduras», Associated Press, 7 de septiembre 2012; Damien Cave, «US Suspends its Antidrug Radar Sharing with Honduras», *The New York Times*, 7 de septiembre 2012. Ver también, «FF.AA. respaldan la posición de presidente del Congreso», *La Tribuna*, 30 de marzo 2012; «Fuerzas Armadas de Honduras no puede derribar aviones», *El Heraldo*, 30 de marzo 2012.

218 Damien Cave y Ginger Thompson, «US Rethinks a Drug War After Deaths in Honduras», *The New York Times*, 12 de octubre 2012; Arce y Mendoza «US suspends anti-drug radar support in Honduras», Damien Cave, «US Suspends its Antidrug Radar Sharing with Honduras».

consistía en que «civiles» inocentes resultaran heridos o que no se respetaran los protocolos internacionales para derribar aviones.

El punto álgido de la confluencia de escándalos, corrupción, muerte y desafíos del Congreso se alcanzó el 12 de octubre, cuando *The New York Times* publicó un artículo en primera plana: «U.S. Rethinks a Drug War After Deaths in Honduras» (EUA reconsidera la guerra contra las drogas después de muertes en Honduras) —muy diferente de los artículos de la primavera anterior. El artículo inicia con la acción de la Fuerza Aérea que derribó los dos aviones a finales de julio y destaca que Estados Unidos, en respuesta, había dejado de cooperar con las autoridades hondureñas: «Todas las operaciones conjuntas en Honduras están suspendidas por ahora». Eso ya era una bomba en sí. Pero siguieron noticias de mayor impacto: el senador Patrick Leahy,

> expresando las preocupaciones de varios demócratas en el Congreso, está reteniendo decenas de millones de dólares de la asistencia en seguridad, no solo por lo de los aviones, sino también por presuntos abusos contra los derechos humanos cometidos por la Policía hondureña y tres tiroteos en los que comandos con la Administración de Control de Drogas de los Estados Unidos (United States Drug Enforcement Administration), efectivamente dirigieron redadas cuando solo estaban supuestos a actuar como asesores.

Se suspendieron decenas de millones de dólares[219]. Por primera vez, el Congreso no solo abogó por detener el flujo de dinero para Honduras, sino que lo hizo realidad.

En otoño de 2012, el papel de EUA en Honduras apareció en casi todas las noticias. Una vez que los medios investigaron a fondo, las atrocidades salían una tras otra. Gente que conocí en la Resistencia a veces comentaba: «Ellos nos facilitan el trabajo», dando a entender que la represión y corrupción gubernamental eran tan descaradas, que facilitaban la lucha contra el régimen. Esa temporada de 2012, entre el

---

219   Cave y Thompson, «U.S. Rethinks a Drug War After Deaths in Honduras».

incendio de la prisión, el nombramiento de «el Tigre» Bonilla, la masacre de la DEA y el derribo de los aviones con droga, los gobiernos de EUA y Honduras, efectivamente, facilitaron nuestro trabajo. Pero, sin la cobertura de los medios en el Norte, mucho de ello habría permanecido bajo el manto de la oscuridad.

Escalando la montaña

El Congreso le alzó la voz a la Administración Obama. Pero no fue por sí solo que decidió pronunciarse sobre la política en Honduras. Tras bambalinas cientos, incluso miles de activistas estadounidenses, informaron, convencieron y presionaron a congresistas, senadores y sus asistentes. Estas personas, a su vez, decidieron asumir el proyecto de derechos humanos y la política estadounidense en Honduras. Una colmena de trabajo invisible hizo posible cada declaración, cada carta a la Secretaria de Estado, cada situación de derechos humanos planteada para su atención.

Sin embargo, el telón que cubre a quienes realmente hicieron el trabajo en el Congreso puede abrirse hasta cierto punto. Un conjunto de reglas bizantinas exige silencio sobre los procesos que ocurren en el Congreso, y perpetúa el mito colectivo de que el congresista o senador es quien produce, aparentemente sin ninguna ayuda, los resultados. Romper las reglas puede conllevar la destrucción de la carrera de un asistente o que los agentes externos no cuenten con su colaboración.

Pero hay otras razones para que gran parte del trabajo, que hizo posible la acción del Congreso, sea confidencial: el Departamento de Estado, la Casa Blanca, el Departamento de Defensa, un abanico de agencias de inteligencia del gobierno de EUA, el gobierno hondureño y sus oligarcas, y muchos otros actores, quisieran saber cómo, exactamente, el Congreso los desafió, a menudo con éxito. Además, ser identificado como alguien que sostuvo comunicación con el Congreso era peligroso para los hondureños que visitaban Washington para hablar sobre derechos humanos;

ellos eran atacados pública y repetidamente por funcionarios del gobierno hondureño, incluido el presidente Hernández, quienes consideraban que eran «malos hondureños», que mentían sobre su país y le causaban daño. Por otra parte, aunque fuera seguro o aceptable contarlo todo, mucho de lo que sucedió en el Congreso sobre la política de Honduras no está claro aún. Existen telones tras telones, y solo puedo abrir unos cuantos.

Antes del golpe, siendo honesta, yo era una de esas personas que pensaba que escribirle a su representante en el Congreso era una pérdida de tiempo. Pensaba que el Congreso estaba tan comprometido con el dinero de las corporaciones, que no tenía sentido tratar de obtener respuestas. En mi vida política y labor educativa, como profesora de Historia, he depositado mi confianza, en gran medida, en los movimientos sociales de base que transforman el mundo desde abajo. Pero a dos años del golpe, replanteé mi actitud de cara al trabajo en el Congreso. No podía dimensionar cómo, lo que había hecho hasta ese momento, se traduciría en un cambio en la política de EUA; y no es precisamente que la Administración Obama haya reparado en las recomendaciones de mis artículos. Aún me preguntaba: ¿Qué capacidades tengo yo para hacer aportes? Así que decidí tratar en el Congreso.

En febrero de 2011 hice la primera incursión en Washington. No tenía idea de lo que pasaba. Mi conocimiento sobre procesos políticos concretos era casi nulo (mi sobrina fue de gran ayuda, me pasó un video animado de *Schoolhouse Rock* sobre cómo una iniciativa de ley se convierte en ley)[220]. Sinceramente pensé que solo se trataba de ir allí y, sin más, pedir a los congresistas y senadores que revirtieran el golpe. Y ellos se las arreglarían para hacerlo; después de todo, ¿qué sabía yo? Aprendí que se debía presentar una «solicitud», una petición específica y concreta a un asistente, que uno debe seleccionar de antemano. Era consciente de que en las reuniones, a menudo, actuaba tontamente y me ponía nerviosa. Pero en la medida que viajé con regularidad al D.C. aprendí el teje y maneje rápidamente, en una segunda gran curva de aprendizaje posterior al golpe.

---

220 Schoolhouse Rock, *I'm Just a Bill*, www.schoolhouserock.tv/Bill.html

Los edificios de las oficinas del Congreso son como gigantes madrigueras donde, en general, perdía el sentido de ubicación. Las reuniones con los asistentes tenían lugar en el área de recepción de la oficina, sentada en el borde de pequeños sofás de cuero negro, frente a otros visitantes; o de pie en el corredor exterior, donde es imposible tomar o leer notas; o bajo el alto cielo de la espaciosa oficina personal del congresista o senador, decorada elegantemente con obras de arte que muestran las virtudes de su distrito de origen. Algunas de las oficinas tenían bocadillos sobre los escritorios de recepción, ofrecían delicias provenientes del lugar natal: Jelly Bellies, de Illinois (senador Richard Durbin); Raisin Bran, de Michigan (senadora Deborah Stabenow); maní, de Georgia (congresista Hank Johnson).

El lenguaje especializado se extendía sin fin. Los ayudantes tenían una afinada jerarquía de títulos de trabajo, a menudo utilizados en forma abreviada, que más o menos aprendí a decodificar para identificar el grado de poder que cada cual tenía, como LC (Legislative Correspondent —Corresponsal Legislativo) y LA (Legislative Assistant, pero también Legislative Aide —Asistente Legislativo, y Ayudante Legislativo), uno de los cuales es más alto en jerarquía que el otro. En el Senado está el SFRC (Committee on Foreign Relations —Comité de Relaciones Exteriores—, pero en la Cámara es llamado Foreign Affairs —Asuntos Exteriores). De mayor importancia era el «Approps» (Appropriations Committee —Comité de Asignaciones), y especialmente su Subcommittee on State and Foreign Operations —Subcomité de Asignaciones del Departamento de Estado y Operaciones Extranjeras (conocido como «State and Foreign Operations» o SFOPS, pronunciado Ess-Fops). La congresista Nancy Pelosi, líder de la minoría demócrata, era conocida como The Leader —que para mí sonaba como el «Fearless Leader», el conspirador ruso de Rocky y Bullwinkle, de la serie de dibujos animados de mi infancia. Hillary Clinton era «The Secretary» (La Secretaria), el Departamento de Estado era «State», mientras que el Departamento de Defensa era DoD (siglas en inglés pronunciadas di-ou-di), el de Trabajo era DoL, y el de Justicia era DoJ.

Me adentré —con tropiezos y dificultades— en muchos rituales, códigos y etiquetas aparentemente tradicionales, pero sin documentar. Todo indicaba que tenía cero «habilidad para obtener resultados»; y tuve que apoyarme en cada asistente con quien me reuní; por definición, mendigaba. Casi todos nos comportábamos ante los congresistas y senadores con sumo cuidado, como si fueran dioses que descendieron a la Tierra, perpetuando así una cultura de jerarquía y deferencia que no debería tener cabida en una sociedad democrática, mucho menos en los edificios donde, supuestamente, se promulga la democracia.

Resultó que disfrutaba la sensación de ir de un lado a otro: explorando cada atajo y, gradualmente, yendo más lejos y escalando cada vez más para tratar con asistentes de alto rango y, finalmente, con congresistas y senadores. Confieso que también me gustaron esos edificios pretenciosos, pese a que fueron diseñados para legitimar y enaltecer un Congreso que, históricamente, ha sido el campo de juego de los poderosos. Al igual que los demás, me rendí ante el simbolismo, el glamur, el desfile de estrellas; a la vez, en mi cabeza había una crítica constante sobre la arquitectura que evocaba al Imperio romano; sobre las pinturas relucientes con retratos de padres fundadores esclavistas, senadores y ministros; y sobre el ejército de gente de color, especialmente afroamericana, que trabajaba como guardias de seguridad, personal de cafetería y de limpieza, para un Congreso que era, en gran parte, blanco, masculino y de élite.

Me gustó que ser una mujer fuerte, inteligente y mayor fuera bien visto; era una categoría aceptable e incluso respetable en el Capitolio, como legado de poderosas mujeres en el Senado y la Cámara, quienes, en algunos casos, han alcanzado 70 e incluso 80 años de edad. Sintonizaba el canal de televisión CSPAN para ver cómo se vestían y comportaban. Yo tenía una chaqueta de poliéster color turquesa con botones negros; la llamaba mi chaqueta «Hillary Clinton». Bromeaba diciendo que en Halloween sería Hillary. Una tarde estaba sentada en una banca de granito en el atrio del Hart, edificio de oficinas del Senado, conversando con una colega. De repente, escuché una voz diciendo: «¿Hillary?». Me di vuelta y ahí estaba un hombre blanco, de unos cuarenta años, de aspecto pudiente, vistiendo un fino traje. «No, lo siento, mi nombre no es Hillary», respondí. Al ver mi cara, apenado, se disculpó. Cuando alcancé a preguntar: «¿Se refiere a Hillary Clinton?», ya estaba lejos, moviéndose como hoja que lleva el viento.

Pero la situación tenía un lado negativo, grande y estremecedor. Me perturbó saber que gran parte de la política exterior del Congreso la desarrollan jóvenes de veintiséis años que, independientemente de su buen entrenamiento o buenas intenciones, son los responsables de las relaciones de Estados Unidos con el mundo (aunque en el Senado solo tienen la mitad del mundo) —con la excepción de los asistentes que trabajaban para los comités, que son más especializados y tienen a su cargo regiones enteras. Esos asistentes responden, a su vez, a los directores legislativos y jefes de gabinetes. En los primeros años rara vez tuve acceso a funcionarios de alto rango, y menos a congresistas y senadores. Quizá un tercio de los asistentes con que me reuní fue atento y servicial, otro tercio me escuchó durante media hora con la mirada en blanco, sin hacer una sola pregunta ni tomar notas; y, posteriormente, sin hacer ningún seguimiento. Otro tercio fue hostil o despectivo. Muchos de los asistentes más jóvenes se jactaban de su poder y del gran número de personas a sus pies.

En 2011, previo al cambio en la cobertura mediática sobre Honduras, la mayoría de los asistentes me lanzaba miradas que decían: «No hay forma de que sea verdad lo que está diciendo» —que militares y policías financiados por Estados Unidos asesinaban con total impunidad o molían a golpes a profesores en marchas pacíficas. Algunos de los más comprometidos —solo hablo de un puñado de personas— podrían decir sutilmente que, si bien creyeron lo que les dije en la reunión anterior, lo que informaba en ese momento era totalmente descabellado como para ser cierto.

Algunos asistentes, en realidad, trabajaban para el Departamento de Estado, en una clara violación de la separación constitucional de poderes. El Departamento de Estado ofrece «becarios» por un año, como mano de obra gratuita, a oficinas clave del Senado y a veces de la Cámara. Estos empleados regresan a sus puestos en el Departamento de Estado cuando la beca termina. Algunos de los becarios fueron muy colaboradores, pese a que mis proyectos eran críticos de la Administración. Otros promovían la línea del Departamento de Estado al pie de la letra —podría decir que, a los pocos minutos de haber concluido una reunión, hablaban por teléfono con alguien del Departamento de Estado e informaban sobre posiciones y actividades. Al final, por más sinceras que fueran sus preocupaciones, ellos servían a dos jefes.

Constantemente recibí señales advirtiendo que los sucesos a mi alrededor, en esos pasillos del poder, eran indignantes. Podía sentir las frías corrientes del dinero. En una ocasión, mientras esperaba a alguien del personal del Comité de Educación y Trabajo de la Cámara de Representantes, vi a tres hombres blancos en trajes grises muy bien confeccionados, diciéndole a la recepcionista que eran de Apple. ¿Qué estarían vendiendo —o, más bien, comprando? En los largos y anchos pasillos miré grupos de tres o cuatro lobistas de mediana edad, generalmente hombres blancos, tal vez con una mujer blanca o un hombre afroamericano, luciendo el mismo estilo de traje gris, conspirando antes de las reuniones, en particular cuando los congresistas y senadores estaban en la ciudad. Los veía como el Grupo del Petróleo y Gas. Cierto día, en el edificio Hart, recogí del piso una tarjeta de presentación de alguien de ExxonMobil.

Los pasillos también estaban llenos de militares empujando quién sabe qué guerra, con uniformes repletos de medallas y anchas charreteras doradas que daban la impresión de que las chaquetas se sostenían por sí mismas. Y, por supuesto, estaban los atemorizantes republicanos en acecho en cada esquina y detrás de más de la mitad de las puertas de las oficinas. La congresista Ileana Ros-Lehtinen, la cubanoamericana de Florida que viajó a Honduras después del golpe para apoyar al presidente de facto Micheletti[221], me sonrió cuando salía de un ascensor, sin idea de las razones por las que yo estaba ahí.

---

221 Press Release, «South Florida Congress Members on Mission to Honduras», Representative Ileana Ros-Lehtinen, 5 de octubre 2009, ros-lehtinen.house.gov/press-release/south-florida-congress-members-mission-honduras

Pero yo tampoco estaba libre de culpa. Cuando escalaba el Capitolio, podía sentir que el lado oscuro también crecía en mí, como la serpiente en Harry Potter. Me incliné e hice reverencias ante los senadores y congresistas, como todos los demás; alardeé de conocer personas poderosas; espié; fui calculadora; conspiré. Pese a que es progresista en temas LGBTI, gocé burlándome de la sonrisa despistada de Ros-Lehtinen. Disfruté la contienda. De muchas maneras, no me diferenciaba de los grupos de cabildeo corporativos que miré aferrados al directorio anillado del Congreso. ¿Fui cálida y simpática porque me agradaba un asistente y quería una conexión humana?, ¿o porque quería que su jefe o jefa firmara una carta cuestionando el apoyo de Estados Unidos a las fuerzas de seguridad hondureñas? ¿Dónde terminaba una y comenzaba la otra? Conmoví corazones con historias de mis amigos hondureños y las cosas terribles que ellos y sus hijos enfrentaron. Pero en la medida que desplegaba las herramientas de la persuasión, en un afán de salvarlos, me sentía contaminada. ¿Era ese el precio que se debía pagar?

Nada de lo que atravesé fue exclusivo —después de todo, medio mundo estaba viendo House of Cards—; pero, en la práctica, me pasaba a mí. Al final de cada semana, con cinco o seis reuniones al día, tomaba el avión hacia la lejana California, maltrecha por el desdén y las concesiones morales, por tener que contar una y otra vez las atrocidades cometidas en Honduras y, sobre todo, por la aparente imposibilidad, aún, de cambiar en la práctica la política de Estados Unidos; y les juraba a mis conocidos que nunca más volvería.

Herramientas del oficio

Acudir al Capitolio tuvo como objetivo utilizar la presión del Congreso para influir en la Casa Blanca y el Departamento de Estado con respecto a la política en Honduras. Para mi infinita sorpresa, mis colegas y yo, de hecho, generamos cierta dosis de poder; o, como dicen, lo logramos.

La primera tarea consistió en informar de forma continua a los asistentes y congresistas. Consumimos una cantidad enorme de tiempo, tedioso y nada romántico, en el correo electrónico, traduciendo y reenviando noticias, informes de grupos de derechos humanos y misivas del Departamento de Estado; resumimos los puntos clave de las últimas noticias y analizamos el desarrollo de la política de Honduras y Estados Unidos. Usualmente, lograr una reunión con un asistente demandaba dos o tres solicitudes —a veces cinco. Cerca de un tercio nunca respondió. También apoyamos a activistas hondureños de derechos humanos que viajaban a Washington para reunirse con asistentes y congresistas. Los hondureños, por supuesto, podían hablar con mayor autoridad. Para que las reuniones tuvieran lugar, colegas en Washington, D.C. hicieron el trabajo cotidiano e invisible de gestionar las citas, obtener alojamiento y alimentación para los visitantes, servir de intérpretes y dar orientaciones, tanto en el Capitolio como en las reuniones que sostenían con la Comisión Interamericana de Derechos Humanos (CIDH), el Banco Mundial, el Departamento de Estado y organizaciones no gubernamentales (ONG).

Si lográbamos captar el interés de un asistente, más fácil era que su jefe o jefa contactara al Departamento de Estado y le expresara su preocupación por los informes que recibió sobre abusos contra los derechos humanos en Honduras. Pedíamos a los congresistas que patrocinaran sesiones informativas, usualmente organizadas y presididas por activistas de ONG que vivían en el D.C., donde expertos hondureños y estadounidenses presentaban análisis del contexto de los derechos humanos. Las audiencias del Comité hubieran sido el siguiente paso; pero no llegamos hasta ahí, ya que los republicanos controlaron la Cámara a partir de 2011, y no teníamos tanta fuerza en el Senado, donde los demócratas eran mayoría. La excepción fue la Comisión de Derechos Humanos de Tom Lantos, que es bipartidista. Era copresidida por el congresista James McGovern, demócrata de Massachusetts, un comprometido defensor de los derechos humanos en América Latina durante décadas, y por el congresista republicano de Virginia, Frank Wolf, perteneciente a esa rara raza de republicanos en peligro de extinción que se preocupaba en serio por los derechos humanos.

El 25 de julio de 2010, en atención a la invitación del congresista McGovern[222], el padre Melo (Ismael Moreno, SJ), intelectual jesuita y director de Radio Progreso, habló en una audiencia de la Comisión de Tom Lantos sobre la libertad de prensa. El congresista de mi distrito, Sam Farr, asistió a la sesión informativa y quedó impresionado por lo que el padre Melo expuso. Después de su regreso a Honduras, el padre Melo y personal de Radio Progreso recibieron amenazas a muerte, presuntamente en respuesta a su testimonio.

Desesperada por lograr que algo cambiara, seguí por todas partes a Farr en el pícnic anual del Día del Trabajo del Monterey Bay Central Labor Council, en Santa Cruz. Finalmente lo retuve durante diez minutos, bajo la sombra de las secuoyas, mientras comía pollo a la parrilla y pan con ajo. Le conté sobre las amenazas a muerte que recibía el padre Melo a raíz de su testimonio. Percibí su estremecimiento. «Envíeme algo», dijo Farr. Al día siguiente, Alexander Main, del CEPR, y yo, trabajamos en la carta de Farr para la secretaria Clinton. Veintinueve miembros más firmaron la carta de los congresistas que solicitaron, por primera vez, una suspensión de la ayuda policial y militar al Gobierno hondureño hasta que los abusos de derechos humanos fueran abordados[223].

En la primavera de 2011, cuando comencé a viajar al D.C. y a enfocarme en el Congreso, varias de las personas que trabajábamos en el tema de Honduras nos unimos: Alex, de CEPR; Annie Bird, de Rights Action, y yo. Pronto nos acompañó Jean Stokan, directora de Justicia de las Hermanas de la Misericordia de las Américas, y Jenny Atlee, del Quixote Center, ambas veteranas del trabajo de solidaridad en Centroamérica desde la década de 1980. Las cuatro organizaciones trabajaron el

---

222 «Worldwide Threats to Media Freedom», Hearing Before the Tom Lantos Human Rights Commission, House of Representatives, 112th Congress, Second Session, 25 de junio 2012, humanrightscommission.house.gov/events/hearings/worldwide-threats-media-freedom

223 Sam Farr and twenty-nine additional members of Congress to Hillary Clinton, 19 de octubre 2010, en posesión de la autora.

tema de Honduras en el Congreso justo después del golpe, mucho antes de que yo me incorporara. Y se sumaron otros activistas, especialmente de School of the Americas Watch y Witness for Peace. Nunca fue una agrupación formal, sino fluidas alianzas formadas *ad hoc* para trabajar en proyectos específicos.

Cuando comenzamos a presentar cartas y otras iniciativas a la Cámara de Representantes, todavía andaba a tientas sobre cómo trabajar en el Congreso. Cometí todo tipo de penosos errores, que no voy a confesar aquí. Tuvimos que adivinar muchas cosas, y desconocíamos si las respuestas eran las indicadas. ¿Qué tan seguido se podía incomodar a un asistente que prometió algo, pero que no se puso en contacto de nuevo? ¿Cuándo era oportuno hacer una llamada, después de haber enviado un correo electrónico? A veces, alguien del personal aceptaba con entusiasmo enviar una carta o publicar un artículo de opinión; entonces escribíamos los borradores —cuya elaboración, que incluía la verificación de datos, demandaba mucho trabajo—, y recibíamos una respuesta alentadora; pero el envío de la carta o artículo no se concretaba. Las oficinas estaban agobiadas con otros problemas. El tiempo promedio desde la solicitud hasta la emisión de una carta o declaración, por parte de un congresista, era de unos seis meses, aunque las cartas a título personal de congresistas, comunicados de prensa, declaraciones para el Registro del Congreso (Congressional Record), y los discursos en la Cámara que impulsamos, a menudo, se daban en el término de una semana, sobre todo en situaciones urgentes. Casi la mitad de los proyectos en que trabajamos arduamente nunca llegaron a más.

En 2012 funcionó un sistema de recolección de firmas para cartas. Su motor era la Red de Solidaridad Hondureña (HSN, por sus siglas en inglés, Honduran Solidarity Network), una red organizada libremente por grupos de paz y de justicia social de carácter nacional, grupos de solidaridad latinoamericanos y coaliciones basadas en la fe, como Acción Permanente por la Paz (Witness for Peace), School of the Americas Watch, Rights Action, Red de Liderazgo Religioso de Chicago en las Américas (Chicago Religious Leadership Network on the Americas), La

Voz de los de Abajo de Chicago, Alliance for Global Justice (Alianza para la Justicia Global), Marin Interfaith Task Force on the Americas y otros grupos en EUA y Canadá. Casi toda la interacción se dio en línea, mediante una lista cuyos integrantes estaban en contacto con hondureños en la oposición. Por ejemplo, hondureños viviendo en Estados Unidos, honduroestadounidenses, salvadoreñoestadounidenses, y una variedad de estadounidenses y canadienses. En contraste con otras prominentes organizaciones que trabajan en la política estadounidense para América Latina, el mundo de la solidaridad con Honduras fue horizontal en su estructura interna, informal en su coordinación, y no tuvo su sede en Washington; se extendió, además, más allá de las organizaciones afiliadas formalmente a la Red de Solidaridad de Honduras, e incluyó una diversidad de personas, como yo. Eso hizo posible una base comprometida de activistas que tenía comunicación directa con activistas y organizaciones en Honduras, a menudo en alianzas de largo plazo.

En 2012, cuando el trabajo en el Congreso realmente despegó, los integrantes de la HSN ya tenían en su haber tres años de constante trabajo de base. Organizaron giras de una semana para dar conferencias con la participación de activistas hondureños, como Miriam Miranda y Luther Castillo, de la OFRANEH, quienes sensibilizaron a un mar de activistas locales. Hicieron el igualmente duro trabajo de organizar y guiar las delegaciones de activistas estadounidenses de las comunidades de paz, trabajo, justicia social, que viajaron a Honduras para reunirse con defensores de derechos humanos, campesinos del Aguán, defensores de los derechos a la tierra, afroindígenas e indígenas y muchos otros[224].

Los integrantes de la HSN también organizaron regularmente acciones de alertas cuando personas o grupos eran detenidos ilegalmente, amenazados o, de algún otro modo, corrían grave peligro. Las alertas, a su vez, eran posible gracias a activistas de solidaridad internacional en Honduras, quienes acompañaban en el día a día a hondureños en riesgo. Se instauró un riguroso sistema: a los pocos minutos de la emisión de

---

224 Sobre la Honduras Solidarity Network, véase *Honduras Resists*, hondurasresists. blogspot.com/#

una alerta, docenas, a veces cientos de personas en la Red, llamarían al Departamento de Estado, a la embajada de los Estados Unidos en Tegucigalpa, a autoridades hondureñas, o a los tres. De alguna forma, los miembros de la red, de vez en cuando, lograban obtener el número telefónico de figuras importantes del Gobierno hondureño, como el ministro de Seguridad o el jefe de las Fuerzas Armadas, quienes, de hecho, contestaron sus teléfonos y hablaron extensamente con los activistas, en algunos casos diciendo mentiras —como insistir en que nadie había sido detenido. En 2014, la Red tenía una persona a tiempo completo en Tegucigalpa, Karen Spring, quien tenía años de experiencia como investigadora y defensora.

Cuando una carta del Congreso comenzaba a circular con la intención de recoger firmas, un formidable dispositivo, con base en la experiencia de alentar el voto, entraba en acción. Gary Cozette, un experimentado activista de la Red de Líderes Religiosos de Chicago para Latinoamérica, elaboró una lista de distrito por distrito, que conectaba a congresistas con activistas locales. En coordinación con un comité de la Red de Solidaridad de Honduras, mantuvo un bombardeo de correos electrónicos personalizados, animando a la gente para que solicitara a sus representantes que firmaran una carta; y cada vez que una nueva firma ingresaba, informaba con entusiasmo a la lista general de la HSN, estimulándonos a conseguir cantidades cada vez mayores. En años posteriores, Elise Roberts, de Witness for Peace Midwest, asumió la tarea. Era una gran alegría colectiva ver las firmas de los congresistas sumándose en el transcurso de una intensa campaña de tres semanas, en la que cada uno de nosotros percibió la voluntad de cientos de personas, a quienes en su mayoría nunca habíamos visto, sumándose a los esfuerzos.

Poderosas organizaciones nacionales también respaldaron las cartas y ayudaron a obtener firmas. En los años posteriores al golpe, las Hermanas de la Misericordia de las Américas hicieron de Honduras su prioridad número uno en cuanto a política exterior en el trabajo de justicia social, y fueron esenciales a la hora de alentar a los congresistas y senadores católicos y religiosos a cuestionar la política estadounidense en Honduras[225].

A partir del golpe, la AFL-CIO (American Federation of Labor-Congress of Industrial Organizations) fue firme en condenar públicamente la política de EUA y en apoyar la Resistencia. El 13 de septiembre de 2009, en su convención nacional, la AFL-CIO aprobó una resolución denunciando el golpe de Estado y pidiendo el fin de la asistencia de Estados Unidos al gobierno hondureño, la retirada del embajador de EUA y la revocación de las visas de los principales gestores del golpe. En noviembre de 2009, el presidente de la AFL-CIO, Richard Trumka, emitió una declaración pública condenando las elecciones ilegítimas. El Solidarity Center (Centro de Solidaridad) apoyó a los sindicatos hondureños, en especial a los del sector maquila y agrícola. En octubre de 2014, una delegación de líderes de alto nivel de la AFL-CIO visitó Honduras en apoyo a una denuncia presentada ante el Departamento de Trabajo de los Estados Unidos sobre violaciones laborales bajo el CAFTA. Su informe no solo condenó la violación de derechos laborales básicos, sino también la militarización y la destrucción del Estado de derecho[226].

De igual forma, otras ONG en Washington hicieron un trabajo de gran importancia en relación con Honduras, como el Grupo de Trabajo sobre América Latina (LAWG, por sus siglas en inglés) que, con persistencia, hizo públicos los abusos a los derechos humanos y ayudó a promover

---

225 Sisters of Mercy, «Advocating for Human Rights in Honduras», www.sistersofmercy.org; véase, por ejemplo, el informe de su delegación del 11 al 15 de diciembre en Honduras, *A Furnace of Violence: Honduras, US Policy and the Root Causes of Violence,* Sisters of Mercy/Nicaragua-United States Friendship Office on the Americas, www.sistersofmercy.org

226 James Parks, «AFL-CIO: Honduras Coup is 'Unconscionable'», *AFL-CIO blog*, 30 de junio 2009, reproducido en www.laborstandard.org; «Resolution 40: Resolution on Military Coup in Honduras», 13 de septiembre 2009, aflcio.org; Emile Schlepers, «AFL-CIO head denounces Honduras elections», *Peoples' World*, 18 de noviembre 2018, www.peoplesworld.org; AFL-CIO, *Trade, Violence, and Migration: The Broken Promises to Honduran Workers*, 9 de enero 2015, aflcio.org. Sobre el impresionante trabajo del Centro de Solidaridad de AFL-CIO en Honduras, véase: www.solidaritycenter.org; para un ejemplo de sus trabajos, Tula Connell, «2 More Honduran Union Leaders Threatened, Harassed», www.solidaritycenter.org

algunas de las primeras cartas de la Cámara —aunque respaldó con menos entusiasmo la demanda de «suspender la ayuda», y se sintió menos a gusto de lo que nos sentíamos mis amigos y yo con la crítica directa hacia la política estadounidense en algunos frentes. LAWG, con la HSN, también elaboraron cartas para el Departamento de Estado[227], que firmaron ONG y otros grupos, especialmente religiosos.

En cambio, en 2009, la Oficina en Washington para América Latina (WOLA, por sus siglas en inglés) permaneció distante de la Resistencia y de aquellos que se oponían enérgicamente al golpe. Si bien condenó el golpe y criticó las elecciones de noviembre de 2009, WOLA orientó su trabajo a la construcción de un grupo líder como tercera vía en Honduras, que no incluía a Zelaya ni a Micheletti, debilitando así la meta del retorno de Zelaya como presidente legítimo.

Cuando el presidente Lobo asumió el cargo a principios de 2010, un representante de WOLA testificó ante el Comité de Asuntos Exteriores de la Cámara de Representantes, y expresó que Estados Unidos debía restablecer la ayuda en seguridad, que fue suspendida parcialmente después del golpe de Estado, ya que un nuevo gobierno de «reconciliación nacional» estaba en funciones; así, hizo eco a los enunciados del Departamento de Estado.

En los años siguientes, WOLA no apoyó la solicitud de suspensión de la ayuda en seguridad, aunque sí apoyó la de condicionar la ayuda (solo en diciembre de 2017, después de la represión poselectoral, WOLA llamó, por primera vez, a suspender la financiación en seguridad). En 2012 y 2013, después de que estalló el escándalo de la Policía, WOLA trabajó con el Departamento de Estado para ayudar a coordinar más de

---

227 Para el trabajo de LAWG ver, por ejemplo, Lisa Haugaard y Sarah Kinosian, *Honduras: A Government Failing to Protect its People*, Informe, Latin American Working Group, 9 de febrero 2015, www.lawg.org; Omar Martínez, «LAWG and Other Groups Condemn Repression of Peasant Activists From Bajo Aguán, Honduras», 31 de agosto 2012, lawg.org

200 millones de dólares en nuevas ayudas a la Policía —con el propósito de reformarla— mientras «el Tigre» Bonilla era el director nacional[228].

Muchos activistas en EUA, comprometidos con la lucha contra la política estadounidense en Honduras y de acuerdo con la demanda de suspender la ayuda en seguridad, optaron por no presionar al Congreso y prefirieron centrarse en otras estrategias. Es importante tener en cuenta que obstáculos de peso impidieron a muchas personas trabajar en el Congreso, aun si hubieran querido hacerlo. Para acudir al Capitolio es preferible vivir en Washington, D.C., o tener acceso a fondos para viajar, y tiempo libre del trabajo remunerado y de las responsabilidades familiares. Una vez allí, las conversaciones y correos electrónicos con asistentes transcurren, generalmente, en un inglés de ritmo acelerado y lleno de tecnicismos (excepto las traducciones en reuniones con invitados hondureños). Esos factores impidieron que la mayoría de los hondureños en Estados Unidos interactuara directamente en el Congreso. Hubo mucha presión de electores en los distritos, donde las barreras de acceso eran un tanto menores. Pero incluso allí, inmigrantes hondureños indocumentados —una cantidad considerable— lo pensarían dos veces antes de entrar a un edificio del gobierno local y encarar a un representante del poder gubernamental de EUA.

A mediados de 2012, cuando los congresistas Schakowsky, Farr y McGovern dieron un paso adelante para asumir roles de liderazgo en el tema Honduras, y nuestras demandas se centraron en la suspensión de la ayuda a la policía y el ejército, pasamos a la construcción de una

---

228 Testimonio de Vicki Gass, y comentarios de Gass durante el período de preguntas y respuestas (cuando defiende el restablecimiento de la ayuda), «Next Steps for Honduras», Hearing, 18 de marzo 2010, House Committee on Foreign Afffairs, Subcommittee on the Western Hemisphere, 111th Congress, Second Session, Serial No. 111-94 (Washington, D.C.: US Government Printing Office, 2010). Para un análisis sobre el papel de WOLA durante y después del golpe, Adrienne Pine, «WOLA vs. Honduran Democracy», *CounterPunch*, 12 de abril 2010. Sobre WOLA y la reforma de la Policía, «Police Reform in Honduras: Stalled Efforts and the Need to Weed Out Corruption», 26 de agosto 2013, *WOLA* (blog), www.wola.org. Para más información sobre el trabajo de WOLA en Honduras, ver www.wola. org/?s=honduras

base más amplia de liderazgo; nos enfocamos en puntos específicos que ayudaron a alcanzar grupos más amplios. En junio de 2012 trabajamos con los congresistas Jared Polis, Barney Frank y el Caucus[229] de Igualdad en una carta a Clinton sobre la represión LGBTI en Honduras, que firmaron 84 congresistas[230]. Trabajamos con el congresista Hank Johnson, de Georgia, un miembro del Caucus Negro del Congreso, en una carta al nuevo secretario de Estado John Kerry, sobre el derecho a la tierra de los pueblos afroindígenas y los asesinatos de la DEA de indígenas en Ahuas: obtuvimos 58 firmas. Gracias a la incansable y meticulosa atención a Honduras de su asistente Sascha Thompson, Johnson surgió como líder de largo plazo en la política progresista para Honduras[231].

Aunque conocía el poder del bipartidismo y sabía que, en general, los republicanos en la Cámara no firmarían una carta, a menos que fuera codirigida por miembros de ambos partidos, a finales de 2012 cada oficina que visité, cada firmante de cartas, cada destinatario de mis correos electrónicos informativos, eran demócratas. Realmente pensaba que, al contactar a los republicanos, mis posiciones políticas podían prejuciarlos y afectar las gestiones.

En noviembre de 2012 conseguí una reunión con una asistente del congresista Frank Wolf, el copresidente republicano de la Comisión de Derechos Humanos Tom Lantos. Me ponía nerviosa de solo pensar qué resultaría de ello. Conociendo que Wolf se preocupaba por la libertad religiosa, arrastré conmigo a Jean Stokan, de Hermanas de la Misericordia. Al inicio de la reunión le entregué a la asistente mi artículo recién publicado en *Foreign Affairs*. Ella se sorprendió y me dijo que hacía poco había circulado entre el personal de los miembros del Congreso; ella tenía interés en la crisis de Honduras. Al final de la reunión dije, casualmente,

---

229 Comité de miembros de un partido político para abordar diferentes temas.

230 Jared Polis and eighty-three additional members of Congress, 26 de junio 2012, en posesión de la autora, y comunicado de prensa y carta disponible en quotha. net/docs/honduras/6.26.12.Honduras_LGBT_letter_press_release.pdf

231 «Rep. Johnson, 57 Colleagues Call for Investigation into DEA-related killings in Honduras», 30 de enero 2013, hankjohnson.house.gov (Sascha Thompson cambió su nombre a Sascha Foertsch).

como lo hacía en todas mis reuniones, «estaré por aquí durante las próximas tres semanas, por si su jefe quisiera reunirse conmigo», sabiendo que él no lo haría. En esos años, no obtuve ninguna reunión con algún miembro del Congreso. Pero ella dijo: «Sí, le gustaría. ¿Está usted libre en una hora, cuando él regrese de su almuerzo?».

Una hora después, la asistente nos condujo por el pasillo que nos llevaría al encuentro con el congresista Wolf, uno de los republicanos de mayor rango en la Cámara, expresidente y miembro del importantísimo Subcomité de Estado y Operaciones Extranjeras del Comité de Asignaciones. Ella aclaró que solo lo conoceríamos, y eso sería todo. Sin embargo, cuando nos dimos la mano, Wolf interrogó: «¿Quién de ustedes escribió el artículo?», y nos pasó a su oficina, donde estuvimos veinte minutos. Tenía en la pared una gran fotografía de cuerpo entero de Ronald Reagan. «¡Leí su artículo y estoy indignado!», expresó. Resultó que su hija vivió en San Pedro Sula durante dos años, él la visitó y tenía interés en el país. Nos preguntó qué queríamos que hiciera. «Apoyar las condiciones de derechos humanos a la ayuda policial y militar para Honduras», dije rápidamente. «Dile a Anne Marie, que Wolf está en eso», le dijo a la asistente, quien de inmediato, justo ahí, mientras permanecíamos sentadas, envió un mensaje a Anne-Marie Chotvacs, la empleada de más alto rango de los republicanos en el subcomité SFOPS. Levantó la mirada hacia un mapa del mundo que colgaba de una de las paredes. «Todo se está yendo al carajo ahí abajo. Perdimos Ecuador. Perdimos Bolivia». Cuando Jean y yo finalmente salimos, puso su mano en mi brazo y preguntó: «¿Hay algunos contras por allí ahora?». Wolf cumplió su palabra y, hasta donde tengo entendido, continuó apoyando las condiciones de derechos humanos para la ayuda en seguridad a Honduras, hasta que se retiró, a principios de 2014; una baja para nosotros.

Los poderes fácticos

A estas alturas me he dado cuenta de que el éxito en el Capitolio dependió del compromiso individual de los asistentes. Entendí que la fórmula mágica consiste en, primero, un asistente a quien el tema le preocupe; segundo, que trabaje para un congresista que comparta la misma preocupación; tercero, que el congresista le dé luz verde al asistente para desarrollar el proyecto y, finalmente, que el congresista sea de alto rango, que forme parte de uno o más comités relevantes y tenga muchos electores o constituyentes, que se comuniquen con él o ella en su distrito de origen. El director legislativo y el jefe de gabinete del congresista tenían que estar a bordo también. Entre más se alineaban esos factores, más pudimos lograr. Sobre la gran cantidad de asistentes, estaban los empleados de los comités y de los líderes del Congreso, mucho más especializados en su competencia política y con acceso a mayor conocimiento y poder a través de sus jefes.

En la primavera de 2011 escuché que había un destacado experto en América Latina llamado Peter Quilter; trabajaba para Howard Berman, congresista de mayor rango del Comité de Asuntos Exteriores de la Cámara. Quilter parecía alguien por encima de mi alcance, así que me olvidé de él. Sí supe que, a principios de septiembre de 2009, Berman, entonces presidente del Comité, había escrito un excelente artículo de opinión en *Los Angeles Times*: «Honduras: Make It Official —It's a Coup» (Honduras: Háganlo Oficial —Es un Golpe de Estado); pedía a la Administración Obama que reconociera que lo sucedido en Honduras fue un golpe militar y que suspendiera casi toda la asistencia, según lo ordena la ley. «Esto parece, camina y grazna como un pato. Es hora de dejarse de rodeos y llamar al ave por su nombre».

En junio de 2011, el Comité de Asuntos Exteriores de la Cámara estaba a punto de realizar una audiencia respecto a restablecer o no la visa del perpetrador del golpe y presidente de facto, Roberto Micheletti, y de otros líderes del golpe. Aventurándome, llamé directamente a la oficina de Berman y pedí hablar con Peter Quilter. Quedé un tanto atónita por el hecho de que atendiera mi llamada (usualmente ni los asistentes más serviciales lo hacían), supiera quién llamaba, y hablara conmigo durante una hora sobre el tema de la visa de Micheletti y la política hondureña. Desde entonces, trabajamos juntos por dos años y medio, hasta que dejó el Capitolio para desempeñarse como Ministro de Finanzas y Administración en la OEA.

Argentino y estadounidense, tenía el pelo negro, barba tipo candado, y era incisivo y de habla rápida —incluso más que yo, que ya es bastante decir—, con un gran sentido del humor y una impresionante habilidad en el uso de las metáforas. Para cada reunión, yo llegaba diez minutos antes al área de recepción del Comité de Asuntos Exteriores e informaba al personal que ya estaba ahí, y ellos le informaban. Abría la puerta en el segundo preciso en que la reunión estaba agendada. Nos reunimos siempre en la misma mesa, junto a la ventana de la cafetería ubicada en el sótano del edificio Rayburn. Después de una hora exacta, se marchaba.

Nuestra primera reunión fue en octubre de 2011, tres o cuatro días después del asesinato del hijo de la Rectora. Cuando le di la noticia, se sobresaltó —sabía mucho sobre Honduras y comprendió de inmediato lo que esos asesinatos significaban. Expresó que el presidente Lobo estaba tratando de hacer una buena labor, pero bajo una tremenda presión de la derecha hondureña. Le respondí que pensaba que eso era puro cuento, que Lobo mismo era de la derecha hondureña, y que lo estaba manipulando. Tuve la impresión de que no muchos visitantes expertos le hablaban de esa manera; pero no se ofendió, sino que escuchó atentamente. Pude notar también, después de esa reunión, que algo había cambiado en mi habilidad para lograr que las cosas se dieran en el Congreso.

Ese noviembre, Peter me pidió que le enviara puntos clave para una carta que su jefe dirigiría al presidente Lobo sobre los derechos humanos en Honduras. Me esforcé lo más que pude, disculpándome porque una carta criticando a un jefe de Estado extranjero era algo nuevo para mí. Ese borrador se transformó en la carta de Berman, del 28 de noviembre, a Hillary Clinton; cerraba pidiéndole a la «Señora Secretaria» (…) «evaluar de inmediato la asistencia de los Estados Unidos para asegurarse de que, en efecto, no estemos alimentando a la bestia»[232].

Peter casi nunca mencionó los temas que trabajaba sobre Honduras, o lo que le informaba a la Administración o al gobierno hondureño. Nunca discutimos sobre un país que no fuera Honduras. Nunca vi su oficina por dentro. Conocía cuáles eran los límites y permanecimos dentro de ellos. Pero él fue mi mentor, conscientemente, sobre cómo conducirse ante el Capitolio, el Departamento de Estado y la Administración. Leía el punteo de mis largos resúmenes semanales del acontecer político hondureño. En octubre de 2012, preparó otra incendiaria carta de Berman para la Secretaria de Estado. En tres páginas, esta abordó la política estadounidense en Honduras, cuestionó la certificación del Departamento de Estado sobre las condiciones de derechos humanos, e insistió en que «era hora de dejar de fingir que el golpe nunca se dio». «La política de Estados Unidos necesita un reajuste», declaró Berman. «Podemos ver la aterradora situación de los derechos humanos a través de la lente de la 'amenaza a la seguridad ciudadana'… o podemos entender las mismas violaciones de derechos humanos a través del prisma golpista y, de hecho, el bloqueo del proceso político por parte de arraigadas élites»[233].

Años más tarde, discutiendo nuestros respectivos roles para tratar de avanzar en el tema de la política hondureña, Peter destacó el trabajo que había tras bastidores, que yo apenas vislumbraba en ese momento. Enfatizó que había «gente a la que le importaba lo suficiente como para empujar». Sus jefes tenían gran importancia también. Al congresista Berman le importaba. «Berman tuvo que decir 'Me gusta mucho la carta, sigamos adelante con esto'». Berman tuvo la disposición de utilizar parte de su caudal político en la problemática de Honduras. Pude observar que los congresistas tenían que asumir compromisos: si encabezaban una carta, debían ser capaces de hablar sobre los temas en la televisión,

---

232 Howard L. Berman to Hillary Clinton, 28 de noviembre 2011, en posesión de la autora.
233 Howard L. Berman to Hillary Clinton, 2 de octubre de 2013, en posesión de la autora.

la radio, con el Departamento de Estado y la Casa Blanca. A través de los años, vi cómo la congresista Jan Schakowsky, en particular, siempre mantuvo su compromiso con nuestro trabajo, con total dominio de la problemática; siempre dispuesta a reunirse con visitantes hondureños y conservar los relatos en su corazón.

Al hacer este recuento, me he esforzado por mantener un balance entre retratar el trabajo que realicé como parte de mi historia y acreditar las formas en que ese trabajo estuvo siempre inserto y dependiente del trabajo de otros miles de activistas en Estados Unidos y el mundo y, lo más importante, del trabajo de decenas de miles de hondureños, muchos de los cuales murieron en la lucha, quienes fueron siempre los actores más importantes. Peter me ayudó a ponerlo en perspectiva:

> Todos pueden transmitir una historia; los periodistas también tienen historias que contar. Todos, de alguna manera, hicieron rodar el balón. Todos arriesgaron algo en el juego. Hubo gente a la que le importó. Todos tenemos algo de héroes.

Íbamos por buen camino en la Cámara. Pero el Senado era un desafío mucho más imponente —más convencional, más amenazante, pero también más poderoso.

Un activista de una ONG de larga data en el D.C. me comentó que era imposible obtener una carta del Senado; simplemente, las cartas no eran lo suyo y, en todo caso, los senadores eran más conservadores. Pero trabajando de cerca con las Hermanas de la Misericordia, y gracias al dedicado trabajo de un elector en Maryland, logramos que la senadora Barbara Mikulski, en ese momento la segunda demócrata de mayor rango del Comité de Asignaciones, enviara una carta a Clinton. Seis senadores más también la firmaron. Emitida en marzo de 2012, justo después de la gran carta de Schakowsky, cuestionó el apoyo de los Estados Unidos a las fuerzas de seguridad hondureñas, que habían cometido abusos de derechos humanos. Se quedó corta a la hora de pedir una suspensión de la ayuda —pero venía del Senado.

Un asistente que había trabajado en ambas cámaras me dijo que una llamada telefónica de un senador al Departamento de Estado equivalía a las llamadas de cincuenta miembros del Congreso. Después, en 2014, el senador Benjamin Cardin lideró una carta más enérgica, firmada por veintiún senadores[234].

Escuché que en el Senado había otro casi mítico personaje que estaba allí desde siempre, se preocupaba por Latinoamérica y los derechos humanos y, supuestamente, tenía el poder de suspender la ayuda policial y militar si se lo proponía. No estaba segura de que eso fuera cierto. Se llamaba Tim Rieser, trabajaba para el senador Patrick Leahy, presidente del Comité de Asuntos Judiciales (Committee on the Judiciary) y del Subcomité para el Departamento de Estado y Operaciones Extranjeras del Comité de Asignaciones del Senado (Subcommittee on State and Foreign Operations of the Senate Committee on Appropriations), con Rieser como asistente principal.

El Congreso tiene tres poderes clave en relación con la rama ejecutiva: aprobar legislación, confirmar designaciones y controlar el financiamiento. De estos, el poder sobre los fondos es el más importante, dado que el Congreso tiene que aprobar un presupuesto anual no solo para el gobierno de EUA —incluido el propio Departamento de Estado— sino también para los proyectos estadounidenses en países extranjeros, entre ellos la financiación militar extranjera y la ayuda para el desarrollo. Ese financiamiento está controlado por la legislación que emiten los comités de Asignaciones de las dos cámaras, y por los subcomités de Defensa y Departamento de Estado y Operaciones Exteriores. Además, los presidentes de estos comités y del Comité de Relaciones Exteriores del Senado y los miembros de mayor rango del Senado, también tienen

---

234 Barbara Mikulski and six additional senators to Hillary Clinton, 5 de marzo 2012, disponible a través de un enlace en Alexander Main, «Twenty-one Senators Ask Kerry to Conduct at 'Thorough Review' of Security Assistance to Honduras», *CEPR Americas Blog*, 19 de junio de 2013; Comunicado de prensa, «Cardin Leads Senate Call for Accountability in Honduras for Human Rights Violations», Comunicado de prensa, 18 de junio 2013, www.cardin.senate.gov/newsroom/press/release/cardin-leads-senate-call-for-accountability-in-honduras-for-human-rights-violations

el poder, individualmente, de suspender temporalmente los fondos asignados, si así lo deciden.

En febrero de 2011, le escribí a Tim Rieser y conseguí una cita —algo poco común, me di cuenta con el tiempo. Cuando mi colega Alex y yo atravesamos la puerta, Tim estaba sentado frente a una computadora al fondo, en la esquina izquierda. Señaló un pequeño sofá y un par de sillas en la otra esquina, terminó lo que sea que estaba haciendo, luego se acercó y se sentó frente a nosotros. Estaría por cumplir unos 60 años, pequeño, delgado y con el cabello plateado con partido al lado, cayendo en ángulo sobre un rostro delgado.

Nerviosamente recité mí discurso estándar de diez minutos, describí los horrores del gobierno hondureño después del golpe. Tim no dijo una palabra, ni hizo gesto alguno durante ese tiempo. Cuando terminé mi discurso, preguntó: «¿Saben de cuánto es la financiación de los Estados Unidos?». Yo no tenía idea. Alex me rescató con algunos comentarios generales. Tim delineó lo que podía y no podía hacer para ayudarnos, sonrió y dio por finalizada la reunión.

Esa primavera comencé a enviarle correos electrónicos con información breve sobre Honduras, casi una vez al mes. En el verano, mis correos electrónicos se convirtieron en resúmenes regulares, con información destacada y recortes de prensa; en algunos momentos, cuando los asesinatos de campesinos en el valle del Aguán proliferaron, uno por uno, dos por dos, lo hice a diario. En ese tiempo Annie Bird, de Rights Action, también le enviaba información de sus investigaciones meticulosamente documentadas del Aguán. Al no recibir respuesta, me pregunté si debía parar. En agosto lo llamé por primera vez, para saber si estaba enviando demasiada información. «Siga enviándola», dijo, disculpándose por no poder hacer mucho porque «tengo que lidiar con todos los lugares espantosos en el mundo», no solo Honduras. «Pero ese es mi lugar espantoso», dije en tono suplicante.

Al igual que Peter, Tim casi nunca comentó lo que hacía. Comprendí que no debía preguntar. Nunca supe de quién más recibía información sobre Honduras, aunque sabía que en 2010 y 2011 no hubo mucho cabildeo, más allá del que hacíamos mis colegas y yo. Mantuve el envío de los correos electrónicos. Cuando no pude más debido a los implacables asesinatos que se daban, le escribí: «Por favor, haga algo para que eso pare».

El 3 de octubre de 2011, sin más, me envió un correo electrónico:

> La versión del Senado para el año fiscal 2012 del proyecto de ley de ayuda exterior elimina los fondos para el ejército (no afecta los programas financiados por el Departamento de Defensa) y condiciona la ayuda a la Policía. Sin embargo, la versión de la Cámara de Representantes no lo hace, así que no puedo predecir cuál será el resultado final[235].

Seis años después, aún tengo ese correo electrónico en una pared de mi casa. No lo podía creer. En ese momento, no tenía idea de lo que significaba condicionar la ayuda extranjera; apenas sabía que había un proyecto de ley sobre la ayuda extranjera en proceso. Pero sí sabía que después de más de dos años de atrocidades, llantos de impotencia e insoportable dolor, alguien a quien apenas conocía, alguien que poseía poder real, había hecho algo grande.

Unos días antes de la Navidad de 2011, el Congreso aprobó la Ley de Asignaciones al Departamento de Estado, Operaciones Extranjeras y Programas Relacionados (Department of State, Foreign Operations, and Related Programs Appropriations Act), que impuso las primeras condiciones para la ayuda a Honduras —aunque solo en la parte de la Ley de Asignaciones al Departamento de Estado y Operaciones Extranjeras:

> (d) HONDURAS.– Previo a la obligación del 20 por ciento de los fondos asignados por esta Ley que están disponibles para asistencia a las fuerzas militares y policiales hondureñas, el secretario de Estado deberá informar por escrito a los Comités de Asignaciones que: el gobierno de Honduras está implementando políticas para proteger la libertad de expresión y asociación, y el debido proceso legal; y está investigando y procesando

---

235 Correo electrónico, Tim Rieser a la autora, 3 de diciembre 2011.

en el sistema de justicia civil, de conformidad con la ley hondureña e internacional, a personal militar y policial que supuestamente haya violado los derechos humanos, y que el ejército y la policía hondureña estén cooperando con las autoridades judiciales civiles en tales casos: Siendo previsto que la restricción en esta subsección no aplicará a la asistencia para la promoción de la transparencia, anticorrupción y el estado de derecho al interior de las fuerzas militares y policiales[236].

Era la ley. Tim lo hizo. Aunque sospecho que, en cualquier caso, si se le agradeciera por lo hecho, afirmaría que fue el «Congreso» el que impuso las restricciones. Fue también Tim Rieser quien, en octubre de 2012, informó a *The New York Times* que el senador Leahy, con el apoyo de varios demócratas, había suspendido temporalmente decenas de millones de dólares de ayuda estadounidense en seguridad a Honduras[237].

Sin lugar a duda al cierre de 2012, finalmente, contaba con un plan estratégico del cual no tenía una mínima idea el día del golpe. Sesiones informativas en el Congreso, cartas a la Administración, declaraciones públicas, condiciones de derechos humanos contenidas en una ley vigente que involucra fondos reales. Mis queridos colegas y yo conocimos todas estas herramientas y aprendimos a aplicarlas mediante una planificación compleja y una estructura nacional de base que promovió el voto.

Tocamos un centenar de puertas, literalmente, hasta que aprendimos a identificar qué oficinas tenían interés y nos apoyarían; aprendimos a triangular electores, congresistas y senadores, y organizaciones a las que les prestarían atención. Conocimos quiénes de los miembros eran amigos entre sí, quién seguía a qué líder. No obstante, otras herramientas poderosas estuvieron fuera de nuestro alcance: resoluciones, delegaciones oficiales del Congreso (conocidas como CODELS en inglés), legislación, excepto por el proyecto de ley SFOPS. Sin embargo, la marcha de nuestro

---

236 United States Congress Consolidated Appropriations Act, 2012, PL 112-74, Section 7041 (d) and Conference Report, to Accompany HR 2055, Section 7045 (d), disponible en www.congress.gov/congressional-report/112th-congress/house-rep ort/331/1?q=%7B%22search%22%3A%5B%22pl+112-74%22 %5D%7D
237 Cave y Thompson, «US Rethinks a Drug War After Deaths in Honduras».

trabajo fue ascendiendo, a pesar de la frustración infinita; y siempre nos causaba admiración haber logrado algo.

La pregunta clave sobre la interrelación entre el trabajo en el Congreso y la oposición hondureña, se mantenía. ¿A quién exactamente le rendíamos cuentas en Honduras acerca de nuestras demandas en Washington, en particular cuando el FNRP se fragmentó en ese mismo periodo? Además, el proceso en el Congreso era manejado con extrema secretividad. Por ejemplo, difícilmente podíamos discutir las cartas antes de hacerlas públicas, para prevenir el ataque de nuestros enemigos. Nosotros mismos entendíamos un tanto superficialmente las herramientas y procesos dentro del Congreso. ¿Cómo, entonces, compartíamos eso con los hondureños?

Cuando comencé a activar en el Congreso, expliqué a los hondureños, lo mejor que pude, lo que intentábamos hacer en el Norte. La respuesta siempre fue entusiasta y, con el tiempo, nuestro trabajo recibió respaldo institucional. Pero los tecnicismos de los comités del Congreso, sus jurisdicciones y los detalles del condicionamiento en el proyecto de ley SFOPS resultaban algo colosal de explicar, sobre todo en español. Hasta cierto punto, aquí en el Norte, nos lanzamos en un acto de fe, conscientes de que eran también nuestros impuestos los que estaban pagando, en parte, las atrocidades en Honduras, y que nosotros mismos debíamos responder por esos dólares.

Huracán Sandy

En el otoño de 2012, cuando di clases durante un periodo en Washington, D.C., alquilé un apartamento en la esquina de la avenida 17 y calle T Noroeste (T Street Northwest), cerca de DuPont Circle. Lo mejor del apartamento era un ventanal compuesto de pequeños paneles de vidrio, a través de los cuales se veían los árboles de un pequeño parque frente al edificio. Me encantaba ver esos árboles altos y frondosos que el viento mecía, mientras cambiaban gradualmente de color durante septiembre y octubre.

El lunes 29 de octubre ordenaron el cierre de la ciudad, por dos días, debido a la inminente llegada del huracán Sandy. Eso significaba que tanto el gobierno federal, como las demás oficinas e instituciones cerrarían. Los autobuses y el metro quedaron fuera de servicio. También significó que un grupo de jueces hondureños, a quienes conocía y estaban en la ciudad para testificar ante la OEA, en una audiencia en apoyo al Sistema Interamericano de Derechos Humanos, quedaría varado en la ciudad por dos días más, a la espera de su reunión, que reprogramaron para el miércoles.

Eran seis: Tirza Flores Lanza y Luis Chévez, dos de los cuatro jueces que fueron depuestos ilegalmente por oponerse al golpe y que no habían sido restituidos; Mandell Pandy y Mario Díaz, ambos jueces en ejercicio y directivos de la Asociación de Jueces por la Democracia (AJD), en busca del apoyo de la Comisión Interamericana para la reincorporación de los jueces depuestos y la independencia judicial en Honduras; también viajaron una periodista y una abogada de Radio Progreso y del ERIC-SJ.

Su hotel estaba cerca de mi apartamento, y los invité para juntarnos y conversar un rato. Trotaron en medio de la fuerte lluvia y remolinos de hojas doradas. Se acomodaron en el sofá y en las sillas de mi pequeña sala. Todos tenían aspecto de gente común, vistiendo yins, buzos y el tipo de ropa que se usa para estar cómodo en el cuarto de un hotel. Estaba encantada de tener una habitación llena de calificados hondureños cautivos, cuyas opiniones serían de gran provecho. Para empezar, les pregunté cómo iba la supuesta limpieza policial en el país. Después de 45 minutos, Luis preguntó tímidamente: ¿Podemos escuchar algo de música? Eran casi las once de la mañana. Puse el exitoso merengue «Buscando visa para un sueño», de Juan Luis Guerra. Luis y yo nos pusimos a bailar, y pronto los demás se unieron. La reunión había terminado.

Empecé a preocuparme por el almuerzo. La alacena estaba literalmente vacía: casi nunca estaba en casa y no había hecho compras recientemente; no había nada almacenado, porque era un alquiler de corto plazo. Encontré una lata de atún, una lata de garbanzos, un paquete de espaguetis y un frasco de salsa roja. En un santiamén, Tirza preparó un sabroso almuerzo para siete.

Reímos durante todo el almuerzo, con los platos en las rodillas. Alrededor de las dos, ellos iban saliendo con sus abrigos y bufandas puestos. Según el reporte climatológico, Sandy no causaría mayores problemas en Washington; produjo una buena cantidad de viento, que sacudió los árboles, y lluvias en cantidades respetables, pero nada de qué preocuparse. Sin embargo, ellos son hondureños, saben de huracanes y eso los hace muy cautelosos; me di cuenta de ello mientras les rogaba que se quedaran un rato más. Después de que salieron, llevé algo a la cocina y vi que habían dejado todo muy limpio.

Al día siguiente caminé hasta el hotel. Afuera estaba tranquilo y silencioso. Los árboles se quedaron sin hojas, excepto cinco o seis que resistieron valientemente los vientos. La ciudad permanecía oficialmente cerrada. Los hondureños se habían instalado en una de las habitaciones que tenía una cocina pequeña; estaban trabajando en la declaración colectiva que leerían en la audiencia al día siguiente. Se unieron dos personas del Centro por la Justicia y el Derecho Internacional (CEJIL, por sus siglas en inglés), una ONG que ayuda a los latinoamericanos y caribeños a interactuar con la Comisión Interamericana. Más temprano, los hondureños habían incursionado en una tienda cercana para abastecer su cocina. Hicimos un mejor almuerzo (bueno, nosotras lo hicimos).

El miércoles, me levanté temprano, y alegre; me vestí para la ocasión con mi blazer azul estilo Hillary y mi joyería de plata más bonita; tomé un taxi en dirección al edificio de la OEA, al final del National Mall, un gran parque con edificios gubernamentales. El de la OEA es una gran masa gris de aspecto pesado con tres puertas arqueadas (evocando deliberadamente un palacio burocrático imperial francés, sospecho). En seguida está la sede de las Hijas de la Revolución Estadounidense, con sus blancas columnas imperiales, una especie de mezcla entre el Foro Romano y una plantación de esclavos; y después aparece el edificio de columnas blancas de la Cruz Roja.

Subí los amplios peldaños de la entrada principal de la OEA, los cuales llevan al vestíbulo; allí, imponentes escalinatas ascienden por ambos lados hacia el salón de reuniones. Insegura de mis rodillas en mal estado, encontré un ascensor un tanto oculto. Y quién lo iba a decir, en el ascensor me encontré a solas con José Miguel Insulza, el secretario general de la OEA. Debía hacer un discurso de ascensor en menos de dos minutos. Él recordó haberse encontrado conmigo unas semanas antes; lo alenté a hacer más por Honduras.

Arriba, en el enorme salón de reuniones con sus altísimos techos, una mesa grande en forma de U acaparaba más de la mitad de la habitación, frente a un estrado en la parte superior de la U, donde se ubicaban los comisionados. Las otras personas que estábamos ahí nos sentamos en las cinco hileras de sillas negras en la parte inferior de la U, a lo largo de sus costados, junto a los grandes ventanales.

A su llegada, vi que Tirza, Mario, Luis y Mandy se habían transformado: los hombres en sus mejores trajes y corbatas, Tirza en un elegante traje color rojo; reflejaban profesionalismo. Cuando llegó su turno, Mandell Pandy, sentado en la mesa en forma de U, leyó su declaración, y fue hermosa, apasionada, contundente y conmovedora. Él concluyó:

La Asociación de Jueces para la Democracia espera que la CIDH tenga presente esta participación y que se considere los millones de víctimas que no pudieron estar aquí y que necesitan una comisión que responda genuinamente a los desafíos de esos derechos humanos, y no a las presiones de los oligarcas que retienen el poder en las Américas[238].

Estaba orgullosa de conocerlos, orgullosa de estar sentada con el resto del grupo en las sillas del fondo, a lo largo del costado. Pude percibir que durante el largo y, de varias formas, tedioso día de presentaciones

---

238 «Intervención de la AJD en la audiencia de la CIDH del 31 de octubre de 2012 sobre fortalecimiento del SIDH», Asociación de Jueces por la Democracia, 31 de octubre 2012, en posesión de la autora; «Audiencia a la sociedad civil sobre el proceso de fortalecimiento del SIDH», 31 de octubre 2012, Comisión Interamericana de Derechos Humanos / Organización de los Estados Americanos, www.oas.org

de docenas de países, con presencia de aliados y observadores de todo el hemisferio, los hondureños estaban pasando un buen momento, se comunicaban en voz baja, sonreían, se movían de vez en cuando. Yo también estaba feliz de saber que esa era mi gente.

CAPÍTULO CUATRO

Nace un dictador:
Juan Orlando Hernández
y sus amigos estadounidenses

El espacio se cierra

El 29 de junio de 2012, el abogado Antonio Trejo Cabrera logró algo extraordinario y sin precedente: ganó un caso judicial contra Miguel Facussé, cuyos guardias de seguridad han sido acusados de asesinar a docenas de campesinos en el valle del Aguán. El fallo otorgó derechos de propiedad a la tierra a los integrantes del MARCA (Movimiento Auténtico Reivindicador Campesino del Aguán). Cuando otros grupos campesinos optaron por las recuperaciones de tierra de forma directa, el MARCA optó por la lucha en los tribunales —a sabiendas de que los campesinos que recurrían a la vía legal, perdían una y otra vez[239].

Trejo recibió amenazas a muerte en los meses siguientes; y campesinos del MARCA, en posesión legal de las tierras, informaron que los guardias de seguridad de la Corporación Dinant les dispararon, amenazaron y torturaron. A finales de agosto, en respuesta, Trejo y más de dos docenas de campesinos y sus familias intentaron interponer un recurso ante la Corte Suprema; pero las autoridades tomaron represalias deteniéndolos ilegalmente. La CIDH solicitó protección para Trejo y el

---

239 Parte de este contenido apareció en Dana Frank, «How Low Can Honduras Go?», TheNation.com, 15 de octubre 2012.

gobierno la concedió, pero solo por tres días. Trejo denunció públicamente que responsabilizaba a Miguel Facussé si algo le sucedía.

La noche del sábado 22 de septiembre, Antonio Trejo —en su condición de pastor evangélico—, recién terminaba de oficiar una boda en Tegucigalpa, cuando recibió una llamada telefónica. Salió de la iglesia para contestar y, cuando llegó a la acera, dos disparos le impactaron en la cabeza, dos en el torso y uno en la pierna. Murió poco tiempo después en el hospital[240].

Antes del crimen de Antonio Trejo, los asesinatos de campesinos ocurrían lejos de la capital, en el valle del Aguán y en otras áreas rurales en conflicto; pero no habían tocado a ninguno de los abogados de los campesinos. El nivel de amenaza aumentaba con rapidez, y la vía legal para defender el derecho a la tierra también se cerraba de forma más clara.

Durante el otoño de 2012 la represión contra la oposición hondureña se intensificó una vez más: asumió nuevas formas y cercó a los movimientos sociales, medios de comunicación y defensores de derechos humanos por igual. Mientras en el Norte la luz iluminaba finalmente la política de Estados Unidos, la oscuridad continuaba descendiendo sobre Honduras. El espacio democrático se redujo en la base. Irónicamente, en el ámbito electoral se abrieron espacios democráticos formales, en tanto que la atención nacional se enfocaba en las elecciones primarias de noviembre de 2012, en marcha ascendente hacia las elecciones de noviembre de 2013. La Resistencia formal se convirtió en un nuevo partido político, a un alto costo. Surgido de los sectores de derecha y con las botas puestas, un nuevo actor subió al escenario: Juan Orlando Hernández, el dictador en ciernes.

El presidente Lobo ayudó a construir ese escenario, profundizando poco a poco la militarización de la Policía Nacional. La Constitución, aprobada en 1982 después de dos décadas de dictadura militar, establece que el trabajo de las Fuerzas Armadas es proteger las fronteras. Pero Lobo carecía de voluntad política para depurar la policía corrupta

---

240 Alberto Arce, «Slain Honduran lawyer complained of death threats», Associated Press, 25 de septiembre 2012.

y asesina. Su respuesta, en cambio, fue aumentar la presencia militar. En noviembre de 2011 autorizó la participación de los soldados en la vigilancia policial por períodos cada vez más largos, ampliando el mandato de incursiones breves a tres meses, luego a seis meses, extendiéndose hasta 2014. Numerosos puestos de retenes a cargo del ejército aparecieron en las carreteras del país. Los soldados se desplazaban a paradas de autobuses, aeropuertos y prisiones; y se quedaban. Detenían a los autobuses, se subían y exigían a los pasajeros presentar tarjeta de identidad. Para financiar esto, el Congreso hondureño aprobó, en junio de 2011, la controversial Tasa de Seguridad Poblacional, que grava las transacciones financieras —incluidas las transferencias bancarias y las tarjetas de crédito—, para alimentar el enorme fondo confidencial de las fuerzas de seguridad, sin ninguna transparencia[241].

En marzo de 2013, enjambres de militares ocuparon repentinamente los barrios, especialmente los pobres, y hostigaron a sus residentes. Cuando ellos preguntaban por el motivo de las redadas, no había respuesta. Un observador estadounidense del Proyecto de Acompañamiento en Honduras informó que, mientras caminaba por una calle peatonal en el centro de Tegucigalpa, observó a seis o siete soldados que seleccionaban transeúntes, los alineaban contra la pared, les exigían separar las piernas y los registraban. Entre tanto, los titulares de los periódicos afines al gobierno celebraban la enérgica ofensiva de los militares contra pandilleros y narcotraficantes[242].

---

241 «Extienden por seis meses el Decreto de Emergencia de Seguridad», *Tiempo*, 26 de septiembre 2012; «Honduras crime: Soldiers deployed on public buses», *BBC News*, 28 de septiembre 2012; Hannah Stone, «Honduras Uses Security Tax to Send Army to City Streets», *InSight Crime*, 12 de febrero 2013, www.insightcrime. org; Impuesto de seguridad: República de Honduras, *La Gaceta*, 25 de enero 2012, www.tasadeseguridad.hn; «Honduras: Tasón de seguridad tendrá vigencia por 10 años más», *La Prensa*, 17 de diciembre 2013. Para un análisis histórico, incluido el anhelo de los militares de tener a la Policía bajo su control, ver Leticia Salomón, «Están retomando esquema militarista de la seguridad», *Tiempo*, 7 de mayo 2013. Para un resumen de los problemas constitucionales, «Military Policing», *Honduras Culture and Politics*, 17 de noviembre 2011.

242 «Militarization Ramped up in Honduras», *Honduras Accompaniment Project*, 1 de abril 2013, hondurasaccompanimentproject.wordpress.com; correo electrónico, Jennifer Atlee a la autora, 7 de julio 2017.

Además de involucrar al ejército en el cumplimiento de la ley, Lobo y el Congreso crearon unidades para militarizar aún más la labor policial. Propuestos por primera vez en julio de 2012, los Tigres (Tropa de Inteligencia y Grupos de Respuesta Especial de Seguridad), una unidad híbrida, militar y policial, de fuerzas especiales investigativas y de despliegue rápido, activaron las alarmas de inmediato debido a su similitud con el infame Batallón 3-16. La propuesta Tigres provocó numerosas protestas que retrasaron su aprobación[243]. A mayor escala, en agosto de 2013, Lobo anunció que un nuevo grupo policial dentro del ejército, conocido como Policía Militar de Orden Público (PMOP), asumiría la seguridad interna; y que cinco mil elementos serían entrenados de inmediato y lanzados a las calles[244].

Los peligros de la militarización eran claros. Los soldados fueron entrenados para perseguir y matar al enemigo. La vigilancia policial exitosa, por el contrario, depende del respeto a las comunidades y los derechos de los ciudadanos, el manejo cuidadoso de la evidencia y el uso mínimo de la fuerza. En los Estados Unidos, la participación militar en la aplicación de las leyes internas se prohibió desde 1878 a través de la Posse Comitatus Act, aunque las excepciones han sido numerosas, incluido el despliegue de la Guardia Nacional[245].

En Honduras, el involucramiento de los militares en el cumplimiento de la ley pronto demostró ser mortal. En Tegucigalpa, el 26 de mayo de 2012, Ebed Yánez, de quince años, quien nunca antes había salido a solas por la noche, se escapó en la motocicleta de su padre para encontrarse con una joven que conoció por Facebook. Sin detenerse, pasó un retén militar. Los soldados salieron del puesto de control, lo persiguieron

---

243 «'Tigres' Are Honduras' New Battalion 3-16», 12 de julio 2012, *Upside Down World*, 1 de agosto 2012, upsidedownworld.org. La propuesta de Tigres fue finalmente aprobada por el Congreso el 5 de junio 2013; «En tercer y último debate CN aprueba unidad Tigres», *Proceso Digital*, 5 de junio 2013.
244 Charles Parkinson, «Honduras Congress Votes for Military Police Force», *InSight Crime*, 17 de agosto 2013; Marguerite Cawley, «Honduras Gives Green Light to Military Police, *InSight Crime*, 23 de agosto 2013.
245 18 U.S. Código § 1385 (1878).

hasta un callejón y le dispararon causándole la muerte. La AP establecería que la unidad que lo mató fue entrenada, equipada, financiada y, especialmente, supervisada por Estados Unidos; y que el coronel que encubrió el incidente, fue entrenado en la Escuela de las Américas en Fort Benning, Georgia, y en la Escuela Naval de Posgrado en Monterey, California[246]. En otro incidente, el 5 de julio de 2013, miembros del Batallón de Ingenieros de las Fuerzas Armadas de Honduras mataron a tiros a Tomás García, activista indígena lenca, cuando protestaba de forma pacífica contra una represa hidroeléctrica en Intibucá[247].

Lobo comenzó también a transferir autoridad administrativa a los militares, pasando por encima de la institución policial. En marzo de 2013, fusionó las secretarías de Seguridad y Defensa bajo el mando de Arturo Corrales, uno de los dos principales negociadores de Micheletti después del golpe de Estado[248]. El nuevo viceministro de Seguridad procedía del ejército, al igual que tres personas designadas para ocupar cargos administrativos en la Policía Nacional[249].

La represión contra los campesinos organizados y sus aliados continuó con impunidad. El 10 de noviembre de 2012, Jhonny Rivas y Vitalino Álvarez, líderes del MUCA, fueron emboscados en el asentamiento La Confianza; cuando escapaban, escucharon detonaciones de armas de grueso calibre[250]. El 23 de octubre tres hombres secuestraron a Karla Zelaya (sin relación con el presidente depuesto), una periodista que trabajaba en el MUCA; la retuvieron por tres horas con los ojos vendados, la torturaron e interrogaron sobre los lugares y los planes de viajes de

---

246 Alberto Arce, «Dad seeks justice for son slain in broken Honduras», Associated Press, 12 de noviembre 2012.
247 Amnesty International, Urgent Action, «Army Fires on Protesters in Honduras», 23 de julio 2013.
248 «Cisma entre Defensa y Seguridad», *El Heraldo*, 6 de mayo 2013; «Marlon Pascua dice que no acatará órdenes de Corrales», *Tiempo*, 6 de mayo 2013.
249 «Tres militares asumen altos cargos en seguridad», *La Tribuna*, 3 de mayo de 2012.
250 Comunicado, Movimiento Unificado Campesino del Aguán, 11 de noviembre de 2012, en posesión de la autora; Bird, *Human Rights Violations Attributed to Military Forces in the Bajo Aguán*, 32; Bird, Petición ante la Comisión Internacional de Derechos Humanos, 85.

los miembros de la organización. Le dijeron que «con solo matar a los líderes, el movimiento terminaría». En las primeras siete semanas de 2013, asesinaron a nueve campesinos organizados[251].

Justo antes de eso, en diciembre de 2012, Tracy Wilkinson, de *Los Angeles Times,* viajó a Honduras y entrevistó a Miguel Facussé, quien se mostró impenitente. Cuando le preguntó sobre los señalamientos de su participación en el asesinato del abogado Antonio Trejo, respondió: «Probablemente tenía razones para matarlo... pero no soy un asesino»[252]. Dos meses después, el 26 de febrero, asesinaron a tiros a José Trejo, hermano de Antonio, un día después de un viaje a Tegucigalpa con el objetivo de presionar a las autoridades y hablar con los medios de comunicación sobre el caso de su hermano[253].

Las restricciones a la libertad de prensa se endurecieron. Dina Meza, por ejemplo, una periodista del COFADEH, informó que recibió reiteradas amenazas a muerte con connotaciones sexuales. Desconocidos vigilaron, a ella y a su hijo, durante 2012 y principios de 2013. Ella presentó denuncia tras denuncia a las autoridades, pero no obtuvo respuesta[254].

La mañana del sábado 15 de diciembre de 2012, en las cercanías del aeropuerto de San Pedro Sula, desayuné con el padre Melo. Al terminar, sugerí que me acompañara al aeropuerto y recorriéramos por unos cinco minutos el área de salidas y llegadas, pensando en su protección, pues lo verían en compañía de una profesora norteamericana con cierto grado de reconocimiento. Concluido el trámite de registro, dimos una vuelta. El padre Melo señaló a un hombre de unos sesenta años, sentado en una silla de limpiabotas, observando a las personas en el área de salidas y llegadas. El padre Melo me contó que, en la década de 1980,

---

251 COFADEH, «Secuestran por varias horas a Karla Zelaya, periodista de MUCA», *Defensores en Línea,* octubre, 2012, defensoresenlinea.com

252 Tracy Wilkinson, «In Honduras a Controversial Tycoon Responds to Critics», *Los Angeles Times,* 21 de diciembre 2012.

253 Comunicado de prensa, «Honduras Must Investigate Killing of Murdered Activist's Brother», Amnistía Internacional, 21 de febrero 2013.

254 COFADEH, Comunicado, 23 de noviembre 2012, en posesión de la autora; Dina Meza, «Secuestrada. La libertad de expresión en Honduras», silo.tips, 14 de octubre 2014.

esa persona pertenecía al Batallón 3-16[255]. Era obvio que el hombre nos observaba. Fui a un puesto de periódicos ubicado frente a él, alcé la vista deliberadamente (estaba tal vez a cuatro metros y medio). Quizá pensó que yo era otra norteamericana más acompañando al padre Melo para su protección. Una cosa era saber que existían miembros del extinto 3-16, y otra distinta ver a uno de ellos e intercambiar miradas[256].

Como estrategia general, Lobo también continuó atacando a las organizaciones magisteriales, que fueron la columna vertebral de la Resistencia en las calles. En febrero de 2012 nombró un nuevo secretario de Educación, Marlon Escoto, un ingeniero agrónomo que manifestó su oposición al golpe y habló abiertamente de ello. No obstante, Escoto hostigó y reprimió sistemáticamente a los maestros y sus organizaciones. Por ejemplo, amonestaba, multaba y despedía a maestros que asistían a manifestaciones en horarios escolares, pese a que el Gobierno les debía varios meses de salario. Sí eliminó a muchos «maestros fantasmas» que aparecían en planilla y no trabajaban. Pero Escoto aumentó los cobros en las escuelas —en un país con una pobreza masiva— y extendió los horarios escolares hasta altas horas de la tarde, poniendo en riesgo a los estudiantes cuando regresaban a casa al anochecer[257]. En enero de 2014, después de que el periodista radiofónico Marvin Ortiz lo cuestionara con firmeza sobre los cobros escolares, la represión y otros temas, Escoto tuiteó: «… iré a buscarte para que me contés por qué me insultás y si te debo algo»[258].

Esto repercutió en la oposición, tanto en el aspecto organizativo como psicológico. En febrero de 2013 a su regreso de Honduras, un grupo de observadores norteamericanos reportó que activistas de la comunidad

---

255 Sobre el Batallón 3-16 y el papel de EE.UU., véase en el *Baltimore Sun* la serie en cuatro entregas de Ginger Thompson y Gary Cohn, «Unearthed: Fatal Secrets», 11 de junio 1995; «Torturers' Confessions», 13 de junio 1995; «A Survivor Tells Her Story», 15 de junio 1995; «A Carefully Crafted Deception», 18 de junio 1995.

256 Esta historia se cuenta con el permiso de Ismael Moreno, SJ (padre Melo).

257 Véase Yanina Parada, «Marlon Escoto y su desempeño como ministro de la Secretaría de Educación», *Criterio*, 10 de enero 2017, criterio.hn; «Las facturas no pagadas de Marlon Escoto», *El Pulso*, 8 de enero 2017, elpulso.hn

258 Meza, «Secuestrada…», 59.

de derechos humanos y del movimiento social estaban atemorizados y aislados con nuevos métodos. Los infiltrados y espías estaban en todas partes, provocando que las personas desconfiaran entre sí. Sistemas que la Resistencia creó para identificar y contener a los provocadores, ya no se aplicaban. La gente estaba exhausta y los problemas eran complejos y enormes, así que se esperaban más acciones de provocación en las manifestaciones.

Lenta, segura, deliberada y letalmente, los espacios se cerraban para los movimientos sociales y sus aliados. Simbólicamente, en diciembre de 2012, las fuerzas de seguridad desalojaron al FNRP de una esquina del parque Central de San Pedro Sula, cuyos miembros la ocuparon desde el golpe de Estado[259]. Por tres años y medio, todos los días, miembros del FNRP distribuían volantes acompañándose de un equipo de sonido desde donde sonaba música de la Resistencia, y mantenían pintadas de rojo y negro las bancas y postes de luz de esa esquina. Al mismo tiempo, las conexiones entre los movimientos sociales, que los convirtió en una instancia unificada y coordinada, aunque libremente organizada, comenzaron a desintegrarse, dejando los proyectos de base como islas rodeadas de monstruos marinos. «Los movimientos sociales se están desarticulando», me dijeron muchos hondureños en este periodo.

De hecho, el FNRP se desintegró a finales de 2011 y principios de 2012. En mayo de 2011, Manuel Zelaya anunció que la Resistencia fundaría un partido político como parte del Acuerdo de Cartagena —pese a que, en su asamblea nacional, en febrero de 2011, los delegados del FNRP votaron democrática y enfáticamente en contra de participar en la política electoral. El resto de ese año, después del regreso de Zelaya, los líderes del Frente lo convirtieron en un nuevo partido: Libertad y Refundación, conocido como LIBRE. La Resistencia se dividió en dos: por un lado, los simpatizantes de LIBRE —una coalición de activistas de larga data dentro del Partido Liberal e izquierdistas, varios de ellos sindicalistas— y, por otro, los movimientos sociales y sus aliados más cercanos, como el

---

259 «Alcaldía inicia recuperación del parque de San Pedro Sula», *La Prensa*, 18 de diciembre 2012.

COPINH, la OFRANEH y Radio Progreso. Muchos activistas unían ambos enfoques, como los sindicalistas bananeros en la COSIBAH quienes, durante mucho tiempo, abogaron por el activismo electoral y un nuevo partido, pero sin darle la espalda a la lucha campesina en el Aguán y otros lugares. Activistas clave de los movimientos sociales fueron candidatos de LIBRE, como el destacado líder campesino del Aguán Wilfredo Paz, que resultaría electo diputado al Congreso Nacional.

Mientras las energías del FNRP se canalizaban hacia las próximas elecciones, pronto quedó claro que LIBRE había, en gran medida, excluido a los movimientos sociales de la Resistencia formal, donde permanecerían como foráneos en búsqueda de nuevas alianzas y vías alternativas para mantener vivo el efervescente activismo de base. Después de este punto, es oportuno hablar de «oposición» como categoría amplia, que incluye a los miembros de base de la Resistencia inicial, unificada; y a muchos otros actores, como los del ámbito electoral, que se opusieron valientemente al régimen golpista en curso[260].

LIBRE surgió como una fuerza en la política electoral en 2012 y 2013. Fue el primer partido independiente de centro izquierda en la historia hondureña. Xiomara Castro, la esposa de Zelaya, se convirtió en candidata presidencial, y la imagen de su rostro estaba plasmada en paredes, colinas, estaciones de autobuses; LIBRE buscaba aprovechar su personalidad afable y carismática, y la popularidad que alcanzó durante los años en que Zelaya estuvo ausente. El reciente poder del Partido provocó, a su vez, una reacción criminal. Entre el 1 de mayo y las elecciones primarias del 18 de noviembre de 2012, once activistas o candidatos de LIBRE fueron asesinados. El 3 de noviembre, por ejemplo, balearon a Ed-

---

260 «LIBRE: Libertad y Refundación: Declaration of Principles», reproducido en *Honduras Culture and Politics*, hondurasculturepolitics.blogspot.com; Tyler A. Shipley, *Ottawa and Empire*, 87-88; Ismael Moreno, «Honduras: El país en donde surge el nuevo partido LIBRE», *Envío*, No. 365, Managua, agosto 2012; Dawn Paley, «In Honduras Election, the People's Will is Hushed but Not Silenced, *The Nation*, 10 de diciembre 2013; Phillips, *Honduras in Dangerous Times*, 241.

gardo Adalid Motiño Flores, abogado y candidato a alcalde de Morazán, Yoro, después de participar con Castro en una concentración de LIBRE[261].

A medida que las elecciones primarias se acercaban, el gobierno, abierta y públicamente, se volcó contra los defensores de derechos humanos. A finales de octubre de 2012, Bertha Oliva, coordinadora del COFADEH, y Víctor Fernández, abogado y líder del Movimiento Amplio por la Dignidad y la Justicia (MADJ), viajaron a Washington, D.C.; sostuvieron reuniones con una serie de oficinas del Congreso y otras instancias, e hicieron una exposición informativa en la Cámara de Representantes sobre las elecciones primarias que se avecinaban.

Una semana después, el 5 de noviembre, Renato Álvarez, conductor del programa de debate de mayor popularidad nacional en televisión, leyó un denominado «cable diplomático» de Jorge Ramón Hernández Alcerro, embajador de Honduras en EUA, al presidente Lobo: «La participación de Bertha Oliva y Víctor Fernández demuestra la conspiración de las ONG y hondureños contra el proceso electoral en Honduras», e incluyó la información que Oliva expuso en la sesión informativa sobre el desafío de LIBRE frente al sistema bipartidista e impunidad generalizada, la corrupción y abusos de derechos humanos. Álvarez presentó a sus cuatro invitados, incluidos dos candidatos a diputados, quienes condenaron a Oliva por lo que, supuestamente, dijo sobre las elecciones; los invitados fueron más allá al afirmar que hacía eso para promover su «negocio», y que COFADEH mentía en todo. Más tarde, varios diputados la atacaron en el pleno del Congreso, acusándola de haber hablado contra la Policía Militar en el Senado de los Estados Unidos. En el contexto hondureño, las amenazas eran letales —y, en el caso del cable, desde la cúpula gubernamental[262].

---

261 «Asesinan a alcalde de MRP», *Tiempo*, 3 de noviembre 2012; Karen Spring, «Context of the Honduran Electoral Process 2012-2013: Incomplete List of Killings and Armed Attacks Related to Political Campaigning in Honduras», mayo 2012 al 19 de octubre 2013, *Rights Action*, 21 de octubre 2013.

262 «Honduras: Smears Put Activists at Risk», *Human Rights Watch*, 8 de noviembre 2013, www.hrw.org; «Diputado lamenta que Libre desprestigie Policía Militar», *La Prensa*, 13 de noviembre 2013; «Lobo critica a malos hondureños que quieren

Comenzó a filtrarse algo de luz, aunque pocos captaban sus rayos. A principios de octubre la Comisión de Verdad, organizada por la sociedad civil independiente, presentó su informe. Esta comisión se formó en 2010, en respuesta a la Comisión de la Verdad y Reconciliación (CVR) del Gobierno hondureño, que dio a conocer su informe en julio de 2011 y calificó la expulsión de Zelaya como golpe de Estado, pero responsabilizó a ambas partes. El gobierno de Lobo ignoró las recomendaciones de esta Comisión, muchas excelentes[263]. La comisión de la sociedad civil analizó y condenó casi dos mil casos de violaciones a derechos humanos cometidas por las fuerzas de seguridad del Estado entre la fecha del golpe y agosto de 2011. Documentó la represión generalizada contra la oposición, un sistema judicial disfuncional y la criminalización de la protesta. Sus recomendaciones se enfocaron en ponerle fin a la impunidad, especialmente mediante la reforma del Poder Judicial y sanciones a los perpetradores del golpe[264].

Elecciones y Poder judicial

Las elecciones primarias del 18 de noviembre culminaron con los siguientes resultados: LIBRE obtuvo 594,531 votos, el Partido Liberal 719,583 y el gobernante Partido Nacional, 1,444,444. Sin embargo, ningún resultado era del todo claro, pues el proceso electoral fue controlado por el Partido Nacional del presidente Lobo y custodiado por las Fuerzas Armadas, como lo dicta la Constitución. El fraude fue generalizado y los resultados fueron considerados una ficción. En una contienda muy

---

despretigiar el proceso electoral en el exterior», *Proceso Digital*, 14 de noviembre 2013.

263 Para un resumen de la historia de la comisión Stein y los documentos e informes relacionados, ver: *Para que los hechos no se repitan. Informe de la Comisión de la Verdad y la Reconciliación*, tomos I y II, Honduras 2011.

264 Comisión de Verdad, *La voz más autorizada es la de las víctimas*. Si bien el informe de la comisión no tuvo el impacto que sus autores esperaban, sigue siendo una fuente rica y minuciosamente documentada para el registro histórico.

disputada del Partido Liberal, declararon ganador a Mauricio Villeda, conservador y deslucido militante del partido, sobre Yani Rosenthal, hijo de Jaime Rosenthal, oligarca propietario de *Diario Tiempo*, el único periódico que mantuvo alguna neutralidad durante el golpe. Y en el Partido Nacional, en una carrera aun más disputada, Ricardo Álvarez, el alcalde de Tegucigalpa, perdió ante Juan Orlando Hernández, el presidente del Congreso[265].

De buen aspecto, sonriente, encantador, relativamente joven a los 44 años de edad, Hernández aparentaba haber nacido rodeado de un aura de inocencia, pero resultó un malhechor[266]. Conocido popularmente como «Juan Orlando» o «JOH», ya tenía antecedentes de subvertir el Estado de derecho: en el Congreso votó a favor de la decisión que aprobó el golpe de Estado[267]. Creció en el departamento de Lempira, en las montañas del occidente hondureño. Según un cable emitido por la embajada de EUA en enero de 2010, Hernández es el decimoquinto de los diecisiete hijos que tuvo su padre (cuando le mencioné este dato a un diplomático hondureño, con quien me tocó compartir asiento en uno de mis vuelos, dijo: «No, no, el padre de Hernández tuvo al menos cuarenta hijos»).

Juan Orlando Hernández asistió a una academia militar donde estudió su secundaria, pero no encajó del todo: No provenía de una familia de militares y era de menor estatura que otros estudiantes. Un muchacho mayor que él, a quien Hernández promovería dentro del ejército tiempo después, lo protegía. A partir de entonces, las Fuerzas Armadas de Honduras fueron el lugar seguro donde guarecerse, mientras vadeaba hacia aguas políticas cada vez más profundas, que deliberadamente contaminaba[268].

265 «TSE declara a ganadores de elecciones internas», *El Heraldo*, 9 de diciembre 2012.
266 Parte de este contenido apareció originalmente en Dana Frank, «Hernández's Election Was Built on Corruption», *Houston Chronicle*, 26 de enero 2014.
267 Comisión de la Verdad y Reconciliación (CVR), *Para que los hechos no se repitan. Informe de la Comisión de la Verdad y la Reconciliación* I, 145n48; volumen II, 639, 640, 641, 642, 643 y 649-653. Mi agradecimiento a Darío Euraque por el apoyo en la investigación del tema.
268 Cable, US Embassy, Tegucigalpa, «Subject: National Congress Chooses Provisional Executive Board», 22 de enero 2010, wikileaks.org/plusd/

Ricardo Álvarez, quien perdió las primarias del Partido Nacional ante Hernández, era una figura aviesa, aliado con un poderoso grupo élite a la derecha de Lobo y Hernández. Después del anuncio de los resultados, se produjo un choque de titanes. Yo estaba en Honduras a principios de diciembre cuando esto sucedió. Mis entrevistados hablaban con vehemencia de una inminente crisis constitucional —de qué forma, nadie lo sabía; solo sabían que una poderosa tormenta estaba en gestación. Una teoría sostenía que estaban a punto de instalar una Asamblea Constituyente espuria, y que el ejército intervendría y tomaría el mando. Mucha especulación provenía de una serie de fallos que la Corte Suprema emitió en meses anteriores en contra de Lobo. Si bien la Corte respaldó por unanimidad el golpe de Estado, tiempo después algunos de los magistrados expresaron públicamente su arrepentimiento y, de forma gradual, comenzaron a ejercer algún grado de independencia. El 17 de octubre de 2012, la Corte rechazó, por inconstitucional, la ley de Regiones Especiales de Desarrollo, conocidas como Ciudades Modelo. No fue una decisión difícil, ya que la ley anulaba la jurisdicción de la Constitución hondureña en las nuevas zonas propuestas[269]. A fines de noviembre, la Sala de lo Constitucional también falló en contra de una nueva ley, que aparentemente depuraría la Policía, en parte porque ordenaba el uso de pruebas de polígrafo, que las normas internacionales condenan porque violan el derecho a la no autoincriminación[270]. Luego de las controvertidas elecciones primarias, Ricardo Álvarez presentó una solicitud ante la Corte Suprema para un recuento total, voto por voto, de los resultados del Partido Nacional. La decisión debía conocerse el 12 de diciembre[271].

---

cables/10TEGUCIGALPA58_a.html. Sobre su biografía oficial, véase Gobierno de Honduras, «Juan Orlando Hernández», www.presidencia.gob.hn

269 «Inconstitucional decreto de 'ciudades modelo'», *El Heraldo*, 18 de octubre 2012; Alberto Arce, «Honduran supreme court rejects 'model cities' idea», Associated Press, 18 de octubre 2012.

270 «Police Clean Up Law Appears Unconstitutional», *Honduras Culture and Politics*, 28 de noviembre 2012.

271 Para un resumen, «Ducktatorship in Honduras», *Honduras Culture and Politics*, 15 de diciembre 2012.

A las tres de la madrugada del 11 de diciembre de 2012, el Congreso Nacional, presidido por Hernández, votó a favor de deponer a cuatro de los cinco miembros de la Sala de lo Constitucional de la Corte Suprema, que rechazaron las «Ciudades Modelo». El quinto, Óscar Chinchilla, era fiel a Juan Orlando. Al día siguiente, el Congreso nombró a cuatro nuevos magistrados para reemplazarlos. Todo fue ilegal[272]. Así, Hernández tomó el poder. Mas temprano que tarde, controlaría todas las riendas del poder público: el Congreso, la Corte Suprema, la Fiscalía, la Policía y el Ejército, al que continuaba cercano. En esa semana, un oligarca hondureño le dijo a un amigo mío que, en cincuenta años de política, no había conocido una figura más maquiavélica y peligrosa que Juan Orlando Hernández. Y él sabía lo que decía.

Estos hechos fueron conocidos como el «golpe técnico». El humor abundaba: Honduras ahora no solo tenía «golpistas», sino también «regolpistas» y «doblegolpistas». En los siguientes días, tres personas diferentes me contaron el mismo chiste: «¿Por qué no hay golpes de Estado en los EUA? Porque ahí no hay embajada de los Estados Unidos».

El 20 de diciembre el Congreso juramentó a los cuatro nuevos magistrados de la Corte Suprema de Justicia. A los pocos días, la Sala de lo Constitucional reconsideró la ley de «Ciudades Modelo», antes rechazada, y esta vez la aprobó bajo el nombre de Zonas Especiales de Desarrollo (ZEDE)[273]. Mientras tanto, el caso de los cuatro jueces, depuestos ilegalmente en 2009 por oponerse al golpe, prosperó en la CIDH. En 2013, la

---

272 «Congreso de Honduras asesta golpe técnico a la CSJ», *El Heraldo*, 12 de diciembre 2012; «Oposición hondureña tilda de golpe ténico destitución de cuatro magistrados», *La Tribuna*, 12 de diciembre 2012; Annie Bird, «The December 12, 2012 'Coup' in Honduras: The Constitutional Court Dismissed as Primary Elections are Challenge», *Rights Action*, 8 de enero 2013. Para ver la inquietante cobertura de la prensa estadounidense asignando a Lobo un papel heroico, véase Christina Costantini, «Honduran President Fears Coup, Four Supreme Court Judges Fired», ABC News.com, 12 de diciembre 2012. Para una respuesta de las Naciones Unidas, Oficina del Alto Comisionado para los Derechos Humanos, Comunicado de prensa, «Grave atentado a la democracia en Honduras la destitución de magistrados de la Sala Constitucional», 29 de enero 2013.

273 «El Congreso juramenta al cuarto magistrado de Sala Constitucional», *Tiempo*, 20 de diciembre 2012.

Comisión emitió conclusiones que favorecían a los jueces y recomendó que el Gobierno hondureño los restituyera e indemnizara. Posteriormente, ante el incumplimiento de sus recomendaciones, la Comisión remitió el caso a la Corte Interamericana de Derechos Humanos[274].

Ese verano Hernández se apropió de más riendas. A finales de junio de 2013, Luis Rubí, Fiscal General, y Roy Urtrecho, Fiscal General Adjunto, renunciaron en medio de acusaciones de malversación de fondos y rumores de conexiones con narcotraficantes[275]. Según la ley, el Congreso tenía la opción de nombrar Fiscal General al fiscal tercero en rango, o a uno nuevo. En cualquier caso, el sucesor asume el cargo por el tiempo que le resta a la persona originalmente designada —para garantizar el equilibrio de poderes, trasciende el mandato presidencial de cuatro años. En este caso, el periodo del nuevo Fiscal General debió finalizar en marzo de 2014. En agosto, el Congreso analizó las candidaturas. Óscar Chinchilla, el único magistrado de la Sala Constitucional que se mantuvo leal a Hernández, participó; pero, por falta de méritos, no logró estar en el grupo final de candidatos. El Congreso reabrió la elección y nombró a Chinchilla como Fiscal General por un mandato (ilegal) de cinco años, junto con el Fiscal General Adjunto[276]. Todo fue obra de Juan Orlando. Renunció a la presidencia del Congreso en junio, supuestamente para concentrarse en su campaña, pero más que nunca dirigía la función[277].

---

274 Corte Interamericana de Derechos Humanos, «Caso López Lone y otros Vs Honduras, Sentencia de 5 de octubre de 2015», www.corteidh.or.cr; Comunicado de prensa, «CIDH presenta caso sobre Honduras a la Corte Interamericana», Comisión Interamericana de Derechos Humanos, 2 de abril de 2012. Sobre antecedentes, Dana Frank, «The Long Judicial Arm of the Honduran Coup», *Huffington Post*, 4 de febrero 2015.

275 Marguerite Cawley, «Honduras Attorney General Resigns After Pressure From Congress», *InSight Crime*, 28 de junio 2013.

276 Sobre la ilegalidad del periodo de cinco años, Tirza Flores Lanza, «Testimony of Ms. Tirza Flores Lanza, Tom Lantos Human Rights Commission», Hearing: «Human Rights in Honduras», 25 de julio 2013. Sobre los procedimientos de selección, «Honduras Wants a New Public Prosecutor in the Worst Way Possible», *Honduras Culture and Politics*, 2 de septiembre 2013.

277 «JOH se despide de Congreso para dedicarse a su campaña», *Proceso Digital*, 13 de junio 2013.

En octubre, Chinchilla removió a veintiún fiscales y los trasladó a diferentes sedes regionales. Estos investigaban casos de altos oficiales de la Policía y del Ejército por su participación en abusos contra los derechos humanos y otros casos de alto impacto. Edy Tábora, fiscal de derechos humanos, afirmó: «Me están condenando a muerte al enviarme al municipio de Tocoa, departamento de Colón, sin ningún mecanismo de protección, ya que en ese sector hay una fuerte presencia de policías y militares de quienes existen antecedentes de acusaciones por violaciones de derechos humanos debidamente registradas»[278].

Nuestros hombres en Honduras

¿Dónde estaba Estados Unidos mientras esto sucedía? Rápidamente quedó claro que la Administración apoyaba a Hernández, aunque con condiciones. No quedó tan claro cómo el control que el Congreso de EUA ejerció en ese período incidió en la política del país. Sin duda, fue importante; pero de qué manera, se prestó a muchas conjeturas.

En septiembre de 2012, María Otero, subsecretaria de Estado para la Seguridad Civil, la Democracia y los Derechos Humanos (Under Secretary of State for Civilian Security, Democracy, and Human Rights), viajó a Honduras y dio declaraciones públicas que parecían acuñar un tono de preocupación por la crisis de derechos humanos; ella insistió en que nadie estaba exento de ser investigado, incluidos altos funcionarios del Gobierno, y anunció la creación de un nuevo Grupo de Trabajo Bilateral Estados Unidos-Honduras en Derechos Humanos[279]. Pero envió un mensaje diferente, y ominoso, al firmar y celebrar públicamente un

---

278 C-Libre Alerta 00067-2013, «Acéfala la Fiscalía de Derechos Humanos en Honduras», C-Libre, 28 de septiembre 2013.
279 United States Department of State, Maria Otero, «Remarks at the Opening of the Bilateral Human Rights Working Group», 13 de septiembre de 2012, 2009-2017. state.gov/j/197775.htm

nuevo pacto de seguridad con el Gobierno en la misma visita[280]. Surgió un patrón: Estados Unidos cedía ante la presión y asumía públicamente su compromiso con los derechos humanos; pero, a la par, afianzaba su compromiso con las fuerzas de seguridad de Honduras y con quienes las controlaban.

En la embajada, los funcionarios estadounidenses continuaron enviando mensajes contradictorios, a menudo socavando el compromiso público del Departamento de Estado con los derechos humanos o sembrando, sutilmente, confusión sobre las acciones de EUA impuestas por el Congreso. El 12 de noviembre de 2012, la embajadora Lisa Kubiske concedió una entrevista a los medios hondureños en la que, según *Tiempo*, «ella negó que la ayuda de los Estados Unidos para combatir el narcotráfico haya disminuido, por el contrario, ha sido mayor este año que el anterior». Respecto a la intercepción de aviones por el ejército hondureño el verano anterior, ella insistió: «No se puede decir que hayamos recortado la ayuda». Faltaban seis días para las elecciones primarias y no dijo una palabra sobre la ola de represión y asesinatos de los candidatos de LIBRE, de activistas y de campesinos[281].

Durante el debate sobre el fraude de las elecciones primarias, a fines de noviembre y principios de diciembre, la embajadora Kubiske permaneció en silencio. En la semana del «golpe técnico», ella estuvo, convenientemente, fuera del país. Después de eso, mientras hondureños de diversos bandos políticos hacían sonar las alarmas públicas sobre la destrucción del Estado de derecho, Estados Unidos emitió una mesurada declaración:

> Estamos monitoreando la situación de cerca, en coordinación con naciones socias y organizaciones internacionales, e instamos a todos los actores a respetar las normas democráticas. Estados Unidos está profundamente

---

280 «Acuerdo de seguridad ciudadana Honduras-EUA», *El Heraldo*, 13 de septiembre 2012; «Honduras y EEUU firman convenio de seguridad ciudadana y fortalecimiento de DDHH», *Tiempo*, 13 de septiembre 2012.

281 «Las elecciones son el momento para exigir a candidatos planes de trabajo», *Tiempo*, 12 de noviembre 2012.

interesado en el éxito de la democracia en Honduras y el fortalecimiento e independencia de sus instituciones. Apoyamos firmemente el Estado de derecho y el respeto a la separación constitucional de poderes, así como a un justo y transparente proceso democrático. Esperamos que el pueblo hondureño resuelva este asunto pacífica y democráticamente[282].

En otras palabras, el Departamento de Estado decía: vamos a hacernos de la vista gorda. Estamos a gusto con esto. Apoyamos a Juan Orlando. Fuentes en Honduras me confiaron que Hernández le parecía bien al Departamento de Estado: estaba joven y podía permanecer en el poder por mucho tiempo. Era un hombre fuerte, en contraste con el imprudente estilo guasón de Lobo y la poca habilidad para controlar a sus opositores. Respondía al perdurable y trágico patrón de los dictadores latinoamericanos apoyados por Estados Unidos. En su cable de enero de 2010 evaluando a Hernández, la embajada dijo a Washington: «Él ha apoyado consistentemente los intereses de Estados Unidos»[283].

El apoyo militar estadounidense a las fuerzas de seguridad de Honduras continuó creciendo en 2012 y 2013, aunque es difícil determinar las cifras totales del financiamiento. En 2012 fue de al menos USD 27 millones; es probable que la cifra real sea mucho más alta. En la categoría de «Financiamiento Militar Extranjero», los fondos de EUA se dispararon de USD 1,000,000 en 2012 a USD 2,848,000 en 2013; los montos totales en algunas otras categorías disminuyeron[284]. Gran parte de la ayuda de Estados Unidos en seguridad era canalizada a través de la Iniciativa Regional de Seguridad para América Central (CARSI, por sus siglas en inglés),

---

282 «US Embassy Weighs in on Firing of Justices—Sort of», *Honduras Culture and Politics*, 26 de diciembre 2012. Una parte de la declaración también la cita Alberto Arce en: «Honduran congress dismisses Supreme Court justices», Associated Press, 12 de diciembre 2012, estableciendo que la declaración no fue emitida, como se informó, una semana después.

283 Comunicado de prensa, Embajada de los Estados Unidos, Tegucigalpa, «Subject: National Congress Chooses Provisional Executive Board», 22 de enero 2010.

284 Para conocer niveles de financiación que están disponibles públicamente, véase *Security Assistance Monitor* (blog), securityassistance.org/data/program/military/Honduras/

un programa, en gran parte poco transparente, donde la Administración acomodaba, cada vez más, segmentos de ayuda «humanitaria» y para el desarrollo; por ejemplo, capacitaciones para las fuerzas de seguridad; esto dificultaba a los críticos objetar la financiación de la CARSI, ya que los podían acusar de impedir la entrada de dinero para fines altruistas. Otros fondos fluían de una diversidad de válvulas.

A principios de febrero de 2013, Martha Mendoza, de Associated Press, informó que en 2011 el Departamento de Defensa gastó «la cifra récord de $ 67.4 millones en contratos militares en Honduras», así como 89 millones de dólares en su propia unidad de 600 soldados ubicada en la Base Aérea Soto Cano. Ella también descubrió que «ni el Departamento de Estado ni el Pentágono proporcionaban detalles que explicaran una autorización en 2011 de $ 1.3 billones para la exportación de electrónica militar a Honduras —aunque equivalga casi a la mitad de las exportaciones de armas para todo el Hemisferio Occidental»[285].

En noviembre de 2012, Estados Unidos restableció la cooperación de información de radar, que había suspendido en el verano debido a su malestar por la corrupción y el derribo de aviones[286]. Sin embargo, el Congreso continuó frenando parte del flujo de dinero de EUA a Honduras. En diciembre, por la presión de prominentes congresistas, la Corporación de la Cuenta del Desafío del Milenio, un fondo ambiguo financiado por Estados Unidos para gobiernos extranjeros, no aprobó fondos para el Gobierno hondureño[287].

El senador Leahy (y quizá otros) continuaron con las suspensiones temporales a grandes sumas de dinero, pero no lo podían hacer indefinidamente. Sin embargo, por cada dólar que el Congreso retenía mediante estos procesos o mediante las nuevas condiciones impuestas a la ayuda en la Ley de Asignaciones del Departamento de Estado y las Operaciones en el Extranjero de 2012 y de años posteriores, fluían quizá cinco dólares

---

285 Martha Mendoza, «US military expands its drug war in Latin America», Associated Press, 3 de febrero 2013.
286 Damien Cave, «As U.S. Shares Intelligence with Honduras, Other Antidrug Aid Stays Frozen», *The New York Times*, 27 de noviembre 2012.
287 «Difícil lograr compacto de la MCC», *El Heraldo*, 9 de noviembre 2012.

a través de instituciones financieras internacionales controladas por la Administración Obama —por ejemplo, el préstamo de USD 60 millones del BID, controlado por Estados Unidos, para la Policía hondureña[288], y que se dio a conocer el 21 de junio de 2012.

El 13 de marzo de 2013, Associated Press dejó caer una nueva bomba cuando informó que en la Policía hondureña operaban escuadrones de la muerte bajo el mando de Juan Carlos «el Tigre» Bonilla, Director Nacional de la Policía, quien fue señalado en 2003 de haber dirigido acciones de los escuadrones de la muerte. Alberto Arce, de la AP, documentó en 2013 dos casos en que la Policía de Tegucigalpa detuvo a jóvenes ligados a maras, que luego desaparecieron, y se presumía su muerte. Reveló que archivaron al menos 150 denuncias de asesinatos, tipo escuadrón de la muerte, en la capital, y 50 en San Pedro Sula[289].

En agosto de 2012, en el documento de certificación, el Departamento de Estado declaró que no sostuvo ningún contacto con Bonilla mientras investigaban evidencia en su contra. Insistió en que «limitarían cuidadosamente la asistencia a las unidades de las fuerzas policiales especiales hondureñas, conformadas por personal hondureño bajo la investigación Leahy, que reciben capacitación, orientación y asesoramiento directamente de las fuerzas policiales de los Estados Unidos y que no están bajo la supervisión directa de Bonilla»[290]. El 23 de marzo, la AP lanzó un segundo reportaje demostrando claramente que toda la Policía hondureña estaba bajo la jurisdicción de Bonilla; por tanto, tales unidades independientes no existían[291].

---

288 Comunicado de prensa, «BID destina US$ 60 millones para prevención de la violencia y resolución del delito en Honduras», Banco Interamericano de Desarrollo, 21 de junio 2012, www.iadb.org
289 Alberto Arce, «Honduras Police Accused of Death Squad Killings», Associated Press, 17 de marzo 2013.
290 United States Department of State, «Report on the Government of Honduras' Protection of Human Rights and the Investigation and Prosecution of Security Services Personnel Credibly Alleged to Have Violated Human Rights», 8 de agosto 2012, en posesión de la autora, reproducido en securityassistance.org
291 Alberto Arce y Katherine Corcoran, «US Aids Honduran Police Despite Death Squad Fears», Associated Press, 23 de marzo 2013.

Las revelaciones de la AP dieron pie a una serie de evasivas, contradicciones y mentiras vergonzosas por parte del Departamento de Estado, tratando de lidiar con las objeciones y, a la vez, apoyar a Bonilla. El 25 de marzo, en una conferencia de prensa en Washington, Matt Lee, de la AP, le preguntó al portavoz del Departamento de Estado Patrick Ventrell:

> Publicamos un reportaje acerca del apoyo de los Estados Unidos a la Policía hondureña... del que hace tiempo dijo que no tenía nada que ver con Bonilla, el director de la Policía, y nosotros estamos diciendo que cada una de las unidades que usted afirma fueron investigadas, le reportan directamente a Bonilla. ¿Cómo encaja eso con lo que le informó al Congreso y lo que ha expresado públicamente al respecto?

Ventrell respondió: «En este momento le puedo decir que hay un proceso de revisión», pero agregó que no podía pronunciarse sobre deliberaciones internas. Lee volvió a la carga: «¿Están presionando al Gobierno hondureño para que separe de sus funciones al señor Bonilla?». Ventrell respondió: «No estoy al tanto de que hayamos adoptado una posición antes de finalizar la evaluación, así que creo que haremos una revisión exhaustiva, luego veremos y estaremos de nuevo en comunicación tanto con Honduras, como con el Congreso de los Estados Unidos». Dos días después, en la sesión informativa, otros periodistas retomaron el tema; buscaban, sin éxito, que Ventrell diera el monto exacto del financiamiento de EUA a las fuerzas de seguridad de Honduras. Un periodista se preguntó en voz alta si Estados Unidos había decidido situar asuntos «más importantes de seguridad nacional» y demás, por encima de las preocupaciones sobre el financiamiento a Bonilla[292].

El Departamento de Estado sabía de la evidencia contra Bonilla; incluso actuó al respecto diez años atrás, desde que María Luisa Borjas presentó el informe que documentaba la actividad de Bonilla con los

---

292 United States Department of State, Conferencia de prensa diaria, 25 de marzo 2013, 2009-2017.state.gov/r/pa/prs/dpb/2013/03/206637.htm; y 27 de marzo 2013, 2009-2017.state.gov/r/pa/prs/dpb/2013/03/206713.htm

escuadrones de la muerte en 2003. En un cable a Washington del 26 de febrero de 2003, el embajador Larry Palmer escribió:

> En su reunión con el secretario de Seguridad Pública Óscar Álvarez, Fisk [Dan Fisk, subsecretario de Estado para Asuntos del Hemisferio Occidental] instó a Álvarez a tomar medidas contra la policía corrupta, a enviar un mensaje enérgico contra la impunidad arrestando al policía fugitivo Juan Carlos «Tigre» Bonilla, y a ser prudente con respecto a los denunciantes, como la exjefa de Asuntos Internos de la Policía María Luisa Borjas[293].

En otras palabras, según las últimas afirmaciones sobre un largo proceso de revisión, que comenzó en agosto de 2012 y se extendió hasta la primavera de 2013, el Departamento de Estado estuvo al tanto, todo el tiempo, del terrible expediente en derechos humanos de Bonilla. Después de que el embajador Palmer escribiera su memorando, Óscar Álvarez no tocó a Bonilla; tampoco protegió a Borjas, como lo había solicitado la embajada. Más bien la despidió y cerró la investigación[294].

En la primavera de 2013, quien lideraba en Estados Unidos la guerra contra las drogas era William Brownfield, subsecretario de Estado de la Oficina de Asuntos Internacionales de Narcóticos y Aplicación de la Ley (INL, por sus siglas en inglés). Es un formidable y experimentado profesional, experto en tratar con gobiernos extranjeros, sus fuerzas de seguridad, los medios de comunicación de EUA y, especialmente, el Congreso de EUA. Fue embajador en Colombia, Chile y Venezuela donde, en 2006, el presidente Hugo Chávez amenazó públicamente con expulsarlo[295]. El 28 de marzo de 2013, después de la publicación

---

293 Embajada de Estados Unidos, Tegucigalpa, cable del embajador Larry Palmer, «AntiCorruption in Honduras—Is Ricardo Maduro Willing to Follow Through with More than Just Rhetoric?» Wikileaks, 26 de septiembre 2003, cables.mrkva. eu/ cable.php?id=5967

294 Katherine Corcoran y Martha Mendoza, «New Honduras top cop once investigated in killings», Associated Press, 1 de junio 2012.

295 Para un resumen de la carrera de Brownfield, ver Nick Miroff, «For veteran drug warrior and diplomat, retirement comes with tinge of regret», *Washington Post*, 17 de septiembre 2017. Sobre Venezuela, Al Kamen y Colby Itkowitz, «William

del artículo de la AP sobre los escuadrones de la muerte, Brownfield dio una conferencia de prensa telefónica en español, en la que discutió ampliamente el caso de Bonilla. En un punto clave, presentó una nueva interpretación de la Ley Leahy:

> Lo que hemos hecho en este momento es acordar que el gobierno de los Estados Unidos, de conformidad con sus obligaciones en el marco de la ley, no va a trabajar con el director general de la Policía Nacional, no tenemos relaciones con él, no estamos ofreciendo ni siquiera un dólar o un centavo; y, también, hemos eliminado el nivel inferior inmediato a él; tampoco trabajamos con los veinte oficiales o funcionarios que trabajan directamente con el Director General, para dar dos grados de separación a cualquier programa con el que apoyamos a la Policía Nacional, para asegurar que no haya contacto con el Director General[296].

A esto lo llamé el discurso de «dos grados de separación» de Brownfield.

Sin embargo, en corto tiempo, el Departamento de Estado dio un giro: bendijo al «Tigre» y obvió la evidencia en su contra. «Hace 10 años hubo alegaciones y acusaciones contra él, yo sé que él tuvo un proceso judicial que resultó bien para él, de no culpable», aseguró la embajadora Kubiske el 3 de abril[297]. El mismo Brownfield expresó el 12 de mayo: «No he visto que se haya alcanzado ninguna conclusión que apoye las acusaciones de algunos grupos sobre el historial del liderazgo de la Policía hondureña». Luego agregó: «Respeto el trabajo que está haciendo 'el Tigre' Bonilla, lo admiro y creo que es bueno para Honduras, pero

---

Brownfield doesn't enjoy discussing those tough years in Venezuela», *Washington Post*, 21 de mayo 2014.

296 «EUA apoyará a la Policía de Honduras, pero no al Director», *El Universal*, 28 de marzo 2013; Arce y Corcoran, «US Aids Honduran Police Despite Death Squad Fears»; «Zar antidrogas de Estados Unidos reitera que seguirá apoyando proceso de depuración de la Policía hondureña», *Proceso Digital*, 28 de marzo 2013; transcripción, Conferencia de prensa LiveAtState, US Department of State, 28 de marzo 2013, en posesión de la autora.

297 «Hay mucho que hacer en depuración policial», *El Heraldo*, 4 de abril 2013.

estoy restringido por la ley de Estados Unidos en términos de con quién puedo trabajar»[298]. Juntos, Kubiske y Brownfield, daban la impresión de querer socavar sutilmente a los críticos de Bonilla, y enviar señales confusas, pero de forma deliberada, sobre sus posiciones versus las ordenadas legalmente por el Congreso.

Casi se podía ver el sonrojo de los funcionarios estadounidenses. Mientras el senador Leahy continuaba con la suspensión de fondos, mientras la Ley de Asignaciones de 2012 imponía condiciones para garantizar el respeto a los derechos humanos, que restringirían aún más el potencial financiamiento estadounidense, y mientras los medios de comunicación revelaban a quién apoyaba Estados Unidos en Honduras, el Departamento de Estado ejecutaba una compleja danza: intentaba sostener al régimen golpista en curso y, al mismo tiempo, para evadir la presión del Congreso, adecentarlo un poco.

La causa y el efecto eran poco claros para quienes observábamos desde afuera. Pero la sincronía y la correlación sugerían bastante. En abril de 2013, una agitada actividad de «reforma» tuvo lugar en Honduras después de las revelaciones de Associated Press, y podemos suponer que la presión de Estados Unidos la provocó. Luis Rubí, el fiscal general, declaró que el 80% de los casos criminales permanecían en la impunidad[299]. Lobo anunció la creación de más tribunales penales. Finalmente se presentaron cargos por el asesinato de alto perfil de Ebed Yánez[300]. Funcionarios del Gobierno hondureño se señalaban entre sí para identificar culpables en la fallida limpieza de la Policía. Un artículo en *Tiempo* sobre Chepe Handal, acusado por el Departamento del Tesoro de los Estados Unidos por narcotráfico, sugería abiertamente que funcionarios gubernamentales y empresarios estaban implicados en el tráfico de drogas[301].

---

298 «EEUU alaba el trabajo del 'Tigre' Bonilla», *Proceso Digital*, 13 de mayo 2013.

299 «Escalofriante: Fiscal admite que el 80 por ciento de los delitos queda impune», *Proceso Digital*, 10 de abril 2013.

300 «Altos oficiales de las FFAA acusados en los tribunales por muerte de un menor», *Proceso Digital*, 11 de abril 2013.

301 «Funcionarios y empresarios participan en narcoactividad», *Tiempo*, 11 de abril 2013; Comunicado de prensa, «Treasury Designates Honduran Drug Traffickers»,

A principios de junio, Estados Unidos recortó los fondos de la instancia gubernamental a cargo de la depuración policial, la DIECP (Dirección de Investigación y Evaluación de la Carrera Policial), ante una admisión implícita —aunque solo implícita— de la espectacular inoperancia de la organización. En abril, la DIECP reportó que el año anterior solo doce miembros de la Policía, de 14 mil, fueron acusados por corrupción o actos criminales[302].

Sin embargo, otras acciones de la política de EUA sugerían un rechazo consciente a la presión que se ejercía en el Norte. En su discurso del 12 de mayo, cuando alabó al «Tigre» Bonilla, Brownfield hizo una mención, evidentemente deliberada, de los fondos para la aviación hondureña que el Congreso había retenido[303]. Al día siguiente —aparente coincidencia— René Osorio Canales, el jefe de las Fuerzas Armadas de Honduras, dio una entrevista a los medios de comunicación hondureños, donde confesó que los aviones de la Fuerza Aérea de Honduras estaban viejos y en ruinas, y que se necesitaban USD 200 millones para modernizarlos[304].

Bajo la presión de Estados Unidos, el gobierno hondureño oscilaba entre la incompetencia deliberada, anuncios de «reformas», que eran solo un *show*, y acciones dramáticas que demostraban voluntad política, pero, a menudo, tenían un impacto dañino, como los imprudentes despidos que violentaron los derechos de los empleados públicos. El 6 de junio Lobo suspendió a los 2,200 miembros de la DNIC (Dirección Nacional de Investigación Criminal)[305]. En mayo, en respuesta a la notoriedad internacional por tener la tasa de asesinatos más alta del mundo, la policía de San Pedro Sula confió a periodistas de *Tiempo* que les ordenaron no

---

United States Department of the Treasury, 9 de abril 2013, www.treasury.gov/press-center/press-releases/Pages/jl1888.aspx

302 Russell Sheptak, «US suspends aid to Honduras police cleanup», *Christian Science Monitor*, 6 de junio 2013, www.csmonitor.com; «Fiscal acusa a doce policías», *La Prensa*, 10 de abril 2013.

303 «EEUU alaba el trabajo del 'Tigre' Bonilla».

304 «A FFAA les preocupa rezago en armamento», *La Tribuna*, 14 de mayo 2013.

305 «Suspenden a todo el personal de la DNIC por sospechas: Secretaría de Seguridad», *Tiempo*, 6 de junio 2013.

reportar hechos violentos, presumiblemente para que las estadísticas bajaran[306].

La Embajada de EUA trabajaba su agenda con el gobierno hondureño —o lo intentaba— y, a la vez, moldeaba y apoyaba a una «sociedad civil» alternativa, financiada por USAID y fundaciones de EUA aliadas, que velarían por los intereses de la Administración Obama en Honduras, aparentando un surgimiento independiente y nacional. En este período, el más destacado de estos grupos fue la Alianza para la Paz y la Justicia, encabezada por la rectora Julieta Castellanos, que surgió como una figura pública importante después del asesinato de su hijo a manos de la Policía. La Asociación para una Sociedad Más Justa (ASJ) también comenzó a sobresalir.

En medio de rodeos, artificios, presiones tras bambalinas y el engaño público rutinario, los poderes reales detrás de los resultados positivos en la política estadounidense, sin mencionar los cambios en el comportamiento del gobierno hondureño, resultaban imposibles de decodificar con precisión desde afuera. Evidentemente, algunos de los peores abusos fueron contrarrestados en alguna medida; pero, al mismo tiempo, el principal objetivo de la Administración de apoyar a JOH a largo plazo, parecía fortalecerse.

El 18 de junio de 2013, el Senado redobló la apuesta: veintiún senadores, liderados por Benjamin Cardin, de Maryland, enviaron una carta a Kerry en la que expresaron «preocupación por la grave situación de los derechos humanos y el deterioro del Estado de derecho en Honduras». Los senadores expusieron la información recibida sobre los escuadrones de la muerte, el fracaso en la depuración de la Policía y en el enjuiciamiento por las violaciones de derechos humanos, y sobre «un patrón de violencia y amenazas contra periodistas, defensores de derechos humanos, miembros del clero, líderes sindicales, figuras de la oposición y activistas LGTB». Concluían pidiendo al Departamento de Estado una «valoración pormenorizada» de los esfuerzos hechos por el

---

306 «Policía cero muertes realidad 12 muertes», *Tiempo*, 14 de mayo 2013.

gobierno hondureño para proteger los derechos humanos e investigar las ejecuciones extrajudiciales, y «realizar una revisión exhaustiva para garantizar que ninguna asistencia de los Estados Unidos sea proporcionada a personal o unidades policiales o militares que, con certeza, estén implicadas en violaciones de los derechos humanos». No llegaron a decir: «suspendan la ayuda». Pero eran senadores, casi la mitad de los demócratas, y eran líderes del más alto nivel —no solo Leahy, presidente de la Comisión de Asuntos Judiciales (Chair of the Committee on the Judiciary), sino también el número dos de la mayoría demócrata y jefe (Assistant Democratic Leader and Whip), Richard Durbin y presidentes de comités (committee chairs): Barbara Mikulski, Tom Harkin, Deborah Stabenow y Barbara Boxer, junto al futuro candidato a la vicepresidencia, Tim Kaine[307].

Cuando trabajamos en la elaboración de esa carta con Algene Sajery, asistente principal en política exterior de la oficina de Cardin, mis colegas y yo pensábamos en lo afortunado que sería obtener de cinco a siete firmas. Nos impactó el hecho de haber contribuido a que el Senado produjera algo tan enérgico, y nos sentimos contentos de haber trabajado con Algene, una asistente principal perspicaz e ilustrada, con un largo historial de trabajo efectivo en temas de derechos humanos.

Como de costumbre, no pudimos determinar el impacto preciso que tuvo la carta. Sin embargo, dos semanas después de que se hiciera pública, me reuní con un funcionario de alto rango del Departamento de Estado, quien me dijo que recién había estado tres días completos en reuniones sobre Honduras. Me brindó dos horas de su tiempo, y prestó mucha atención a lo que dije. Expresó que «en efecto recortamos el dinero para la DIECP», la agonizante oficina de depuración policial. Le pregunté que si podía especificar cuál era el destino de los fondos de la Iniciativa CARSI en Honduras. «En realidad, no lo sabemos», respondió.

---

307 Benjamin Cardin y otros veinte senadores a John Kerry, comunicado de prensa, senador Bejamin Cardin, «Cardin Leads Senate Call for Accountability in Honduras for Human Rights Violations», 18 de junio 2013, www.cardin.senate.gov/newsroom/press/release/cardin-leads-senate-call-for-accountability-in-honduras-for-human-rights-violations

«¡A duras penas informamos eso al Congreso!». Prometió proporcionar más información. Nunca lo hizo.

Testimonio

En julio de 2013 me solicitaron que atestiguara ante la Comisión de Derechos Humanos Tom Lantos, en la Cámara de Representantes, sobre los derechos humanos y la política de EUA en Honduras. En teoría, testimoniar en el Congreso de EUA debería ser emocionante e inspirador, aunque un tanto atemorizante; sin embargo, en la práctica, experimenté un sentimiento de pánico y angustia.

Un mes antes de la audiencia, el 25 de junio de 2013, mi amigo Chema comenzó a recibir amenazas a muerte. En la primera llamada le dijeron: «Dejá de hablar mierda en la radio porque, si seguís, te vamos a cerrar la boca. Deberías preparar tu mortaja para que te entierren, porque te vamos a matar». Unos días después, su esposa contestó la segunda llamada: «Señora, el problema no es con usted. Dígale a su esposo que si no cierra la boca en la radio lo vamos a matar». El 5 de julio, por segunda ocasión, durante el programa nocturno de Chema: «Sindicalista en el Aire», un automóvil daba vueltas alrededor de Radio Progreso. El padre Melo, director de la Radio, tuvo que acompañarlo hasta su casa.

Su nombre completo es José María Martínez, acortado a «Chema», pero todos le dicen «Chemita», por su baja estatura (no había reparado en ello porque, con 1.68 m de estatura, en general, soy más alta que muchas personas en Honduras). Chema tiene el pelo rizado, entre canoso, peinado hacia atrás, un bigote grueso y una gran sonrisa. Era director de Comunicaciones de FESTAGRO (Federación de Sindicatos de Trabajadores de la Agroindustria). En su hora de almuerzo, le gustaba enviar disparatados chistes a sus amigos —recuerdo el de una foto manipulada de Hugo Chávez, abrazando a Mel Zelaya por la cintura, mientras miraba el horizonte desde la proa del Titanic. Todos conocían y querían a Chema por su programa de radio, que transmitió durante diecinueve años, cinco días a la semana. También organizaba talleres para trabajadores bananeros de base, enseñándoles cómo producir un programa de radio; y todas las noches, trabajadores del campo lo acompañaban y hablaban sobre las condiciones laborales en sus plantaciones o el desarrollo de las últimas negociaciones contractuales con la Chiquita. Al final del programa, en tono rítmico, en la víspera del día a día de cortar y empacar bananos, uno de ellos anunciaba las horas en que los trabajadores de las plantaciones debían presentarse: «Finca Omonita, hombres con los números 75 a 93, 5:15; mujeres con los números 22 a 58, 5:45».

El origen de las amenazas a Chema no estaba claro —en parte porque, pese a la evidencia, la policía corrupta nunca investigó—, pero se especuló que estarían relacionadas con una campaña de organización que los sindicatos hicieron en la plantación bananera Tres Hermanas, y que Chema retomó en su programa.

Esas amenazas me desgarraban el corazón. Chema y yo trabajamos juntos una docena de años. Hay una foto de él en mi libro acerca de los sindicatos bananeros, donde se le ve trabajando en una pancarta para promover los proyectos de mujeres. No había un trato en términos personales; pero una vez, quizá dos años después del golpe, cuando me trasladaba al aeropuerto, puso su mano sobre mi antebrazo durante medio segundo y dijo: «Gracias por todo lo que está haciendo». Fue algo hermoso.

El año anterior, 2012, cuando estar en Honduras representaba mayor riesgo, Chema me acompañó dos veces en mis viajes de San Pedro Sula a Tegucigalpa, como una especie de guardaespaldas —sin portar armas ni nada por el estilo, solo por si me detenían o sucedía algo peor, hubiera un testigo. Claro, a él también lo podían detener, o hacerle algo peor. Nos quedábamos en el mismo hotel, y me ayudaba a organizar las citas y los traslados. Afirmaba que se entretenía mucho en las reuniones escuchando las mismas cosas una y otra vez. Nunca hablamos de asuntos privados, y nunca hubo conductas inapropiadas.

Cuando las amenazas contra Chema aumentaron en julio de 2013, yo tenía programado un viaje a San Pedro Sula, así que ofrecí quedarme en su casa algunas noches para ayudar a su protección y la de su familia. Dijo sí de inmediato. En esos días, hacía gestiones con grupos de derechos humanos para conseguir un boleto de avión a los Estados Unidos —allí tenía parientes con quienes se podía quedar—; contactó a la embajada de EUA para que le facilitaran una visa. Pero la respuesta de la embajada fue lenta, por decir algo, a pesar de la presión de la AFL-CIO, de grupos de derechos humanos y del Congreso de EUA.

Tres días antes del sábado que saldría a Honduras, recibí el correo electrónico donde me pedían que testificara ante la Comisión Tom Lantos. Necesitaba estar en Washington el jueves 25 de julio de 2013. Admito haber fantaseado en algún momento con testificar en el Congreso, aunque la fantasía se convertía en una pesadilla de incompetencia, disponible en el canal de televisión C-SPAN eternamente.

¿Debía cancelar la visita a Honduras e ir a Washington? ¿Desistir de testificar y cumplirle a Chema? En mi interior sabía que, después de mi ofrecimiento, no había forma de decirle a Chema que no lo acompañaría. Decidí acortar el viaje. Viajaría a Honduras el sábado, según lo planeado, viajaría a Washington el miércoles para testificar y regresaría a casa, renunciando a varios días de estadía en Honduras.

Me encantó conocer su casa y quedarme en ella. Ubicada en la esquina de dos calles de tierra, en las afueras de El Progreso, la ventana de la sala tenía una amplia vista a un campo de fútbol y, al fondo, las colinas. Disfruté ver a Chema y a su esposa, una enfermera, bromeando cariñosamente, uno al lado del otro en el sofá; me encantó conocer a su hijo, un técnico dental, que también vivía allí; Chema estaba construyendo una habitación para él en la parte de atrás. Me sentí honrada de estar en su hogar. El tiempo que estuve con ellos, no dejé de pensar en la llamada telefónica y en una voz diciéndole a Chema que comprara ropa para su entierro.

El lunes, en Radio Progreso, me encontré con Tirza Flores Lanza, la exmagistrada de Apelaciones, una de las personas con quien pasé el huracán Sandy. Elegante y encantadora, de cabello negro, liso, con un corte que hacía una curva justo debajo de la barbilla, Tirza ostentaba el cargo de más alto rango entre los funcionarios judiciales despedidos por oponerse al golpe de Estado; y quienes tenían una demanda en curso en la CIDH.

El miércoles por la mañana, Tirza y yo nos volvimos a encontrar, esta vez en el aeropuerto de San Pedro Sula para nuestro viaje a Washington, con escala en Miami. Después de pasar los puestos de migración y de seguridad y entrar al avión, me relajé pensando: estoy con una exmagistrada, nadie va a molestarme o detenerme esta vez. Nos acomodamos en nuestros asientos, Tirza a unas diez filas atrás de mí. Justo antes de que el avión despegara, una auxiliar de vuelo de American Airlines se acercó y preguntó si yo era Dana Frank y si, por favor, la podía acompañar. Me levanté y, agitando mis manos y gesticulando de forma un tanto desesperada, traté de comunicarle a Tirza lo que estaba sucediendo. Ella sonrió, sin descifrar mis intenciones de comunicarle que estaba en problemas. La oficial me informó que tenía que acompañarla al edificio del aeropuerto para observar personalmente la inspección de mi maleta, pues habían identificado algo sospechoso. De pie en el pasillo, me dirigí a Tirza de nuevo, agitando mis brazos de forma dramática. Ella sonrió y saludó con la mano.

La auxiliar de vuelo me condujo al mostrador de la línea aérea, atravesamos un largo pasillo con paredes de vidrio, y llegamos a un cuarto pequeño donde dos policías observaban una pantalla por la que pasaban imágenes del equipaje sobre una banda de metal en movimiento. La auxiliar se disculpó, pues debía esperar hasta que llegara el oficial de Inspección. Vi mi maleta en la esquina, aislada. Estaba consciente de que podrían haber plantado droga. Desde el momento en que salí del avión, estuve hablando por mi celular en altavoz con una amiga estadounidense, una defensora de derechos humanos con décadas de experiencia en Centroamérica; le describía lo que miraba y escuchaba; por ejemplo, los nombres en los carnets de los funcionarios con los que hablé. Sobre la máquina de revisión de equipaje; un gran letrero decía «No celulares».

Después de unos veinte minutos apareció un joven que portaba uniforme de camuflaje, botas militares, un rifle en el pecho y el texto

«Fuerza Aérea» bordado en su camisa. Mientras abría mi maleta y veía que no había casi nada adentro —era una maleta vieja que traje llena de regalos—, actuó de forma amable. Estuvimos de acuerdo en que la alarma se activó porque los perros olieron una misteriosa mancha seca en su exterior, que probablemente era de comida. Pero aún no estoy convencida. ¿Acaso fue intimidación?

Abordé de nuevo el avión, percibí que Tirza no se dio cuenta de que me habían sacado. En el aeropuerto de Miami, donde hicimos escala, dimos varias vueltas buscando algo de comer y el periódico *The New York Times*; también pulí el texto final de mi testimonio. Tirza resultó ser la fuente perfecta para verificar hechos: «¿Fueron cuatro o cinco los jueces que Juan Orlando depuso mediante el golpe técnico?». «Cuatro».

Cuando llegamos a Washington, D.C., cargamos nuestras maletas hasta una bonita habitación en lo más alto del Tabard Inn, cerca de DuPont Circle (le ofrecí a Tirza compartir habitación para contribuir al viaje y que pudiera testificar). Me acomodé en la cama y Tirza se instaló en una butaca, en la esquina opuesta.

A los quince minutos de haber llegado, su teléfono timbró. Mientras escuchaba la llamada, vi que la expresión de su rostro pasó, en segundos, de la tranquilidad al horror y del horror a la devastación. La llamada era de su esposo, Guillermo López Lone, un juez a quien, al igual que a Tirza, destituyeron por oponerse al golpe. Le dijo que recién habían asesinado a la jueza Mireya Mendoza Peña; recibió veinte disparos cuando conducía por el centro de El Progreso, donde Tirza y yo habíamos estado un par de días antes. Mireya era colega de Tirza, miembro de la Junta Directiva de la Asociación de Jueces por la Democracia, de la cual Tirza y Guillermo eran también directivos; una semana antes, ella y Tirza se habían reunido. Fue la primera jueza asesinada a partir del golpe de Estado[308].

---

308 Amnistía Internacional, Declaración pública, Honduras: Amnistía Internacional condena los recientes asesinatos de personas que defienden la justicia, la igualdad y los derechos humanos, 29 de julio 2013, AMR No. 37/007/2013; Comisión

A la mañana siguiente, planchamos nuestra ropa y Tirza se secó el cabello; salió temprano a una reunión. A las 9:45 nos encontramos en el pasillo de la sala de audiencias en el edificio Rayburn de la Cámara de Representantes, cada una vistiendo apropiadamente: Tirza llevaba una chaqueta gris con ribetes negros sobre un vestido gris que hacía juego; yo, una chaqueta con brocado azul oscuro y un pantalón negro.

Mientras esperábamos el inicio de la audiencia, recibí un correo electrónico del oficial interino de derechos humanos de la embajada de EUA en Tegucigalpa, respondiendo a una solicitud de la AFL-CIO: que, cuando tuviera visa y boleto, una escolta de la embajada ayudara a Chema a llegar sano y salvo al aeropuerto. El funcionario respondió que no, que la embajada no podía ayudar; pero que, si queríamos, con gusto le preguntaría al Director de la Policía Nacional hondureña si podía ayudar[309]. Inmediatamente caí en la cuenta de que ese correo electrónico era una evidencia explosiva, que demostraba que la embajada, en efecto, trabajaba con Bonilla, a pesar de sus desmentidos y la promesa de los «dos grados de separación» de Brownfield. En ese momento no pude decidir qué hacer con la prueba que tenía. Pero sabía lo que significaba.

Se suponía que esta era la parte interesante: testificar ante el Congreso. Pero entre el asesinato de la jueza, la falta de sueño (di vueltas y vueltas en la cama y solo dormí dos horas), las amenazas contra Chema y el correo electrónico, estuve desconcentrada todo el tiempo y apenas asimilaba lo que sucedía cuando saludamos a amigos, reporteros y asistentes; nos presentaron a prestigiosos hondureños; conversamos con otros dos colegas que testificarían; estrechamos manos con los congresistas y el nuevo senador Tim Kaine, quien también testificaría; y cuando nos acomadamos en nuestros asientos. La lectura de mi declaración salió bastante bien. Después el congresista James McGovern, el copresidente demócrata de la Comisión, dio un discurso y percibí que preparaba el terreno para hacerme una pregunta. Hizo referencia a la persistente ayuda

Internacional de Juristas, «La CIJ condena asesinato de la jueza Mireya Mendoza Peña en Honduras», 27 de julio 2012, www.icj.org

309 Funcionario de la embajada a la autora, 24 de julio de 2013.

de Estados Unidos a la Policía y al Ejército corruptos de Honduras, a pesar de los continuos abusos: «van a pensar que somos una cita fácil, que el dinero seguirá llegando sin importar lo que hagan». ¿Cita fácil? Quedé tan sorprendida —y fascinada— de que este hombre alto, guapo y jovial, un congresista de los Estados Unidos, dijera algo contundente y con sentido del humor, que apenas pude responder la pregunta que, en efecto, me lanzó acerca de qué sucedería si los Estados Unidos suspendiera el dinero. Me las arreglé para no tartamudear, dudar o quedar mal parada con mi respuesta.

Después de eso, Tirza y yo tomamos un taxi para ir a dos reuniones en el Departamento de Estado. Fue como ingresar a una zona de fuerza imperial: el gran edificio frío de hormigón en Foggy Bottom, con superficies negras cromadas y brillantes en su interior, su *lobby* gigantesco con banderas de los diferentes países del mundo ondeando desde el techo, como diciendo: «Todos somos buenos vecinos aquí». Justo antes de entrar a nuestra segunda reunión con el director de Asuntos del Hemisferio Occidental del Buró de Democracia, Derechos Humanos y Trabajo, revisé mi correo electrónico y encontré una alerta advirtiendo que cuarenta hombres armados con rifles y machetes acababan de secuestrar a dos observadores del Proyecto de Acompañamiento de Honduras, quienes habían llegado un día antes a la comunidad Nueva Esperanza, en Tela, Atlántida, para ayudar a proteger a los habitantes que protestaban contra un proyecto minero. Los observadores fueron liberados dos horas después, pero su seguridad era incierta[310]. Cuando llegó el director con el que nos reuniríamos, le informé, alarmada, de los secuestros y le expliqué que el Proyecto de Acompañamiento es una ONG con sede en Estados Unidos y que las dos personas secuestradas, posiblemente, eran ciudadanas estadounidenses. Él dijo: «Envíeme la información más tarde», y avanzó hacia la sala de reuniones.

---

310 «Public Clarification of the Circumstances Surrounding the Abduction of Two Observers from PROAH in La Nueva Esperanza», Honduras Accompaniment Project, 15 de noviembre 2013; Amnistía Internacional, «Activistas de derechos humanos secuestrados en Honduras», 30 de julio 2013, AMR No. 37/008/2013.

¿Cómo explico que ese fue, quizá, el peor momento de las veinticuatro horas relacionadas con la audiencia? Dos personas, posiblemente ciudadanas estadounidenses, que con certeza trabajaban para una organización basada en EUA, estuvieron cautivas a punta de pistola durante dos horas, sin seguridad de ningún tipo; y la respuesta de un funcionario de alto rango del Departamento de Estado fue que le enviara la información más tarde —es decir, después de una hora o posiblemente dos. Su frialdad y falta de interés me dejó pasmada.

Titubié a lo largo de la reunión, en un estupor que aumentaba cada vez más. Tirza acudió a una reunión más, en la CIDH, a pocas cuadras de distancia; fui con ella. Cuando regresamos al hotel, dejamos nuestras cosas en la habitación y salimos de nuevo; sin ánimo, nos acomodamos en un sofá del bar del hotel, tomamos una cerveza y luego otra, y pedimos algo para comer.

De vuelta en la habitación, Tirza se ubicó de nuevo en el sillón y yo en la cama, ambas inmersas en nuestras computadoras. De la nada, en perfecto inglés, cada palabra pronunciada con claridad, sin apartar la mirada de su computadora, dijo: «I do not want to die» (Yo no quiero morir). Antes del amanecer, Tirza salió rumbo al aeropuerto; necesitaba regresar a tiempo para el funeral de Mireya. Dormí un poco más, y luego tomé el avión a casa, a mi segura y cómoda vida en California.

Al poco tiempo, Chema viajó a Nicaragua. Pero la soledad lo abrumó, no pudo pagar un hotel o un alquiler y regresó a casa dos meses después. Dejó de hacer su programa de radio —otros sindicalistas lo mantuvieron en el aire—, pero creó un programa de entrevistas en línea llamado «Sindicalista en la Web». El 29 de noviembre, un carro no identificado, de color oscuro, se estacionó frente a su casa al lado del campo de fútbol. Su esposa tomó fotos del auto y de las placas, pero la policía no hizo nada. El 8 de enero recibió una llamada en la que le decían que se había escapado en noviembre, pero que no se volvería a escapar. Dormía en un lugar diferente cada noche. En marzo de 2014, ocho meses después de haber pedido ayuda a la embajada de EUA para salir del país, esta aprobó su visa, y un grupo de derechos humanos pagó el boleto de avión. Llegó al aeropuerto a salvo, sin ayuda de la embajada ni del Director de la Policía Nacional de Honduras; en su lugar, fue escoltado por carros llenos de amigos y compañeros del movimiento sindical y de Radio Progreso, y voló lejos de casa. No ha regresado desde entonces.

Un mes después pregunté oficialmente a la embajada de EUA si tenía contacto con Bonilla, hice referencia al correo electrónico que recibí sobre Chema y cité la afirmación de Brownfield: «nosotros [el gobierno de EUA] no tenemos relaciones con él». El Consejero de Asuntos Públicos respondió: «En las declaraciones que usted cita, el subsecretario Brownfield se refería al hecho de que el gobierno de Estados Unidos no brinda capacitación ni asistencia material a esas personas. La embajada sí discute asuntos de aplicación de la ley con la Policía Nacional hondureña, incluido su alto mando»[311].

Tres meses después, la AP presentó una larga entrevista con Bonilla, en la que habló de su contacto regular y estrecha cooperación con la embajada de Estados Unidos[312]. Se le veía entrar y salir de la sede a diario.

Elección de validación

Entre más cerca estaban las elecciones generales del 24 de noviembre, más tensión había. Los activistas de LIBRE se hacían sentir en los barrios. Xiomara Castro, la candidata presidencial, prometió refundar Honduras desde abajo, con una nueva constitución, una ley de referéndum y leyes que protejan a los indígenas, afrodescendientes y personas LGBTI[313].

---

311 Stephen Posivak a la autora, correo electrónico, 29 de agosto 2013.
312 Alberto Arce, «Top cop is US go-to man in Honduras for war on drugs, denies death squad charge», Associated Press, 1 de noviembre 2013.
313 Suyapa Portillo Villeda, «Honduras on the Brink of Change», *CounterPunch*, 13 de septiembre 2013, www.counterpunch.org; Nina Lakhani, «Honduras elections: Leftist party challenges right's grip on power», *The Guardian*, 22 de noviembre 2013; Paley, «In Honduras Election, the People's Will is Hushed but Not Silenced»; Dana Frank, «A High-Stakes Election in Honduras», *The Nation*, 6 de noviembre 2013.

Desde las primeras encuestas a principios de 2013, hasta las últimas, un mes antes de la votación, de manera sostenida, ella estaba entre tres y diez puntos porcentuales por encima de Juan Orlando Hernández, excepto una encuesta de último momento y dudosa procedencia (la Ley Electoral hondureña prohíbe difundir encuestas electorales un mes antes de las elecciones). Nada remotamente similar había sucedido en la historia hondureña. No había un partido de oposición de izquierda o centro-izquierda exitoso y, mucho menos, uno que ocupara el primer lugar en las encuestas. Durante 2013 surgieron preguntas: ¿podría ganar Xiomara? ¿El presidente Lobo y los militares lo permitirían? ¿Toleraría Estados Unidos algo así? Si ganara en una elección libre y limpia —nadie consideraba que eso fuera posible—, ¿qué pasaría después? ¿Una rebelión militar? ¿Caos en las calles provocado por los oligarcas? ¿Otro golpe de Estado? Era difícil imaginar un resultado positivo, pero un pequeño rayo de esperanza brillaba en un rincón, en lo alto del cielo hondureño[314].

La otra sorpresa en las encuestas fue el ascenso de un segundo partido nuevo, el Partido Anticorrupción, liderado por el presentador de televisión Salvador Nasralla. Estaba compuesto principalmente por personas conservadoras de clase media y alta, que emigraron de los tradicionales partidos Liberal y Nacional, porque estaban hartas de la corrupción de sus partidos y alarmadas por la crisis de seguridad después del golpe; muchas de ellas apoyaron el golpe y nunca se les ocurriría acercarse a Libre. Nasralla obtenía de manera sostenida entre el 10% y el 11% en las encuestas, sugiriendo que podría dar la sorpresa[315].

Hernández, por su parte, mostraba fuerza; jugaba con la carta del miedo y promovía agresivamente una mayor militarización para detener la crisis de seguridad. El 15 de julio prometió poner «un soldado en cada

---

314 Para un resumen completo y análisis de las encuestas a lo largo del tiempo, véase, «Polling, polling, polling», *Honduras Culture and Politics*, 29 de agosto 2013; «Last Polls in Honduran Presidential Election: Dead Heat», 24 de octubre 2013; véase artículos adicionales durante 2013.

315 Frank, «A High-Stakes Election in Honduras».

esquina»[316]. A finales del verano y principios del otoño, fue el motor de la preparación de cinco mil nuevos miembros de la Policía Militar, con mucha presencia en los medios. Las tropas recién presentadas tenían solo tres meses de entrenamiento y octavo grado de escolaridad[317]. A estas alturas, presuntamente, ya había intimidado y sobornado a los periódicos, incluso a los liberales *La Tribuna* y *Tiempo*, asegurando un apoyo fervoroso a su candidatura. Se rumoraba que Jaime Rosenthal, el patriarca de *Tiempo,* había sucumbido en parte debido a un contrato sin licitación de USD 49 millones que le otorgaron en marzo de 2013, mediante el que su empresa proporcionaría el cemento para la construcción de carreteras en el país durante cinco años[318]. Entre la copiosa cobertura diaria de los medios, el espectáculo alarmista de la ley y el orden de Hernández atrajo a algunas personas pobres de las ciudades, al igual que el Bono Diez Mil, que consistía en la entrega de dinero en efectivo a los más pobres, y se percibía como una operación de compra de votos[319].

Durante décadas, los dirigentes oligarcas del Partido Liberal y el Nacional han negociado el poder mediante acuerdos tras bambalinas, asegurando el control sobre el Estado. Se sentían profundamente amenazados por LIBRE y respondieron ferozmente. La violencia contra los activistas y candidatos de LIBRE, que inició en las elecciones primarias, continuó. También lo hizo el extendido patrón posgolpe de matar a los líderes de perfil intermedio y personas de las bases, nunca las figuras importantes, para que fuera más difícil vincular los asesinatos y con-

---

316 «Presidenciable nacionalista aboga por un militar en cada esquina hasta recuperar la paz», *Proceso Digital*, 15 de julio 2013. Para un análisis general de la militarización, Dana Frank, «In Honduras, Military Takes Over with U.S. Blessing», *Miami Herald*, 11 de septiembre 2013.

317 «Juan Orlando manda a diputados ratificar Policía Militar con cinco mil soldados», *Tiempo*, 31 de julio 2013; «Congreso Nacional aprueba decreto que crea la Policía Militar», *Proceso Digital*, 22 de agosto 2013; «Policía Militar a las calles mañana», *El Heraldo*, 3 de noviembre 2013.

318 «Alegres los diputados aprueban compra de mil millones de cemento», *Proceso Digital*, 19 de marzo 2013.

319 «Entrega de Bono Diez Mil se convierte en propaganda política», *Radio Progreso*, 18 de noviembre 2013. Para un análisis del Bono Diez Mil, véase «Un gran proyecto con millones de incautos», Radio Progreso y ERIC-SJ, 7 de septiembre 2016.

siderarlos violencia política selectiva. Entre el 1 mayo y 15 de octubre, asesinaron a nueve activistas y candidatos de LIBRE, así como a tres del Partido Nacional y uno del PAC. Para no atribuirlos sin más a la «violencia al azar» o al «crimen común», hay que señalar que los asesinatos de políticos continuaron por dos semanas después de las elecciones del 24 de noviembre, luego pararon[320].

El Congreso de Estados Unidos prestó atención a esto. El 14 de octubre los congresistas Raúl Grijalva, Hank Johnson y Mike Honda enviaron una carta al secretario de Estado John Kerry, donde expresaban preocupación por las elecciones. «Tememos que el país en este momento carece de las condiciones para garantizar un proceso electoral libre e imparcial», escribieron, citando los continuos abusos de derechos humanos que amenazaban las libertades civiles, la falta de igualdad de condiciones y el «creciente papel centralizado y ominoso» de las fuerzas de seguridad del Estado. «Nos preocupa que la embajada no se haya pronunciado de forma enérgica sobre la militarización de la Policía, que promueve uno de los candidatos»[321]. El 13 de noviembre, dos semanas antes de las elecciones, el senador Tim Kaine lideró una carta de trece senadores, quienes externaron sus preocupaciones:

Los periodistas hondureños son, regularmente, el blanco de violencia y amenazas, y candidatos políticos han muerto a causa de su participación en las elecciones. Estas situaciones plantean serias preocupaciones sobre la capacidad del gobierno de Honduras de llevar a cabo elecciones libres y justas[322].

---

320 Karen Spring, *Context of the Honduran Electoral Process 2012-2013: Incomplete List of Killings and Armed Attacks Related to Political Campaigning in Honduras*, mayo 2012 al 19 de octubre 2013, *Rights Action*, 21 de octubre 2013.

321 Raúl M. Grijalva, Hank Johnson y Michael Honda a John Kerry, 15 de octubre 2013, disponible en grijalva.house.gov/press-releases/reps-grijalva-honda-hank-johnson-urge-secretary-kerry-to-speak-against-militarization-of-civil-society-ahead-of-honduran-election/

322 Tim Kaine y otros 12 senadores a John Kerry, Comunicado de prensa, «In letter to Secretary Kerry, Kaine calls for free and fair elections in Honduras», 13 de

Ese mismo día el congresista Eliot Engel, miembro de mayor rango del Comité de Asuntos Exteriores de la Cámara de Representantes, pronunció un discurso en el Consejo de las Américas en Washington, D.C., sobre las próximas elecciones hondureñas y salvadoreñas. Criticó «la relación excesivamente militarizada de EE. UU. con las fuerzas de seguridad de Honduras y los peligros que esto genera para los derechos humanos, con fuerzas de seguridad politizadas». Engel concluyó su discurso, de forma excepcional, refiriéndose al «funesto legado de varias administraciones pasadas de Estados Unidos, que han sido históricamente propartidistas en la política centroamericana; (…) Por los hechos y las palabras, recae sobre nosotros la carga de probarle a nuestros amigos centroamericanos que no tenemos el dedo puesto en la balanza electoral, y que trabajaremos con quien resulte electo»[323].

El Departamento de Estado no tuvo problemas en agitar ese dedo. Exponiendo un paternalismo arrogante, el 3 de noviembre la embajadora Kubiske dijo a la prensa hondureña que, después de las elecciones, «si eligen a una persona que represente la voluntad del pueblo, entonces vamos a comenzar a ver las convergencias entre nosotros, Estados Unidos, y ese gobierno»[324]. Cinco días después, Kubiske advirtió que los resultados podrían no estar disponibles la noche de las elecciones, y que circularían rumores infundados. «Por esa razón hay preocupación en cuanto a ese tema, si va a haber violencia o no». Al dar la voz de alarma sobre la posible violencia, Kubiske hizo eco a las acusaciones del Partido Nacional de que LIBRE, al no ganar, se rebelaría violentamente. «Es importante conocer a los candidatos, qué visión tienen, pero más allá de eso, cómo la van a implementar»; y enfatizó en la necesidad de

---

noviembre 2013, democrats-foreignaffairs.house.gov/news/press-releases/engel-speech-council-americas-upcoming-elections-central-america

323 Comunicado de prensa, «Engel Speech at Council of Americas on Upcoming Elections in Central America», United States House of Representatives Committee on Foreign Affairs, 13 de noviembre 2013, democrats-foreignaffairs.house.gov/news/press-releases/engel-speech-council-americas-upcoming-elections-central-america

324 «Kubiske: Ojalá que las elecciones sean tan limpias como a todos les gustaría», *Proceso Digital*, 3 de noviembre 2013.

ponerle fin a la inseguridad y construir una economía próspera —los mismos temas de la campaña de Juan Orlando[325].

Días antes de las elecciones, la violencia y el terror armado estallaron, pero contra la oposición, no a causa de esta. En la colonia Kennedy de Tegucigalpa, el 22 de noviembre, efectivos de Policía Militar rodearon una reunión de militantes de LIBRE con su candidato al Congreso, Gilberto Ríos. Apuntaban con sus rifles a los rostros de las personas que llegaban y, en las palabras de un testigo, «observaban la sede con una mirada terrible, llena de odio». Las tropas se fueron cuando algunos de los presentes, que eran observadores internacionales, mostraron sus chalecos oficiales[326]. Esa noche en La Unión, Lempira, hombres armados, que se desplazaban por la zona, intimidaron a sus habitantes, entre ellos a Noé Alvarado, un candidato a la alcaldía por LIBRE. En la ciudad de Danlí, El Paraíso, cien hombres armados y enmascarados rodearon un hotel donde estaban cincuenta personas con credenciales oficiales de observadores electorales. Los enmascarados amenazaron con incendiar el hotel si los observadores iban a las mesas electorales[327]. La noche antes de las elecciones, María Amparo Pineda Duarte y Julio Ramón Maradiaga, afiliados a una cooperativa rural, regresaban a su casa después de una capacitación sobre observación electoral, cuando hombres enmascarados, portando armas de grueso calibre, los emboscaron y acribillaron. Ambos murieron de inmediato[328]. Esa noche los

325 «Kubiske dice que 'es probable' que resultados electorales no se obtengan la misma noche», *Proceso Digital*, 8 de noviembre 2013; Lisa Kubiske, «El poder de voto es de ustedes», *El Heraldo*, 8 de noviembre 2013.

326 Sandra Cuffe, «Policía Militar intenta entrar a la sede de LIBRE de la Colonia Kennedy», *HonduPrensa* (blog), 23 de noviembre 2013, honduprensa.wordpress. com

327 COFADEH, «Alerta: Asunto, Mesa de Análisis sobre grave situación de derechos humanos este domingo en las eleccciones», Proyecto Monitoreo de Derechos Humanos en el Proceso Electoral 2014, 24 de noviembre 2013, en posesión de la autora.

328 «Simpatizantes de Libre mueren en emboscada», *La Prensa*, 24 de noviembre 2013.

militares tomaron y cerraron las instalaciones de Radio Globo y Canal 11[329]. La lista es larga.

El gobierno hondureño también hostigó a los observadores electorales internacionales. Dos días antes de las elecciones, autoridades de migración llegaron al ERIC-SJ, y exigieron los documentos de identificación e inmigración a los miembros de una delegación estadounidense de la Red Hondureña de Solidaridad, que recibían allí una capacitación electoral[330]. Esa mañana en Tegucigalpa, seis personas con pasamontañas y tres con camisetas, que los identificaban como autoridades de inmigración, llegaron a la recepción de un hotel donde se hospedaban observadores internacionales, y exigieron que los observadores acudieran al área de recepción. Cuando llegaron, quienes tenían sus rostros cubiertos los interrogaron, revisaron pasaportes y retuvieron los pasaportes de dos observadores brasileños. Cuando ambos preguntaron por qué, ellos dijeron: «Porque sí, nosotros podemos». Los observadores estaban conmocionados y atemorizados[331].

Aunque la participación fue alta el día de las elecciones, los observadores internacionales documentaron en sus informes un tinglado a escala nacional de irregularidades, aparente fraude e intimidación. Un equipo de la Federación Internacional de Derechos Humanos (FIDH), por ejemplo, encontró puestos ubicados frente a grandes centros de votación; en estos puestos, los votantes del Partido Nacional recibían tarjetas de crédito que otorgaban descuentos en medicamentos, alimentos, facturas telefónicas y otros productos. La delegación de la FIDH documentó casos de personas a quienes no se les permitió votar porque las habían declarado muertas; también señaló la falta de transparencia en el traslado de las papeletas

---

329 «Alerta: Radio Globo, TV Globo y Cholusat Sur denuncian censura con firma de protocolo moral previo a las eleccciones», Movimiento Amplio por la Dignidad y Justicia, 23 de noviembre 2013, en posesión de la autora.

330 COFADEH, «Alerta: Agentes del Estado Hondureño hostigan e intimidan a observadores internacionales de DDHH», Proyecto Monitoreo de Derechos Humanos en el Proceso Electoral, 2013, 22 de noviembre 2013, en posesión de la autora.

331 «Escalation in Intimidation Towards Election Observers and Accompaniers in Honduras», Rights Action, 23 de noviembre 2013.

de los centros de votación a la Comisión Nacional Electoral, y reportó que los observadores electorales de algunos de los partidos pequeños estaban vendiendo sus credenciales[332].

La delegación oficial de la Unión Europea emitió un informe preliminar expresando preocupación por la falta de transparencia en la financiación de las campañas y «serias señales de tráfico de credenciales y otras irregularidades». Pero, en gran medida, alabó la fiabilidad y transparencia del sistema electoral[333]. Sin embargo, según Leo Gabriel, un austríaco miembro de la delegación, hubo un intenso debate al interior de la delegación. En una entrevista en el aeropuerto, cuando salía de la ciudad, fue mordaz: «... me di cuenta desde el principio que este proceso electoral estaba alterado». Y, haciendo eco a lo dicho por la FIDH, habló de personas muertas que votaron, personas con vida que fueron declaradas muertas y no pudieron votar, la descarada compra de votos por el Partido Nacional y la colusión en la venta de credenciales de observación electoral. «Durante la transmisión de los resultados no hubo ninguna posibilidad de averiguar hacia dónde se enviaban las actas y recibimos informaciones fidedignas acerca del desvío de por lo menos un 20% de las actas originales hacia un servidor ilegal que las ocultó». Dijo que la evidencia indicaba que muchos de los resultados fueron previamente arreglados. «Hablar de transparencia ante todo lo que ha ocurrido el pasado domingo, es un chiste»[334].

---

332 Para un resumen véase Lisa Haugaard, «Honduras Elections: No Cause for Celebrations», *Latin America Working Group* (blog), 6 de diciembre 2013, reproducido en: www.huffingtonpost.com; Federación Internacional de Derechos Humanos, «International Mission of FIDH with the Support of CIPRODEH on the Honduran Elections», 20 de diciembre 2013, www.fidh.org

333 Observación Electoral de la Unión Europea, Honduras, Elecciones Generales, 24 de noviembre de 2013, «Declaración preliminar: Una votación y recuento transparentes tras una campaña opaca y desigual», Tegucigalpa, 26 de noviembre 2013. Para el informe final de febrero 2014, Misión de Observación Electoral de la Unión Europea, Honduras 2014, Honduras, Informe final Elecciones Generales, 2013, 13 de febrero 2014, www.eods.eu

334 Giorgio Trucchi, «Los resultados de las elecciones en Honduras fueron alterados, dice observador de la Unión Europea», *Línea de Fuego*, 1 de diciembre 2013;

El conteo de votos tardó una eternidad. El viernes después de las elecciones, Xiomara Castro y LIBRE dieron una conferencia de prensa exigiendo un recuento de voto por voto y una investigación por el Fiscal General, citando una serie de irregularidades[335]. Pero, por supuesto, el partido de Hernández controlaba la Comisión Electoral, el Fiscal General, el Congreso y la Corte Suprema, por lo que no había a quién apelar. El sábado, el Tribunal Supremo Electoral (TSE) anunció que el 95% de los votos había sido contado, y que Juan Orlando Hernández estaba ganando claramente con 36%, contra 28% de Xiomara Castro[336].

Gran parte de los principales medios de comunicación estadounidenses fue contundente al informar sobre las críticas a Hernández, el fraude electoral y la intimidación. La presión del Congreso y la sensibilización de los electores en los últimos dos años estaban rindiendo frutos. *The New York Times*, por ejemplo, publicó un artículo, en gran parte de apoyo, sobre Castro impugnando los resultados[337]. El *New Yorker* publicó un artículo el día antes de las elecciones que citaba a Rafael Alegría, el coordinador hondureño de Vía Campesina y candidato de LIBRE al Congreso, advirtiendo de las maquinaciones del Partido Nacional con el potencial respaldo de EE. UU[338].

Dos semanas antes de las elecciones, hasta *Foreign Affairs* me permitió opinar: «Lo que está en juego es mucho: Honduras se hundirá aún más en su vórtice de violencia y represión, o habrá una lucha por el cambio para comenzar a restablecer el Estado de derecho y construir una economía viable»[339]. *The Washington Post*, sin embargo, siguió la línea de la Administración Obama con su titular «Honduras Election Brings

también citado por Mark Weisbrot, «Why the world should care about Honduras' recent election», *The Guardian*, 3 de diciembre 2013.

335 Nicholas Phillips y Elisabeth Malkin, «Honduras Election Results Challenged», *The New York Times*, 20 de noviembre 2013.

336 Ibíd.

337 Ibíd.

338 Jeremy Relph y Dominic Bracco II, «Postcard from Honduras: On the Eve of the Election», *The New Yorker*, 23 de noviembre 2013.

339 Dana Frank, «Honduras Gone Wrong», *Foreign Affairs*, 16 de octubre 2012, www.foreignaffairs.com

Risks of More Instability» (Las elecciones de Honduras conllevan riesgos de más inestabilidad). Según el *Post*, el riesgo era que «Castro, Zelaya y sus partidarios remitieran a Honduras a otra espiral invertida pues si perdían podían alegar fraude y llevar el tema a las calles»[340].

El jueves 6 de diciembre, la embajadora de EUA Lisa Kubiske visitó, por largo rato, la sala de cómputo del TSE. A su salida, declaró que todo era «normal y transparente» y que «se han verificado las inconsistencias (...), en general ha sido un proceso transparente, comenzando con la representación de las personas en las mesas electorales, luego el escrutinio en público, la representación de todos los partidos en el centro de cómputo»[341]. El presidente del TSE, David Matamoros, le agradeció: «Ella siempre ha estado muy cerca del proceso»[342]. No tenemos más evidencia de cómo la Embajada podría colocar o colocó «un dedo en la balanza electoral», citando al congresista Engel. Pero, ciertamente, Kubiske bendijo las balanzas que Lobo, Hernández y el Partido Nacional inclinaron de forma tan eficiente.

El 12 de diciembre, el TSE declaró a Juan Orlando Hernández Presidente de la República de Honduras. Nunca permitió el recuento que Castro exigía. En el conteo final, Hernández, supuestamente, obtuvo 1,149,302 votos (36.89%), Castro, 896,498 (28.78%), Villeda, del Partido Liberal, 632,320 (20.30%) y Nasralla, del Partido Anticorrupción, 418,443 (13.43%)[343]. Las elecciones llegaron a su fin y Juan Orlando asumió el mando.

Sin embargo, el gran impulso electoral de la oposición produjo un terremoto político. La conformación del Congreso cambió por completo. Durante décadas, el Partido Nacional y el Partido Liberal se lo repartían.

---

340 Nick Miroff, «Honduras election brings risks of more instability», *Washington Post*, 23 de noviembre 2013.
341 «Embajadora Kubiske visita sala de cómputo de TSE y asegura que todo 'es normal y transparente'», *Proceso Digital*, 5 de diciembre 2013; «Kubiske califica como normal y tranparente revisión de actas», *El Heraldo*, 5 de diciembre 2013.
342 «Embajadora Kubiske visita a sala de cómputo de TSE».
343 Gobierno de Honduras, Tribunal Supremo Electoral, *La Gaceta*, Acuerdo No. 12-2013, 12 de diciembre 2013.

A raíz del golpe de Estado, de las elecciones de 2009 y de la división y derrumbamiento del Partido Liberal, el Partido Nacional aprovechó su mayoría en el Legislativo durante cuatro años. Sin embargo, los resultados de 2013 reconfiguraron el Congreso. De los 128 escaños, el Partido Nacional sacó ventaja, pero ahora solo con 47, perdiendo su mayoría. LIBRE tenía 39, el Partido Liberal 26, el Partido Anticorrupción sumaba 13, y dos antiguos partidos pequeños, uno cada uno. Sin duda, el sistema bipartidista se hizo añicos. También hubo otras sorpresas. LIBRE ganó varias alcaldías en municipios pequeños y ciudades. En San Pedro Sula, donde se suponía que LIBRE era fuerte, los diputados del PAC fueron los más votados. La alcaldía de la ciudad, sin embargo, la obtuvo Armando Calidonio, del Partido Nacional. La gente se preguntaba, ¿cómo quedó de alcalde, si el PAC ganó los votos de la ciudad para el Congreso?[344].

Pasando por alto la violencia que se dio antes y durante la votación, el Departamento de Estado emitió una declaración pública el día después de las elecciones: «Estados Unidos felicita al pueblo hondureño por su participación pacífica». Insinuando de nuevo que LIBRE estaba, de alguna manera, a punto de recurrir a la violencia, instó a los hondureños «a aguardar que se complete el conteo de los resultados oficiales y que cualquier disputa electoral sea resuelta pacíficamente por medio de los procesos legales establecidos» —aunque esos procesos estuvieran controlados por Juan Orlando. Cuando el 12 de diciembre anunciaron los resultados oficiales, el secretario de Estado John Kerry felicitó de inmediato a Hernández: «El pueblo hondureño acudió a votar en cifras históricas el 24 de noviembre, y elogiamos al gobierno de Honduras por asegurar que el proceso electoral fuera en términos generales transparente, pacífico, y que reflejara la voluntad del pueblo hondureño»[345].

---

344 Gobierno de Honduras, Tribunal Supremo Electoral, «Declaratoria de ciudadanos(as) electos(as) al cargo de diputados al Parlamento Centroamericano, Diputados al Congreso Nacional, y corporaciones municipales, eleccciones generales 2013», *La Gaceta*, Acuerdo No. 13-1013, 13 de diciembre 2013, www.tse.hn
345 United States Department of State, Comunicado de prensa, Secretario John Kerry, «Honduras Elections», 12 de diciembre 2013, 2009-2017.state.gov/secretary/remarks/2013/12/218646.htm

La Administración Obama obtuvo así los resultados que, presumiblemente, deseaba[346]. El régimen golpista en curso ahora tenía la fachada de un proceso en apariencia democrático, condición que no tuvo después de la elección de Lobo en 2009. Estados Unidos, por su parte, podía limpiar su imagen como simpatizante del régimen y pretender que Juan Orlando y sus amigos del Partido Nacional, responsables de gran parte de la violencia e impunidad en las que Honduras se hundía cada vez más, ahora entrarían heroicamente a resolver la crisis que ellos mismos provocaron, promovieron y exacerbaron. Una vez más, el Departamento de Estado estaba dispuesto a apoyar a uno de los más atroces líderes dictatoriales para promover el poder de los Estados Unidos en la región.

¿Qué haría el presidente Hernández con su nuevo poder? ¿Habría alguien capaz de detenerlo?

Padres e hijos

Una semana después de la certificación de los resultados electorales, Lobo y Hernández separaron a Juan Carlos «el Tigre» Bonilla —el señalado líder de los escuadrones de la muerte—, de su cargo como Director de la Policía Nacional: presumiblemente, el precio a pagar por el apoyo de la embajada de Estados Unidos[347].

Las cosas se salieron de control. En lo que se denominó la «hemorragia legislativa», el Congreso, en las últimas dos semanas antes de la sesión de clausura del 20 de enero, aprobó más de 120 leyes, más de las que aprobó en los dos años anteriores, y ratificó más de 80 decretos eje-

---

346 Para el concepto y la historia de las «elecciones de demostración», véase Edward S. Herman y Frank Broadhead, *Demonstration Elections: U.S.-Stage Elections in the Dominican Republic, Vietnam, and El Salvador* (Cambridge, MA: South End Press, 1984).

347 «Honduras fires top cop dogged by death squad claim», Associated Press, 20 de diciembre 2013; «Ruedan las cabezas de jefes militares y policiales», *Proceso Digital*, 19 de diciembre 2013.

cutivos. Según se informó, algunas de las leyes fueron escritas en menos de veinticuatro horas, y aprobadas en dos o tres minutos; el contenido de muchas se conoció hasta que fueron publicadas, semanas después, en el Diario Oficial *La Gaceta*.

La nueva legislación aprobó casi cien contratos, entre otros de recolección de basura, servicio de agua potable, construcción de carreteras, emisión de pasaportes y producción de energía. En su agenda desde antes del golpe —la negativa de Zelaya de apoyar algunos puntos de esa agenda fue uno de los desencadenantes de su expulsión—, el Congreso aprobó leyes que permitían la privatización de Hondutel, la compañía telefónica estatal, y de la ENEE (Empresa Nacional de Energía Eléctrica). Otras leyes ampliaron el límite de la deuda privada del gobierno por más de USD 30 millones, congelaron los salarios en el sector gubernamental y reformularon funciones administrativas. La Ley de Secretos amuralló las actividades del gobierno, impidiendo la transparencia. Sin consultar a las comunidades, una nueva Ley de Minería puso fin a la veda para la explotación minera. Y se aprobó el 15% de impuestos a una amplia canasta de bienes de consumo. Los diputados del Partido Nacional aprovecharon al máximo sus últimos días de control absoluto del Congreso; desaforados y envalentonados, arrebataban poder y riqueza de todas las formas posibles, para sí mismos y para sus compinches, a la vez que creaban estructuras para el control y las ganancias futuras[348].

El Congreso saliente disolvió la Comisión de Reforma de la Seguridad Pública (CRSP), conocida como la Comisión Meza, pese a que su mandato legal se extendía hasta 2015. Visité la oficina de la CRSP el 30 de enero de 2014, días después de su disolución, para entrevistar a

---

348 «Masiva aprobación de contratos y decretos», *El Heraldo*, 20 de enero 2014; «Honduras: Congreso hondureño cierra legislatura con aprobación de leyes lesivas para el pueblo», *El Libertador*, 22 de enero 2014; Sandra Cuffe, «Congress' Last Stand: Privatizations among New Laws in Honduras», *Upside Down World*, 28 de enero 2014; Paola Nalvarte, «Honduran Secrecy Law endangers access to public information: RSF», *Journalism in the Americas* (blog), Knight Center for Journalism in the Americas, 21 de enero 2014; «Honduran Congress ends mining projects moratorium», Reuters, 24 de enero 2014, www.reuters.com

Matías Funes, uno de sus cinco miembros. Con piso de baldosas blancas y paredes del mismo color, la oficina se sentía vacía, como si alguien estuviera a punto de sacar el mobiliario. Funes, de 60 años de edad, amable y conversador, vistiendo una guayabera blanca manga larga, comentó que los comisionados se enteraron del cierre por la televisión.

En la primavera de 2012, la embajada de Estados Unidos promovió la creación de la CRSP en respuesta a los escándalos policiales del otoño anterior. Durante 2012 y 2013, el Departamento de Estado y sus ONG afiliadas en EUA ayudaron a administrar alrededor de USD 300 millones, que fluyeron hacia la Policía hondureña para financiar su propia reforma, precisamente cuando «el Tigre» dirigía la función. El mandato legal de la CRSP le confería poderes para investigar a la Policía, al Ministerio Público y al Poder Judicial, con el derecho a examinar cuentas bancarias y desarrollar propuestas para reformar la Policía. Funes contó que, hacia el 26 de octubre de 2012, la Comisión había elaborado siete propuestas, que incluían reformas constitucionales estableciendo un sistema meritocrático, donde la sociedad civil participara en revisiones; la despolitización de muchas funciones de la judicatura y las fiscalías; una nueva ley orgánica de la Policía —»tenía que ser un cambio fundamental»—, que creara un nuevo sistema policial comunitario desde cero en todo el país, y nuevos derechos para los agentes policiales, como un seguro médico para sus familias, de tal forma que los miembros de la Policía pudieran vivir de sus salarios y no verse tentados por la corrupción. Funes dijo que la comisión había trabajado de cerca con muchos miembros de la Policía en el desarrollo de las propuestas, para que se apropiaran del proyecto y no se quedaran al margen.

Expresó que, cuando la comisión terminó el informe, la embajada de Estados Unidos solicitó verlo antes de que lo enviaran al presidente Lobo. Los comisionados no accedieron a la solicitud y presentaron sus propuestas directamente a Lobo. Dos meses después se reunieron con él y aún no las había leído. Después de que la CRSP envió su informe, los comisionados recibieron señales que indicaban la pérdida del apoyo de la Embajada. Estados Unidos no quería una reforma de la Policía amplia, a escala nacional, de pies a cabeza, afirmó Funes. Quería, en cambio, pequeñas «unidades certificadas» leales a ellos y controladas por ellos (en teoría, al menos)[349]. Durante 2013, la CRSP continuó presentando sus propuestas al Congreso hondureño y a otros organismos gubernamentales, y Estados Unidos continuó mencionando a la Comisión como evidencia del exitoso avance de la reforma policial en el país. Pero, en la práctica, había muerto mucho antes de que sacaran el mobiliario en enero de 2013[350].

El 27 de enero, en Honduras, vi la investidura de Juan Orlando en televisión, pegada a la pantalla durante horas, con una sensación de repugnancia. Fue como ver una película de terror en la que un gran insecto, sonriente, con una banda azul y blanco sobre el pecho, devoraba a sus hijos; mientras, detrás suyo, militares erguidos mantenían miradas impasibles. Vi durante horas y horas contingentes militares marchando frente al estrado y saludando. Fotografías posteriores revelarían un estadio medio lleno con supuestos seguidores, a quienes les dieron 50 lempiras y un sándwich para que asistieran y aplaudieran, bajo un sol ardiente[351].

Sin embargo, la juventud reaccionó con una dosis de cultura popular. Vi estudiantes universitarios vistiendo camisetas negras con letras blancas que decían «No es mi presidente», o haciendo juegos de palabras con las iniciales de Hernández, «¿Presidente? No Me JOHdas».

---

349 Sobre la historia y la dinámica de los EE.UU. para asegurar la lealtad de las policías y los ejércitos latinoamericanos, véase Martha K. Huggins, *Political Policing: The United States and Latin America* (Chapel Hill: University of North Carolina Press, 1998) y Lesley Gill, *The School of the Americas: Military Training and Political Violence in the Americas* (Chapel Hill, NC: Duke University Press, 2004).

350 Sobre la CRSP, «Comisión de Reforma a la Seguridad Pública nació destinada a fracasar», Radio Progeso y ERIC, 31 de enero 2014; «L 30 millones tirados a la basura en reformas a la seguridad pública que JOH ni leyó», *Criterio*, 19 de abril 2016; «'Planchón' del Congreso en disolución de la CRSP», *El Heraldo*, 22 de enero 2014; «Depuración policial un fracaso más de Pepe Lobo», *Revistazo*, 22 de enero 2014; entrevista de la autora con Matías Funes, 30 de enero 2014.

351 Para fotografías de los espacios vacíos en el estadio, véanse los análisis y clips de Adrienne Pine, «Juan Orlando's inauguration: Stadium empty, streets full. A photo-essay», *Quotha*, 28 de enero 2014.

Cuando el nuevo Congreso se instaló a finales de enero, el Partido Nacional necesitaba 86 votos, de un total de 128, para gobernar. Necesitaba a los 29 diputados del Partido Liberal, quienes lo dudaron unos treinta segundos y luego hicieron un trato: eliminar varios artículos del pernicioso paquetazo de impuestos al consumidor, a cambio de votar por Mauricio Oliva, del Partido Nacional, para la presidencia del Congreso[352], quien se convirtió, según dijo un hondureño que entrevisté en aquel momento, en «un parásito del Partido Nacional». Una vez que Oliva asumió como presidente del Legislativo, el partido podía manipular las reglas y la maquinaria interna del Congreso a su conveniencia. Inmediatamente se les asignaron oficinas a los diputados del Partido Liberal y Nacional, no así a los del PAC y LIBRE.

Rápido se descompuso el ambiente en el Congreso. El PAC se alineó para votar con LIBRE, pero el total de la suma no fue suficiente para contrarrestar a los diputados nacionalistas y liberales. Además, el Congreso no tenía antecedentes de una oposición o debate parlamentario real. A los diputados de LIBRE ni siquiera se les permitió presentar candidatos a la presidencia y, a menudo, se les impedía introducir iniciativas de ley o, incluso, hablar. Como resultado, lidiaron con una difícil decisión: permanecer silenciados o protestar. De antecedentes y enfoques políticos variados, los diputados de Libre oscilaban entre intentar acciones parlamentarias y, cuando los bloqueaban, actuar como un grupo de protesta, incluso manifestándose en el Congreso. Los periódicos los describieron como animales inestables, incapaces de gobernar racionalmente[353].

---

352 «Medirán impacto de reformas al 'paquetazo'», *El Heraldo*, 28 de enero 2014. «Partido Liberal logra revisar el 'paquetazo' sin recurrir a la anarquía y al caos», *El Heraldo*, 2 de enero 2014.

353 Para un primer análisis de maquinaciones, Ismael Moreno, «¿Logrará el bipartidismo la oposición que siempre tuvo?» *Envío*, No. 385 (abril 2014). Para una visión general, Giorgio Trucchi, «Los 100 días de Juan Orlando Hernández y la creciente militarización de Honduras», *Resumen Latinoamericano*, 5 de mayo 2014, www.resumenlatinoamericano.org; para la cobertura de los medios de comunicación, e.g. «Diputados de Libre protagonizan nueva protesta en Congreso de Honduras», *El Heraldo*, 7 de mayo 2014.

Hernández cumplió su promesa de colocar «un soldado en cada esquina». En su discurso inaugural, anunció que 25 mil nuevos elementos serían lanzados en una operación de seguridad gigantesca. «Se acabó la fiesta» para los delincuentes, declaró en la línea más famosa del discurso, y anunció que las fuerzas especiales Tigres comenzarían a operar ese día[354]. El 6 de enero, durante la hemorragia legislativa, los diputados del Partido Nacional presentaron una modificación a la Constitución para ampliar el mandato de la Policía Militar. Quizá aún más escalofriante —e ilustrativo del pensamiento estratégico de la élite, así como de la relación cercana de Juan Orlando con los militares y los evangélicos— fue el lanzamiento que Hernández hizo, el 29 de marzo, del programa «Guardianes de la Patria»: niños de apenas cinco años recibirían adoctrinamiento sobre los valores de las Fuerzas Armadas, trabajando en estrecha colaboración con los evangélicos. «Cada sábado, más de 25 mil niños a nivel nacional recibirán formación cívica y religiosa que les permitirá ir formando el sentimiento de amor por Honduras». El programa tendría presencia en los periódicos y la televisión durante años, con fotos de niños felices que aprendían a saludar, plantar árboles y arrastrarse bajo alambres de púas en el bosque[355].

La agenda política de Hernández también incluyó la estrategia de la zanahoria y el garrote diseñada para, simultáneamente, seducir a los votantes pobres, amenazar a la oposición y desviar las críticas internacionales. Lanzó el programa «Con chamba vivís mejor», que pagaba a los dueños de las empresas privadas, incluso a las del sector maquila, el cincuenta por ciento del salario mínimo durante tres meses, por cada

354 «TVC Toma de posesión, Juan Orlando Hernández discurso presidencial», 27 de enero, *Televicentro HN*, subido a www.youtube.com/watch?v=tkYwoFp6_pM; «JOH anuncia que Tigres entran en función hoy», *La Tribuna*, 27 de enero 2014.
355 «Inauguran programa 'Guardianes de la Patria'», *La Tribuna*, 29 de marzo 2014. Para la imagen de los niños gateando bajo el alambre de púas, ver «Movimiento mundial por la infancia pide revisar programa 'Guardianes de la Patria'», *Presencia Universitaria* (blog), 16 de mayo 2014, presencia.unah.edu.hn. Sobre la plantación de árboles, Gobierno de Honduras, Secretaría de Defensa, «Guardianes de la Patria al cuidado del medio ambiente», 26 de mayo 2016, sedena.gob.hn

nuevo empleo generado[356]. Anunció la creación de la Unidad Especial de Investigación de Muertes Violentas en el Bajo Aguán, un grupo operativo especial para investigar los crímenes en el Aguán[357]. El Congreso aprobó dos leyes malintencionadas, que requerían que más de diez mil organizaciones sin fines de lucro cumplieran trámites administrativos complejos y requisitos para presentar información; si no la consideraban satisfactoria, podían clausurar de inmediato a estas ONG y apropiarse de sus activos. Entre las organizaciones afectadas se contaban grupos de oposición trabajando en temas de derechos de la mujer, ambientales y de derechos humanos, como C-Libre, un colectivo importante que documenta y denuncia violaciones a la libertad de expresión[358].

Para justificar la militarización, Juan Orlando necesitaba un enemigo interno: LIBRE y sus seguidores cumplían esa función, al igual que cualquiera que se atreviera a cuestionar su autoridad y políticas. Esa primavera Guadalupe Ruelas, el íntegro y respetado director de Casa Alianza, una ONG defensora de la niñez, era uno de los principales críticos públicos de la Administración Hernández. Ruelas es una de las personas más dulces y amables que uno pueda imaginar. A principios de mayo denunció que, debido a la corrupción e impunidad, el gobierno estaba fallando en la protección de la niñez. «Los asesinatos de niños han aumentado desde que el nuevo gobierno asumió el cargo», declaró, y dijo que la militarización solo había empeorado las cosas. El 8 de mayo, cuando la Policía Militar lo paró en una zona céntrica de Tegucigalpa, Ruelas conducía un auto rotulado con el logo de Casa Alianza. Mientras el vehículo estaba estacionado, dos hombres a bordo de una moto de la Policía Militar chocaron contra este. Los policías lo sacaron del auto y lo golpearon brutalmente, pateándolo y arrastrándolo. Luego lo llevaron a una estación policial. Se le negó atención médica hasta las 4:30 a.m.,

---

356 AFL-CIO, *Trade, Violence, and Migration*, 13; «Ya trabajan 300 jóvenes 'Con Chamba vivís mejor'», *La Prensa*, 4 de febrero 2014.

357 Comunicado de prensa, «Honduras: Special Investigative Unit for Bajo Aguán Crimes», *Human Rights Watch*, 6 de marzo 2014, www.hrw.org

358 Véase «NGO Purge», *Honduras Culture and Politics*, 9 de marzo 2014; para un resumen y enlaces a las leyes, véase hondurasculturepolitics.blogspot.com

cuando fue hospitalizado. Fue necesaria una campaña internacional para asegurar su libertad. «Sus heridas fueron el resultado de un accidente de tránsito», declaró la Policía a los medios de comunicación, y dijo que no había pasado la prueba de alcoholemia. Los periódicos publicaron fotos de él, justo antes del accidente y arresto, supuestamente bebiendo una copa de vino con una mujer que, comentaban, no era su esposa. Las fotos lo ubicaban en el hotel donde, minutos antes, había participado en un foro sobre niñez[359].

El 13 de mayo, cinco días después de lo antes expuesto, los diputados de LIBRE, en sesión en el Congreso, se preocuparon por el uso de la violencia policial y militar contra los manifestantes que protestaban en las afueras del edificio por la exclusión de LIBRE en el Tribunal Supremo Electoral. Cuando los congresistas reclamaron por la represión, quienes habían ingresado al Congreso para observar la sesión empezaron a gritar, y los manifestantes, supuestamente, intentaron subir las escaleras con la intención de ingresar a la Cámara legislativa. De repente, unos trescientos miembros de la Policía Militar, de las fuerzas especiales Cobras y militares rodearon a los diputados de LIBRE, los golpearon, les lanzaron gases lacrimógenos y los expulsaron violentamente del edificio. Mauricio Oliva, presidente del Congreso, dio la orden de atacar. Esa noche Univisión mostró videos de las fuerzas de seguridad desplegando agresivamente sus toletes. Se pudo ver claramente cómo ponían contra la pared, a punta de toletazos, a una diputada; y cómo golpeaban a la diputada Claudia Garmendia, con chaqueta roja, medias y tacones. Cinco congresistas de LIBRE fueron hospitalizados, incluida Garmendia. La televisión y los periódicos hondureños lo reportaron como una revuelta

---

359 Amnistía Internacional, Acción Urgente, «PALIZA Y DETENCIÓN DE UN DEFEN-SOR DE LOS DERECHOS DE LA INFANCIA», AU: 122/14, Índice: AMR 37/006/2014, Honduras 12 de mayo 2014; «Case History: Guadalupe Ruelas García», *Front Line Defenders*, 2014, www.frontlinedefenders.org; «Beating and arbitrary detention of children's rights defender Mr. José Guadalupe Ruelas», *Honduras Accompaniment Project*, marzo 2014; «Director de Casa Alianza en Honduras denuncia supuesta golpiza por policías», *La Prensa*, 9 de mayo 2012; «Se agranda escándalo del director de Casa Alianza», *La Prensa*, 12 de mayo 2014.

desatada por LIBRE, que fue heroicamente apaciguada por las fuerzas de seguridad de Juan Orlando[360].

El apoyo de Estados Unidos al régimen también aumentó. El 2 de junio, el general John Kelly, jefe del Comando Sur, se reunió con las autoridades hondureñas y elogió el trabajo de Hernández en su lucha contra el crimen organizado y transnacional. «El compromiso en estos asuntos es impresionante», dijo, «y al ver el trabajo que este Gobierno ha realizado en estos últimos meses, es increíble»[361].

No obstante, también se podía identificar avances en la política de EUA. A finales de abril, la embajada auspició un foro sobre derechos humanos, con militares de alto rango alineados al frente. La embajadora saliente Kubiske utilizó un tono más crítico en sus comentarios: «El gobierno tiene buenas intenciones, pero no hay una política de derechos humanos, y el sistema podría fortalecerse para beneficio de los mismos hondureños». Admitió que hubo casos en que miembros del Ejército cometieron abusos de autoridad, «pero después de uno o dos años no pasa nada y eso es importante». Reconoció que había escuchado preocupaciones planteadas respecto del programa Guardianes de la Patria[362].

Cuando la orgía de militarización y represión llegaba a su fin, las críticas en el Congreso de EUA al régimen y al apoyo de EUA a este, alcanzaron su punto más alto desde el golpe. El 28 de mayo, la congresista Jan Schakowsky dirigió otra carta a Kerry, cuestionando la ayuda militar y policial de Estados Unidos a Honduras. En esa ocasión tuvimos mucho éxito y conseguimos las firmas de 108 congresistas. Esta vez, *The New York Times* convirtió la carta en su noticia —primera vez que un periódico lo hacía con Honduras: «Lawmakers Ask State Department

---

360 Marvin Palacios, «La orden desde el Congreso Nacional fue reprimir toda acción de la oposición», *Defensores en Línea*, 13 de mayo 2014, reproducido en honduprensa.wordpress.com. Para imágenes en video www.youtube.com/watch?v=1C 2cQQOeqxo&feature=youtu.be&app=desktop; *Univision*, 13 de mayo 2014. Para cobertura de medios de comunicación, e. g.: «Diputados de Libre encabezan acto bochornoso en el Congreso Nacional», *El Heraldo*, 14 de mayo 2014.

361 «'Lucha de Honduras contra el narcotráfico es impresionante'», *La Prensa*, 2 de junio 2014.

362 «Realizan Foro de DDHH en Honduras», *El Heraldo*, 29 de abril 2014.

to Review Support for Honduras» (Legisladores piden al Departamento de Estado revisar el apoyo a Honduras)[363].

El 11 de junio el Comité de Relaciones Exteriores del Senado celebró una audiencia para confirmar al nuevo embajador de Estados Unidos en Honduras, James Nealon. Dos años antes, Nealon era la mano derecha del general John Kelly en el Comando Sur. Su nombramiento representó otra ventaja para el Departamento de Defensa y su política en Honduras, en relación con el Departamento de Estado y la Casa Blanca. Nealon presentó la lista habitual, proporcionada por el Departamento de Estado, de los compromisos y logros del gobierno hondureño, pero resultó mínima e insustancial.

En sus preguntas a Nealon, los senadores del Comité emplearon un nuevo tono. Tim Kaine, que trabajó con los jesuitas en Honduras en 1980 y 1981, afirmó: «Cuando estuve allí, era una dictadura militar. Era un lugar bastante brutal... Pero ahora está peor que entonces». Milagrosamente, hasta el senador cubanoamericano Robert Menéndez, el presidente del Comité —un feroz opositor de la distensión cubano-estadounidense y del venezolano Hugo Chávez— reconoció que para que Estados Unidos mantenga su compromiso con Honduras, «necesitamos socios con la voluntad política para abordar la situación»; admitía así la posibilidad de que Juan Orlando no tenía la voluntad política requerida[364].

Ese momento, junio de 2014, fue el punto más alto de nuestro trabajo con el Congreso y los medios de comunicación. Parecía posible, solo posible, que finalmente se diera un punto de inflexión en la política de los Estados Unidos. Contuve el aliento. Al igual que los hondureños en las elecciones de 2013, me atreví a tener esperanzas.

---

363 Elisabeth Malkin, «Lawmakers Ask State Department to Review Support for Honduras», *The New York Times*, 29 de mayo 2014. Para la carta, Comunicado de prensa, «More than 100 Members of Congress Urge Action on Human Rights in Honduras», 28 de mayo 2014, schakowsky.house.gov/press-releases/more-than-100-members-of-congress-urge-action-on-human-rights-in-honduras/

364 United States Senate Committee on Foreign Relations, Hearing, «Nominations: Ambassadors to Qatar, Iraq, and Honduras», 22 de junio 2014, www.foreign.senate.gov/hearings/nominations-ambassadors-to-qatar-iraq-and-honduras-06-11-14a

Fiestas de cumpleaños

El 25 de enero de 2014, dos días antes de la juramentación de Juan Orlando Hernández, estuve de cumpleaños; y, además, es el aniversario de la conquista del sufragio de las mujeres en Honduras, celebrado como el Día de la Mujer Hondureña.

La tarde anterior viajé al valle del Aguán con mi amiga Iris Munguía, en ese momento secretaria de la Mujer de FESTRAGRO, Federación a la que recientemente se habían incorporado los sindicatos de trabajadores agrícolas; nos acompañaban Chema Martínez y Gloria Guzmán, una de las promotoras de la Federación[365]. Chema estuvo callado durante todo el viaje, como si las amenazas a muerte le hubieran cambiado la personalidad. Estando conmigo, había menos probabilidades de que lo mataran y podía respirar un poco más tranquilo. Después de cruzar el puente principal de Sabá doblamos a la derecha, alejándonos de las cooperativas de los campesinos y las fincas de palma, hacia el otro extremo del valle. El Alto Aguán, con parcelas a lo largo del valle y de la costa, ha sido territorio Dole desde que lo conquistó, a principios del siglo XX, su predecesora, la Standard Fruit Co. En 2014, más de dos mil cuatrocientas personas trabajaban para Dole en Honduras; un tercio de ellas eran mujeres laborando en las empacadoras. Por complejas razones históricas, su mayor sindicato, el SUTRASFCO (Sindicato Unificado de Trabajadores de la Standard Fruit Company), aún mantenía un excelente contrato colectivo con la Dole, que incluía cortos períodos de tiempo libre remunerado para la educación sindical[366].

---

365 Sobre FESTAGRO, visitar su sitio web: festagro.org
366 Para antecedentes sobre los sindicatos bananeros en Honduras, véase Marvin Barahona, *El silencio quedó atrás: Testimonios de la Huelga Bananera de 1954* (Tegucigalpa: Editorial Guaymuras, 1994); Victor Meza, *Historia del movimiento obrero hondureño* (Tegucigalpa: Editorial Guaymuras, 1980); Robert MacCameron, *Bananas, Labor, and Politics in Honduras: 1954-1963* (Syracuse, NY: Foreign and Comparative Studies/Latin American Series, No. 5, Maxwell School of Citizenship and Public Affairs, Syracuse University, 1983); Dana Frank, *El poder de las mujeres es poder sindical: La transformación de los sindicatos bananeros en América Latina* (Tegucigalpa: Editorial Guaymuras, 2006); Suyapa Portillo

Tomamos un camino de tierra, cerca de la parte más alta del Aguán, serpenteando, bajando y subiendo, hasta llegar a un valle más pequeño, donde se asentaba un clásico enclave bananero. Fue como retroceder en el tiempo. Edificios blancos de dos pisos con franjas verdes, rodeados de césped bien podado y árboles altos y frondosos —un mágico reino imperial administrado durante cien años por explotadores norteamericanos. En 1950, Ramón Amaya Amador se refirió a las fincas bananeras como una «prisión verde», en una de las novelas más famosas de Honduras. Él creció en Olanchito, cerca de aquí, sobre la carretera principal[367].

Nos detuvimos frente a un edificio y subimos por unas gradas exteriores a una amplia habitación de la segunda planta. Ahí nos esperaban 31 sonrientes trabajadoras bananeras del SUTRASFCO, mujeres cuyas edades oscilaban entre los veinte, treinta y cuarenta años, vistiendo camisetas de colores vibrantes o camisas polo color verde con el logo del sindicato y sandalias de tacón; algunas usaban bonitos vestidos. Nos recibieron cuatro líderes, que vestían pantalones de mezclilla y camisas polo color rojo, que hacía juego con el logo del sindicato.

Iris tomó el mando y facilitó un taller sobre el empoderamiento de las mujeres. Su introducción incluyó varios puntos: desde el apoyo a la autoestima de las mujeres, hasta las políticas de género en la familia; también mencionó la importancia de que las mujeres se eduquen a sí mismas en temas políticos, para que entiendan los contratos sindicales, las prácticas de la empresa y el mundo político en general. «Para que podamos hilvanar todo junto», concluyó, usando una metáfora del trabajo de las mujeres en el hogar.

Después de que cada participante se puso de pie y se presentó, Iris, con el apoyo de un PowerPoint, dio una charla sobre la historia del Día

Villeda, «Campeñas, Campeños y Compañeros: Life and Work in the Banana Fincas of the North Coast of Honduras, 1944-1957», disertación de PhD, Cornell University, 2011; Número de trabajadores de Dole en 2014 y su composición de género: Correo electrónico, Iris Munguía a la autora, 1 de agosto 2017.

367 Ramón Amaya Amador, *Prisión Verde* (Ciudad de México: Editorial Latina, 1950); Juan Ramón Martínez, *Ramón Amaya-Amador: biografía de un escritor* (Tegucigalpa: Editorial Universitaria, 1999).

de la Mujer; contó con la participación de las mujeres que, por turnos, se ponían de pie y leían partes del texto. «Los hombres no nos dieron el sufragio; fue producto de una lucha», enfatizó. Para animar la jornada, Gloria las invitó a corear una consigna que escuchó en el Foro de Mujeres Trabajadoras, al que asistimos el día anterior en San Pedro Sula: «Vea, vea, vea, que cosa más bonita. Nosotras las mujeres luchando por justicia». Ella e Iris hablaron sobre el devastador impuesto del 15% sobre los bienes de consumo, recién aprobado por el Congreso. «No hay paz, no hay paz. Los frijoles valen más», gritábamos. Una mujer se levantó y expresó: «Esto del Paquetazo es robo público». Luego, las participantes formaron pequeños grupos para discutir preguntas acerca de las barreras para la autoestima de las mujeres; posteriormente, compartieron las respuestas[368].

La metodología del taller era tan importante como su contenido. Iris enfatizó que las mujeres necesitaban aprender el proceso de forma activa, para que pudieran enseñar a quienes no estuvieron presentes. Les contó que cuando comenzó a trabajar en el sindicato estaba muerta de miedo: «todo mi cuerpo temblaba». Mientras escuchaba su discurso, pude ver que impresionaba como modelo de mujer empoderada a seguir. Al final del taller, presencié con asombro la forma en que cada una de las mujeres se levantó y compartió sus reflexiones. Ellas también se sentían empoderadas, articuladas, valientes y comprometidas. «Trabajo doce horas al día, siete días a la semana», declaró una de ellas, «y lo mejor es contar con este tiempo libre para aprender». Luego los líderes cerraron el taller con una presentación de diapositivas sobre su viaje a Florida, Estados Unidos, cortesía de Dole, y promovieron las nuevas estrategias de la compañía para elevar los estándares de producción.

En la planta baja, un grupo de hombres y mujeres estaba sentado mirando televisión en un pequeño aparato cuya antena tenía forma de orejas de conejo. En una imagen borrosa e irregular, aparecía la jura-

---

368 Para la historia de los proyectos de mujeres en los sindicatos bananeros de Honduras y América Latina y datos biográficos de Iris Munguía, véase Frank, *El poder de las mujeres...*

mentación del nuevo alcalde de LIBRE en Olanchito —con su banda satinada azul y blanco, igual que la de Juan Orlando—, un gran momento para una ciudad con un siglo de historia desafiando a las corporaciones bananeras y sus aliados.

En la segunda planta, el taller terminó alrededor del mediodía. Apareció un pastel que tenía escrito *Feliz Día de la Mujer* en letras rojas sobre una cubierta de crema blanca. De repente, todas se pusieron de pie, aplaudieron y empezaron a cantar Feliz Cumpleaños… ¡A mí!, toda una sorpresa. Me dieron un cuchillo enorme para cortarlo. Se hizo algo de relajo con la capa cremosa del pastel, provocando más risas y aplausos. Alguien puso música y bailamos merengue, un poco de cumbia y algo de punta, el baile del pueblo garífuna. Bailar, por supuesto, era mi idea de pasarla bien. Incluso Chema bailaba y reía.

Al iniciar la tarde, ocho o diez de nosotras, incluidas mujeres sindicalistas —tanto de base como de la dirección— nos apiñamos en dos autos y regresamos a Olanchito, a media hora de distancia. Nos detuvimos en la estación de televisión local y entramos a su estudio, donde nos turnamos para hablar en el programa *Tribuna Sindical*. Cuando llegó mi turno, tuve una participación de cinco minutos, sin querer abarcar más de lo que me correspondía. El programa duró dos horas. Habló la coordinadora del nuevo comité de mujeres del sindicato, luego lo hizo Iris, y así cada una de las mujeres de las bases. Hablaron con elocuencia y seguridad sobre sus problemas en los centros de trabajo, sus actividades sindicales y sus preocupaciones. De nuevo, era un proyecto de empoderamiento: estas mujeres estaban desarrollando sus habilidades para expresarse en público y elevar su nivel de autoconfianza como mujeres y activistas; a la vez, representaban modelos a seguir.

Iris, Chema, Gloria y yo nos registramos en el hotel, descansamos y, al anochecer, salimos para otra actividad del Día de la Mujer, con otro sindicato de trabajadores de Dole, diferente: SITRABARIMASA. Esta reunión fue pura celebración, en un restaurante al aire libre en una zona arbolada, con cabañas alrededor. Poco a poco llegaron unas dos docenas de mujeres y se agruparon alrededor de una mesa larga, con unos pocos dirigentes sindicales acomodados en uno de los extremos. Tomamos refrescos y comimos trozos de carne asada con delgadas tiras de plátano frito, conocidas como *tajadas*, y abundante salsa roja. Después de algunas horas, los hombres dieron discursos reconociendo el trabajo de las mujeres. En medio de gran algarabía, entregaron los premios de la rifa envueltos en celofán amarillo: una licuadora, un microondas y, el premio mayor, una estufa, todas herramientas de trabajo de las mujeres en el hogar; noté que todo fue donado por una cadena regional de tiendas. Luego bailamos, con mucho ánimo, durante dos o tres horas, ya entrada la noche.

De regreso en la habitación del hotel, colapsé. Pasé toda la noche vomitando y arrastrándome al baño, con una fiebre repentina. A media mañana recurrí a los antibióticos. Logré sostenerme durante las cinco horas de viaje, sintiéndome mejor gradualmente, pero exhausta. «Solo una hora más y podré dormir», les decía en tono quejumbroso a mis compañeros de viaje mientras nos acercábamos a casa. «Solo veinte minutos más y podré dormir». Cuando devolvimos el auto alquilado en el aeropuerto, cerca de la casa de Iris, de nuevo: «solo diez minutos más y podré dormir».

Finalmente nos detuvimos frente a la casa. «¡Sorpresa!» gritaron veinte amigos y seres queridos de la familia de Iris y de los sindicatos bananeros apretujados en el garaje, con globos, cintas y un gran pastel de cumpleaños con flores glaseadas de color amarillo limón, decorado por la hija de Iris. Me acerqué a cada persona y le di un abrazo; disculpándome, me fui a dormir una hora. Al despertar, me uní a la celebración y bailé un poco más.

Eso fue un día antes de la ceremonia de investidura de Juan Orlando. En medio de los asesinatos, de la corrupción policial y la degeneración del Estado de derecho, en medio de todo esto, los hondureños todavía se organizaban en las bases, impulsaban sus proyectos políticos, avanzaban en el empoderamiento de las mujeres y del movimiento sindical. Honduras no era un río continuo de horror, como le gustaba decir a la prensa estadounidense. Los activismos de diferentes tipos continuaban, y los espacios de los medios de comunicación comunitarios funcionaban, como la mencionada estación de televisión local. Y todos seguían bailando. No salíamos por la noche de la misma manera en que solíamos hacerlo; era peligroso. Pero llenábamos los garajes. En el cumpleaños de Iris, el pasado diciembre, hubo hasta un grupo de mariachis.

CAPÍTULO CINCO

Las fronteras entre
el bien y el mal

Quiénes son los pandilleros

Cuando las críticas del Congreso de Estados Unidos sobre el apoyo de su país al régimen hondureño alcanzaron un posible punto de quiebre (quizá el punto más álgido), a fines de mayo y comienzos de junio de 2014, una noticia circuló en los medios de comunicación estadounidenses y acaparó los titulares durante semanas: 57 mil menores de edad centroamericanos, indocumentados y no acompañados, habían cruzado la frontera por México; y más venían en camino[369]. Sonaron las alarmas advirtiendo que los niños estaban invadiendo el territorio de Estados Unidos y representaban una grave amenaza para la soberanía del país, la vida económica y la identidad nacional. Los niños provenían de El Salvador, Guatemala y, en mayor número, de Honduras.

La alarma nacional provocada por los niños reformuló el debate sobre la política de Honduras, tanto en los medios de comunicación como en el Congreso, la Casa Blanca, el Departamento de Estado y el mundo de las ONG de Washington. Honduras volvió a ser noticia. Pero ahora aparecía conceptualmente mezclada con otros dos países centroamericanos, y convertida en el blanco de una nueva y alarmista discusión nacional sobre migración y prácticas fronterizas.

---

369 Rebecca Bratek, «57,000 migrant children picked up at US border since Oct. 1», *Los Angeles Times*, 9 de julio 2014.

La noticia apareció por primera vez cuando la Oficina del Alto Comisionado de las Naciones Unidas para los Refugiados (ACNUR) publicó, en marzo de 2014, un informe de investigación de 120 páginas: *Niños en fuga: Niños no acompañados que huyen de Centroamérica y México y la necesidad de Protección Internacional*, que expuso las razones por las que los menores de edad salían de sus países en cifras cada vez mayores. El ACNUR encontró que el 57% de los niños escapaba de la violencia, especialmente de las pandillas, y pidió medidas internacionales para protegerlos[370].

El 5 de junio, haciendo eco de la historia y difundiéndola para su audiencia de derecha, Breitbart News —el sitio web racista y ultraconservador que sirvió de base para la elección del presidente Donald Trump— publicó una serie de fotografías bajo el titular «Leaked Images Reveal Children Warehoused in Crowded U.S. Cells, Border Patrol Overwhelmed» (Imágenes filtradas revelan a niños confinados en hacinadas celdas de EUA, Patrulla Fronteriza desbordada). La cobertura de Breitbart, en apariencia emitida como una preocupación humanitaria, se difundió rápidamente para avivar las llamas de la histeria migratoria, con una batería de reportajes sobre hordas que invadían a Estados Unidos: «8 Reasons to Close the Border Now» («8 razones para cerrar la frontera ya»), clamaba una nota del 8 de julio, enumerando razones como «Enfermedad», «Amenaza de terrorismo», «Seguridad de los ciudadanos estadounidenses» y «La cultura estadounidense está bajo ataque». El mismo día, otra nota advertía: «Informe: Más de la mitad de los migrantes centroamericanos en el sistema de protección social». Los niños centroamericanos fueron, de repente, un arma en manos de Breitbart, que empleaba aparentemente para socavar la capacidad de Obama de impulsar reformas migratorias durante sus últimos meses en el cargo[371].

---

370 Alto Comisionado de las Naciones Unidas para los Refugiados, *Niños en fuga: Niños no acompañados que huyen de Centroamérica y México y la necesidad de Protección Internacional* (Washington, D.C.: Naciones Unidas, 2014).

371 Brandon Darby, «Leaked Images Reveal Children Warehoused in Crowded Cells, Border Patrol Overwhelmed», *Breitbart* (blog), 5 de junio 2014; Ben Shapiro,

Los principales medios de comunicación retomaron la noticia y, de forma similar, trataron a los niños como un peligro inminente para la nación. CBS News informó, por ejemplo, que «expertos coinciden, los centroamericanos que están invadiendo la frontera sur con decenas de miles de sus hijos, están engendrando no solo una crisis humanitaria, sino también una grave amenaza para la seguridad nacional de Estados Unidos»; el lenguaje utilizado hizo gala de las clásicas palabras del supremacismo blanco: «invasión», «proliferación» y «amenaza»[372].

Sin embargo, medios más empáticos comenzaron a enfocarse de manera solidaria en el peligro que enfrentaban los niños una vez que ingresaban a Estados Unidos, pues resultaba evidente que los alojaban en centros de detención inadecuados y saturados, carecían de asesoría legal, y eran refugiados aterrorizados, no amenazas invasoras. Por ejemplo, *Los Angeles Times* escribió: «Children crossing border alone create 'urgent humanitarian situation'» («Niños no acompañados que cruzan la frontera crean 'situación humanitaria urgente'»)[373].

Los niños, en su mayoría, no ingresaban furtivamente a territorio estadounidense, tampoco la Patrulla Fronteriza los detenía posteriormente; más bien llegaban a la frontera y se arrojaban a los brazos de las autoridades de migración en búsqueda de asilo[374]. Según la Ley de Reautorización de la Protección de las Víctimas de la Trata de Personas de 2008, niños inmigrantes que viajan solos y que no son originarios de Canadá y México tienen garantizada una audiencia legal ante las

---

«8 Reasons to Close the Border Now», *Breitbart*, 8 de julio 2014; Caroline May, «Report: More Than Half of Central American Immigrants on Welfare», *Breitbart*, 8 de julio 2014.

372 Lindsey Boerma, «Is the surge of illegal child immigrants a national security threat?», *CBS News*, 7 de julio 2014.

373 Cindy Cárcamo, «Children crossing border alone create 'urgent humanitarian situation'», *Los Angeles Times*, 2 de junio 2014.

374 Véase, p. ej. Rick Jervis, «Immigrant children continue to surge into South Texas», *USA Today*, 17 de junio 2014. Para análisis de la cobertura mediática de la problemática, ver Laura Carlsen, «Child Migrants and Media Half-Truths», *TruthOut*, 2 de julio 2014, www.truth-out.org; Steve Rendall, «All They Will Call You Will Be Detainees», *FAIR* (Fairness and Accuracy in Reporting), 14 de julio 2014, fair.org.

autoridades de inmigración y deben ser ubicados en «el ambiente menos restrictivo, que vele por el interés del niño» y, de ser posible, acompañados de familiares[375].

Sin embargo, como periodistas y activistas lo documentaron, miles de niños migrantes no eran entregados a sus familiares en los Estados Unidos; en su lugar, permanecían amontonados en centros de detención represivos, deficientes y sobrepoblados, cerca de la frontera mexicana, aterrorizados, sollozando, paralizados. Entrevistas e informes varios dieron cuenta de lo profundamente traumatizados que estaban por el viaje al Norte en «La Bestia», los trenes de carga sobre los que los migrantes viajan, siendo presas de violadores, ladrones y cárteles de la droga. Algunos niños viajaban con sus madres indocumentadas, con quienes estaban retenidos en deplorables «centros de detención familiar»[376].

Periodistas solidarios viajaron a Honduras para investigar las raíces de la migración. Informaron que el problema eran las pandillas, la violencia y el narcotráfico; y regresaron a casa con mínima o ninguna referencia al corrupto y peligroso gobierno hondureño y su continuada destrucción del Estado de derecho, o de su responsabilidad en perpetuar y expandir el crimen, la violencia y la pobreza. Peor aún, muchas de estas historias elogiaban el heroico trabajo de las fuerzas de seguridad del país que, según sus reportajes, enfrentaban valientemente a pandillas y narcotraficantes. El 1 de agosto, *The Washington Post*, por ejemplo, publicó una serie de diapositivas que mostraba «Imágenes desgarradoras de la policía luchando contra la violencia de pandillas en una Honduras

---

375 William Wilberforce Trafficking Victims Protection Reauthorization Act of 2008, Public Law 110-457, disponible en www.gpo.gov/fdsys/pkg/PLAW-110publ457/content-detail.html

376 Por ejemplo, Molly Hennessy-Fiske y Cindy Cárcamo, «Overcrowded, unsanitary conditions seen at immigrant detention centers», *Los Angeles Times*, 18 de junio 2014. Para notas varias, American Civil Liberties Union, «Media Coverage of Family Detention», 19 de septiembre 2014, www.aclu.org. Para un artículo posterior, Wil S. Hylton, «The Shame of America's Family Detention Centers», *The New York Times Magazine*, 4 de febrero 2015. Sobre los peligros del viaje, UNICEF - La infancia en peligro, *Sueños rotos: el peligroso viaje de los niños centroamericanos a los Estados Unidos*, agosto 2016, www.unicef.org

azotada por el crimen». El fotógrafo de *The Washington Post* «pasó casi tres semanas en la capital del país, Tegucigalpa, viajando con una unidad de investigación de la fuerza policial de Honduras, observándolos enfrentar la violencia en una de las regiones más peligrosas del mundo»[377].

Otros artículos fueron más lejos al referirse de manera positiva a la policía y a las fuerzas militares que impedían a los niños abandonar su país. NBC News, por ejemplo, informó el 25 de julio que «Fuerzas especiales de Honduras trabajan para evitar que los niños huyan del país». «Con chalecos antibalas, rifles automáticos y armas cortas, fuerzas élite recorren el irregular paisaje rural que se extiende a lo largo de la frontera entre Honduras y Guatemala»[378]. Estos reportajes no aparecieron por coincidencia. Funcionarios de la embajada de EUA, en el afán de controlar los mensajes, contactaban de forma activa a los reporteros y ofrecían acceso a guías, giras y a funcionarios hondureños.

En general, el cambio en Estados Unidos en la atención pública sobre Honduras fue impresionante y acelerado; tardó alrededor de tres semanas solamente. En la versión de la derecha, los niños se aprovechaban del laxo resguardo fronterizo para invadir el país, representando una amenaza para la seguridad nacional. En la versión del sector liberal, las pandillas y los narcotraficantes eran los responsables de la violencia en Honduras, provocando que los niños huyeran hacia el Norte, donde enfrentaban condiciones terribles en el sistema de control de fronteras de EUA.

En efecto, las pandillas infundían terror y proliferaban en barrios pobres y de la clase trabajadora. Jóvenes sin empleo ni esperanza eran amenazados o seducidos por las pandillas, que trataban a las mujeres jóvenes como presas sexuales. Cuerpos sin vida aparecían en las calles y lotes baldíos, como resultado de un amplio rango de actividades criminales, ataques a aquellos que se negaban a cooperar y la pelea entre bandas rivales. Cuando a migrantes hondureños se les preguntaba por

---

377 Swati Sharma, «Harrowing images of police battling gang violence in crime-stricken Honduras», *Washington Post.com*, 1 de agosto 2014.

378 «Honduras Special Forces Work to Keep Kids From Fleeing Country», NBC News, 15 de julio 2014. Ver también Cindy Carcamo, «Elite Honduran unit works to stop flow of child emigrants to U.S.», *Los Angeles Times*, 9 de julio 2014.

qué abandonaron sus casas, narraban minuciosamente historias desgarradoras de las pandillas y sus depredaciones[379].

Los narcotraficantes y su violencia inherente también hicieron metástasis después del golpe de Estado. Trabajando con las pandillas, así como compitiendo con estas, los narcotraficantes marcaron sus territorios y aportaron tendaladas de bolsas plásticas conteniendo víctimas degolladas, sin ojos, sin extremidades. Si los narcos demandaban algo, decir «no» corría por cuenta y riesgo propio.

Al expandirse, las pandillas incursionaron en nuevas actividades generadoras de ingresos, especialmente la extorsión a la pequeña empresa y transportistas. Trabajando de la mano con la policía local, que recibía parte de los ingresos, en 2014 los extorsionadores operaban en las grandes ciudades[380]. Ese año los hondureños pagaron un estimado de dos millones de dólares en concepto de extorsión[381].

En 2013 un amigo mío comenzó a trabajar en un pequeño negocio cuya prima recién había abierto en San Pedro Sula. La familia contribuyó con sus ahorros para instalarlo. Mi amigo finalmente tenía trabajo. Un día apareció un pandillero exigiendo el pago semanal de «impuestos» o extorsión. La prima se negó. Tres días después el pandillero regresó y le disparó, matándola en el acto. Mi amigo se salvó porque estaba fuera

---

379 La bibliografía sobre pandillas en Honduras es extensa; buenos puntos de partida son Lirio Gutiérrez Rivera, *Territories of Violence: State, Marginal Youth, and Public Security in Honduras* (Nueva York: Palgrave Macmillan, 2013); Adrienne Pine, *Working Hard, Drinking Hard: Violence and Survival* in *Honduras* (Berkeley: University of California Press, 2008). Sobre maras y migrantes ver, por ejemplo, Jo Tuckman, «'Flee or die': violence drives Central America's child migrants to US border», *The Guardian*, 9 de julio 2014.

380 El impacto de la extorsión es enorme, especialmente para los pequeños negocios. Ver, p. ej. «Por extorsión cerraron 1,500 pulperías en la capital de Honduras», *El Heraldo*, 7 de septiembre 2017. En 2016, según la Fuerza Nacional Antiextorsión, los hondureños pagaron L 26,418,400 a extorsionadores (aproximadamente USD 1,064,447); «Guadalupe Ruelas: Hondureños pagaron más por Tasa de Seguridad que por extorsiones», *Tiempo*, 3 de noviembre 2017.

381 «Ciudadanos pagaron más por la Tasa de Seguridad que por las extorsiones: Guadalupe Ruelas», *Criterio*, 3 de noviembre 2017.

---

de la tienda y no en el mostrador, donde solía trabajar. Tanto el impacto psicológico como el económico, fueron enormes.

Siendo objetivos, las pandillas y narcotraficantes se apropiaron de una amplia franja de la vida cotidiana del país debido, en parte, a que las élites que dirigían el Gobierno lo permitían e, incluso, sacaban provecho de ello. ¿Quién es el pandillero en el relato? En 2014, los efectos globales de la destrucción sostenida del Estado de derecho por el régimen golpista resultaban evidentes. El Poder Judicial era en gran parte corrupto; el sistema de justicia penal funcionaba para proteger a los corruptos y asesinos. La Policía mantenía fuertes vínculos con las pandillas y narcotraficantes. En agosto de 2013, un funcionario del Gobierno, que supervisaba la depuración policial, admitió que el 75% de la Policía era «un caso perdido». En su informe de derechos humanos en Honduras de 2013, el mismo Departamento de Estado habló de «impunidad generalizada», causada por un sistema de justicia débil[382]. En 2014 Human Rights Watch concluyó que «los responsables de asesinatos y otros delitos violentos pocas veces son llevados ante la justicia»[383].

La alarma pública aumentó especialmente por los asesinatos de mujeres o femicidios. En 2016, diez mujeres eran asesinadas cada semana, 85% a 90% en impunidad, convirtiendo al país en uno de los lugares más peligrosos del mundo para las mujeres[384]. Todo ello desaparecía, en gran medida, de los reportajes de los principales medios de comunicación de EUA sobre las raíces de la migración de niños. Sorprendentemente, las noticias de años anteriores sobre asesinatos perpetrados por escuadrones de la muerte vinculados a la Policía hondureña fueron, en gran parte,

---

382 *Honduras 2013 Human Rights Report*, United States Department of State, www.state.gov/documents/organization/220663.pdf

383 «World Report 2014: Honduras», Human Rights Watch, www.hrw.org

384 Véase, por ejemplo, Belkis J. Argueta, «'En Honduras las mujeres no valen nada'; femicidios aumentan», *Tiempo*, 4 de mayo 2017; «El 90% de los femicidios en Honduras están engavetados en el Ministerio Público», *Criterio*, 3 de julio 2017; «Femicidios: Van más de 4,500 hondureñas asesinadas», *La Prensa*, 18 de agosto 2016; JuJu Chang, Jackie Jesko, Ignacio Torres y Jenna Millman, «'Men can do anything they want to women in Honduras': Inside one of the most dangerous places on Earth to be a woman», ABC News, 3 de mayo 2017.

invisibles, pese a que, en muchos casos, el mismo periódico o servicio de noticias las había publicado. También estaban ausentes de cobertura los informes sobre abusos a los derechos humanos cometidos por el ejército hondureño, y las alertas que muchos emitieron, incluido el Congreso de EUA, sobre la militarización de la Policía.

Gran parte de las noticias aludió a factores económicos como causa de la migración de hondureños. Pero, de nuevo, era como si la economía hondureña fuese producto de un desastre natural, no el resultado de cinco años de calculadas políticas económicas. No es que el país haya tenido épocas de esplendor económico antes del golpe, pero tenía un Estado que proveía servicios básicos a un buen número de hondureños. Tenía una economía basada en la agricultura, maquila y servicios. La mayoría era pobre en extremo, pero había nichos y esperanzas, pequeñas empresas prósperas, una clase media —aunque minúscula— y empresas manufactureras que atendían el mercado regional y, a veces, más allá.

El régimen posgolpe destruyó gran parte de ese Estado funcional y de modesta economía. Bajo el mando de Micheletti, los autores del golpe robaron gran parte de las arcas del país, como los fondos de pensiones del magisterio. A partir de entonces, las élites robaron al Estado hondureño, en una corrupción desenfrenada. Sara Chayes documentó la corrupción en un informe de 161 páginas auspiciado por el Carnegie Endowment for International Peace, publicado en mayo de 2017. Chayes describió a Honduras como una «cleptocracia». «No es posible seguir entendiendo la corrupción únicamente como los actos inicuos de individuos», concluyó. «La corrupción es el sistema operativo de redes sofisticadas que vinculan a los sectores privado y público y a los verdaderos delincuentes, incluidos los asesinos». Ella relacionó explícitamente la migración hondureña con la corrupción —y el apoyo de Estados Unidos al régimen: «La violencia urbana y la migración, en otras palabras, son una consecuencia de la corrupción del Gobierno mismo, que disfruta del apoyo de Estados Unidos (y de la Unión Europea) para luchar contra dichos males»[385].

---

385 Sarah Chayes, *Cuando la corrupción es el sistema que opera: el caso de Honduras*, Carnegie Endowment for International Peace, 30 de mayo 2017.

Con el Gobierno a las puertas de la bancarrota por tanto robo, los presidentes Lobo y Hernández recurrieron entonces a préstamos internacionales para sostener su funcionamiento, aumentando la deuda nacional, mientras utilizaban los nuevos fondos para apuntalar su reinado a largo plazo[386]. En 2010-12 el FMI prestó $ 202 millones a Honduras[387]. El Banco Mundial prestó $ 75 millones solo en 2013. En diciembre de 2014, mientras se desarrollaba el debate sobre los niños en la frontera, el BID otorgó $ 110 millones para el programa Bono 10 Mil, que consiste en pequeñas transferencias de efectivo a los más pobres, y entendido ampliamente como un sistema de compra de votos[388]. El FMI aprobó simultáneamente $ 189 millones en préstamos, lo cual significó más fondos para el Bono 10 Mil[389].

Con estos préstamos, tanto el BID como el FMI, controlados por Estados Unidos, daban muestras de su respaldo a largo plazo a Hernández. El Banco Mundial también financió proyectos de «desarrollo» que destruyeron medios de vida rurales, como el proyecto de la Corporación Dinant —que reemplazó las cooperativas campesinas por plantaciones de palma africana que empleaban pocos trabajadores— o represas hidroeléctricas que afectaron las formas de vida indígena[390]. El apoyo del Banco Mundial a Facussé fue cuestionado a principios de 2014 cuando, su propio organismo de seguimiento interno, bajo la presión de setenta

---

386 En septiembre de 2017, la deuda pública del país era, supuestamente, de más de diez mil millones de dólares; «La deuda pública alcanza 10,626.8 millones de dólares», *El Heraldo*, 8 de noviembre 2017.

387 Camila Pérez, «IMF Survey: IMF Approves $202 Million Loan for Honduras», Fondo Monetario Internacional, 1 de octubre 2010, www.imf.org

388 Comunicado de prensa, «Honduras aumentará capital humano de familias de extrema pobreza con apoyo del BID», Banco Interamericano de Desarrollo, 4 de diciembre 2014, www.iadb.org

389 Comunicado de prensa, «IMF Executive Board Approves US$113.2 Million Stand-By Arrangement and US$75.4 Million Stand-By Credit Facility for Honduras», Fondo Monetario Internacional, comunicado de prensa No. 14/545, 4 de diciembre 2014.

390 Nina Lakhani, «World Bank lending arm forced into U-turn after Honduras loan row», *The Guardian*, 27 de enero 2014; John Vidal, «World Bank facing renewed pressure over loan to Honduran palm oil firm», *The Guardian*, 12 de marzo 2014.

organizaciones que denunciaron los abusos, informó que Dinant había fallado en el cumplimiento de estándares éticos[391].

Para financiar al Gobierno, el FMI exigía a cambio el desmantelamiento continuo del Estado hondureño[392], modelo neoliberal que inició el presidente Rafael Callejas (1990-1994); la resistencia de Zelaya al neoliberalismo fue una de las razones del golpe[393]. Después del golpe, Lobo y, especialmente Hernández, impulsaron la privatización de Hondutel y de la ENEE. Solo en octubre y noviembre de 2014, dos mil empleados de la ENEE perdieron sus trabajos. Casi el mismo día en que se otorgaron los préstamos del FMI y el BID, anunciados en diciembre de 2014, uno de los más cercanos funcionarios de Hernández informó que siete mil trabajadores del Gobierno serían despedidos el siguiente año. Meses antes, el 13 de junio de 2014, el Directorio Ejecutivo del FMI promovió explícitamente «reducir la masa salarial del Gobierno hondureño». En febrero de 2015, José Luis Baquedano, presidente de la Confederación Unitaria de Trabajadores de Honduras (CUTH), informó que diez mil empleados públicos habían perdido sus puestos de trabajo como resultado de las negociaciones con el FMI[394].

A la vez, el saqueo de los fondos públicos por la élite y la eliminación continua de empleos del sector público desmontaron los servicios sociales. Según el Center for Economic and Policy Research, en los dos

---

391 Ibíd.

392 Para un análisis exhaustivo, Stephan Lefebvre, *Honduras: IMF Austerity, Macroeconomic Policy, and Foreign Investment*, Centro de Investigación en Economía y Política, septiembre 2015, cepr.net.

393 Sobre Maduro: Mario Posas, «Ajuste: dos caras de la moneda», *Envío*, No. 134 (enero 1993); Robinson, «Transnational Processes, Development Studies and Changing Social Hierarchies in the World Ssytem: A Central American Case Study», *Third World Quarterly 22,* No. 4 (agosto 2001), 529-563; Arne Ruckert, «The Poverty Reduction Strategy Paper of Honduras and the Transformations of Neoliberalism», *Canadian Journal of Latin American and Caribbean Studies/Revue canadienne des études latino-américaines et caraibes*, 35, No. 70 (2010), 113-39.

394 «Gobierno de Honduras anuncia 7,000 despidos en 2015», *La Prensa*, 2 de diciembre 2014; Comunicado de prensa, «IMF Executive Board Concludes 2014 Article IV Consultation with Honduras», Fondo Monetario Internacional, 13 de junio 2014, Comunicado de prensa No. 14/282; «Empresas estatales reducidas a su mínima expresión, según analistas», Radio Progreso y ERIC, 16 de enero 2015.

---

años posteriores al golpe (2010-2012), el gasto público en vivienda, salud y educación bajó, mientras que la pobreza extrema aumentó en 26.3%[395]. En 2014, la economía comenzó a colapsar en lo básico. El ejemplo más claro de la incapacidad del Gobierno para manejar la situación estalló a principios de junio de 2014, cuando los programas neoliberales en el sector agrícola, junto con la sequía, contribuyeron a la escasez generalizada de frijoles —fuente de proteína esencial en la dieta hondureña. Fue tan grave que el Gobierno gestionó la importación de frijoles de Etiopía, pese a que Honduras, normalmente, tenía una capacidad de producción excedente. Sin embargo, los frijoles etíopes llegarían hasta mediados de septiembre, precisamente durante la cosecha del frijol hondureño. Por tanto, competirían con los frijoles locales, perjudicando a los agricultores nacionales[396].

Mientras tanto, el TLC-Estados Unidos, Centroamérica y República Dominicana, aplicado en Honduras a partir de 2006, obligó a pequeños y medianos productores de leche, maíz y otros productos a competir con productores de la agroindustria mucho más fuertes, y también con los de países centroamericanos. «El TLC solo ha exacerbado la desesperación y la inestabilidad en Honduras», concluyó una delegación de alto nivel de la AFL-CIO después de una visita al país en 2014[397].

En noviembre de 2017, el Center for Economic and Policy Research resumió la devastación económica de Honduras a partir del golpe. El PIB cayó de 3.8% a 1.8%. El desempleo aumentó de 3% a 7.4%; la tasa de subempleo de las mujeres, en particular, era más del doble[398]. Así, el elemento ausente en las noticias sobre los niños migrantes era el rol del Gobierno hondureño, de los prestamistas internacionales y

395 Lefebvre, *Honduras: IMF Austerity, Macroeconomic Policy, and Foreign Investment*, CEPR, septiembre 2015. Para tasas de pobreza en años posteriores, UNICEF, «Honduras. Statistics», www.unicef.org/infobycountry/honduras_statistics.html
396 Para un resumen, Javier Suazo, «A evitar el frijolazo», *América Latina en movimiento* (blog), 14 de agosto 2014, www.alainet.org/
397 AFL-CIO, *Trade, Violence, and Migration*, 7.
398 Jacob Wilson y Jake Johnston, *Honduras: Social and Economic Indicators Since the 2009 Coup*, Center for Economic and Policy Research, 22 de noviembre 2017.

del Gobierno de Estados Unidos en la destrucción intencionada de los medios de vida de la población hondureña. De nuevo: ¿Qué pandilla entrañaba el peligro?

A medida que las «pandillas» desbarataban sus vidas, los padres de familia vendían sus casas o solicitaban préstamos de miles de dólares para pagar un coyote que, quizá, solo quizá, llevaría lejos a sus hijos queridos para tener algún grado de seguridad en Estados Unidos, por muy traumatizante que fuese la travesía. Solían ser madres solteras las que corrían el riesgo; ellas esperaban, solo esperaban, poder salvar a sus seres queridos de la tortura, la violación, la muerte segura o el hambre en Honduras. Cuando esos niños llegaron mendigando a la frontera, la derecha de Estados Unidos los convirtió en una «amenaza» para la seguridad nacional.

El 19 de agosto de 2014 me pidieron que testificara ante el Comité Judicial de la Asamblea de California sobre una propuesta de resolución para que Estados Unidos «se asegure de que estos niños no acompañados tengan acceso al debido proceso, abogados, un juez y justicia», y se aborden las causas estructurales en los países que los expulsan[399]. Esa mañana, en el ascensor del edificio del Capitolio, conversé con un grupo de ocho o diez personas amigables y entusiasmadas, de mediana edad y otras mayores, en su mayoría blancas y algunas evidentemente latinas. Alrededor de una hora más tarde, fuera de la sala de audiencias, vi de nuevo a las mismas personas rodeando al asambleísta V. Manuel Pérez, presidente del Comité Judicial, quien había introducido la resolución. Resultó que mis compañeros de elevador fueron parte de los organizadores de virulentas protestas antimigrantes en Murrieta, condado de Riverside, California. El 1 de julio, unas 300 personas bloquearon el paso de tres autobuses que transportaban detenidos indocumentados y los obligaron a regresar; uno de los líderes de la protesta obtuvo una

---

399 «House Resolution No. 51 —Relative to immigration», California Assembly, 4 de agosto 2014, modificado en Asamblea el 14 de agosto 2014, agosto 22 de 2014, leginfo.legislature.ca.gov/faces/billTextClient.xhtml?bill_id=201320140HR51

aparición en Fox News[400]. En el pasillo presencié cuando comenzaron a lanzar comentarios hostiles a Pérez y su asistente. Un hombre gritó: «Eres antiestadounidense, no eres estadounidense, porque naciste en México».

Después de leer mi declaración en la audiencia, la gente de Murrieta se acercó al micrófono para atacar la resolución. Patricia Lyons, quien se identificó como líder de Concerned Citizens of Southwest Riverside County, que organizó las protestas, denunciaba «la tiránica resolución». «Detuvimos los autobuses y defendimos la soberanía nacional», declaró. Otros acusaron al Comité de antiestadounidense y de «intentar destruir el país mediante proyectos de ley como la HR 51». Robert Dalton, miembro de la National Coalition for Immigration Reform Action, dijo que era imposible logísticamente que los niños hayan viajado a los Estados Unidos en trenes y autobuses; dijo que todo era inventado. «La idea de niños o adultos montados sobre el tren es ridícula». «Se requirió de aviones para trasladar, para mover a cincuenta mil personas. El objetivo de Obama es colapsar nuestra economía, crear caos; y, luego, principalmente, hacer de Estados Unidos un estado comunista»[401].

Cuando concluyó el tiempo de las intervenciones públicas, la asambleísta Christina García habló de forma conmovedora en apoyo a la resolución, y dijo que sus padres habían sido migrantes indocumentados. El Comité pasó la resolución arrolladoramente, y el 27 de agosto la Asamblea de California en pleno la aprobó mediante votación oral[402]. Breitbart pudo haber desatado una despiadada hostilidad antiinmigrante en las bases, pero el tsunami de agresividad chocó contra un poderoso muro de afecto y bondad.

---

400 Matt Hansen y Mark Boster, «Protesters in Murrieta block detainees' buses in tense standoff», *Los Angeles Times*, 1 de julio 2014; «Both Sides of the Murrieta CA Debate», *Fox News*, 3 de julio 2014.

401 Hearing, Judiciary Committee, California Assembly, 14 de agosto 2014, video disponible en California Channel, calchannel.granicus.com

402 «Perez state resolution on Central American immigrants approved by California Assembly», *The Desert Review*, 27 de agosto 2014.

Alianzas para la inseguridad

La respuesta inicial de la Casa Blanca a la «crisis» fue la «Hoja Informativa» del 20 de junio, donde dio a conocer las acciones para atender la llegada de los niños de Centroamérica. Oscilando tanto a la izquierda como a la derecha, prometió proporcionar fondos adicionales a los tres países emisores para la reintegración de los deportados y programas de apoyo para jóvenes en riesgo, a la vez que sumaba más fondos frescos a las fuerzas de seguridad, especialmente a través de la Iniciativa CAR-SI. Con el supuesto fin de promover el procesamiento eficiente de los migrantes y permitir «al Servicio de Inmigración y Control de Aduanas enviar de regreso a los migrantes indocumentados centroamericanos a sus países de origen de manera expedita», la Casa Blanca anunció también que reforzaría los departamentos de Seguridad Nacional y Justicia en la frontera de Estados Unidos[403].

A principios de julio, la respuesta de la Administración se materializó en un compromiso de largo plazo con los gobiernos represivos de Honduras y Guatemala, que prometieron cortar el flujo de la migración y tratar bien a los migrantes, todo a la vez. El vocero del Departamento de Estado reconoció que había una «situación humanitaria teniendo lugar en nuestra —en la frontera», pero insistió en que «debemos hacer todo lo que podamos para contener la marea». La Casa Blanca anunció que había invitado a los presidentes de Guatemala, Honduras y El Salvador a una reunión en la Casa Blanca con el vicepresidente Biden y el presidente Obama, y que después tendrían un almuerzo. Hablarían sobre «cómo reforzar nuestra colaboración en curso para frenar el flujo de inmigrantes indocumentados de Centroamérica a México y a Estados Unidos». La frase «frenar el flujo», al igual que la expresión «contener la marea», utilizada por el Departamento de Estado, implicaban que una

---

403 Office of the Press Secretary, The White House, «Hoja Informativa: Los Niños No Acompañados de América Central», 20 de junio 2014, obamawhitehouse.archives. gov

inundación gigantesca recorría la parte baja del país, ahogándola con peligrosos niños de piel oscura[404].

Si bien la Administración asumió un compromiso genuino para abordar los problemas que enfrentaban los niños una vez que estuvieran en Estados Unidos, su respuesta principal fue de carácter militar: fortalecer a la policía y al ejército en los países emisores, fortalecer la Patrulla Fronteriza de los EUA y aumentar el financiamiento para que México refuerce su frontera con Guatemala. «Estamos buscando redirigir parte de nuestra asistencia extranjera a través de la Iniciativa Mérida para ayudar a fortalecer la capacidad de intercepción de migrantes en México a lo largo de su frontera sur», declaró Francisco Palmieri, subsecretario adjunto del Departamento de Estado para Centroamérica y el Caribe, el 25 de junio, en una audiencia del Comité de Asuntos Exteriores de la Cámara de Representantes[405].

El general John Kelly, comandante del Comando Sur (Southcom) —posteriormente Trump lo nombró Jefe de Estado Mayor en la Casa Blanca— y antiguo partidario de Juan Orlando Hernández, avivaba los fuegos alarmistas. El 7 de octubre, utilizó el brote del virus del Ébola en África occidental para difundir excéntricos —e infundados— temores sobre la potencial propagación del ébola en Centroamérica. «Si estalla, literalmente hay que prepararse para lo peor, habrá una migración masiva a los Estados Unidos», alertaba en un discurso en la National Defense University (Universidad de Defensa Nacional) en Washington, D.C. Posteriormente, Kelly sugirió que había dicho eso en parte para obtener más fondos para el SouthCom[406].

---

404 Comunicado de prensa, The White House, «Statement by the Press Secretary on the Visit of the Presidents of Guatemala, Honduras, and El Salvador», *The American Presidency Project*, 18 de julio 2014.

405 «Children Migrating From Central America: Solving a Humanitarian Crisis», Hearing before the Subcommittee on the Western Hemisphere of the Committee on Foreign Affairs, House of Representatives, 113° Congreso, Segunda Sesión, 25 de junio 2014, Serie No. 113-18, disponible en www.gop.gov/fdsys/

406 Jim Garamone, United States Department of Defense, «Kelly: Southcom Keeps Watch on Ebola Situation», *DoD News* (blog), Defense Media Activity, 8 de octubre 2014.

El financiamiento de la CARSI asignado a Centroamérica, pero en mayor medida a los tres países de donde salieron los niños, había aumentado años antes de la «crisis» fronteriza: de USD 101.5 millones en 2011 a USD 161.5 millones en 2014. Sin embargo, sabemos muy poco del destino exacto del financiamiento, o en qué se utilizó. En general, me lo confirmó en 2016 el Servicio de Investigación del Congreso (CRS, por sus siglas en inglés), una agencia bipartidista del Congreso de EUA, la Iniciativa no es transparente y su efectividad no ha sido comprobada. En un informe de diciembre de 2015, el CRS concluyó: «Pese a los indicios de progreso en algunas comunidades, la mayoría de los indicadores de seguridad a nivel de país aún no han mostrado mejoras significativas»[407].

En junio y julio de 2014, a medida que el tema de los menores no acompañados adquiría notoriedad en EUA, el Gobierno de Honduras corrió a crear su propia historia, en la que se mostraba intachable y heroico. Hernández insistía en que la responsabilidad recaía sobre Estados Unidos, cuyo apetito por el consumo de drogas potenciaba su tráfico a través de Honduras que, a su vez, producía violencia, obligando a los niños a huir. El 13 de junio, en un discurso ante la Cámara de Comercio de Estados Unidos, por ejemplo, explicó: «Esto es un problema de seguridad provocado por el narcotráfico... Este es un problema que nosotros no creamos, que se originó por el consumo de drogas aquí»[408].

En Honduras, Juan Orlando se presentaba como el protector benevolente de niños inocentes. Su esposa viajó de inmediato a la frontera de Estados Unidos para investigar la situación de los migrantes, y apresuró su regreso al país para recibir aviones cargados de mujeres y niños de-

407 Peter J. Meyer y Clare Ribando Seelke, *Central America Regional Security Initiative: Background and Policy Issues for Congress* (Congressional Research Service, 17 de diciembre 2015), fas.org/sgp/crs/row/R41731.pdf; quote: 22. Para un análisis de la efectividad del financiamiento CARSI, ver David Rosnick, Alexander Main y Laura Jung, *Have US-Funded CARSI Programs Reduced Crime and Violence in Central America?*, Center for Economic and Policy Research, septiembre 2016.
408 Ninoska Marcano, «Honduran President Says U.S. Weak Laws to Blame for Child Migration Crisis», *Fox News.com*, 13 de junio 2014.

portados, cuando comenzaron a retornar a mediados de julio[409]. Pese a la retórica nacionalista de Hernández, y de los fondos estadounidenses para la «reintegración» de los niños, cuando los deportados bajaban de los aviones era evidente que solo recibían una botella con agua, un almuerzo en un empaque de poliestireno blanco y el boleto del autobús; quizá una frazada. A principios de junio, como parte de la reestructuración neoliberal, el Gobierno cerró el Instituto Hondureño de la Niñez y Familia (INHFA), y despidió a 1100 empleados sindicalizados[410].

A principios de julio, los periódicos hondureños empezaron a publicar noticias sobre cómo las fuerzas de seguridad del Estado habían capturado exitosamente a hondureños que intentaban huir del país. «Policía de Fronteras recupera en el occidente de Honduras a ocho menores que viajaban sin autorización», se leía en un titular habitual. Las imágenes mostraban grupos de cuatro o cinco niños, con la cara borrosa o con una franja negra para ocultar sus identidades, junto a mujeres que, a veces, llevaban en brazos a sus bebés, a la par de soldados o policías frente a estaciones policiales[411]. El 23 de febrero de 2016, un periódico hondureño publicó un artículo destacando el trabajo de los perros en la prevención de la migración infantil. El artículo comenzaba así: «Ayudados por caninos este martes iniciaron una serie de operativos policiales en las entradas y salidas de las principales ciudades de Honduras en busca de menores que viajan solos o acompañados hacia Estados Unidos»[412].

A finales de julio, cuando Juan Orlando visitó la Casa Blanca junto con los otros dos presidentes, la prensa estadounidense publicó una serie

409 «Primera dama de Honduras llega a la frontera con EUA», *La Prensa*, 3 de julio 2014; Cindy Cárcamo, «U.S. sends first planeload of moms, children back to Honduras», *Los Angeles Times*, 14 de julio 2014.

410 «Cierran el Inhfa por ser incapaz de velar por la niñez», *La Prensa*, 4 de junio 2014; «Trabajadores del desaparecido Inhfa denuncian al Estado de Honduras», *La Tribuna*, 26 de junio 2014.

411 «Policía de Fronteras recupera en occidente de Honduras a ocho menores que viajaban sin autorización», *Proceso Digital*, 6 de julio 2015; otro ejemplo, «Honduras retiene a cinco niños que iban para Estados Unidos», *La Prensa*, 3 de julio 2014.

412 «Ayudados de caninos EEUU y Honduras buscan prevenir migración infantil», *Proceso Digital*, 23 de febrero 2014.

de artículos, legitimándolo. Obtuvo una extensa y acrítica entrevista en la revista *Time* —quizá el artículo más destacado sobre un presidente hondureño en la historia del país. «Hernández manifestó que su gobierno ha trabajado duro para reducir [la] tasa de asesinatos en sus primeros meses en el cargo, pero dijo que la violencia sigue siendo un enorme problema que impulsa la migración juvenil», reprodujo acríticamente la nota. «Estados Unidos tiene la responsabilidad de ayudar a Honduras, expresa Hernández, porque el consumo estadounidense de la droga está impulsando la violencia». En la fotografía incluida, Hernández luce señorial; cordial, pero con don de mando en un traje y corbata de alta costura[413].

Politico Magazine lo mostró sonriente, vistiendo una camisa con las mangas enrolladas, mientras extendía su mano para estrechar la de una niñita con expresión de felicidad, en medio de una multitud de niños y familias. En sentido opuesto a un artículo que los editores me habían solicitado apenas seis meses atrás, y que decidieron titular «Honduras: The Thugocracy Next Door» (Honduras: la matoncracia vecina), el editor de *Politico Magazine* contuvo cualquier crítica potencial y sirvió como portavoz de la repetida afirmación de que Estados Unidos era responsable de la crisis debido a su consumo de drogas[414].

El Congreso de EUA actuó rápidamente para atender la «crisis» de forma más enérgica, desviando la política del diálogo —y el flujo de fondos— hacia la derecha. Los republicanos, incluidas figuras de alto rango como la congresista Kay Granger, presidenta del Comité de Apropiaciones del Senado, y el congresista Darrell Issa, presidente del Comité de Supervisión y Reforma Gubernamental de la Cámara de Representantes, viajaron a Tegucigalpa para respaldar a Juan Orlando Hernández[415]. Los republicanos se centraron en cuestionar las políticas

---

413 Ioan Grillo, «President of Honduras Expects Mass Deportations of Minors From U.S.», *Time.com*, 22 de julio 2014.

414 Susan B. Glasser, «Our Neighbor Isn't Doing Its Part», *Politico Magazine*, 25 de julio 2014.

415 «Congresistas de EEUU vienen a Honduras por crisis migratoria que afecta a niños», *El Heraldo*, 4 de julio 2014; «Congresistas de EEUU verifican inversión de recursos», *Tiempo*, 19 de julio 2014.

fronterizas de Obama, responsabilizándolas de haber puesto en riesgo la seguridad nacional. Mostraron poco interés en abordar las causas estructurales de los países. La solución, más bien, era la deportación, sin contemplaciones. El congresista Tom Cole, por ejemplo, señaló: «Estamos incentivando esencialmente el flujo de esta población al no devolver de forma rápida a los menores no acompañados a sus países de origen»[416]. La solución a largo plazo de los republicanos eran armas, armas, armas, tanto para el control fronterizo de Estados Unidos como para las fuerzas de seguridad de Centroamérica[417].

Destacados demócratas se desplazaron hacia la derecha, aunque sin adentrarse del todo. El 19 de junio, los senadores Robert Menéndez, Dick Durbin y Mazie Hirono, y los congresistas Luis Gutiérrez y Lucille Roybal-Allard presentaron una propuesta que era, en muchos sentidos, progresista: se refirieron a los inmigrantes como «refugiados» por violencia (como lo hizo la ONU); pidieron una reforma migratoria integral y el respeto a las leyes vigentes que proporcionaban «protecciones especiales para menores no acompañados, víctimas de trata y solicitantes de asilo»; solicitaron a la Administración buscar alternativas a las detenciones y aumentar el financiamiento para el desarrollo económico de los países emisores.

Sin embargo, otras recomendaciones resultaron inquietantes: «continuar las actividades de inteligencia para combatir el tráfico transfronterizo» y aumentar de manera considerable el financiamiento para la CARSI. Además, argumentaron que el Comando Sur «debe contar con los recursos adecuados para llevar a cabo los esfuerzos de inteligencia, vigilancia y exploración que necesita para combatir la actividad cri-

---

416 Citado en Molly Hennessy-Fiske y Richard Simon, «Republicans blame Obama policies for immigration crisis on the border», *Los Angeles Times*, 19 de junio 2014.
417 Sobre los argumentos posteriores de los republicanos en la Cámara de Representantes, ver House Subcommittee on State, Foreign Operations and Related Programs, Committee on Appropriations, «Budget Hearing —Assistance to Central America», 24 de marzo 2015.

minal y el narcotráfico». Las alarmas de Kelly estaban dando frutos. Estos demócratas también solicitaban más fondos para los tres países del norte a través de la Corporación del Desafío del Milenio (MCC, en inglés) —aunque la presión de demócratas de alto rango en el Congreso contribuyó a suspender los fondos de la MCC a Honduras desde 2012, debido a abusos a los derechos humanos[418].

A finales de junio el congresista Eliot Engel, demócrata y miembro de mayor rango del Comité de Asuntos Exteriores de la Cámara de Representantes, promovió la firma de una carta pública pidiendo a la Administración que atendiera las causas de fondo en los países emisores. En la carta, Engel elogió la efectividad del financiamiento de la CARSI para la policía y el ejército y pidió que incrementaran los fondos. Las soluciones propuestas por Engel incluían ampliar la ayuda al desarrollo económico y al financiamiento de USAID, pero no vio el panorama general: qué tanto los préstamos de Estados Unidos, como los del FMI, apoyaban a un gobierno que, intencionadamente, cerraba empleos y destruía la economía. Sesenta miembros respaldaron la carta de Engel. De estos, veintisiete habían suscrito en el pasado cartas pidiendo la suspensión, por violaciones de derechos humanos, del financiamiento en seguridad que Estados Unidos asignaba a Honduras[419].

---

418 Comunicado de prensa, «Sens. Menendez, Durbin, Hirono, and Reps. Gutierrez and Roybal-Allard Discuss Humanitarian and Refugee Children Crisis at the Border», 19 de junio 2014, www.menendez.senate.gov/news-and-events/press/sens-menendez-durbin-hirono-and-reps-gutierrez-and-roybal-allard-discuss-humanitarian-and-refugee-children-crisis-at-the-border.

419 Comunicado de prensa, «Engel and 61 House Members Send Letter to President Urging Greater Resources for Central America», United States House of Representatives Committee on Foreign Affairs, 20 de junio 2014, democrats-foreignaffairs. house.gov/news/press-releases/engel-and-61-house-members-send-letter-president-urging-greater-resources. Para las cartas anteriores, James McGovern y 86 miembros adicionales del Congreso a Hillary Clinton, 31 de mayo 2011, mcgovern. house.gov/news/documentsingle.aspx?DocumentI; Sam Farr and 29 additional Members of Congress to Hillary Clinton, 19 de octubre 2010, en posesión de la autora; Comunicado de prensa, «94 House Members Send Letter to Clinton to Suspend Security Assistance to Honduras», 12 de marzo 2012.

Otros se opusieron. El congresista Raúl Grijalva y el Caucus Progresista presentaron una propuesta alternativa centrada en «el bienestar de estos niños como prioridad». «Sobre todo, debemos darnos cuenta de que un mayor reforzamiento en nuestra frontera es una solución que conlleva problemas, y que los defensores de la militarización están utilizando la difícil situación de estos niños para lograr su agenda política»[420].

En septiembre, la Administración materializó su respuesta en la propuesta conocida como el Plan de Alianza para la Prosperidad del Triángulo Norte, presentado formalmente en septiembre de 2014, y promovido entusiastamente por la Administración Obama durante ese otoño y los años siguientes. Desarrollado con el auspicio del BID, el nombre, deliberadamente, evocaba la Alianza para el Progreso del presidente John F. Kennedy en 1961, un programa de financiación multianual mediante el que Estados Unidos intentó ejercer un poder blando a lo largo de América Latina y el Caribe, en respuesta a la Revolución cubana de 1959[421].

El modelo para el nuevo programa centroamericano fue el Plan Colombia, que recibió más de ocho mil millones de dólares de EUA a partir del año 2000. La mayor parte se destinó a la policía y al ejército de dicho país. *The Washington Post* editorializó el 26 de julio, «La solución a la crisis de inmigración: un Plan Honduras», haciendo eco de un llamado de Hernández «a un nuevo esfuerzo conjunto en materia de seguridad y desarrollo para Centroamérica, similar a la campaña plurianual respaldada por los EUA, que estabilizó un país latino que alguna vez se consideró irremediablemente atrapado por el crimen y la violencia política: Colombia». Sin embargo, Honduras no tenía una guerra de guerrillas en marcha, como la tuvo Colombia. De mayor importancia es que el Plan Colombia profundizó la ya prolongada y sangrienta guerra; envalentonó a su ejército,

---

420 Comunicado de prensa, «Progressive Caucus Urges President Obama to Adopt a Kids First Approach to the Humanitarian Crisis on the Border», Congressional Progressive Caucus, 10 de julio 2014.
421 Lineamientos del Plan de la Alianza para la Prosperidad del Triángulo Norte, Plan Regional de El Salvador, Guatemala y Honduras, septiembre 2014, www.iadb.org

ya implicado en crímenes masivos de derechos humanos, para cometer nuevos asesinatos, a menudo en alianza con paramilitares de derecha[422].

Con su propuesta de la Alianza para la Prosperidad, Estados Unidos fusionó su estrategia política para Honduras, El Salvador y Guatemala en un solo paquete, pese a que el gobierno del FMLN, partido político progresista de El Salvador elegido democráticamente, estaba lejos de los regímenes corruptos de los otros dos países. Fusionar los tres países dificultó a los críticos denunciar el apoyo de EUA a Honduras y Guatemala, regímenes represivos y corruptos, sin tener que arrastrar a El Salvador.

A medida que la política se consolidaba, el concepto de los países del «Triángulo del Norte» como bloque, rara vez utilizado antes de que Estados Unidos lo posicionara, se convirtió en un hecho político. Nicaragua, por el contrario, desapareció de la escena, pese a que también sufría una pobreza masiva. Pero bajo el gobierno de los sandinistas, las pandillas y el narcotráfico no proliferaron como en los gobiernos vecinos, en las décadas 2000 y 2010. Sus niños no huían hacia el Norte. *The Economist* se atrevió a señalar la razón: Nicaragua reestructuró a fondo su policía durante la revolución de los años 1970, consolidando un modelo comunitario en todo el país que, en ese momento, inspiraba amplia confianza pública y, efectivamente, disminuía la actividad criminal[423].

Concretamente, el Plan de la Alianza para la Prosperidad en el Triángulo del Norte se centró en infraestructura y apoyo a los mismos sectores económicos responsables de la sobreexplotación de los trabajadores hondureños y del medioambiente: la producción para exportación de la maquila, el turismo y las industrias extractivas, más el rubro en alza de generación de energía. Lo último, combinado con la atención a un nuevo

---

422 Consejo editorial, «The immigration crisis solution: A Plan Honduras», *Washington Post*, 26 de julio 2014. Sobre el Plan Colombia, John Lindsay-Poland, *Plan Colombia: US Ally Atrocities and Community Activism*, (Durham, NC: Duke University Press, 2018); Winifred L. *Tate, Drugs, Thugs, and Diplomats: U.S. Policymaking in Colombia* (Stanford, CA: Stanford University Press, 2015); otro ejemplo del Plan Colombia como modelo, véase Daniel Runde, «To Stop the Surge of Migrants, Central America Needs a 'Plan Colombia'», *Foreign Policy.com*, 18 de agosto 2014.

423 «A surprisingly safe haven», *The Economist*, 28 de enero 2012.

desarrollo portuario en el golfo de Fonseca, en la costa del Pacífico, daba indicios de aspiraciones económicas a largo plazo; sin olvidar las tan fantaseadas «ciudades modelo» que el Plan apoyaba de forma explícita. El Plan también hablaba de «mejores condiciones del mercado laboral», sugiriendo erosionar aún más la aplicación de la legislación laboral y los derechos laborales básicos. Pero no contempló la corrupción policial, los abusos de los derechos humanos por las fuerzas de seguridad, ni la crisis generalizada de derechos humanos en la que se amenazaba y asesinaba con regularidad a defensores de derechos humanos, miembros de la oposición y periodistas.

En general, el Plan consideraba al Gobierno hondureño como un recipiente transparente y limpio en el que se podían verter recursos y habría derrame de prosperidad. En la práctica, enriquecería y fortalecería el poder político de las mismas élites cuya codicia, intencionalidad de desestabilizar el Estado de derecho, destruir los recursos naturales y atropellar los derechos territoriales de los indígenas y campesinos, causaban las terribles condiciones que la propuesta presuntamente combatiría. Era como si a los oligarcas los recompensaran por su trabajo posgolpe; mientras, los niños y sus madres se amontonaban en las fronteras.

El apoyo de la Administración al Plan —junto al apoyo al régimen de Hernández y la planificación a largo plazo del control de EUA en la región— alcanzó su clímax el 29 de enero de 2015, cuando el vicepresidente Joseph Biden publicó un artículo de opinión en *The New York Times* titulado «A Plan for Central America» («Un plan para Centroamérica»). Biden respaldó la Alianza para la Prosperidad, destacó el Plan Colombia como su modelo, y fue más allá al pedir una amplia gama de fondos y reformas, como respuesta a la «peligrosa oleada migratoria» del verano anterior[424].

A partir de entonces, en respuesta a la gran presión de la Administración, en diciembre de 2015 el Congreso de Estados Unidos asignó USD 750 millones para Centroamérica, más del doble asignado para cada

---

424 Joseph R. Biden, Jr., «Joe Biden: A Plan for Central America», *The New York Times*, 29 de enero 2015.

año en los últimos dos años, e igual a la cantidad que CARSI recibió en el periodo 2008-2014. Los fondos disponibles para fines de seguridad en 2014 y 2015 aumentaron de USD 161.5 millones a USD 252 millones en 2016[425].

Como resultado de una compleja negociación entre las partes, la Iniciativa incluyó condiciones más severas sobre un porcentaje de la ayuda: el 25% de los fondos para los gobiernos de Honduras, El Salvador y Guatemala solo se libraba si el Departamento de Estado —con el visto bueno de las oficinas clave del Congreso— certificaba que el país había tomado medidas para aumentar el control fronterizo y reducir la migración combatiendo a los traficantes de personas e «informando a sus ciudadanos del peligro del viaje». El 50% estaba supeditado al cumplimiento de las condiciones de respeto a los derechos humanos, para el financiamiento otorgado cuatro años antes: el Gobierno tenía que mejorar la transparencia, enjuiciar a las fuerzas de seguridad que habían cometido abusos contra los derechos humanos, proteger a los defensores de derechos humanos, y «reducir el papel de los militares en la vigilancia interna». También debía aumentar los impuestos, apoyar programas para crear empleos, combatir el crimen organizado, e involucrar a los grupos de la sociedad civil en el desarrollo y evaluación del Plan para la Prosperidad.

Mientras el Congreso de EUA cuestionaba la ayuda en seguridad para Honduras, surgieron fuentes de financiamiento alternativas. En julio de 2016, el Gobierno de Israel firmó un acuerdo de cooperación militar con Honduras, basándose en un acuerdo anterior, mediante el cual proveyó tres nuevos radares aéreos —justo después de que Estados Unidos suspendiera la cooperación de radar al ejército hondureño en 2012. Los

---

425 H.R. 2029, Consolidated Appropriations Act, 2016, 114° Congreso. www.congress. gov/bill/114th-congress/house-bill/2029/text, incluye una nota explicativa sobre financiamiento y restricciones para regiones y países específicos. Para resúmenes complementarios sobre el financiamiento y las condiciones, Adriana Beltrán, «U.S. Increases Central America Aid, But It's No Blank Check», WOLA, 22 de diciembre 2015; y Steven Dudley y Mimi Yagoub, «5 Takeaways from US Congress Northern Triangle Aid Package», *InSight Crime*, 18 de diciembre 2015.

fondos, que sumaban USD 209 millones, pagarían un buque patrullero para la Fuerza Naval de Honduras, la renovación de los aviones de caza y la flota de helicópteros de la Fuerza Aérea[426]. El buque sería construido en Colombia[427] que, por su parte, continuó capacitando regularmente a la Policía hondureña, tanto en Honduras como en Colombia. En diciembre de 2013, cuando «el Tigre» Bonilla fue depuesto como director de la Policía Nacional, lo enviaron a Bogotá para trabajar con los colombianos en los entrenamientos de las fuerzas hondureñas. Imposibilitado para brindar dinero y capacitación libremente a las fuerzas de seguridad de Honduras, debido a las alarmas por abusos contra los derechos humanos, ¿estaría Estados Unidos canalizando fondos y otros recursos a través de testaferros?[428].

De los fondos que el Congreso asignó en 2014, 2015 y 2016, millones de dólares se destinaron a campañas educativas masivas para mostrar a los padres hondureños los peligros de enviar a sus hijos al Norte. Esos esfuerzos aportaron a un discurso homogéneo en los principales debates sobre menores no acompañados que viajan a los Estados Unidos: en cierta forma, la irresponsabilidad paterna produjo la crisis y, por tanto, si sus pares del Norte les enseñaban a proteger a sus hijos, la «crisis» terminaría[429].

---

426 Sanjay Badri-Maharaj, «The Israeli Factor in Honduras Efforts to Modernise its Air Force», *IDSA Comment* (blog), Instituto de Estudios y Análisis de Defensa, 9 de febrero 2017; Herb Keinon, «Exclusive: US objections could kill $209 million Honduras deal», *Jerusalem Post*, 14 de diciembre 2016. Estados Unidos paró la aprobación de una parte del financiamiento a partir de 2016. Evidentemente, fue el trabajo del Departamento de Defensa, que tiene que aprobar los fondos a terceros para la restauración de equipos, en este caso aviones y helicópteros que, originalmente, eran financiados por EUA.

427 «Honduras paga $13.5 millones por buque a Colombia», *El Heraldo*, 27 de noviembre 2016; «Oficiales de FFAA viajaron a Colombia para supervisión de avances de construcción del moderno Buque BAL-CC», *Proceso Digital*, 3 de marzo 2017.

428 Unas semanas después de que se firmó el acuerdo entre Honduras e Israel, EUA otorgó $ 38 billones en ayuda militar a Israel. Peter Baker y Julie Hirschfeld Davis, «U.S. Finalizes Deal to Give Israel $38 Billion in Military Aid», *The New York Times*, 13 de septiembre 2016.

429 Ejemplos de la acusación de la «mala crianza de los hijos» y sus críticas, véase «Children Migrating from Central America», Hearing before the Subcommittee on

Visité Honduras en septiembre de 2014, seis meses después de las primeras asignaciones de fondos para estas campañas, y pude ver el impacto. Vi vallas publicitarias en la carretera advirtiendo a la gente sobre el peligro de los coyotes. Una tarde nuestro vehículo quedó atrapado en medio de un desfile del Día del Niño organizado por escuelas locales de un barrio pobre de San Pedro Sula. En medio de la marcha de tamborileros y escuadras de niños con sus uniformes escolares de gala, vi a una pequeña niña, tal vez de cinco o seis años, dando giros con un bastón, luciendo un atuendo plateado, con una banda blanca en el pecho que decía: *No Migración Infantil.* El periódico del día siguiente mostraba fotos de niños de diez años desfilando, vestidos de negro, y cargando ataúdes negros a la par de una locomotora hecha de papel maché negro con el rótulo «La Bestia».

Sin embargo, el problema no era que los padres hondureños desconocieran sobre La Bestia, los coyotes o los riesgos del viaje al Norte. Sabían muy bien de todo eso. El problema era que también sabían de la actividad de las pandillas en su patria, en todos los frentes.

De lo básico a asesinos de hacha en trece minutos

¿Cuándo, exactamente, comencé a usar de forma cotidiana el término «asesino de hacha»? Por ejemplo, «el presidente de Honduras es un asesino de hacha». Al principio era una ocurrencia que expresaba de vez en cuando, en privado, para referirme en términos generales a los gobiernos que tomaron el poder en Honduras después del golpe. Decía «asesinos de hacha dirigen el Gobierno hondureño», pero solo con personas que entenderían su significado.

En 2012 y 2013, mientras la campaña presidencial de Juan Orlando Hernández avanzaba, me volví más concreta. Necesitaba una especie de

the Western Hemisphere of the House Committee on Foreign Affairs, 5, 32; sobre la propaganda, 9-10, 26; para un análisis del tema de la «paternidad irresponsable», Laura Carlsen, «Child Migrants and Media Half-Truths».

gancho para intentar resumir su responsabilidad en la destrucción del Estado de derecho y transmitir lo nefasto que era. En público contuve los epítetos —aunque para su investidura me referí a él, en el *Houston Chronicle,* como un «matón peligroso»—; y empecé a armar el caso poco a poco, pero con claridad, con evidencia documentada.

Durante las reuniones en el Congreso, mi desconcierto ante la rotación de los asistentes fue en aumento: cada seis meses encontraba una nueva ola de jóvenes de veintiséis años que no sabían nada de Honduras. Una y otra vez, en una reunión de media hora, tenía que explicar lo mal que estaba el país y a quién Estados Unidos estaba apoyando. Cuando les describía las reuniones a mis amigos, me lamentaba: «Va de cero antecedentes a asesinos de hacha en trece minutos». Al mencionar «asesino de hacha» caía en desesperación debido, por una parte, a los horrores que documentaba en Honduras y, por otra, a mi incapacidad de lograr que otras personas entendieran lo que quería comunicar.

Pese a las atrocidades, nunca utilicé la frase en medios impresos. Ya había recibido notas en las que amenazaban con demandarme por difamar la imagen de Miguel Facussé, cuya Corporación Dinant era acusada del presunto asesinato de campesinos que luchaban por el derecho a la tierra en el Aguán[430]. Ahora tengo el cuidado de agregar «presunto». Entonces, permítanme aclarar: el presidente de Honduras es un presunto matón. El presidente de Honduras es un presunto asesino de hacha.

En junio de 2014, me encontré con una amiga en el supermercado, una argentina de unos cincuenta años de edad. Le compartí mi pregunta: «¿Cuándo fue que comencé a usar regularmente la frase: asesino de hacha?». Antes de explicar la pregunta, ella expresó: «Bienvenida al club. ¿Sabés a lo que me refiero, cierto? Asesinos. Y en mi país, los absuelven». En un correo electrónico que envió en el término en que llegué a casa, ella definía quién pertenecía a ese club: «Aquellos de

---

430 Correos electrónicos, Roger Pineda a la autora, 16 de marzo 2012, 12 de abril 2012, 28 de mayo 2012 y carta por medio de correo electrónico, Roger Pineda a la autora, 25 de mayo, advirtiendo que podría ser «legalmente responsable por el daño causado a la imagen de Miguel Facussé y sus empresas».

nosotros que conocemos historias de atrocidades estatales y de Estados que las perdonan».

En una ceremonia de graduación en mi universidad, me senté al lado de la rectora Alison Galloway y, por casualidad, mencioné mi fijación: los asesinos de hacha. ¡Ah sí!, exclamó. Me habló sobre el artículo que recién había escrito, donde trató de transmitir qué significaba ser un antropólogo forense; es decir, alguien que examina cadáveres, y las formas violentas en que a veces murieron. Es duro. La mayoría de la gente no quiere escuchar acerca de la realidad del trabajo, escribe en el artículo que leí poco después, y hay una fraternidad entre colegas, entre aquellos que tratan con «los gusanos, el olor, los órganos en descomposición dentro de la cavidad del cuerpo»; ellos entienden la soledad y los desafíos singulares de cada cual[431].

La ocurrencia de «asesino de hacha» también es, en parte, una broma basada en referencias de la cultura popular. Está la película de 1993, por ejemplo, «So I Married an Axe Murderer», protagonizada por Mike Myers, en la que la abrumadora evidencia sugiere que la prometida del personaje, y finalmente esposa, es una verdadera asesina de hacha —pero la asesina resulta ser su celosa hermana, cuyos hachazos logran esquivar con éxito[432].

El uso de «asesino de hacha» en la cultura popular se relaciona, parcialmente, con la violencia latente: la idea de que una persona aparentemente inocente y de buenos modales, resulte ser alguien que puede empuñar un hacha y asesinar sin piedad[433]. Posiblemente la asesina de hacha más famosa es Lizzie Borden a quien, en 1892, la acusaron de mutilar hasta la muerte a su padre y a su madrastra («Lizzie Borden tomó un hacha y le asestó a su madre cuarenta hachazos»). El gancho

---

431 Alison Galloway, «Living on the Sidelines of Death: Anthropologists and Violence», *Bioarcheological and Forensic Perspectives on Violence: How Violent Death Is Interpreted from Skeletal Remains*, ed. Debra L. Martin y Cheryl P. Anderson (Nueva York: Cambridge University Press, 2014), 311-20.

432 *So I Married an Axe Murderer* (Una novia sin igual), dir. Thomas Schlamme (1993).

433 Mi agradecimiento a Vilashini Coopan por esta información.

en nuestro uso de «asesino de hacha» descansa en la frase «resulta ser». El chico amable, o el prometido, puede aparecer repentinamente por una puerta, o salir del bosque o arrastrarte hacia el bosque. La sorpresa siempre está ahí, tanto por los hachazos como por las verdaderas intenciones del asesino, como lo indica un titular del 24 de julio de 2014: «Cynthia Nixon conmocionada al enterarse de que entre sus ascendientes había una asesina de hacha». Una ascendiente de la actriz había cortado en pedazos a su esposo abusador en Missouri en la década de 1840. «Estoy segura de que en los años venideros haremos muchas bromas sobre la asesina de hacha en la familia», reflexionó Nixon, «pero creo que siempre nos causará asombro»[434].

Un «asesino de hacha» sobrepasa los límites: no solo ha cometido un asesinato; él o ella ha dado hachazos de cerca provocando que la persona se desangre. Es un crimen atroz cometido por la persona menos probable, como cuando la gente dice, «él podría ser un asesino de hacha y nadie lo sospecharía».

Pero, en parte, mi uso de la expresión era diferente. Necesitaba la burla para enfrentar el horror real. Alison Galloway habla sobre el humor negro entre sus colegas antropólogos forenses, que necesitan un escape de los exámenes cotidianos de cuerpos putrefactos[435]. Mi uso de la expresión «asesino de hacha» es también humor negro clásico. Cae dentro del género de «Las cosas están tan mal, que tenemos que reírnos de ellas».

Exploré la internet profunda y busqué «asesinos de hacha», pero el algoritmo de Google cortésmente preguntó: «¿Quizá quisiste decir asesinato con hacha?». Acepté y obtuve de Wikipedia una larga y explícita lista de asesinatos horrendos a lo largo de la historia moderna[436]. Al inicio, la lista me causó repulsión; después, la sensación desapareció porque eso era normal para mí, normal porque había leído sobre ese tipo

---

434 «Cynthia Nixon Shocked to Learn Her Ancestor Was an Axe Murderer», *ABC News.com*, 24 de julio 2014; en este tiempo, Nixon era candidata a gobernadora del estado de Nueva York.

435 Galloway, «Living on the Sidelines of Death».

436 Axe Murder, *Wikipedia* (blog), obtenido el 9 de noviembre 2017, en.wikipedia. org/wiki/Axe_murder

de atrocidades en los periódicos hondureños, casi todos los días durante cinco sangrientos años. Sentí que, para poder sobrellevar la situación, había puesto en mi interior cierta distancia enfermiza entre mi persona y los horrores cotidianos. Pero eso solo acentuaba la brecha que intentaba superar frente a otras personas, cuando intentaba ir de lo básico a los asesinos de hacha en trece minutos. En la radio o en la televisión tenía que lograrlo a veces en cuatro o cinco minutos. En los medios impresos se reducía a doscientas palabras, pero sabía que podía lograrlo en ocho: «El presidente hondureño es un asesino de hacha»; nueve, con el agregado de «presunto».

Sin embargo, los verdaderos asesinos de hacha en Honduras, por regla general, no utilizan el hacha. Es más probable que usen machetes. El 13 de marzo de 2012, Fausto Flores Valle, locutor de radio en el Aguán, iba en su bicicleta cuando los asesinos le salieron al paso y lo mataron de dieciocho machetazos[437]. El 5 de marzo de 2014, un grupo de personas emboscó a María Santos Domínguez, una activista indígena del COPINH que se opuso abiertamente al desarrollo de una represa, y la atacaron con machetes, piedras y palos. Cuando su hijo corrió a defenderla, le cortaron la oreja derecha e hirieron parte de su rostro[438]. El 4 de mayo de 2014, Cándido Rodríguez Castillo, presuntamente, violó a una niña de trece años; luego la mató a ella, a su hermana de diez años, a su hermano de siete años y a su hermanito de dieciocho meses, usando un machete[439].

Pero esas historias narran acciones individuales, en las que se puede ver al portador del hacha. No captan la forma sistémica mediante la que el Gobierno hondureño posgolpista, como institución, permite, alienta y ejerce la violencia, dirigida especialmente a activistas de justicia social, defensores del derecho a la tierra, la oposición y los periodistas. No cap-

---

437 Roy Greenslade, «Honduras radio journalist murdered», *The Guardian*, 13 de marzo 2012.
438 «Denuncia urgente: Intentan asesinar a la compañera María Santos Domínguez, a su esposo e hijo, familia destacada en la lucha en Río Blanco y miembra del COPINH», *COPINH* (blog), 7 de marzo 2014.
439 «Honduras: Luto y dolor por vil asesinato de cuatro niños en Colón», *El Heraldo*, 4 de mayo 2014.

tan a los jueces que liberaron a sus despiadados aliados del narcotráfico; no captan al fiscal general, nombrado ilegalmente, transfiriendo a veintiún fiscales que investigaban casos de alto impacto del crimen organizado. No captan a Hernández y sus aliados en el Congreso hondureño eliminando la Comisión de Reforma a la Seguridad Pública en 2013, con luz verde de la embajada de los Estados Unidos.

Lo que está sucediendo en Honduras —los asesinatos de hacha— es entonces algo colectivo. Sin embargo, en la cúspide del Gobierno se encuentra un individuo que, según tengo entendido, no ha matado a nadie con un hacha o un machete, pero carga la enorme responsabilidad de lo que está sucediendo.

Cuando la supuesta «crisis» de niños en la frontera llegó a los medios de comunicación en junio de 2014, la cobertura dada a Juan Orlando fue total; simplemente era el Sr. Simpatía con sus cálidas entrevistas. Senadores y congresistas estadounidenses lo citaban como una figura heroica librando la gran batalla contra los narcotraficantes, protegiendo sus fronteras contra la trata de personas y cuidando a los niños con amor patriótico. Eso me sacaba de quicio. Me atormentaba que nunca se sabría que el presidente de Honduras es un [presunto] «asesino de hacha».

El 25 de julio de 2014, cuando Barack Obama premió a Juan Orlando con una reunión en la Casa Blanca, a ambos se les unió el entonces presidente de Guatemala Otto Pérez Molina, quien ha sido públicamente implicado en torturas y en la política de «tierra arrasada», que destruyó masivamente pueblos mayas durante la década de 1980, y Salvador Sánchez Cerén, el nuevo presidente de El Salvador, un líder de la guerra de guerrillas contra el régimen que el Gobierno de EUA respaldó durante la década de 1980[440]. Parecía un chiste: «Un torturador genocida, un asesino de hacha, un excomandante guerrillero y el líder del mundo

---

440 Comunicado de prensa, The White House, «Statement by the Press Secretary on the Visit of the Presidents of Guatemala, Honduras, and El Salvador», *The American Presidency Project*, 18 de julio 2014, disponible en www.presidency.ucsb.edu/ws/?pid=105358.

libre entran a un bar…» (corrección: «Un presunto genocida torturador, un presunto asesino de hacha…»).

Esos menores de edad no acompañados que huyeron de Honduras en los primeros seis meses de 2014, al igual que miles desde entonces, huían de los asesinos de hacha de sus tierras. ¿Qué encontraron en las tierras del Norte cuando llegaron a la frontera de Estados Unidos? Cuando los aviones del Gobierno de Estados Unidos, dirigidos por un grupo de fanáticos antimigrantes, los deportaron de vuelta al Sur, ¿en qué manos fueron a quedar? Esos niños son miembros del club. Ellos definitivamente, como mi amiga argentina y como yo, cargan con historias de atrocidades estatales y los Estados que los perdonan.

En septiembre de 2016, estaba terminando de cenar con una colega en un pequeño restaurante italiano en Washington, D.C., cuando de repente el secretario de Estado John Kerry entró y se sentó en la mesa que estaba a la par de la nuestra, casi a un metro de distancia. Mi acompañante y yo intercambiamos miradas de asombro durante la siguiente hora, y prolongamos nuestra comida con una segunda copa de vino y luego un postre. Cuando nos levantamos para irnos, ella se presentó ante el secretario Kerry y conversó un poco. Así que decidí que yo también lo haría. Dije mi nombre, luego le dije a Kerry que analizaba la política de Honduras. «¿Cómo nos va por allí?», preguntó amablemente. Le dije de manera casual: «Estamos apoyando a los asesinos de hacha». No necesitamos trece minutos, solo cuatro segundos y siete palabras. Luego el mesero y los oficiales del servicio secreto intervinieron y nos retiraron del lugar.

¿Cuál es la ruta?

Aún era de día cuando los manifestantes empezaron a llegar frente a la entrada de la Universidad Nacional Autónoma de Honduras; la mayoría portaba antorchas, las de tipo bambú que venden en Estados Unidos para fiestas de temática hawaiana; todos repetían que la cantidad parecía menor esa semana. Sin embargo, cuando estábamos a mitad del camino hacia la Casa Presidencial, la marcha era enorme; después calcularon que éramos 60 mil[441]. Al pasar por un puente, justo cuando oscurecía y los manifestantes a mi lado coreaban «¡No a la dictadura!», y «¡Fuera JOH!», pude ver miles de antorchas alumbrando el bulevar por cuadras y cuadras en ambos carriles, hasta donde alcanzaba a ver. Fue estremecedoramente hermoso[442].

Durante las seis semanas previas a esa noche del 26 de junio de 2015, decenas de miles de hondureños, en marchas cada vez más grandes en todo el país, encendían sus antorchas los viernes por la noche en protesta contra la corrupción e impunidad del Gobierno. Los organizadores de las marchas se autodenominaron los «Indignados». El origen inmediato de su indignación fue un escándalo que estalló en mayo, cuando David Romero, director de Radio Globo, dio a conocer cheques y registros bancarios que documentaban que, al menos 90 millones de dólares, fueron desviados del Instituto Hondureño de Seguridad Social (IHSS) para la campaña electoral del gobernante Partido Nacional y de Juan Orlando Hernández. El escándalo implicó a Hernández y a muchos más, incluidos el presidente del Congreso, Mauricio Oliva, quien presidía la comisión del Congreso que supervisaba las finanzas del IHSS; Gladys Aurora López, la vicepresidenta del Congreso; y Óscar Álvarez, el jefe de bancada del Partido Nacional quien, junto con la hermana del presidente, Hilda Hernández, ministra de Estrategia y Comunicaciones, firmaron los cheques. El fiscal general Óscar Chinchilla también estaba implicado porque ignoró la evidencia. Al principio, Chinchilla negó la veracidad de los cheques, pero pronto él e incluso Hernández admitieron, parcialmente, que la evidencia era real[443].

---

441 Estimado de 60,000: «Honduran protesters stage biggest march yet to demand president resign», *The Guardian*, 3 de julio 2015.

442 Algunas partes de esta sección se publicaron originalmente en Dana Frank, «Protests light up long Honduran Night», *Miami Herald*, 16 de julio 2015.

443 «Documentos ligan directamente al Partido Nacional con el fraude practicado al IHSS», *Criterio*, 8 de mayo 2015; «Presentan más pruebas de multimillonaria estafa al IHSS», *Criterio*, 29 de mayo 2015. Sobre Romero revelando los cheques en TV Globo, «Periodista no se retracta ante acusaciones y amenazas contra su vida», You Tube (2015) www.youtube.com/watch?v=Z3Vk6hN72Dw2015; «David Rome-

La indignación sacudió a la sociedad hondureña. El colapso del IHSS en los últimos dos años era monumental. En 2013 ya se conocía el robo de más de 300 millones de dólares. Proveedores corruptos sobrevaloraron ambulancias por decenas de miles de dólares. Los contratistas entregaron medicamentos que resultaron falsos e incluso peligrosos, como las pastillas de harina. En 2015 los periódicos informaron, en repetidas ocasiones, que había desabastecimiento de medicinas o que no había máquina de diálisis o placas para rayos X. A las mujeres que llegaron a dar a luz esa primavera les pidieron que regresaran con los materiales que necesitarían —hasta el brazalete—, sin importar que fuera de noche y las farmacias estuvieran cerradas. Las antorchas, junto con las cruces con nombres que muchos llevaban, simbolizaban las tres mil personas, mínimo, que se estima murieron por el colapso del IHSS[444].

Los manifestantes que vi en Tegucigalpa la noche del 26 de junio y una semana después, el 3 de julio, parecían ser abrumadoramente de clase media, muchos entre los veinte y treinta años de edad; usaban anteojos modernos y vestían de nítido blanco o negro. Según los informes, abarcaban todo el espectro político del país; la mayoría de estas personas no formaba parte, aparentemente, de la Resistencia; algunas incluso apoyaron el golpe de Estado. Mi encuesta, para nada científica, a manifestantes que estaban cerca de mí, indicaba que provenían de los cuatro partidos. También vi que a un costado entrevistaban a Doris

---

ro—Hay más Cheques del IHSS (29-May-15)», YouTube (2015). Sobre Hernández admitiendo que los cheques eran reales: «Presidente de Honduras admite que su campaña recibió fondos vinculados a corrupción», Reuters, 3 de junio 2015; «JOH: Partido Nacional debe devolver fondos al IHSS», El Heraldo, 3 de junio 2015; «El fiscal general confirmó cheques a nombre del Partido Nacional», El Libertador, 26 de mayo 2015.

444 «Fiscalía: L 4.6 millones recibió Bertetty por ambulancias sobrevaloradas del IHSS», La Prensa, 21 de julio 2015; «Cerca de tres mil personas han muerto por descalabro en el IHSS», en Cuando la corrupción es el sistema que opera: el caso de Honduras; «El Escándalo que llevó al ejército a controlar los medicamentos en Honduras», BBC Mundo, 19 de junio 2015; «Las muertes inducidas en el IHSS por la corrupción del Partido Nacional de Honduras», Honduras Laboral, 15 de junio 2015.

Gutiérrez, la valiente y franca congresista del diminuto PINU-SD (Partido Innovación y Unidad Social Demócrata).

A esas alturas la clase media hondureña, siempre pequeña, sentía la feroz presión del régimen posgolpe. Vivía en el mismo mar de violencia que el resto de la población, y ahora pagaba nuevos impuestos ordenados por las élites que dirigían el Gobierno, pero que, presuntamente, estas evadían. La clase media aportaba al sistema del IHSS y lo utilizaba; también pagaba la cuota que le correspondía por sus empleados. Pero, en 2015, sus finanzas estaban colapsando; algunos manifestantes me confiaron que estaban sacando a sus hijos del colegio porque no podían pagar las colegiaturas.

No quedaba claro quién exactamente organizaba y dirigía las protestas. Las marchas de las antorchas se expandieron como el fuego a lo largo del país, en muchos sentidos espontáneamente; no sobresalió ninguna organización formal, con liderazgo preciso. Los líderes que aparecieron como «Indignados» para hablar en los medios de comunicación procedían de todo el espectro político: desde activistas con antecedentes poco claros como Ariel Varela, quien pronto viajó a Washington para reunirse con la OEA y otros funcionarios, y que luego se identificó como parte de un grupo que en sus comunicados apoyaba implícitamente el golpe, hasta Wilfredo Méndez, director del Centro de Investigación y Promoción de los Derechos Humanos, CIPRODEH, un grupo independiente de derechos humanos de larga data con un historial progresista[445]. El 22 de junio, Varela y otros «indignados» iniciaron una huelga de hambre frente a la Casa Presidencial; pronto se les unió Méndez y también siete indígenas tolupanes, quienes dejaron claro que protestaban contra la corrupción y la

---

445 Sobre Varela, visitar su sitio web, www. arielvarela.com. El grupo progolpe es 300 Con Dignidad; sus declaraciones se refieren al golpe de Estado de 2009 como una «crisis constitucional», utilizando el lenguaje de quienes apoyaron el golpe en ese momento y desde entonces. Sobre Méndez, visitar la página web de CIPRODEH, ciprodeh.org.hn/

impunidad, pero también contra la violación a sus derechos territoriales y la intimidación cuando intentaban defender esos derechos[446].

Otras acciones pintaban hacia la derecha. Un grupo de líderes «indignados» expresó que las figuras políticas no eran bienvenidas en las marchas, dejando claro que se referían a líderes de LIBRE —especialmente a Manuel Zelaya—, pese a que los miembros de LIBRE y PAC protestaron en las calles durante años, antes de los «Indignados». En las pancartas y mantas de las marchas de las antorchas noté pocas referencias a derechos humanos, represión, problemática indígena, derecho a la tierra o la creciente militarización; cuando mencioné lo anterior a algunos manifestantes, enfrenté un silencio incómodo.

De forma ambigua, en la marcha de las antorchas del viernes 17 de julio, en Tegucigalpa, los «Indignados» anunciaron que su ruta no terminaría en la Casa Presidencial o la sede del Congreso, según lo acostumbrado, sino en la embajada estadounidense. Cuando llegaron a las puertas de la embajada no protestaron contra el apoyo de Estados Unidos al régimen, como muchos esperaban. En cambio, un pequeño grupo dirigido por Varela solicitó la ayuda del embajador Nealon, quien les concedió una reunión de dos horas dentro de la embajada[447].

Los activistas de izquierda, como parte de la oposición, reaccionaron de forma comprensiblemente ambivalente ante las marchas de las antorchas, pues, mientras ellos fueron víctimas de la represión durante años, muchos de los «indignados» apoyaron o permanecieron en silencio ante el golpe; hasta que sus efectos alcanzaron un punto de inflexión intolerable que también los arrastró. Pero los veteranos de la Resistencia entendieron que era un momento genuino y poderoso de insurrección

---

446 «Hondureños 'indignados' inician huelga de hambre», *La Prensa*, 22 de junio 2015; «Etnia Tolupán se suma a huelga de hambre de Honduras», *Criterio*, 30 de junio 2015; «Siete tolupanes se unen a huelga de hambre a inmediaciones de Casa Presidencial», *Proceso Digital*, 30 de junio 2015; «Wilfredo Méndez se une a huelga de hambre a partir del lunes», *Criterio*, 10 de junio 2015.

447 «Embajador Nealon recibe a 'indignados' tras marcha», *El Heraldo*, 17 de julio 2015. Para un análisis de la relación de la Embajada con los Indignados, véase Ismael Moreno, «¿Qué seremos? ¿Patio trasero o casa propia?», *Envío-Honduras*, No. 53, noviembre 2017.

contra la corrupción y la impunidad. Además, eran conscientes de que cualquier futuro progresista viable para Honduras necesitaría contar con la clase media a bordo. Y, al igual que todos, se entusiasmaron e incorporaron a las marchas en números cada vez mayores.

La noche después de la gran marcha en Tegucigalpa, observé otra marcha de las antorchas mucho más pequeña, en La Lima, la antigua ciudad de la United Fruit Company, cerca de San Pedro Sula; estaba compuesta mayoritariamente de clase trabajadora. Comenzó con grupos de diez o veinte hombres de piel curtida por el sol y sonrientes mujeres mayores; muchas habían pasado décadas cortando racimos de banano o empacando fruta en las empacadoras. Todos esperábamos, rodeados de maleza, el comienzo de la marcha; mientras, las hormigas subían por nuestras pantorrillas y una banda de música de secundaria arribaba en un viejo autobús escolar amarillo. A medida que oscurecía y la marcha avanzaba, los manifestantes continuaron con sus gritos más allá de la antigua sede de United Fruit Company y sobre el puente que enfila hacia el centro de la ciudad. Cientos de personas, desde las más viejas hasta las más jóvenes se unieron, incluidas docenas de niñitas —algunas en sus bicicletas, algunas en cochecitos, algunas apretujadas entre sus padres que se conducían en motocicletas y pasaban lentamente a un costado de la calle[448].

La gente trabajadora de La Lima ha marchado exactamente por las mismas calles desde la Huelga General de 1954, de la que fluye la historia moderna de Honduras. Esa noche corearon las mismas consignas de los manifestantes de clase media de Tegucigalpa: «¡Fuera JOH!», y «¿Cuál es la ruta? ¡Sacar ese hijo de puta!». Escuché la versión reescrita de La Bamba que había escuchado en la capital, comenzando con «Para sacar a Juan Orlando...». Pero casi todas sus antorchas eran caseras, hechas con botellas de plástico y cinta adhesiva, y marchaban juntos con una naturalidad nacida de toda una vida de lucha, que ahora transmitían a otra generación.

---

448 Frank, «Protests light up long Honduran night». Para imágenes, véase «Para sacar a JOH», *FESTAGRO* (blog), 26 de junio 2015, festagro.org/?p=3149

Los «Indignados» de todas las líneas coincidían en las demandas principales: primero, las renuncias del presidente Juan Orlando Hernández, del fiscal general Óscar Chinchilla y del fiscal general adjunto Rigoberto Cuéllar; y segundo, una comisión independiente auspiciada por las Naciones Unidas, a semejanza de la Comisión Internacional contra la Impunidad en Guatemala (CICIG). Creada en 2007, en 2014 la CICIG ya era efectiva en la investigación y apoyo para procesar y condenar a más de dos mil funcionarios públicos acusados de corrupción, ejecuciones extrajudiciales y otros crímenes[449].

Durante la primavera y verano de 2015, mientras los hondureños protestaban contra el régimen de Juan Orlando, decenas de miles de guatemaltecos inundaban sus calles y, junto con la CICIG, contribuyeron a que el 3 de septiembre tuviera lugar la renuncia y encarcelamiento por cargos de corrupción del presidente Otto Pérez Molina[450]. Los observadores comenzaron a hablar de una «primavera centroamericana», evocando la Primavera Árabe de 2010, cuando las protestas masivas derrumbaron gobiernos a lo largo del Oriente Medio[451].

Mientras la demanda por una Comisión Internacional contra la Impunidad en Honduras tomaba fuerza en junio y julio de 2015, Hernández respondió hábilmente el 24 de junio; propuso una comisión nacional contra la impunidad, que él controlaría, con asesores internacionales, y un «diálogo»[452]. Los manifestantes no se dejaron engañar. ¿Cómo podría un gobierno corrupto investigarse a sí mismo?, decían. Sería como «el

---

449 Para conocer la historia y los logros de la CICIG, su sitio web: www.cicig.org
450 Azam Ahmed y Elisabeth Malkin, «Otto Pérez Molina of Guatemala Is Jailed Hours After Resigning Presidency», *The New York Times*, 3 de septiembre 2015. Sobre la importancia de la CICIG, Nina Lakhani, «Guatemala president's downfall marks success for coruption investigators», *The Guardian*, 9 de septiembre 2015.
451 P. ej. Louisa Reynolds, «Are We Witnessing a Central American Spring?», *ForeignPolicy.com*, 26 de junio 2015; «A Central American spring?» *The Economist*, 15 de agosto 2015.
452 «Presidente Hernández inicia hoy diálogo nacional con grupos de Sociedad Civil», *Proceso Digital*, 24 de junio 2015.

ratón cuidando el queso», expresó un crítico. El embajador Nealon tuiteó su apoyo a la propuesta[453].

La Administración Obama estaba comprensiblemente preocupada de que la situación se saliera rápidamente de control y condujera a la caída de Hernández. El 29 de junio, la OEA y la ONU declararon a la prensa que habían firmado un acuerdo con el Gobierno hondureño con el fin de facilitar un «diálogo» para fortalecer la democracia y combatir la corrupción e impunidad[454]. El 28 de septiembre la OEA se había hecho cargo del proyecto por completo, y anunció la formación de la Misión de Apoyo Contra la Corrupción y la Impunidad en Honduras (MACCIH). La MACCIH estaría a cargo de investigar la corrupción de funcionarios públicos y recomendaría reformas. Recurriría a expertos internacionales. Pero, a diferencia de la CICIG, no tendría un poder independiente para investigar casos. No tendría dientes; todo lo que podía hacer era recomendar reformas, no implementarlas. Sin embargo, daría la impresión de que el país combatía efectivamente la corrupción y la impunidad. Y todos entendieron que estaría bajo el control de los Estados Unidos[455].

Personalidades de la comunidad de derechos humanos del país subrayaron las debilidades de la MACCIH. También señalaron la falta de consulta pública del proyecto. La Coalición Contra la Impunidad, una amplia alianza de grupos independientes de derechos humanos, declaró:

Las organizaciones críticas y de oposición de nuestro país han sido excluidas del diálogo nacional, el cual ha sido realizado con sectores afines al partido de gobierno, dejando fuera a las organizaciones que promueven los derechos humanos y reformas reales al sistema de justicia, los sindicatos, mujeres, movimientos campesinos, pueblos indígenas, movimientos

---

453 Twitter del embajador de EE.UU., @USAMBHonduras, twitter.com/search?q=U.S.%20finds%

454 «ONU y OEA confirman acompañamiento en diálogo nacional», *La Prensa*, 29 de junio 2015.

455 Comunicado de prensa, «Secretario General de la OEA anuncia iniciativa para combatir corrupción e impunidad en Honduras», Organización de Estados Americanos, 28 de septiembre 2015, www.oas.org

estudiantiles, así como otros sectores movilizados en las protestas sociales que han demandado los cambios necesarios para el cese de la corrupción, la violencia e impunidad.

Esta exclusión, afirmaron, «forma parte de una peligrosa tendencia emergente de reducción del espacio ganado por las mismas a través de muchos años de una trayectoria de exigencia de protección a los derechos humanos y a las libertades fundamentales de los sectores más vulnerabilizados del país».

Los miembros de la coalición reiteraron inequívocamente su demanda de una CICIH[456]. Incluso Eric Olson, del Centro Woodrow Wilson en Washington y alineado normalmente con el Departamento de Estado, expresó su preocupación de que la MACCIH pudiera ser «un simple escaparate»[457]. El lanzamiento forzado de la MACCIH por la OEA supuso una difícil elección para la oposición hondureña: continuar presionando por una comisión patrocinada por la ONU o aceptar la MACCIH y tratar de aprovecharla al máximo. Finalmente, en 2017, la mayoría se inclinó por lo último.

La Administración Obama, por su parte, enfrentaba un gran desafío: tenía que encontrar la forma de apuntalar el régimen y, al mismo tiempo, disciplinar a su monstruo que estaba, más que nunca, fuera de control. Estados Unidos hacía gala de las extradiciones (y, quizá más importante, de la amenaza de extradición), para tratar de intimidar a las

---

456 Coalición Contra la Impunidad, «We Reject the OAS and Urge the Installation of a CICIH», 16 de septiembre 2015, en posesión de la autora; reportado en *Criterio*, criterio.hn/2015/09/17/coalicion-contra-la-impunidad-decepcionada-con-propuesta-de-la-oea/; para otra crítica de destacados intelectuales, ver «Otra decepción, pero también otra resistencia», 24 de septiembre 2015, reproducido en *El Libertador*, (s.f). Para críticas en Estados Unidos, véase Alexander Main, «An AntiCorruption Charade in Honduras», *The New York Times*, 15 de febrero 2016; y en Honduras Culture and Politics, p. ej. «Why the OAS MACCIH Will Likely Fail», 28 de octubre 2015, hondurasculturepolitics.blogspot.com

457 Eric L. Olson, «Nine questions and observations about Honduras's new anti-corruption mechanism», *Woodrow Wilson Center* (blog), 5 de octubre 2015, www.wilsoncenter.org

élites hondureñas y contar con su obediencia, aunque ni el Departamento de Estado ni la Casa Blanca estaban en control de ello.

En enero de 2012, Estados Unidos presionó al presidente Lobo para que aceptara una ley de extradición, la primera del país desde 1982[458]. A partir de finales de 2013, el Departamento del Tesoro de Estados Unidos y la Oficina del Fiscal General en la Corte del Distrito Sur de Nueva York comenzaron a dar seguimiento a las figuras clave del narcotráfico en Honduras y a exigir su extradición.

El Departamento del Tesoro apuntó primero a José Miguel Handal Pérez, conocido como «Chepe» Handal, y a miembros de su familia, valiéndose de la Ley Kingpin, que exige congelar los activos en los EE.UU. y prohíbe las interacciones financieras con cualquier persona de los Estados Unidos. En diciembre de 2014, el Gobierno hondureño extraditó a los hermanos Valle, dos narcotraficantes de nivel intermedio que, según rumores, eran cercanos a Juan Orlando. Su captura tuvo lugar en octubre con la ayuda de la DEA[459]. Luego, en enero de 2015, dos narcotraficantes de alto nivel, los hermanos Javier Eriberto Rivera Maradiaga y Devis Leonel Rivera Maradiaga, conocidos como «Los Cachiros», quienes habían cooperado con la DEA durante al menos un año, se entregaron a las autoridades de EUA para evitar que sus rivales los asesinaran. Y, mientras permanecieron bajo custodia en Miami, cantaron con lujo de detalles[460].

Después, el Departamento de Justicia fue tras el pez gordo. A principios de octubre de 2015, utilizando la información de Los Cachiros, la Corte del Distrito Sur de Nueva York acusó y exigió la extradición de tres miembros de una de las familias más ricas y poderosas en Honduras, los Rosenthal, acusándolos de lavado de dinero bajo la Ley Kingpin. Yani Rosenthal se entregó y fue trasladado vía aérea a EUA; Yankel fue

458 Hannah Stone, «With Extradition Law, Honduras Outsources Justice to US», *InSight Crime*, 30 de enero 2012.

459 David Gagne, «Completing Chapter, Honduras Extradites Valle Brothers», *InSight Crime*, 19 de diciembre 2014.

460 Joseph Goldstein y Benjamin Weiser, «Murderous Drug Lord Helps US in Secret Deal», *The New York Times*, 7 de octubre 2017.

arrestado en Miami. Jaime Rosenthal, el envejecido y enfermo patriarca, permaneció en libertad en Honduras y el Gobierno no lo extraditó. Una semana después de la acusación, el Gobierno incautó y clausuró, sin el debido proceso, activos de los Rosenthal; entre otros, un ingenio azucarero, el Banco Continental y otras empresas del Grupo Continental; se calcula que veinte mil trabajadores se sumaron a las filas de los desempleados[461].

En una sola redada, el Departamento de Justicia de EUA dio un gran golpe. Por un lado, derribó a una poderosa familia oligarca, probablemente infundiendo un temor profundo en el resto de familias que estaban cómodas con los narcotraficantes y el crimen organizado. Por otro lado, los Rosenthal no son unos oligarcas fortuitos. Dirigen una corriente del Partido Liberal y Yani ocupó el segundo lugar en las primarias presidenciales del partido en 2013. Cuando se dio el escándalo del IHSS y estallaron las protestas de los «Indignados», *Tiempo* tomó una posición clara y crítica respecto de Hernández, por primera vez desde 2013. Cuando el Departamento de Justicia de EUA desarticuló a los Rosenthal, también acabó con un periódico relativamente independiente y eliminó la posibilidad de un candidato de centro derecha viable para una futura elección.

La relación entre la Corte del Distrito Sur de Nueva York del Departamento de Justicia, que estaba procesando los casos, y el Departamento de Estado no es clara, aunque la evidencia sugiere que el Distrito Sur de Nueva York actuó de manera independiente y que el Departamento de

---

461 Azam Ahmed, «US Indicts Members of Powerful Honduran Family», *The New York Times*, 7 de octubre 2015; Comunicado de prensa, United States Department of Justice, US Attorney's Office, Southern District of New York, «Former Honduran Cabinet Officials Pleads Guilty in Manhattan Federal Court to Money Laundering Charge», 29 de agosto 2017; Comunicado de prensa, United States Department of Justice, US Attorney's Office, Southern District of New York «Former Honduran Congressman and Businessman Pleads Guilty in Manhattan Federal Court to Money Laundering Charge», 26 de julio 2017; «CSJ: Extradición de Jaime Rosenthal no procede», *El Heraldo*, 28 de enero 2016; «Deconstructing the Grupo Continental?», *Honduras Culture and Politics*, 12 de octubre 2015; «Diario Tiempo deja de circular en Honduras», *El Heraldo*, 26 de octubre 2015.

Estado no controló el proceso, enterándose de los cargos y solicitudes de extradición, en este y otros casos relacionados con Los Cachiros, justo antes de ser presentadas.

El Departamento de Justicia persiguió también a figuras políticas del Partido Nacional. En mayo de 2015, Fabio Lobo, hijo del expresidente Porfirio Lobo, fue arrestado en Haití por cargos de narcotráfico, y enviado a Estados Unidos[462] (fue encontrado culpable en 2017 y sentenciado a pasar veinticuatro años en una prisión estadounidense). En diciembre de 2015, otro tribunal del Departamento de Justicia acusó y solicitó la extradición del expresidente Rafael Leonardo Callejas (1943-2020), por su participación en el escándalo de corrupción llamado FIFAgate[463]. Callejas había sido el cerebro del Partido Nacional y el padrino político de Juan Orlando. A lo largo de ese año y el siguiente, los tuits y declaraciones de prensa del embajador Nealon exaltaban la exitosa lucha del Gobierno hondureño, en asociación con los Estados Unidos, contra la impunidad y la corrupción[464].

Con estas y otras extradiciones, Estados Unidos trató, en parte, su problema de disciplina: externalizó el sistema de justicia penal de Honduras. Si el Gobierno no procesaba a sus ladrones, Estado Unidos lo haría. Sin embargo, el problema no se resolvió; los narcotraficantes se entrelazaban con los altos mandos del Gobierno, fuerzas de seguridad, funcionarios electos y los empresarios de la élite. Y, a pesar de todo, la Administración Obama quería mantener a Hernández en el poder, por una serie de objetivos geopolíticos, militares y económicos.

Cinco días después de la enorme marcha de las antorchas que presencié en Tegucigalpa, la embajada de Estados Unidos hizo su festejo

---

462 Benjamin Weiser, «Honduras: Ex-President's Son Arrested», *The New York Times*, 22 de mayo 2015; Comunicado de prensa, United States Department of Justice, US Attorney's Office, Southern District of New York, «Son Of The Former President Of Honduras Sentenced To 24 Years In Prison For Conspiring To Import Cocaine Into The United States», 5 de septiembre 2017.

463 Rebecca R. Ruiz, «Former Head of Honduran Federation Pleads Guilty in FIFA Case», *The New York Times*, 28 de marzo 2016.

464 Los tuits de Nealon están disponibles en twitter.com/usambhonduras?lang=en

anual del 4 de julio, lleno de personas de la élite en sus mejores galas. Los pasillos estaban decorados, supuestamente de manera deliberada, con pequeñas antorchas[465]. De pie, junto a Juan Orlando, el embajador James Nealon expresó: «las relaciones entre Honduras y los Estados Unidos están pasando tal vez por su mejor momento en la historia»[466]. Casi se podía escuchar a Tammy Wynette cantando al fondo, «Apoya a tu hombre» (Stand by Your Man).

Pese al claro mensaje de apoyo al régimen dado por la Embajada, en esos momentos la ciudadanía hondureña encontró nuevas formas de expresarse articuladamente. Mientras Hernández bloqueaba casi todas las vías formales de participación democrática, la clase media descubría el poder que estaba en las calles, un poder que la clase trabajadora había reivindicado por décadas. En la larga, oscura y represiva noche de la Honduras posgolpe, las marchas de las antorchas, con su maravillosa iluminación y profunda indignación, dieron vida a una nueva y sorprendente explosión de esperanza haciéndole ver a la gente, en los diversos frentes, que algo aún podía darse.

---

465 La celebración del 4 de julio tuvo lugar el 1 de julio de 2015. Sobre las antorchas, «Embajada de Estados Unidos celebra con antorchas su Independencia», *Criterio*, 1 de julio 2015.

466 «Relaciones entre EEUU y Honduras pasan por el mejor momento de la historia: Embajador Nealon», *Proceso Digital*, 1 de julio de 2015. En una entrevista con el embajador Nealon, confirmé que la cita es correcta. Dana Frank, entrevista con James Nealon, Tegucigalpa, 2 de julio 2015.

CAPÍTULO SEIS

Los búmeran:
Berta Cáceres y la perspectiva del patio trasero

Ella no murió, se multiplicó

Berta Isabel Cáceres Flores nació en 1971 en La Esperanza, zona indígena lenca en lo alto de las montañas, al este de la capital hondureña. Su madre, Austra Bertha Flores López, era partera y fue dos veces alcaldesa de La Esperanza. Durante las décadas de 1970 y 1980, Austra Bertha trabajó con refugiados de El Salvador y le enseñó a su hija sobre la justicia y la lucha social. Cuando ingresó a la universidad, Berta Cáceres ayudó a fundar el Consejo Cívico de Organizaciones Populares e Indígenas de Honduras, COPINH[467].

Durante las décadas de 1990 y 2000, Berta trabajó arduamente con el COPINH y el pueblo lenca para proteger los derechos de la población indígena local. A partir de 2006, el pueblo indígena de la comunidad de Río Blanco, afiliado al COPINH, comenzó a detectar señales de la inminente construcción de la represa hidroeléctrica conocida como Agua Zarca que, mediante la modalidad de coinversión, sería desarrollada por la empresa hondureña DESA (Desarrollos Energéticos, S. A.) y la empresa china Sinonydro, con fondos del Banco Mundial y diversos inversionistas

---

467 Katie Pisa, «Berta Cáceres' family seeks justice in anniversary of fearless activist's death», CNN.com, 3 de marzo 2017.

europeos y hondureños. La represa y el proceso de construcción devastarían la cultura y la supervivencia básica del pueblo lenca, al impedir el acceso a alimentos, agua y plantas medicinales. La Declaración de las Naciones Unidas sobre los Derechos de los Pueblos Indígenas y el Convenio 169 de la Organización Internacional del Trabajo (OIT) sobre Pueblos Indígenas y Tribales especifican que los pueblos indígenas tienen derecho a la consulta previa, libre e informada sobre cualquier proyecto de este tipo. Y el pueblo lenca había rechazado formalmente la represa hidroeléctrica Agua Zarca[468].

Con creciente tenacidad y valentía, la comunidad de Río Blanco, en coordinación con el COPINH, cuestionaron el proyecto. Lo hicieron primero ante los tribunales; conversaron con funcionarios de la ONU y, por último, a inicios de 2013, protestaron en el sitio donde estaban construyendo la represa. En abril de 2013 hicieron una barricada, que mantuvieron durante meses, en un intento de impedir el acceso al lugar. Berta Cáceres, coordinadora general del COPINH, llegó a Río Blanco. Cuando la alarma de la comunidad sobre la represa aumentó y su campaña se intensificó, Berta estuvo allí todo el tiempo, apoyando[469].

A partir de entonces, la represión arreció. En mayo de 2013, las autoridades la acusaron por el delito de posesión ilegal de un arma. Ella denunció que los militares, en un puesto de control, la habían colocado en la guantera del carro. Los cargos fueron desestimados en enero de 2014; pero, durante ese tiempo, ella tuvo que presentarse todas las semanas ante los juzgados y sobrellevar la amenaza de encarcelamiento[470].

El 15 de julio de 2013, soldados del Primer Batallón de Ingenieros de las Fuerzas Armadas de Honduras mataron a Tomás García, miembro

---

468 Annie Bird, *The Agua Zarca Dam and Lenca Communities in Honduras: Transnational Investment Leads to Violence against and Criminalization of Indigenous Communities,* Rights Action, 3 de octubre 2013; entrevista de la autora con Annie Bird, 6 de octubre 2017.

469 Bird, *The Agua Zarca Dam and Lenca Communities in Honduras*; entrevista con Annie Bird, 6 de octubre 2017. Sobre las luchas indígenas por la tierra, Phillips, *Honduras in Dangerous Times.*

470 Para detalles, véase «Case History: Berta Cáceres», *Front Line Defenders* (s.f, 2013-2017).

del COPINH; a él y a cientos más les dispararon cuando marchaban hacia los portones del proyecto. Los soldados también hirieron a su hijo[471]. En agosto, el Gobierno formuló más cargos penales contra Berta y otros dos activistas lencas, acusándolos de coacción, usurpación de tierras y otros delitos. Los tres permanecieron en la clandestinidad durante meses. «Defender los derechos humanos en Honduras es un crimen», declaró Berta. «Están criminalizando el derecho a nuestra identidad y a la conciencia de uno mismo». Las acusaciones la aislaron: «No puedo hacer mi vida como antes, cuando estaba en la oficina, [...] participar en todo el proceso públicamente, [...] salir del país para hablar y denunciar la situación de la que es objeto el COPINH en foros internacionales [...]»[472].

A menudo la describían como una «activista indígena y ambientalista»; pero Berta Cáceres también era una feminista comprometida, una firme defensora de los derechos LGBTI y una perspicaz crítica del capitalismo. En los meses previos al golpe decidió participar, junto a Carlos H. Reyes, en las elecciones de noviembre de 2009 como candidata independiente para la vicepresidencia; después del golpe se retiró en señal de protesta[473]. Fue una de las principales líderes de la Resistencia: ayudó a organizar y a inspirar la base del movimiento social después de que una buena parte del FNRP pasó a integrar el partido LIBRE. Tenía un gran don para lucir llena de vitalidad, inteligencia y encanto en las fotos que le tomaban. Como si supiera que su tiempo en la Tierra sería corto, brillaba ante cada cámara para que, en el futuro, su imagen impactara nuestros corazones, invitando a continuar la lucha por la justicia social —y mantener la alegría.

Durante 2015 el COPINH retomó la protesta contra la represa de forma más enérgica; y, en los primeros meses de 2016, la represión contra la organización, en particular contra Berta Cáceres, se intensificó

---

471 Amnistía Internacional, «El ejército dispara contra manifestantes en Honduras», 23 de julio 2013.

472 «Defender los derechos humanos es un crimen en Honduras», Amnistía Internacional, 22 de noviembre 2013.

473 «Carlos H. Reyes anuncia su retiro de los comicios», *Tiempo*, 8 de noviembre 2009; Frank, «No Fair Election in Honduras Under Military Rule».

peligrosamente. Ella recibió al menos 33 amenazas; de todas informó al Gobierno, pero ninguna fue investigada. A finales de febrero, alguien la bombardeaba constantemente con mensajes de texto, amenazando con matarla si no detenía la organización contra la represa. Berta sabía que era algo serio: hizo arreglos para que otra persona firmara los cheques del COPINH. El 2 de marzo, dándole un abrazo de despedida a su hija Laura Zúñiga Cáceres en el aeropuerto, le dijo: «Si escuchás que algo me ha pasado, no tengás miedo»[474].

En muchas partes la gente trató de mantener con vida a Berta, utilizando cada reconocimiento público imaginable. Miembros de la Red de Solidaridad de Honduras y otros la invitaban a Washington y se referían a ella con regularidad en el Congreso; era conocida en Canadá y Europa. En abril de 2015, Berta Cáceres recibió el prestigioso Premio Ambiental Goldman. Con Zenaida Velásquez, activista hondureña y colega de muchos años, acomodadas en un palco, presenciamos la entrega del premio en la Opera House, en San Francisco, California. Luciendo un vestido reluciente en el teatro de la crema y nata de la sociedad, Berta se acercó al micrófono y nos exhortó:

¡Despertemos! ¡Despertemos Humanidad! Ya no hay tiempo.

Nuestras conciencias serán sacudidas por el hecho de solo estar contemplando la autodestrucción basada en la depredación capitalista, racista y patriarcal.

El río Gualcarque nos ha llamado, así como los demás que están seriamente amenazados. Debemos acudir.

La Madre Tierra militarizada, cercada, envenenada, donde se violan sistemáticamente los derechos elementales, nos exige actuar.

Construyamos entonces sociedades capaces de coexistir de manera justa, digna y por la vida.

---

474 Nina Lakhani, «'Time was running out': Honduran activist's last days marked by threats», *The Guardian*, 25 de mayo 2016.

Juntémonos y sigamos con esperanza defendiendo y cuidando la sangre de la tierra y los espíritus[475].

Unos días más tarde, la Fundación Goldman organizó otra ceremonia en Washington, D.C. para homenajear a los premiados. La líder de la minoría del Congreso, Nancy Pelosi, también realizó un evento en el Capitolio en su honor, al que asistieron muchos senadores y congresistas; en algún momento Nancy Pelosi sostuvo una reunión con Berta[476]. En octubre, Berta conoció al papa Francisco en Roma[477].

Pero nada de eso fue suficiente. Justo antes de la medianoche, el 2 de marzo de 2016, en La Esperanza, Intibucá —horas después de haberse despedido de su hija—, dos hombres armados irrumpieron en su casa. Uno le disparó a ella, y el otro le disparó e hirió a Gustavo Castro Soto, un amigo y colega mexicano que estaba en otra habitación. Berta murió en los brazos de Gustavo poco después[478].

La gente en Honduras se convenció de que podían matar a cualquiera, sin importar la fama que tuviera. Un estremecimiento sacudió a la oposición: a partir de ese momento, quien desafiara al régimen pasaba a ser parte de los muertos en vida. Y, desde luego, habían eliminado a una líder excepcional e influyente. En el Norte, incapaces de evitar que el tren de la política de EUA arrollara a Honduras después del golpe, medíamos nuestros logros, en parte, por las personas no asesinadas. En pocas palabras, queríamos ayudar a los hondureños a salvaguardar su vida un día a la vez. Y también entendimos que, por mucho que hiciéramos, no

---

475 Sobre el premio y el video de su discurso, Premio Ambiental Goldman, «Berta Cáceres», *Goldman Environmental Prize* (blog), www.goldmanprize.org
476 «Photos and Highlights from the 2015 Prize Tour», Goldman Environmental Prize, 29 de abril 2015.
477 Barbara J. Fraser, «Honduran activists hope pope's climate encyclical gives them boost», *CatholicPhilly.com* (blog), 22 de abril 2015.
478 Danielle Marie Mackey, «An Interview with Gustavo Castro, Sole Witness to Assassination of Berta Cáceres», *The Intercept*, 18 de abril 2016. Algunos medios indican que la fecha de su muerte es el 3 de marzo, sin embargo, la fecha correcta —utilizada por el COPINH y su familia— es el 2 de marzo, justo antes de medianoche.

podríamos asegurar la vida de un hondureño u hondureña, ni siquiera la de la persona más reconocida, más valorada y, por tanto, más en riesgo.

El Gobierno hondureño, como de costumbre, no tardó en anunciar que estaba investigando como sospechoso al mexicano herido, Gustavo Castro, y a dos miembros del COPINH; dio a entender que el asesinato había sido un «crimen pasional». La autoridad mantuvo a Castro en cautiverio y le negó atención médica durante días. Después le impidió salir del país durante un mes; parte de ese tiempo se refugió en la embajada de México[479].

El 21 de junio *The Guardian* reveló que el nombre de Berta Cáceres había aparecido en una lista negra del ejército hondureño[480]. En el transcurso del siguiente año, ocho hombres fueron arrestados en relación con el caso: tres de ellos tenían conexiones con el ejército y uno era comandante en servicio activo de las Fuerzas Armadas de Honduras cuando ocurrió el asesinato, y había sido entrenado por las Fuerzas Especiales de Estados Unidos. Evidencias posteriores apuntaban hacia los propietarios del proyecto hidroeléctrico, indicando que podrían ser los autores intelectuales del crimen[481]. El 2 de mayo, el destacado periodista radial Félix Molina publicó, en su página de Facebook, que estaba a punto de revelar información que implicaba a importantes figuras políticas en el asesinato de Berta. A las pocas horas, en Tegucigalpa, dos sujetos

---

479 Mackey, «An Interview with Gustavo Castro»; Joshua Partlow y Gabriela Martínez, «Suspensions mount in slaying of noted Honduran environmentalist», *Washington Post*, 18 de marzo 2016; Jonathan Blitzer, «No Answers in the Murder of Berta Cáceres», *The New Yorker.com*, 11 de abril 2016.

480 Nina Lakhani, «Berta Cáceres's name was on Honduran military hitlist, says former soldier», *The Guardian*, 21 de junio 2016; Nina Lahkani, «US investigating allegations Honduran military had hitlist of activists to target», *The Guardian*, 8 de julio 2016.

481 Para evidencia completa y confiable del caso, incluso respecto a los propietarios de represas como presuntos autores intelectuales del asesinato, véase GAIPE (Grupo Assesor Internacional de Personas Expertas), *Dam Violence: The Plan That Killed Berta Cáceres*, noviembre 2017, www.gaipe.net/english/. Otra fuente importante es Gobal Witness, *Honduras: The Deadliest Country in the World for Environmental Activism*, 31 de enero 2017, www.globalwitness.org

---

desconocidos abordaron el taxi en que él viajaba y le dispararon varias veces en las piernas. Salió al exilio[482].

Pero cuando mataron a Berta Cáceres, sucedió algo extraordinario: usando la frase que el COPINH proclamó en sus honras fúnebres y en mantas y pancartas de futuras manifestaciones, «Berta no murió, se multiplicó». *The New York Times* reportó su asesinato como una noticia destacada el siguiente día; los medios de comunicación en Estados Unidos y en muchas partes del mundo difundieron la noticia y le dieron seguimiento; Nina Lakhani, en *The Guardian,* ahondó en el tema durante meses[483]. Los ambientalistas reaccionaron horrorizados y difundieron la noticia del asesinato de Berta en sus redes[484]. Organizaciones indígenas de América viajaron a La Esperanza para abrazar la lucha del COPINH y exigir justicia[485].

Berta ya no solo se asociaba a Honduras. Después de su muerte, se convirtió en un poderoso símbolo global de la lucha de los de abajo y la represión de los de arriba. Su imagen circuló, como la del Che Guevara, por muchas partes. A principios de 2017 se podía comprar un protector para celular o un bolso con la imagen de su rostro impresa en ellos. A principios de mayo de 2016, dos meses después del asesinato, fui a una reunión de la Climate Action Network de Santa Cruz; un co-

---

482 «Honduras: opposition radio journalist narrowly escapes murder attempt», Reporters Without Borders, 3 de mayo 2016; Jason McGahan, «Journalist Survives Two Murder Attempts in One Day», *Daily Beast,* 5 de mayo 2016.

483 Elisabeth Malkin y Alberto Arce, «Berta Cáceres, Indigenous Activist, Is Killed in Honduras», *The New York Times,* 3 de marzo 2016; Nina Lakhani, «'Time was running out'», «Berta Cáceres's name was on Honduran military hitlist», «US investigating allegations Honduran military had hitlist of activists to target», y otros artículos más en *The Guardian.*

484 Por ejemplo, «High profile Honduran activist Berta Cáceres murdered», *Friends of the Earth International* (blog), 3 de marzo 2016; Comunicado de prensa, «Sierra Club Statement on the Assassination of World-Renowned Activist Berta Cáceres», *Sierra Club* (blog), 3 de marzo 2016.

485 Sobre la solidaridad global con Berta, véase cobertura regular en *Indian Country Today,* p. ej. Grahame Russell, «The Day Berta Cáceres was Assassinated», *Indian Country Today,* 4 de marzo 2016; Comisión Intercontinental Abya Yala, «Pronunciamiento del MAPCA al cumplirse un año del asesinato de nuestra compañera Berta Cáceres Flores», *Somos America* (blog).

lega universitario habló sobre las perspectivas de la justicia global en América Latina. Antes de su intervención, los organizadores, a quienes no conocía, anunciaron que los fondos recolectados en el evento serían para el COPINH; el expositor empezó con un videoclip del discurso de aceptación del Premio Goldman de Berta. Aquel otoño pregunté a mis alumnos, en una clase de Historia de Estados Unidos, quiénes habían oído hablar de Berta Cáceres (nunca antes la había mencionado). Nueve de cuarenticinco levantaron la mano.

Pero había un lado negativo en su popularidad. En Washington, Berta y su caso se convirtieron en mercancía política, disponible para muchos que, en el pasado, no se interesaron por sus luchas, y promovieron políticas que ella hubiera rechazado. En el lado positivo, los antiguos aliados del Congreso actuaron inmediatamente después del asesinato. El senador Leahy comunicó al Departamento de Estado, a las pocas horas de la muerte de Berta, que no aprobaría la liberación de fondos adicionales para el gobierno hondureño hasta que investigaran el caso y presentaran ante la justicia a los responsables del asesinato. Emitió una elocuente declaración, que la familia de Berta leyó en el funeral el 4 de marzo, donde solicitaba una investigación independiente del crimen y el cierre de la represa. Leahy instó a los líderes hondureños a defender públicamente los derechos de activistas como los del COPINH, periodistas y otros, en lugar de arrestarlos o amenazarlos:

Las poblaciones indígenas, poblaciones sin tierra, personas que exigen una vida sana para sus niñas y niños y el alivio del hambre, la pobreza, la injusticia, la corrupción, la codicia y la explotación destructiva del medio ambiente, en lugar de recibir respeto y apoyo, muy a menudo, han sido amenazadas y asesinadas con impunidad[486].

---

486 Comunicado de prensa, «Remarks of Senator Patrick Leahy On Remembering Berta Cáceres», 3 de marzo 2016. Ver también, «Statement of Senator Patrick Leahy On the Life of Berta Cáceres», 15 de marzo 2016.

A los pocos días los congresistas Hank Johnson y Keith Ellison promovieron una carta y la respectiva recolección de firmas. El 17 de marzo, cuando se hizo pública, 62 miembros del Congreso la habían suscrito. Pidieron una investigación independiente de la CIDH, la suspensión de los fondos en seguridad de EUA a Honduras y una revisión de los préstamos de bancos multilaterales de desarrollo con respaldo estadounidense. Haciendo eco a lo dicho por Leahy, pidieron que el Departamento de Estado presionara al Gobierno hondureño para detener la construcción de la represa y garantizar la protección de la familia Cáceres, de los miembros del COPINH y demás defensores de derechos humanos[487].

Otros congresistas y senadores, incluidos la líder de la minoría de la Cámara de Representantes Nancy Pelosi y el senador Benjamin Cardin, emitieron declaraciones públicas individuales y también enviaron mensajes a través de Twitter; Keith Ellison, un campeón de los derechos humanos en ese período y siguientes, pronunció un discurso en el pleno del Congreso; la congresista Betty McCollum envió una carta al Departamento de Estado, reenviando información de activistas de derechos humanos de EUA sobre los violadores de la Ley Leahy en Honduras y solicitando la aplicación de dicha ley[488].

Pero el tema se enredó. El lunes 6 de marzo, los congresistas Sam Farr y Norma Torres difundieron una carta que solo expresaba preocupación por el caso y solicitaba a las autoridades hondureñas investigar; pedía al gobierno de Estados Unidos que cooperara de todas las formas posibles; y demandaba la protección de los defensores de derechos humanos. Sus peticiones coincidían, casi exactamente, con la declaración

---

487 Comunicado de prensa, «Reps. Johnson, Ellison call for independent murder investigation of human rights activist Cáceres», 17 de marzo de 2016.

488 Comunicado de prensa, «Cardin Condemns Murder of Human Rights Activist Berta Cáceres», 3 de marzo 2016; Comunicado de prensa, «Rep. Schakowsky Statement On the Murder of Berta Cáceres», 3 de marzo 2016; Comunicado de prensa, «Rep. Ellison Statement on the Assassination of Berta Cáceres», 3 de marzo 2016; «Twit», Rep. Nancy Pelosi, 3 de marzo 2016; Comunicado de prensa, «Rep. Ellison speaks on House Floor About the Assassination of Honduran Activists», 18 de marzo 2016; congresista Betty McCollum al secretario de Estado John Kerry, 8 de marzo 2016, en posesión de la autora.

que el Departamento de Estado emitió un día después del asesinato de Berta. Aunque saltara a la vista que la situación de los derechos humanos había empeorado[489], nuestra solicitud de suspensión de la ayuda policial y militar a Honduras, que el mismo Farr y más de noventa congresistas habían apoyado en el pasado, brillaba por su ausencia. La carta significó un gran retroceso.

La congresista Norma Torres, entre 2015 y 2016, contrarrestó la política progresista para Honduras que muchos habíamos construido durante años. Nacida en Guatemala y elegida en 2014 en un distrito del este de Los Ángeles, Torres fue la primera centroamericana en formar parte del Congreso[490]. A principios de 2015 formó, con el congresista republicano David Valadao de Bakersfield, California, el Caucus de Asuntos Centroamericanos, ocupando la copresidencia[491]. Torres tenía antecedentes de centrista. Cuando sirvió en la legislatura estatal de California, antes de llegar al Congreso, a menudo votaba con los republicanos contra los proyectos de ley relacionados con temas ambientales y laborales que los demócratas liberales introducían[492].

En octubre y noviembre de 2015, mientras la propuesta de una misión contra la corrupción a cargo de la OEA amenazaba con aplastar la demanda de los hondureños de una misión similar pero a cargo de las Naciones

---

489 «Mensaje de condolencia del Embajador de los Estados Unidos de América James D. Nealon por el asesinato de la coordinadora del Consejo Cívico de Organizaciones Populares e Indígenas de Honduras (COPINH) Berta Cáceres», Embajada de Estados Unidos en Honduras, 3 de marzo 2016; Congresista Sam Farr y 17 congresistas adicionales a John Kerry, 8 de marzo 2016, en posesión de la autora; «Demócratas piden a Kerry vigilar investigación Berta Cáceres», *El Nuevo Herald*, 8 de marzo 2016.

490 Sobre la biografía oficial de Torres, visitar su sitio web, «Biography», torres.house. gov/about/full-biography

491 Julian Hattem, «Lawmakers launch Central American Caucus in meeting with Guatemalan leader», *The Hill*, 24 de febrero 2016, thehill.com

492 El historial de votación de Torres fue conservador respecto de la justicia penal y temas ambientales. Por ejemplo, votó contra la prohibición de la fractura hidráulica, contra la reconsideración de sentencias para delincuentes juveniles y contra la prohibición de bolsas de plástico de un solo uso en las tiendas. A menudo no votó proyectos de ley progresistas. Véase votesmart.org para su registro completo de votación.

Unidas, Alex Main y yo trabajamos con la oficina del congresista José Serrano en una carta de adhesión, apoyando una misión de la ONU inspirada en la Comisión Internacional contra la Impunidad en Guatemala (CICIG)[493]. Pensé que el tema no sería complicado ni controversial entre los progresistas, ya que gozaba de popularidad entre los hondureños. 53 congresistas firmaron la carta; pero, para mi sorpresa, Sam Farr y Norma Torres no la firmaron. Solo tres semanas antes había estado en una reunión con Farr donde le prometió a Bertha Oliva, directora del COFADEH, que haría una declaración pública apoyando la CICIH.

A fines de febrero de 2016, ni Torres ni Farr firmaron la carta de los congresistas Marcy Kaptur y Hank Johnson, que expresaba preocupación por las amenazas a los sindicalistas hondureños[494]. Kaptur, la mujer de mayor antigüedad en la Cámara, fue una figura clave de los derechos sindicales en Honduras y una firme defensora de nuestras iniciativas. Si Farr, con su historial, tampoco firmó esa carta, algo estaba sucediendo. Cuando asesinaron a Berta Cáceres, el escenario en la Cámara había cambiado evidentemente: a partir de entonces, mis colegas y yo no solo tuvimos que luchar contra la Administración y los republicanos conservadores, sino que tuvimos que lidiar con un centrismo agresivo que promovía sus propias iniciativas para Honduras y, al mismo tiempo, socavaba nuestros proyectos.

Entonces colocamos más alto el listón. Trabajando tras bambalinas durante seis semanas, la asistente del congresista Hank Johnson, Sascha Thompson y yo, apoyadas por asistentes de otros cinco congresistas y algunos colegas de la solidaridad, elaboramos el primer proyecto de ley

---

493 Comunicado de prensa, «Congressman Serrano and 53 Members Call for Creation of UN-sponsored Commission on Corruption and Impunity in Honduras», 4 de diciembre 2015. Extrañamente, una autodenominada líder de los Indignados, Fernanda López, afirmó con total naturalidad que ella había elaborado la carta, notibomba.com/toque-todas-las-puertas-en-ee-uu-hasta-que-los-congresistas-me-escucharon-fernanda-lopez/

494 La carta de Kaptur/Johnson fue una de seguimiento a la que el congresista Jan Schakowsky y el mismo Farr codirigieron. Jan Schakowsky, Sam Farr y 28 congresistas más a John Kerry, 15 de enero 2016; Marcy Kaptur, Henry C. «Hank» Johnson y 23 congresistas más a John Kerry, 16 de marzo 2016.

del Congreso que solicitaba la suspensión inmediata de la ayuda en seguridad a Honduras, y que Estados Unidos no apoyara los préstamos de los bancos internacionales de desarrollo para sus fuerzas de seguridad[495].

La Ley de Derechos Humanos Berta Cáceres en Honduras se inspiró en proyectos de ley similares a los de la década de 1980, propuestos para cortar la ayuda en seguridad de EUA a El Salvador. El 14 de junio de 2015, Johnson introdujo el proyecto de ley en la Cámara, con el copatrocinio de los congresistas John Conyers, Keith Ellison, Marcy Kaptur, Jan Schakowsky y José Serrano[496]. Poco tiempo después, los seis copatrocinadores publicaron un artículo de opinión en *The Guardian*: «America's Funding of Honduran Security Forces Puts Blood on Our Hands»[497] (Fondos de Estados Unidos para las fuerzas de seguridad de Honduras tiñen de sangre nuestras manos).

Nos sorprendió la atención que captó el proyecto de ley; obtuvo apoyo y publicidad creciente, más que cualquier iniciativa del Congreso en años anteriores. Al igual que la imagen de Berta, la Ley Berta Cáceres, H.R. 5474, cobró vida propia; o, más bien, fue alumbrada gracias al arduo trabajo de miles de activistas quienes, insistentemente, presionaron a sus representantes para que la firmaran. A finales de 2016, 51 congresistas la habían respaldado oficialmente[498]. Entre los patrocinadores estaban AFL-CIO, Sierra Club, Friends of the Earth, American Friends Service Committee, American Jewish World Service, Center for Constitutional Rights, Greenpeace, Latin America Working Group, Maryknoll Office for Global Concerns, National Lawyers Guild, Presbyterian Church USA, School of the Americas Watch, Sisters of Mercy of the Americas, United Church of Christ Justice and Witness Ministries y Witness for

---

495 Sascha Thompson ha cambiado su nombre a Sascha Foertsch.
496 Berta Caceres Human Rights in Honduras Act, H.R. 5474, 114th Cong. (2015-16), www.congress.gov/bill/114th-congress/house-bill/5474
497 John James Conyers, Jr., Keith Ellison, Hank Johnson, Marcy Kaptur, Jan Schakowsky y José E. Serrano, «America's funding of Honduran security forces puts blood on our hands», *The Guardian*, 8 de julio 2016.
498 «H.R. 5474, Cosponsors», www.congress.gov/bill/114th-congress/house-bill/5474/cosponsors

Peace, junto con grupos solidarios regionales de América Latina que apoyaban a Honduras desde tiempo atrás: un total de 60 organizaciones estadounidenses e internacionales (WOLA no la firmó y colaboró estrechamente con Norma Torres)[499].

En Honduras, 29 destacados grupos de derechos humanos y asociaciones, como la Coalición Contra la Impunidad, valientemente, dieron su apoyo[500]. Periodistas alrededor del mundo la citaban en sus noticias sobre el país. Era una fuente que no se agotaba. Cuando Hank Johnson la reintrodujo en el aniversario del asesinato de Berta, el 2 de marzo de 2017, 24 copatrocinadores del primer proyecto de ley se unieron; el total de copatrocinadores del proyecto de ley H.R. 1299 llegó a 70[501].

Tres semanas después de la primera presentación del proyecto de ley (H.R. 5474), a fines de junio de 2016, el presidente Juan Orlando Hernández viajó a Washington para defender a su nación de la «Ley Berta», como se le conoció en Honduras[502]. El personal de la congresista Norma Torres invitó a los miembros afiliados al Caucus de Centroamérica a una reunión privada con Hernández para conocer los logros del Presidente en materia de prosperidad y seguridad. «También», podrían preguntar a Hernández sobre temas de derechos humanos si así lo deseaban[503].

En marzo de 2017, de manera meticulosa, tres semanas después de la reintroducción del proyecto de ley, Torres invitó de nuevo a Hernández a hablar con el Caucus. Esta vez se corrió la voz. *The Guardian* y *Democracy Now*! informaron que los manifestantes se alinearon en un pasillo externo, sosteniendo un letrero que decía «BERTA CÁCERES

499 Witness for Peace, «Organizational Endorsements for the Berta Cáceres Act» (s.f, noviembre 2017), witnessforpeace.org. Sobre Torres y WOLA ver p. ej., «The Central America Tracking Monitor: Tracking U.S. Assistance and Assessing Impact», WOLA, 16 de mayo 2017.

500 «Honduran Human Rights Organizations Call for Suspension of US Aid», Programa de las Americas, 1 de septiembre 2016.

501 Berta Cáceres Human Rights in Honduras Act, H.R. 1299, 115th Cong. (2017-18).

502 «Washington: 'Ley Berta', candidatos a PPTN y el viaje de JOH», *Tiempo*, 12 de julio 2016.

503 Comunicado de prensa, «Central America Caucus Meets with Honduran President», sitio web de la congresista Norma Torres, 12 de julio 2016.

PRESENTE» y con fotografías de Berta y de otros líderes de la justicia social asesinados después del golpe[504].

Aunque la promoción que Torres hizo de las visitas de Hernández fue más bien discreta, sus esfuerzos fueron efectivos; su personal trabajó con vigor contra el proyecto de ley en 2016 y 2017. Varios congresistas, especialmente los más nuevos y aquellos del sur de California, siguieron su ejemplo y supuesta autoridad moral como centroamericana, y no firmaron el proyecto de ley. Antes de retirarse a fines de 2016, y bajo la presión de los votantes, el congresista Farr se unió finalmente como copatrocinador del proyecto de ley. La congresista Torres no lo apoyó, pese a que la familia de Berta le envió una carta personal, en la primavera de 2017, pidiéndole su respaldo[505].

Operaciones de limpieza

Mientras la estrella de Berta recorría el firmamento internacional, activistas de justicia social y defensores de derechos humanos en Honduras pagaron un precio alto por esa nueva luz que ponía al descubierto las violaciones de los derechos humanos en su país.

Dos semanas después del asesinato de Berta, Nelson García, un activista del COPINH, fue asesinado; en julio, Lesbia Janeth Urquía, también integrante del COPINH, fue asesinada[506]. Durante el año siguiente, las manifestaciones del COPINH exigiendo justicia en el caso de Berta, en las

---

504 «Washington, D.C.: Honduran President Faces Protests over Cáceres's Murder», *Democracy Now!*, 22 de marzo 2017; Laura Gambino, «Protesters in DC confront Honduran president over Berta Cáceres murder», *The Guardian*, 21 de marzo 2017.

505 Familia de Berta Cáceres a Norma Torres, 2 de marzo de 2017, en posesión de la autora; Norma Torres a la familia de Cáceres, 17 de marzo 2017, en posesión de la autora; Sarah Lazare, «How the US Created a Human Rights Disaster in Honduras —and How It Can Be Stopped», *AlterNet*, 6 de marzo 2017, www.alternet.org

506 Nina Lakhani, «Fellow Honduran activist Nelson García murdered days after Berta Cáceres», *The Guardian*, 16 de marzo 2016; David Agren, «Honduras confirms murder of another member of Berta Cáceres's activist group», *The Guardian*, 7 de julio 2016.

---

afueras de la Casa Presidencial, hicieron frente a gases lacrimógenos y a enfurecidas fuerzas de seguridad que, en una oportunidad, persiguieron a ancianas y niños por las calles de Tegucigalpa. El 15 de abril, un grupo de miembros del COPINH, que marchaba hacia el río Gualcarque, se topó con unas veinticinco a treinta personas, armadas con machetes y piedras, que amenazaron a los manifestantes y a sus acompañantes internacionales[507].

La represión vapuleó con persistencia a otros activistas sociales hondureños y a quienes los defendían. En mayo, el Gobierno cerró la importante Radio Globo, alegando que no había renovado su licencia[508]. En octubre, en el Aguán, José Ángel Flores, líder campesino del MUCA, y Silmer Dionicio George, activista del MUCA, fueron asesinados afuera de la sede de la organización en Tocoa[509].

Las amenazas contra los sindicalistas continuaron en la impunidad. En noviembre del año anterior, Nelson Núñez, organizador de FESTRA-GRO, recibió crecientes amenazas a muerte y tuvo que cambiar de casa; pero, a pesar de dos cartas de la asamblea de FESTRAGRO a principios de 2016, que alertaban sobre su caso y otros, el gobierno no proporcionó la protección necesaria ni investigó adecuadamente el caso[510].

Fuera de control, el Congreso hondureño aprobó dos sorprendentes reformas legislativas que reprimirían con mayor dureza a la oposición. La reforma del artículo 335-B del Código Penal, aprobada en febrero de 2017, permitía acusar de apoyo al terrorismo y encarcelar de cuatro a ocho años a periodistas y escritores que hicieran «apología, enaltecimiento o

---

507 «Honduran and international march to commemorate Berta Cáceres attacked by counter-protesters», *Front Line Defenders* (blog), 20 de abril 2016.

508 «TV Honduras: Protestan por el cierre de transmisión de Globo», *El Libertador*, 23 de mayo 2016.

509 Nina Lakhani, «Two More Honduran land rights activists killed in ongoing violence», *The Guardian*, 19 de octubre 2016.

510 Tula Connell, «Honduran union leader, family leave home after threats», *AFL-CIO Solidarity Center* (blog), 17 de noviembre 2015; Jan Schakowsky, Sam Farr y 28 congresistas más a John Kerry, 15 de enero 2016; Marcy Kaptur, Henry C. «Hank» Johnson y 23 congresistas más a John Kerry, 16 de marzo 2016.

justificación» de lo que el Gobierno ha calificado como «terrorismo»[511].
La reforma al artículo 590, aprobada en septiembre, contemplaba sentencias de quince a veinte años para manifestantes y otros que buscaran «subvertir» el orden constitucional o provocar «terror» en la población. Los jueces aplicarían la definición de «terrorismo», según su criterio.

Con estas medidas, el Gobierno criminalizaba como terroristas a quienes se manifestaran en su contra y lo criticaran en los medios de comunicación. «El gobierno actual ha hecho todo lo posible para restringir la disidencia como parte de la estrategia de reelección establecida por el régimen de Juan Orlando Hernández», señaló Miriam Miranda de OFRANEH, organización garífuna[512]. Mientras amordazaba por la vía legal a sus críticos, el Gobierno dio carta blanca a sus fuerzas de seguridad para matar a los manifestantes. En mayo, el Congreso modificó el artículo 25 para otorgar inmunidad a los miembros de seguridad que utilicen sus armas en el cumplimiento de su deber[513].

La represión también aumentó contra los defensores internacionales de derechos humanos que viajaban regularmente a Honduras para acompañar a los hondureños en riesgo o para documentar abusos. A mediados de mayo de 2015, el gobierno hondureño acusó a una ciudadana italo-alemana, Giulia Fellin, de incitar a la violencia en una manifestación del COPINH, y anunció que sería expulsada; Fellin tuvo que refugiarse en la embajada italiana antes de salir del país[514]. A finales de octubre, detuvieron y esposaron a un español que había acompañado a miembros del COPINH y de otras organizaciones; también lo interrogaron durante

---

511 Paula Nalvarte, «Honduran Congress approves jail sentences for journalists who make justifications for terrorism», *Knight Center Journalism in the Americas* (blog), 23 de febrero 2017.

512 Heather Gies, «Honduras, the Deadliest Country in the World for Environmental Defenders, Is About to Get Deadlier», *Upside Down World*, 29 de septiembre 2017.

513 «Honduras: Conoce las reformas al Código Penal y Procesal», *Tiempo*, 16 de mayo 2017.

514 «Observadora europea de DD.HH. sufre ataque de xenofobia y campaña de odio en Honduras», *C-Libre*, Alerta 79-16, Honduras, 12 de abril 2016.

cuatro horas, le negaron el recurso de *habeas corpus* y lo sacaron vía aérea hacia El Salvador, sin su pasaporte[515].

El 22 de septiembre de 2016, publiqué un artículo de opinión en *The New York Times* titulado «End US Support for the Thugs of Honduras»[516] (Paren el apoyo de EUA a las mafias de Honduras). A las pocas horas, los sitios web de la derecha hondureña publicaron artículos atacándome. Un artículo en *Nos Queda Claro,* titulado «La oposición y los medios internacionales continúan su campaña para dañar a Honduras», incluía una imagen manipulada que superponía una foto de mi rostro sobre la de un mar de simpatizantes de LIBRE y PAC, ondeando banderas[517].

En días siguientes, *Nos Queda Claro* amplió sus blancos y difundió una serie de afiches con ilustraciones bien realizadas que me vinculaban con una supuesta conspiración internacional de izquierdistas; entre otros, Amy Goodman y Juan Gonzales, de *Democracy Now!;* Annie Bird y Nina Lakhani, de *The Guardian*; Manuel Zelaya y varios periodistas hondureños, incluido Jhonny Lagos, director de *El Libertador.* Uno de los afiches anunciaba una conferencia ficticia titulada «Gran I Simposio, Tema Central Terrorismo Mediático: Aprenda sobre periodismo amarillista, la manipulación de información, la desacreditación de un país y sus autoridades». Otro presentaba el dibujo de una telaraña conectando a diez de nosotros con el siguiente texto: «*¡AL DESCUBIERTO! Red Izquierda Radical Lanza Campaña de ODIO CONTRA HONDURAS*». En la página de Facebook de Amy Goodman, alguien escribió: «Todos ellos son simpatizantes de izquierda y por supuesto hay que apoyar que los ECHEN en cuanto viajen a Honduras»[518]. Algunos sitios web hostiles adicionaron más blancos: Alexander Main de CEPR, también atacado

---

515 Llamado urgente, «Honduras: Retención y deportación del observador internacional de Derechos Humanos Luis Díaz de Terán López», FIDH, 3 de noviembre 2016, www.fidh.org.

516 Dana Frank, «End US Support for the Thugs of Honduras», *The New York Times*, 22 de septiembre 2016.

517 «La oposición y medios internacionales continúan campaña para dañar a Honduras», *Nos Queda Claro* (blog), 22 de septiembre 2016.

518 Véase la publicación de facebook de Chuy Ramos, 25 de septiembre 2016, www.facebook.com/SoyChuyRamos/posts/1795128800702374

después de publicar un artículo de opinión en *The New York Times* en febrero de 2016 criticando a Hernández; Victoria Cervantes y Karen Spring, de la Red de Solidaridad de Honduras; y los hondureños Bertha Oliva, del COFADEH, y Gerardo Torres, de TeleSUR[519].

El 2 de febrero de 2017, un representante de la ONG británica Global Witness, que recién había publicado un informe ampliamente citado, donde afirmaba que Honduras era el lugar más peligroso del mundo para un defensor del ambiente, tuvo que ser auxiliado por un funcionario de la ONU durante un programa de televisión en directo, pues las autoridades hondureñas, entre ellas el secretario de Recursos Naturales, expresaron en el programa que se le debía capturar de inmediato y acusar penalmente[520].

Intimidantes ataques previos contra defensores internacionales de derechos humanos en Honduras sirvieron de base para estas campañas. El 24 de julio de 2013, dos miembros del Proyecto de Acompañamiento Internacional, Daniel Langmeier, ciudadano suizo, y Orlane Vidal, ciudadana francesa, llegaron a Nueva Esperanza, Atlántida, para acompañar a la comunidad en su lucha contra un proyecto minero ilegal. A la mañana siguiente, entre treinta y cuarenta hombres los rodearon, los retuvieron

---

519 «Denuncian campaña de odio contra periodistas», *CERIGUA* (blog), 1 de octubre 2016; «Honduras, izquierda arremete contra imagen del país», *Quién Opina?* (blog), 30 de septiembre 2016; «Extranjeros incitan a la violencia y el odio en Honduras», *Nos Queda Claro*, 10 de mayo 2016; «Activistas piden suspensión de ayuda Honduras por violaciones de DD.HH», *Nos Queda Claro*, 16 de diciembre de 2016; sobre un ataque especialmente insidioso y peligroso contra Bertha Oliva, del COFADEH, y Karen Spring, de la Red de Solidaridad de Honduras, «Modus operandi de algunas ONG's que protegen a narcotraficantes en el Bajo Aguán», *Nos Queda Claro*, 21 de noviembre 2016. Video de *YouTube* en el que somos atacadas Annie Bird, Amy Goodman y yo, por nuestras declaraciones en *Democracy Now!*, Chuy Ramos, «La izquierda ataca a Honduras de la mano de Mel Zelaya», *YouTube*, 25 de septiembre 2016.

520 Global Witness, *Honduras: The Deadliest Country in the World for Environmental Activism*; «ONU rescata a delegado de Global Witness», *El Libertador*, 2 de febrero 2017; «Creciente campaña de difamación contra defensores y defensoras», Amnistía Internacional, 2 de febrero 2017.

a punta de pistola durante cuatro horas, los amenazaron de muerte y, literalmente, los echaron de la localidad[521].

Los ataques más prolongados contra alguien de nacionalidad estadounidense los vivió Annie Bird, en ese momento codirectora de Rights Action que, durante muchos años, investigó los abusos contra los derechos humanos cometidos por las fuerzas de seguridad del Estado hondureño, especialmente los perpetrados contra el movimiento campesino en el Aguán. Su informe de febrero de 2013, sobre el 15 Batallón, contenía documentación incriminatoria de la presunta colaboración de militares y policías con los guardias de seguridad privada de Miguel Facussé en relación con las muertes de campesinos organizados.

El 12 de diciembre de 2013, día en que se oficializó la elección de Juan Orlando, el coronel German Alfaro, comandante de la Fuerza de Tarea Xatruch III en el Aguán, apareció en la televisión y radio del país para atacar agresivamente a Bird. «Estamos en un proceso investigativo de una denuncia sobre una supuesta norteamericana de nombre Annie Bird, quien anda haciendo algunas labores de desestabilización aquí en el sector del Aguán, ya que se está reuniendo con algunos dirigentes de grupos campesinos», manifestó. Los periódicos dieron seguimiento a la noticia y publicaron su foto. *La Tribuna* dijo que estaba en el Aguán, tramando una rebelión armada[522].

De nuevo, en julio de 2014, Alfaro —quien fue entrenado y financiado por Estados Unidos— fue tras Bird; esta vez lo acompañó el director del Instituto Nacional Agrario (INA) y Roger Pineda, portavoz de Facussé. Sin evidencia alguna, denunciaron por televisión y radio que ella promovía la violencia armada en el Aguán, que ingresó ilegalmente al país y que le pasaba información a Al Qaeda. Apareció en muchos

---

521 «Public Clarification of the Circumstances Surrounding the Abduction of Two Observers from PROAH in La Nueva Esperanza», *Honduras Accompaniment Project*, 15 de noviembre 2013; Amnistía Internacional, «Activistas de derechos humanos secuestrados en Honduras», 30 de julio 2013.

522 «Estamos investigando denuncia que una norteamericana desestabiliza en el Aguán», *HonduPrensa*, honduprensa.wordpress.com; Canal 11, Tegucigalpa, 16 de julio 2014.

periódicos[523]. Alguien, con una imagen de Hitler en su identificación de perfil en una red social, escribió en el sitio web de *Tiempo* que a ella la deberían quemar hasta morir[524]. Pese a la presión del Congreso de EUA y una amplia gama de grupos de derechos humanos, la embajada permaneció públicamente en silencio ante estos peligrosos ataques de un oficial de las Fuerzas Armadas, financiado por EUA, contra una ciudadana estadounidense.

Altos funcionarios del Gobierno, incluido Juan Orlando, continuaron atacando públicamente a los defensores de derechos humanos que se relacionaban con aliados internacionales o que viajaban a Washington. Quienes criticaban al gobierno ante extranjeros recibían el calificativo de «malos hondureños» que buscaban destruir el país y, aparentemente, recibían financiamiento de la izquierda internacional y de LIBRE[525]. El espacio para la disidencia se redujo más que nunca.

Sin embargo, el presidente Hernández, pese a todas las protestas internacionales, se mantenía en su pedestal. Durante 2015 y 2016 preparó el escenario para una dictadura. El artículo 239 de la Constitución establece, inequívocamente, que ningún presidente puede servir más de un periodo; incluso afirma que, si un presidente en ejercicio aboga por la reelección, debe ser destituido de inmediato. Pero en abril de 2015, la Corte Suprema —controlada por Juan Orlando— dictaminó que los artículos eran «inconstitucionales», porque violaban normas internacionales de derechos humanos[526].

---

523 «Norteamericana promueve acciones violentas e invasiones en Bajo Aguán, acusa titular del INA», *Proceso Digital*, 17 de julio 2014; «Polémica presencia de defensora de DDHH en zona del Bajo Aguán», *HonduPrensa*, 16 de diciembre 2013; Canal 5, Tegucigalpa, 12 de diciembre 2013.

524 «Polémica presencia de defensora de DDHH en zona del Bajo Aguán». Se incluían comentarios como: «… y esta vieja puttttta de donde salio, hay que ir a quemarla» [sic].

525 Por ejemplo, «Presidente hondureño ataca a defensores de DDHH que piden en EEUU 'Ley Berta'», *El Confidencial*, 15 de julio 2016, confidencialhn.com

526 Para un excelente análisis sobre la reelección y la toma de poder de Hernández, véase Joaquín A. Mejía, «El despotismo amenaza a Honduras», *The New York Times*, edición en español, 17 de octubre 2016; ver también: «Presidential Re-

No tenían autoridad alguna para hacer tal cosa porque, modificar la Constitución, requiere un proceso largo y complejo. Pero con ese fallo, Hernández inició su marcha ilegal hacia la reelección. No importó que expertos juristas, otros partidos políticos y observadores internacionales pusieran el grito en el cielo. En las elecciones primarias de noviembre de 2016, ganó las elecciones del Partido Nacional sin ninguna duda —aunque quién sabe realmente, ya que él controlaba la maquinaria electoral— y se encaminó veloz a las elecciones generales de noviembre de 2017. Xiomara Castro ganó la candidatura de LIBRE nuevamente y Salvador Nasralla la del PAC[527]. En mayo, Castro y Nasralla decidieron conformar la Alianza de Oposición, encabezada por Nasralla como candidato presidencial y Castro como su compañera de fórmula[528].

En una declaración pública el 15 de octubre, mucho antes de las primarias, la embajada de Estados Unidos en Tegucigalpa dejó clara su posición sobre la reelección:

El gobierno de los Estados Unidos no se opone a que el presidente Hernández u otros se presenten a la reelección de acuerdo a los procesos democráticos de Honduras. Esto corresponde al pueblo hondureño determinar su futuro político a través de sus instituciones y procesos democráticos[529].

Juan Orlando tenía luz verde. Mientras, con decenas de millones de dólares de ayuda estadounidense fresca disponible, la embajada buscaba ejercer cada vez más su agenda de poder blando, especialmente a través de la Asociación para una Sociedad Más Justa, una ONG cristiana

---

Election?!», *Honduras Culture and Politics*, 23 de abril 2015; «Re-Election a Done Deal», *Honduras Culture and Politics*, 25 de abril 2015.

527 «Completos resultados de las elecciones primarias», *La Tribuna*, 31 de marzo 2017.

528 «Salvador Nasralla es el candidato oficial de la alianza de oposición», *La Prensa*, 22 de mayo 2017. Sobre el programa de la Alianza, «Alianza de oposición confirma a Salvador Nasralla como presidenciable y presenta sus propuestas de gobierno», *El Heraldo*, 15 de septiembre 2017.

529 Embajada de Estados Unidos en Honduras, «Declaración sobre Comentarios en Washington sobre la Reelección Presidencial en Honduras», noviembre 2016, hn.usembassy.gov

evangélica que, entre 2010 y 2017, recibió al menos USD 5.6 millones en financiamiento por parte del Departamento de Estado, y USD 900,000 de USAID, incluidos USD 2,646,000 solo en diciembre de 2016 —sumas enormes en el contexto hondureño. Promovida y citada ampliamente por la embajada y los periódicos hondureños como la «sociedad civil» hondureña, y visitando el Congreso de EUA para, supuestamente, representar al pueblo de Honduras, la ASJ, en cuanto a su posición, se asemejaba bastante al Departamento de Estado; tanto así, que se convirtió en referente, en cualquier momento, de la Administración[530].

En agosto de 2016, *The New York Times* publicó un extenso artículo escrito por Sonia Nazario, que abarcó varias páginas del periódico dominical, titulado «Honduras: el lugar más peligroso del mundo es ahora un poco más seguro». Afirmaba que «Hoy, los programas financiados por Estados Unidos están ayudando a disminuir el crimen y la migración de los jóvenes». El artículo promocionaba el programa de prevención de pandillas de la ASJ en la Rivera Hernández, una colonia de San Pedro Sula, donde la organización trabajaba muy de cerca con la Policía; explícitamente, el artículo se pronunciaba contra la exigencia de la Ley Berta Cáceres de suspender la ayuda en seguridad[531].

No es arriesgado concluir que el Departamento de Estado participó en el desarrollo y publicación del artículo, para socavar el proyecto de ley. Pero, tal como los analistas del CEPR y otros más señalaron, los argumentos de Nazario se basaban en evidencia anecdótica y evadían el contexto más amplio de corrupción, actividad criminal y abusos contra los derechos humanos por parte de la Policía hondureña, que se militarizaba rápidamente. El CEPR también examinó de cerca el único estudio cuantitativo divulgado sobre la efectividad de los programas CARSI,

---

530 Para datos sobre actividades de cabildeo, «ASJ pide que se mantenga la cooperación bilateral de Defensa y Seguridad», *La Tribuna*, 13 de diciembre 2016; acerca de los fondos, www.usaspending.gov/Pages/AdvancedSearch.aspx?sub=y&ST=C,G &FY=2018,2017,2016,2015,2014,2013,2012,2011,2010,2009,2008&A=0&SS=USA &DUNS=850661463

531 Sonia Nazario, «Honduras: el lugar más peligros del mundo es ahora un poco más seguro», *The New York Times*, 13 de agosto 2016.

realizado por el Proyecto de Opinión Pública de Latinoamérica (LAPOP), de la Universidad de Vanderbilt (igual que ASJ, financiado por USAID), y concluyó que la evidencia no respaldaba la imagen color de rosa pintada por LAPOP sobre los programas CARSI[532].

En enero de 2016, el Gobierno hondureño nombró una comisión más para reformar la Policía: la Comisión Especial para el Proceso de Depuración y Transformación de la Policía Nacional[533]. Promovida ampliamente por los aliados de la Administración en Washington —especialmente por el Centro Woodrow Wilson—, como evidencia del progreso del régimen, la Comisión reforzó el significado del dicho «zorros cuidando el gallinero». Entre sus miembros estaban Vilma Morales, exmagistrada de la Corte Suprema de Justicia, que apoyó el golpe y fungió como la principal negociadora del presidente de facto Roberto Micheletti; Alberto Solórzano, un pastor evangélico abiertamente homofóbico, muy cercano a Hernández; y como supervisor, el general Julián Pacheco Tinoco, ministro de Seguridad, también cercano a Hernández, y cuyo nombramiento como ministro fue ampliamente criticado, pues significaba una mayor incursión de los militares en el control de la Policía[534]. Sin embargo, Pacheco desapareció del mapa después de que uno de Los Cachiros, un narco de primer nivel, testificara, en un juicio por tráfico de drogas en Nueva York, en marzo de 2017, que Pacheco ayudó a supervisar envíos de drogas[535]. Omar Rivera, de la ASJ —supuestamente en representación de la «sociedad civil»—, se convirtió en portavoz de la Comisión. Los

---

532 David Rosnick, Alexander Main y Laura Jung, Have US-Funded CARSI Programs Reduced Crime and Violence in Central America? An Examination of LAPOP's Impact Assessment of US Violence Prevention Programs in Central America, CEPR, septiembre 2016.

533 República de Honduras, Poder Legislativo, Decreto No. 2102016, *La Gaceta*, 8 de abril de 2016.

534 Para un resumen y análisis de la comisión y sus miembros, ver Laura Jung, «Honduras' Special Commission on Police Reform: Genuine Cleanup Effort or Yet Another Scheme?». *CEPR Americas blog*, 8 de julio 2016.

535 «Ministro de Seguridad, Julián Pacheco, señalado por los Cachiros», *La Prensa*, 7 de marzo 2017; Jake Johnston, «Top U.S. Backed Honduran Security Minister is Running Drugs, According to Court Testimony», *The Intercept*, 26 de noviembre 2017.

periódicos lo citaban casi a diario, quizá más que a ninguna otra figura pública, excepto Juan Orlando[536].

La membresía de la Comisión ilustraba, una vez más, quiénes eran los «socios» de la Administración en Honduras; y cómo la alineación de Estados Unidos se había desplazado aún más a la derecha. Podemos contrastar a los miembros de esta comisión con los de la Comisión de Reforma a la Seguridad Pública (CRSP), a principios de 2012 y 2013, a quienes, según se sobreentendió ampliamente, los seleccionó la embajada: un diplomático canadiense de la OEA, un profesor simpatizante de la izquierda, un profesor conservador de Derecho, un juez chileno (aunque con antecedentes dudosos) y un respetado sociólogo de centro izquierda al mando[537].

A principios de 2017, la nueva Comisión afirmó que más de 2,959 policías fueron «separados»; meses después, el número subiría a más de 4,000. Pero no hubo una verificación independiente de lo expuesto por la Comisión. Un conjunto de estadísticas publicado en febrero de 2017 reconocía que de 377 policías supuestamente «depurados» en la última ronda de purgas, 171 fueron «cancelados por reestructuración», 149 por retiro voluntario y 57 fueron «cancelados por justa causa»[538]. En noviembre de ese año, la comisión anunció que 4,445 miembros de la Policía habían sido separados, equivalentes a un tercio del total original. Pero de ese número, 2,997 salieron por motivos de reestructuración; 252 por abandono del cargo; 98 por despido; 58 por condena firme; 29 por retiro obligatorio; 889 por retiro voluntario; 54 por discapacidad permanente, y 68 murieron.

---

536 Para un ejemplo de su presencia en los medios de comunicación, poco después de que un cachiro mencionara a Pacheco Tinoco, «Omar Rivera: 'Empresarios utilizaron dinero de procedencia ilícita para actividades comerciales e industriales'», *El Heraldo*, 27 de marzo 2017.

537 Véase capítulo cuatro.

538 «Comisión depuradora cancela 377 policías más en Honduras», *La Tribuna*, 14 de febrero 2017. En mayo de 2017, Omar Rivera «confesó» que algunos fueron separados porque estaban trabajando en el lugar equivocado, y que buscarían nuevos lugares para ellos. «Comisión busca empleo para buenos policías depurados», *La Prensa*, 19 de mayo 2017.

En otras palabras, lo que el gobierno hondureño y sus aliados estadounidenses consideraban una purga de elementos corruptos y criminales fue, en gran medida, un despido masivo por razones que, aparentemente, no estaban relacionadas con la corrupción; la lucha contra el crimen era solo una fachada. Desde mayo de 2017, han enviado menos de cien casos de actividad criminal al Ministerio Público, y solo unos pocos estaban siendo procesados. Juan Carlos «el Tigre» Bonilla, no estaba entre ellos. Tampoco incluyeron a Élder Madrid Guerra, acusado de autorizar la tortura de docenas de detenidos de la Resistencia en 2009. Tal como observadores de la comunidad de derechos humanos y de la justicia penal subrayaron, la mayoría de los policías corruptos que separaron andaban en las calles, en libertad para continuar sus actividades criminales[539].

¿Y qué de Héctor Iván Mejía, a cargo en 2009 de la Policía de San Pedro Sula, que reprimió una manifestación de la Resistencia y violó en grupo a una manifestante, y que en 2010 gaseó la manifestación del Día de la Independencia? Durante el primer año de trabajo de la Comisión, Mejía fue promovido repetidas veces, hasta llegar al segundo puesto más alto de la Policía Nacional. En enero de 2017, los periódicos informaron que estaba a punto de ser nombrado Director Nacional. Pero en abril, supuestamente por la presión de los críticos hondureños y del Congreso de Estados Unidos, lo sacaron repentinamente y lo nombraron agregado policial especial de la delegación hondureña ante la OEA en Washington[540].

A medida que las elecciones del 26 de noviembre de 2017 avanzaban con la candidatura ilegal de Hernández a la cabeza, dos supuestos «logros» de su administración pasaron a ser verdad en los mensajes de

---

539 «'Se ha sembrado la semilla' para la transformación de la policía nacional», *Asociación por una Sociedad más Justa* (blog), 2 de noviembre 2017, asjhonduras. com

540 «Héctor Iván Mejía sería el nuevo Director de la Policía Nacional», *Once Noticias*, 27 de febrero 2017; «Secretaría de Seguridad realiza cambios en la cúpula de la Policía», *El Heraldo*, 21 de enero 2017; «Comisionado Héctor Iván Mejía será nombrado como enlace en la OEA», *La Prensa*, 29 de abril 2017; «Héctor Iván Mejía de agregado en la OEA», *La Tribuna*, 3 de mayo 2017.

sus aliados del Norte: el Departamento de Estado, el mundo de las ONG y elementos de los medios de comunicación. El primero de los logros fue la limpieza policial y, el segundo, la supuesta disminución de la tasa de asesinatos. De nuevo, no hubo una verificación independiente; los números se basaron en afirmaciones del régimen, respaldadas por el Observatorio de la UNAH que, a su vez, dependía de las estadísticas gubernamentales[541].

Mientras tanto, las alarmas sonaban cada vez más en Honduras, debido al aumento acelerado de los femicidios. En marzo de 2014, el CDM denunció que, entre 2010 y 2013, 2,139 mujeres habían sido asesinadas, un aumento del 65%; 90% de esos casos quedaron en la impunidad. En julio de 2017, 24 grupos de mujeres denunciaron el asesinato de 463 mujeres en 2016. De esos asesinatos, solo 15 estaban siendo investigados; criticaban al gobierno por enfocarse en el crimen organizado y el narcotráfico e ignorar la violencia hacia las mujeres[542].

La relación cercana de la Administración con las llamadas unidades investigadas de las fuerzas de seguridad de Honduras resalta el carácter de sus socios nacionales e ilustra los esfuerzos de Estados Unidos por aparentar respeto a los derechos humanos; pero, en la realidad, mantenía relaciones con personas corruptas y perniciosas.

La Ley Leahy de 1998 demanda que Estados Unidos investigue a todos los que reciben ayuda en seguridad para verificar que no hayan

---

541 Para ejemplos de la supuesta disminución en la tasa de asesinatos que se usó para mejorar la imagen de Hernández, ver «A would be-strongman? Juan Orlando Hernández headed for re-election in Honduras: His tough-on-crime policies are paying a political dividend», *The Economist*, 25 de noviembre 2017; y Gabriel Stargardter, «US ally seen clinching re-election in Honduras vote, eight years after coup», Reuters, 23 de noviembre 2017. Cuando Arturo Corrales se convirtió en ministro de Seguridad en mayo de 2014, al día siguiente su portavoz envió un mensaje a todos los policías, ordenando que limitaran la entrega de información, y advirtiendo que la información se daría vía comunicados de prensa de la autoridad superior. «Los asesinatos de mujeres aumentan un 65 por ciento en Honduras», *La Prensa*, 7 de marzo 2014.

542 «Cerca de 4.000 mujeres fueron asesinadas en Honduras entre 2002 y 2013», *El Mundo* / EFE, 29 de abril 2014; «Honduras on 'red alert' over female murders, say activists», BBC, 6 de julio 2017.

cometido graves abusos a los derechos humanos. En la mayoría de los casos, eso ha significado una investigación superficial en las bases de datos de las agencias estadounidenses y una búsqueda en Google de informes de violaciones de derechos humanos. Algunas «unidades especiales investigadas» están conformadas por individuos investigados, y esas unidades trabajan en estrecha colaboración con fuerzas estadounidenses, como la DEA. Los funcionarios estadounidenses utilizan estos procesos de verificación para proclamar públicamente la adhesión de Estados Unidos a las normas de los derechos humanos[543].

Pero las unidades especiales investigadas han violado los derechos humanos continuamente. Los soldados que mataron en 2012 a Ebed Yánez, de quince años, después de pasar por un retén de seguridad, y el coronel que ordenó encubrir la acción, ya habían sido investigados[544]. La unidad de la Policía que disparó y mató a cuatro hondureños en Ahuas en mayo de 2012, con instrucciones de la DEA, ya había sido investigada.

Se documentó que otras unidades investigadas eran corruptas o criminales, como la unidad Tigres (Toma Integral Gubernamental de Respuesta Especial de Seguridad) que, a mediados de 2015, fue mencionada como la mejor de las unidades especiales. Dos meses después, cien de sus elementos participaron con la DEA, en una muy publicitada redada, donde capturaron a los presuntos narcotraficantes hermanos Valle. Dos meses después, el Gobierno denunció que unos 70 de ellos robaron USD 1.5 millones de los USD 21 millones incautados durante el operativo. Solo acusaron a nueve y, posteriormente, todos fueron absueltos[545]. Cinco meses después de tal descargo, arrestaron a otro grupo de

---

543 Para información oficial del Departamento de Estado sobre la investigación de antecedentes de Leahy, consultar United States Department of State, «Leahy Fact Sheet», Bureau of Democracy, Human Rights and Labor, 18 de julio 2017, www.state.gov/j/drl/rls/fs/2017/272663.htm; entrevista de la autora a John Lindsay-Poland, 6 de octubre 2017.

544 Alberto Arce, «Dad seeks justice for son killed in broken Honduras», Associated Press, 12 de noviembre 2012.

545 «Absuelven a policías TIGRES acusados de hurtar dinero decomisado a los Valle», *El Heraldo*, 13 de marzo 2016; «Dólares por los que acusaron a policías 'Tigres' fueron declarados en abandono», *El Heraldo*, 25 de septiembre 2016.

policías Tigres por, supuestamente, haber informado a otro destacado presunto narcotraficante, Wilter Blanco, sobre su inminente captura. Entre los detenidos se encontraba uno de los que fue absuelto en el caso de los hermanos Valle[546].

Dos semanas antes de su asesinato, Berta Cáceres le manifestó a una delegación de Witness for Peace que Tigres mantenía una «presencia hostil y agresiva» en el territorio lenca[547]. En otras palabras, los socios predilectos y sin mancha de Estados Unidos en Honduras eran delincuentes o violadores de derechos humanos.

La perspectiva del patio trasero

El domingo 26 de noviembre de 2017, los hondureños finalmente acudieron a las urnas. El Tribunal Supremo Electoral, responsable del escrutinio de votos, anunció en la madrugada del 27, para asombro de todos, que Salvador Nasralla estaba ganando con el 57% de los votos contados; había obtenido el 45% de los votos, seguido de un 40% para Hernández y un 13% para Luis Zelaya del Partido Liberal. Luego, de forma abrupta y sin explicación, el TSE suspendió el conteo y no dio resultados en los siguientes dos días. El lunes, Luis Zelaya reconoció su derrota ante Nasralla. Un miembro del TSE declaró que la tendencia, en el resto de los resultados, era «irreversible». El martes, el Tribunal —en gran medida controlado por el partido gobernante— afirmó que las computadoras se habían apagado. A lo largo de la siguiente semana, gradualmente emitieron nuevos resultados, 5% a la vez, hasta que Juan Orlando pasó a la delantera con 1.5%, con casi todas las papeletas supuestamente

---

546 «Honduras: Policías 'Tigres' dejaron en libertad al capo Wilter Blanco Ruiz», *El Heraldo*, 2 de octubre 2016; «Policías depurados, ¿dónde están?», *Proceso Digital*, 28 de noviembre 2016.

547 Partrow y Martínez, «Suspicions mount in killing of noted Honduran environmentalist».

---

contabilizadas. El 17 de diciembre, el Tribunal anunció oficialmente que Hernández había ganado por 50 mil votos, o 1.71% del total[548].

Cuando resultó evidente para los hondureños y no hondureños que el partido gobernante se estaba robando las elecciones descaradamente, la Alianza de Oposición contra la Dictadura promovió enormes manifestaciones pacíficas en todo el país. Los militantes, haciendo uso de tácticas desplegadas durante el golpe de Estado de 2009, bloquearon carreteras con quema de llantas para detener el tráfico. Hernández respondió con la imposición de la ley marcial y una represión aun más brutal y letal que la ejercida inmediatamente después del golpe de Estado. Las fuerzas de seguridad utilizaron balas reales contra los manifestantes noche tras noche y, en algunos casos, dispararon hacia el lugar donde había manifestantes. En otros, perseguían a ciertos manifestantes o los asesinaban. Para el 31 de diciembre, según el COFADEH, habían asesinado a treinta personas: 21 habrían sido asesinadas por la Policía Militar, una por la policía regular y cinco por autores desconocidos de «carácter paramilitar». Habrían herido a 232 personas y detenido ilegalmente a 1,396; también reprimieron 126 manifestaciones[549].

No obstante, incluso más que durante las elecciones de 2013, la comunidad internacional miraba con atención lo que estaba sucediendo. En general, los medios estadounidenses hicieron una buena cobertura de la evidencia del fraude y la subsecuente represión. La OEA, generalmente alineada con el Departamento de Estado sobre la política hondureña en los últimos años, después de inspeccionar una parte de las papeletas,

---

548 Elisabeth Malkin, «In Honduras Election, Ex-Sportscaster Takes Lead Over President», *The New York Times*, 27 de noviembre 2017; «Nasralla practically assured of Honduras election win —official», Reuters, 17 de noviembre 2017; «Honduran candidate says Nasralla won, urges president to concede», Reuters, 27 de noviembre 2017; Kate Linthicum, «Honduras still hasn't declared a winner in its presidential vote —and tensions are still rising», *Los Angeles Times*, 28 de noviembre 2017; Kaelyn Forde, «3 days after election, 2 men declare themselves president amid rising tensions», ABC News, 29 de noviembre 2017; Sarah Kinosian, «Calls for fresh Honduras election after President Juan Orlando Hernández wins», *The Guardian*, 18 de diciembre 2017.

549 COFADEH, «Informe 2: Violaciones a los Derechos Humanos en el contexto de las protestas anti fraude en Honduras», Defensores en Línea, 11 de enero 2018.

declaró que no podía garantizar la veracidad de los resultados, y fue más allá al recomendar una nueva elección[550].

La indignación internacional por el fraude electoral y la represión creció rápidamente. Los senadores Leahy, Reed, Merkley y Cardin denunciaron la represión y pusieron en duda la legitimidad de la elección[551]. El congresista Jan Schakowsky escribió un excelente artículo de opinión en *The New York Times* tres días antes de las elecciones, advirtiendo de la candidatura ilegal de Hernández y, el 19 de diciembre, emitió una declaración conjunta con el senador Jeff Merkley en la que planteaban nuevas elecciones[552]. El 21 de diciembre, el congresista Keith Ellison dirigió una carta al secretario de Estado Rex Tillerson, firmada por 27 miembros del Congreso, donde pedían una nueva elección y la suspensión de toda ayuda en seguridad; también escribió un enérgico artículo de opinión donde advertía que el futuro de Estados Unidos y el de Honduras se hacía, simultáneamente, cada vez más oscuro[553]. Norma Torres y veinte congresistas más, todos, excepto uno, del Comité de Asuntos Exteriores de la Cámara, se unieron al llamado de una nueva elección en una carta que se elaboró ese mismo día. Pero no solicitaron la suspensión de la ayuda en seguridad[554].

---

550 Organización de Estados Americanos, «Comunicado de la Secretaría General de la OEA sobre las elecciones en Honduras», 17 de diciembre 2017, www.oas.org

551 «Leahy Statement on the Election in Honduras», *Congressional Record*, 5 de diciembre 2017; Comunicado de prensa, «Merkley Statement on Honduras», 5 de diciembre de 2017; Comunicado de prensa, «Cardin Expresses Concern about the Political Crisis in Honduras», 5 de diciembre, 2017; Comunicado de prensa, «Reed Statement on Democracy and Human Rights Concerns in Honduras», 14 de diciembre 2017.

552 Jan Schakowsky, «The Honduran Candidate», *The New York Times*, 23 de noviembre 2017; Comunicado de prensa, «Merkley, Schakowsky Join Calls for New Election in Honduras», 19 de diciembre 2017.

553 Comunicado de prensa, «Letter on Honduran Elections», 21 de diciembre 2017; Keith Ellison, «We Must Fight the Rising Oligarchy in the United States», *Huffington Post*, 3 de enero 2018.

554 Comunicado de prensa, «Rep. Torres Leads House Democrats in Objecting to Trump Administration Response to Honduras Crisis», 21 de diciembre 2017. El congresista James McGovern fue el único miembro de la Cámara que firmó ambas cartas.

De forma predecible, el 22 de diciembre el Departamento de Estado dio su visto bueno a la pretendida victoria de Juan Orlando Hernández. «Felicitamos al presidente Juan Orlando Hernández por su victoria en las elecciones presidenciales del 26 de noviembre, según lo declarado por el Tribunal Supremo Electoral hondureño (TSE)». La declaración oficial de EUA resultaba polémica al hacer un absurdo llamado al «diálogo», que le permitiera al país seguir adelante.

Los estrechos resultados electorales, las irregularidades identificadas por las misiones de observación electoral de la OEA y la UE, y las fuertes reacciones de los hondureños a través del espectro político subrayan la necesidad de un robusto diálogo nacional.

A quienes cuestionaban los resultados se les instaba a «utilizar las avenidas provistas por la ley hondureña». Exhortaba a las partes a que se «abstengan de la violencia» —como si fuera la oposición la que utilizaba las balas que mataban gente— y pedía a las fuerzas de seguridad del Estado que «respeten los derechos de los manifestantes pacíficos»[555].

La improcedente toma de posesión de Hernández, sacudida por protestas masivas, marcó el comienzo de un nuevo capítulo en la historia hondureña. Si el apoyo de la Administración Trump a un dictador era tan claro como el agua, decisión que tomó presumiblemente el jefe de Gabinete John Kelly, la ilegitimidad de las elecciones también lo era. De hecho, la cobertura de las elecciones y las objeciones internacionales arrojaron luz sobre la larga historia delictiva de Hernández. Con suerte, esa luz continuará alumbrando para que ayude al pueblo hondureño a alcanzar la democracia y una dosis de justicia.

El primer año de la Administración Trump, una ruptura atemorizante en muchos frentes, le dio continuidad a la política de Estados Unidos en Honduras; incluso hubo una profundización del enfoque. El Depar-

---

555 Departamento de Estado de los Estados Unidos, «Declaración de Heather Nauert, Portavoz, sobre las Elecciones Presidenciales en Honduras», 22 de diciembre 2017, hn.usembassy.gov

tamento de Estado, en ese momento bajo el mando del subsecretario Rex Tillerson, estuvo un año paralizado. Puestos importantes, como el del subsecretario de Estado Adjunto para Asuntos del Hemisferio Occidental, permanecieron sin titular. El embajador en Honduras James Nealon salió de la embajada en julio de 2017; a marzo de 2018 no había reemplazo. Pero figuras clave que manejaron la política hondureña en la Administración Obama permanecieron en el poder e, incluso, ascendieron. Un caso destacado fue el de John Kelly, exjefe del Comando Sur, quien se convirtió en secretario de Seguridad Nacional y, en julio de 2017, en jefe de Gabinete de Trump en la Casa Blanca. Nealon, quien antes de ser embajador fue la mano derecha de Kelly en el Comando Sur en Miami, acompañó a Kelly en Seguridad Nacional, como subsecretario de Compromiso Internacional y, después, en la Oficina de Estrategia, Política y Planes[556]. Thomas A. Shannon, quien diseñó la estrategia del Departamento de Estado para Honduras después del golpe, se mantuvo en lo alto como subsecretario para Asuntos Políticos.

Cuando la canciller hondureña María Dolores Agüero llegó a Washington en octubre, con el fin de abogar por la continuidad del Estatus de Protección Temporal para migrantes hondureños que habían salido después del huracán Mitch en 1998, se reunió justo con Nealon y Shannon[557]. Sin embargo, William Brownfield, la otra pieza clave en el Departamento de Estado, Secretario de Estado Adjunto para Asuntos Internacionales de Narcóticos y de Cumplimiento de la Ley, renunció en agosto. Se desconoce si lo despidieron o él decidió retirarse[558]. En 2018, Nealon, Shannon y Tillerson también estarían fuera.

---

556 United States Department of Homeland Security, Office of Strategy, Policy, and Plans, «Organizational Chart» (noviembre, 2017), www.dhs.gov/office-policy

557 «Shannon y Nealon reconocen avances de Honduras», *La Prensa*, 31 de octubre 2017. En la Asamblea General de la ONU en septiembre, en Nueva York, la primera reunión de Hernández fue con Shannon. «JOH inicia agenda en New York con Thomas Shannon», *La Prensa*, 18 de septiembre 2017.

558 Nick Miroff, «For veteran drug warrior, retirement comes with tinge of regret», *Washington Post*, 17 de septiembre 2017.

Incluso antes de llegar a la Casa Blanca, Kelly lideró una importante cumbre en Miami, en junio de 2017, titulada «Conferencia para la prosperidad y la seguridad en Centroamérica». Asistieron los presidentes de Honduras, Guatemala y El Salvador, junto con Tillerson, el vicepresidente Mike Pence, Kelly y Nealon. Si bien el énfasis fue reforzar el financiamiento en temas de seguridad, Kelly se aseguró de que hubiese un día dedicado a la «prosperidad»[559]. Seis semanas antes de esa conferencia, el 4 de mayo, se refirió al presidente Hernández como «un gran hombre» y «un gran amigo»[560].

Pero había una diferencia clave entre el enfoque de la Administración Trump y el de la Administración Obama. En su solicitud de presupuesto para 2018, presentada al Congreso en mayo de 2017, Trump quería aumentar la ayuda en seguridad —para el llamado poder fuerte—, a la vez que reducía drásticamente, en un 75%, la ayuda humanitaria y para el desarrollo —poder suave— incluida la USAID. La ayuda al desarrollo para Honduras se cortaría por completo. Sin embargo, el Congreso, incluidos los poderosos senadores republicanos, se opuso y respaldó continuar con el financiamiento para el poder suave[561].

Cuando el golpe de Estado tuvo lugar, los días de la United Fruit Company —conocida popularmente como «El Pulpo»— y su evidente control sobre los asuntos políticos y económicos del país eran cosa del pasado (aunque los hondureños todavía se molestan cuando se refieren

---

559 Eric Olson, «Miami summit an opportunity to rethink Central America», *Miami Herald*, 13 de junio 2017; para una perspectiva crítica, Jake Johnston, «Miami Conference Signals Further Militarization of US Policy in Central America», CEPR *Americas Blog*, 14 de junio 2017. Para misivas oficiales sobre la conferencia, Office of the Vice President, The White House, «Remarks by the Vice President at the Northern Triangle Conference», 15 de junio 2017; United States Department of State, Rex W. Tillerson, «Remarks at the Conference Honduran for Prosperity and Security in Central America Opening Plenary Session», 15 de junio 2017.

560 John Kelly, discurso en el Atlantic Council, «A New Strategy for Engagement in Central America», 4 de mayo 2017, Washington, D.C.

561 Nancy Hiemstra, «Trump's 'Skinny' Central America Budget», NACLA: *Report on the Americas*, 25 de julio 2017; «Development Assistance to Latin American and the Caribbean in Trump's 'Skinny Budget'», *Global Americans* (blog), 3 de mayo 2017.

al país como «república bananera»). Pero por su política posterior al golpe, Estados Unidos resultó más tentacular. Desde la legitimación casi inmediata del presidente de facto Roberto Micheletti, pasando por la ficción del ilegítimo «Gobierno de Reconciliación Nacional» de Porfirio Lobo, hasta llegar al reinado de Juan Orlando Hernández, Estados Unidos continuó danzando con dictadores, tal como lo ha hecho durante décadas en Centroamérica y el Hemisferio, desaviniendo, eludiendo e, incluso, haciendo tropezar a su pareja; pero siempre asegurando un abrazo afectuoso, vigilando y marcando el paso.

¿Por qué Estados Unidos ha apoyado tan vergonzosa y descaradamente el régimen hondureño posterior al golpe? Primero, por razones geopolíticas: para restablecer y expandir su poder político en América Latina y repeler a los gobiernos de izquierda y centroizquierda que fueron elegidos a partir de la década de 1990, especialmente en Venezuela. Estados Unidos también ha tenido sus ojos puestos en China, Rusia, incluso Irán, y en cualquier potencia que pudiera afirmarse en la región. EUA aún se adhiere a la Doctrina Monroe y considera a Latinoamérica su «patio trasero», tal como lo dijo el secretario Kerry en 2013, indignando a la región al repetir la ofensiva frase[562].

Segundo, la agenda geopolítica a largo plazo de Estados Unidos sirvió de compromiso subyacente al brutal proyecto económico del capitalismo corporativo transnacional. Finalmente, el Comando Sur, cumpliendo su proyecto a punta de pistola, también era un motor en funcionamiento, con su interés particular en más y más fondos y poder político, como lo dejó claro Kelly en su cínico uso de la amenaza imaginaria del Ébola. Drogas, «terroristas» de cualquier tipo, por ficticios que sean, mujeres y niños migrantes pobres, todos eran útiles para identificar una «amenaza» en la región, que debía ser enfrentada con poder militar; incluso la oposición hondureña y sus defensores.

No tenemos evidencia documentada e inobjetable que demuestre que, de forma anticipada, Estados Unidos dio luz verde al golpe de Estado.

---

562 «Bolivia expulsa a agencia de cooperación de EEUU», Reuters, 1 de mayo 2013.

Sabemos que la Administración Obama hizo todo lo posible para estabilizar el golpe de Estado, pero no se trata solo de lo que aconteció en 2009. Hubo múltiples momentos en los que EUA pudo cambiar de rumbo, distanciarse del régimen golpista en curso, y permitir que otros actores gobernaran Honduras. Pudo declarar que las elecciones de 2009 serían ilegales y pedir el retorno de Zelaya; solicitar nuevas elecciones, libres y justas con observación internacional y las libertades civiles restablecidas. Durante la temporada electoral de 2013, cuando era evidente que activistas y candidatos de la oposición estaban siendo eliminados y que el Partido Nacional se robaría las elecciones usando todos los medios a su alcance, pudo haber intervenido en muchos escenarios; abstenerse de declarar que las elecciones fueron limpias; incluso, pudo haber respaldado a Xiomara Castro para la presidencia. Ella no hubiera sido la gran aliada de Estados Unidos, pero tampoco, presumiblemente, habría estado a la cabeza de la militarización de la sociedad hondureña o de la mayor destrucción de la economía estatal y de las libertades civiles. De nuevo, en el periodo electoral 2013-2014, Estados Unidos pudo haberse apegado a su tan preciada promoción del Estado de derecho y «buen gobierno», y pudo haber condenado públicamente a Juan Orlando Hernández por el acto criminal de postularse para la reelección. Estados Unidos pudo optar por un rumbo diferente en muchos momentos, no solo después del golpe. En cambio, las administraciones de Obama y de Trump dieron luz verde, tras luz verde, tras luz verde.

Pero siempre hubo frenos al poder de EUA, y a la avaricia de las élites hondureñas y sus corporaciones transnacionales amigas. Periodistas de muchas partes del mundo hicieron un trabajo heroico, exponiendo a la luz del día lo que estaba sucediendo. El movimiento de solidaridad en Estados Unidos ejerció una presión formidable sobre el Congreso, que impuso restricciones reales a las actuaciones de la Administración, aunque con una efectividad limitada. Las demandas del Congreso de aplicar la Ley Leahy significaron que los fondos de EUA no llegaran a muchas unidades e individuos que habían violentado derechos humanos —aunque el dinero pudo llegar por otras fuentes, y la Embajada se negó a revelar públicamente los casos en que, de hecho, aplicó dicha ley.

A partir de 2012, las condiciones del financiamiento para Honduras de la Ley de Asignaciones al Departamento de Estado, Operaciones Extranjeras y Programas Relacionados significaron que algunos senadores y congresistas, con liderazgo en el Congreso, tuvieran nuevos poderes para retener fondos —aunque no indefinidamente—, mientras no se cumplieran ciertos requisitos. Esta Ley los empoderó para tratar de presionar al regimen hondureño en torno de temas específicos como el Aguán, los ataques contra periodistas y el caso de Berta Cáceres. Mediante cartas públicas, congresistas y senadores se oponían continuamente a una política estadounidense más amplia en Honduras: ponían a la Administración a la defensiva y ayudaban a mantener con vida a activistas de derechos humanos y periodistas. Y como la lista de patrocinadores continuó creciendo, la Ley Berta Cáceres ofrecía al Congreso la posibilidad de, en el futuro, suspender la ayuda por ley.

Pero durante la larga noche en Honduras, el gran freno al poder imperial fue el pueblo hondureño, que se alzó una y otra vez para protestar contra los criminales al mando del gobierno con la bendición y la chequera de Estados Unidos. El FNRP, los campesinos que recuperaban tierras, LIBRE y el PAC, los Indignados, el activismo de base de los obreros, las mujeres y de la comunidad LGBTI; indígenas y afroindígenas luchando por la tierra y sus derechos; periodistas que informaron sobre todo esto y murieron por ello; abogados que los defendieron y murieron por ello; fiscales y jueces que fueron tras los criminales y murieron por ello. Todos continuaron, en medio del terror dominante, persiguiendo la esperanza de un futuro nuevo para Honduras.

Aludiendo a las relaciones Honduras-EUA, el padre Melo (Ismael Moreno, SJ), escribió en 2017 que Washington «trata a Honduras y a su gente a partir de sus intereses y viéndonos como su patio trasero… Honduras para los americanos y nunca Honduras para los hondureños». Y concluye:

———

Solo hay dos caminos. Seguir como hasta ahora, conformados con ser el patio trasero, o apostar por la construcción de un país con soberanía e identidad y, a partir de la casa propia que construyamos, establecer relaciones justas y de complementariedad con Estados Unidos o con cualquier otra nación. No se puede transitar por ambos caminos. No se queda bien con Dios y con el diablo, y siempre hay que elegir entre Dios y el dinero[563].

Recuerdos de aniversario

En 2017, en el octavo aniversario del golpe de Estado, fui a cenar con tres amigos activistas hondureños a una pizzería en el centro de San José, California. Cada cual pronunció unas breves palabras alusivas a la ocasión. Zenaida Velásquez, educadora en salud pública y una de las fundadoras del COFADEH, cuyo hermano Manfredo fue detenido-desaparecido en 1981, dijo que el golpe tuvo un impacto enorme en América Latina, pues también marcó el inicio de la acometida de EUA contra otros gobiernos. Dijo que, de no haberse dado el golpe, su hermana Ilse estaría viva. Porfirio Quintano, auxiliar de hospital y vicepresidente del National Union of Healthcare Workers, hizo comparaciones entre la Huelga General de 1954 y la Resistencia contra el golpe de Estado en 2009, y los identificó como los dos momentos más grandes en la historia de Honduras. También habló sobre el impacto del golpe en la región. Afirmó que la Resistencia había politizado a una nueva generación de jóvenes hondureños, que continuó manifestándose en protestas estudiantiles durante el verano de 2017. Marleni Quintano, maestra de preescolar, habló también sobre la transformación de los jóvenes. Yo expresé que el golpe, aun siendo tan terrible, había cambiado mi vida y le había dado un gran sentido, porque pude ser parte de algo trascendental y ser útil, por lo cual estaba profundamente agradecida.

---

563 Ismael Moreno, «¿Qué seremos? ¿Patio trasero o casa propia?», en: Revista *Envío-Honduras*, Año 15, No. 53, noviembre 2017, p. 10.

En el séptimo aniversario del golpe, a las 2:45 a.m., desperté de una pesadilla en la que los hondureños atacaban militarmente a Estados Unidos, y tenía miedo de que me acusaran de traición. Durante el día hice 43 llamadas telefónicas a miembros del Congreso, pidiéndoles que por favor copatrocinaran la Ley Berta Cáceres. Luego di una larga caminata por la playa, pensé en lo que el golpe había significado, y traté de honrar a todas las personas que murieron por su causa.

En el sexto aniversario del golpe asistí a una poco concurrida, pero enérgica, manifestación organizada por el FNRP en el centro de San Pedro Sula. Los discursos me aburrieron, abracé a un par de amigos e intenté no deprimirme ante la patética escasez de manifestantes y la desaparición de la pintura roja y negra en el Parque Central.

En el quinto aniversario del golpe me junté con amigos en la carretera que conduce a San Pedro Sula y marché orgullosamente con ellos, ayudándoles a empujar los cochecitos en que iban los niños pequeños; fue una manifestación del FNRP de unas diez mil personas. Vi a un hombre vestido de rojo y negro, solo, musculoso y de cuello grueso; me observaba de cerca e iba y venía, intentando escuchar mis conversaciones. Después de hacer contacto visual con él, desapareció. La marcha terminó en el Parque Central, donde me encontré con otros amigos; vi a un grupo de policías que observaba a nuestro grupo de manifestantes que, a su vez, observaba al grupo de policías; y luego fui a almorzar con dos miembros de la Asociación de Jueces por la Democracia.

En el cuarto aniversario me trasladé de Santa Cruz a San Francisco y almorcé con cinco colegas, con quienes había trabajado de cerca y por años en proyectos de solidaridad con Honduras. Luego caminamos de prisa hacia la sede de Global Exchange para participar en una sencilla conmemoración del aniversario, donde Zenaida Velásquez, Porfirio Quintano y yo dimos unas palabras.

En el tercer aniversario me di cuenta de que no recordaba quién era yo antes del golpe.

No recuerdo el segundo aniversario. Mis correos indican que di entrevistas a la National Public Radio y a Al Jazeera. Lo que sea que haya hecho, lo diluyó la cobertura mediática del regreso del expresidente depuesto Manuel Zelaya un mes antes; en esa oportunidad, escribí dos artículos de opinión diciendo «Zelaya Returns, but Justice Doesn't» (Zelaya regresa, pero la justicia no).

En el primer aniversario me transporté en una pequeña camioneta llena de amigos hacia Choloma, en las cercanías de San Pedro Sula, donde la Resistencia bloqueaba la carretera. Cuando los tanques de gas lacrimógeno y los policías antimotines llegaron, llamé a la embajada de Estados Unidos para comunicar mi preocupación sobre potenciales violaciones a los derechos humanos. Entré a San Pedro Sula con un calor de 36 °C. En el centro nos encontramos con miles y miles de manifestantes, incluso con la banda musical de un colegio. Tres meses después, a pocas cuadras, en el Día de la Independencia, la policía gasearía a esos mismos entusiastas estudiantes de secundaria que, orgullosos, lucían sus uniformes.

El 28 de junio de 2009, todo el día, vi el desarrollo del golpe de Estado por la televisión en español e intenté, desesperadamente, saber qué sucedía, sin ningún indicio de lo que implicaría, o no implicaría, un golpe de Estado en la vida cotidiana de cientos de amigos, de la gente de Honduras, o de la mía, en los años que estaban por venir.

Epílogo

La versión en inglés de este libro entró a imprenta en marzo de 2018, tiempo en el que Juan Orlando Hernández consolidó su dictadura con un segundo período ilegal y Donald Trump, a un año de su propio reinado, comenzó a lanzar nuevos ataques contra los centroamericanos. Para la edición en español, resumo puntos clave de la política de Estados Unidos en Honduras en el periodo 2018-2021.

Las declaraciones y políticas del presidente Trump (enero 2017 - enero 2021), por indignantes e imprudentes que resulten, deben verse solo como un capítulo reciente de la dominación imperial estadounidense sobre Honduras, respaldada por administraciones pasadas. Trump estimuló intencionalmente el racismo subyacente de la política estadounidense. Expresó que El Salvador y Haití eran «agujeros de mierda» (junto con países de África); que los mexicanos eran «violadores»; que los solicitantes de asilo eran «invasores».

Por otra parte, los asesores de Trump le devolvieron al Departamento de Estado el enfoque cimentado en la ideología, emulando el de la Administración Reagan y el de muchos otros predecesores. Convirtieron a Juan Orlando Hernández en una herramienta útil para Estados Unidos en su propósito de frenar a la izquierda en América Latina; de manera indirecta, mediante el voto a favor de la reelección de Luis Almagro como Secretario General de la OEA en 2020; de manera directa, mediante el apoyo a la caída de los gobiernos de Venezuela y Bolivia y, finalmente, según lo esperado por la Administración Trump, los de Cuba y Nicaragua. Objetivos geopolíticos de mayor alcance también alimentaron las relaciones entre ambos países. Los objetivos de Estados Unidos en el Oriente Medio, por ejemplo, provocaron que la embajada de Honduras en

Israel se trasladara de Tel Aviv a Jerusalén, y que Hernández declarara que Hezbollah es una organización «terrorista».

La política de EUA en el Hemisferio Occidental aún responde a la arrogante declaración —formulada por la Doctrina Monroe en 1823—, que dice que América Latina es el «patio trasero» de Estados Unidos y que por ello Rusia y, especialmente China hoy en día, no tienen derecho a establecer relaciones económicas, militares o políticas con la región. Detrás del reclamo imperial subyacen los intereses corporativos de las transnacionales de EUA a los que sirve la política de la nación, que es impuesta a punta de pistola por el Comando Sur de los Estados Unidos. Con el fin de justificar sus presupuestos y su creciente presencia militar en el Hemisferio, el Comando Sur siempre necesita un «enemigo», ya sea China, Rusia o narcotraficantes. He aquí la nueva Guerra Fría en América Latina.

En el ámbito nacional, Trump construyó y azuzó a su base electoral cuando manifestó que los migrantes, los centroamericanos en particular, constituían la amenaza más grave para el bienestar de los ciudadanos estadounidenses. Las consecuencias para los hondureños han sido nefastas. Cuando las caravanas de decenas de miles de hondureños y otros centroamericanos buscaron refugio en Estados Unidos, Trump no respondió con empatía, sino con alarmismo, hostilidad y represión. Prometió construir un gran muro para sellar la frontera sur de EUA; canceló programas sociales nacionales para obtener dinero que utilizaría en la construcción de kilómetros de muro. Los migrantes que pudieron entrar y solicitar asilo han sido, en muchos casos, detenidos y separados de sus hijos, encerrados en instalaciones inadecuadas. Al final de su periodo, Trump había cortado casi todas las vías que permitían a los migrantes buscar asilo. Los casos que ya estaban en el sistema judicial de inmigración, se ganaban en menor número.

Como parte de su campaña de frenar la migración centroamericana, en marzo de 2019 Trump anunció que recortaría fondos por USD 500 millones a Honduras, Guatemala y El Salvador, hasta que sus gobiernos detuvieran por completo la emigración a EUA. El gobierno de Honduras y las organizaciones estadounidenses que trabajan en el país, incluidas las financiadas a través de la USAID, dejaron de recibir USD 180 millones. En respuesta, tanto los centristas como los conservadores y los líderes militares estadounidenses, incluso muchos liberales, se apresuraron a defender toda la ayuda, contrarrestando así una década de esfuerzos, cada vez más populares, orientados a la suspensión de los fondos de EUA asignados al Ejército y a la Policía de Honduras. Agentes clave en el apoyo al régimen posgolpe —como el embajador James Nealon y Kurt Ver Beek, líder de la ASJ—, redoblaron esfuerzos para promover el financiamiento a las fuerzas militares y policiales, y publicaron en conjunto un artículo de opinión, objetando el recorte de la ayuda.

Mientras los argumentos a favor del financiamiento a Honduras circulaban en las páginas editoriales de Estados Unidos, los defensores de la ayuda, quizá sin darse cuenta, visibilizaban lo que está en juego detrás del despliegue del «poder suave» de EUA en Honduras y América Central. Este poder incluye la ayuda humanitaria y para el desarrollo, que se convierte en generoso apoyo a los fondos de la Iniciativa Regional de Seguridad para América Central (CARSI), que son trasladados a las fuerzas de seguridad del Estado, a veces para el rubro de prevención de maras. Cabe preguntar: ¿Por qué tanto los generales como los exembajadores abogaron por el poder suave en lugar del poder duro o poder militar? ¿Hacia dónde, exactamente, se pretendía canalizar el dinero? Y, en última instancia, ¿a quiénes sirven destinatarios como la ASJ?

En general, el debate sobre el recorte de la ayuda subraya la necesidad urgente de investigar más lo que hace la USAID y a qué intereses sirve, tanto en Estados Unidos como en Honduras. Recalca la necesidad de distinguir entre programas y política. El Gobierno de EUA, a través de programas de ayuda aparentemente benévolos, busca abordar los problemas que él mismo ha causado, a la vez que proyecta una imagen altruista.

Durante el debate sobre recortar toda la ayuda, los principales medios de comunicación actuaron como complacientes colaboradores de quienes defendían el dominio estadounidense mediante la ayuda del poder suave. Las noticias y los artículos de opinión sobre las caravanas o los recortes de la ayuda repetían hasta la saciedad que Honduras estaba asolada por la «pobreza y la violencia», que eran productos de las maras y los narcotraficantes; a veces mencionaban también un «gobierno débil». Por tanto —argumentaban los artículos—, Estados Unidos debía facilitar más dinero para hacer frente a la problemática.

La decisión de EUA de apuntalar y asegurar militarmente la dictadura de Hernández nunca figuró como causante de la violencia y la pobreza, tampoco la represión de Hernández contra las personas que buscaban alternativas. *The New York Times*, por ejemplo, publicó tres reportajes en la misma línea (dos eran de Sonia Nazario quien, en su argumentación contra la Ley Berta Cáceres, en 2016, alababa a la USAID; artículos de Nazario aparecieron de nuevo, como por arte de magia, cuando se reintrodujo el proyecto de ley en 2019). En los reportajes, los autores describen que están en un vecindario peligroso, en o cerca de San Pedro Sula, que las maras controlan y donde la situación es terrible. La esperanza de superar esa conflictiva realidad descansa en el activismo financiado por la USAID, generalmente actores cercanos a la Embajada. En estos reportajes, los movimientos sociales, padres organizados, maestros, sindicatos, grupos de derechos humanos, defensores de la niñez y movimientos de mujeres, LGBTI, afroindígenas y campesinos de larga data no existían. Los hondureños solo aparecían como víctimas desesperadas a la espera de que la USAID y el gobierno imperial, responsable de la crisis, los rescataran. Para el lector de los reportajes, los hondureños carecían, casi por completo, de organizaciones políticas, no tenían ideas propias sobre cómo gobernarse, carecían de historias de lucha, y nunca fueron reprimidos por el Gobierno.

En septiembre de 2019, cinco meses después de que Trump cortara la ayuda, el Gobierno hondureño y el Departamento de Seguridad Nacional de EUA anunciaron que habían logrado el denominado «Acuerdo de Tercer País Seguro», que hacía eco a un pacto anterior con Guatemala. El acuerdo implicaba que los migrantes de otros países que solicitaran asilo, incluidos El Salvador y Guatemala, serían deportados a Honduras. Poco después del anuncio, Trump declaró que estaba restituyendo la ayuda (pareciera que recortó USD 500 millones solo para lograr los acuerdos, lo que le permitiría afirmar ante el público estadounidense que tenía éxito en detener la migración).

Los resultados de ambos acuerdos quedaron claros en enero de 2020. Cuando una caravana de 1700 hondureños salió hacia Guatemala, la Policía Preventiva de Honduras les lanzó gases lacrimógenos; y al menos cuatro agentes del Departamento de Seguridad Nacional (DHS, por sus siglas en inglés) colaboraron con agentes de la Patrulla Fronteriza de Honduras y Guatemala, para impedir la salida. En Guatemala, una docena de agentes del DHS apoyaron las redadas de los migrantes, a quienes pusieron en tres autobuses, pagados por el DHS, y enviaron a Honduras. La Guardia Nacional de México recibió con gases lacrimógenos y bastones a los migrantes que lograron cruzar la frontera. Como muchos afirman, México se ha convertido en el muro de Trump.

El trato virulento de Trump a los migrantes era, en cierta forma, nuevo; aunque a Obama, por la forma en que los trató, lo llamaban el «deportador en jefe». La defensa generalizada del financiamiento de EUA a Honduras, incluida la ayuda en seguridad, indica el consenso en Washington de que el Gobierno de EUA es el llamado a decidir cómo «resolver» la crisis que él mismo creó, y sostiene.

Los medios de comunicación de EUA continúan presentando nuevas evidencias que demuestran, una vez más, que el gobierno hondureño está en descomposición total. En primer lugar, el juicio y la condena de Tony Hernández, cubierto ampliamente por *The New York Times*, Associated Press y Univision (en inglés y español), dejaron claro no solo que Tony era un importante narcotraficante, traficante de armas y blanqueador de dinero; sino que su hermano, el Presidente, también estaba involucrado. En marzo de 2021, Tony fue sentenciado a cadena perpetua y a pagar USD 138 millones. Después del juicio, los artículos en inglés empleaban el término «narcoestado». Sin embargo, la cobertura principal del juicio de Tony ignoró la evidencia condenatoria adicional que establece que la Policía y el ejército han ayudado a mover cocaína de forma regular;

y también el testimonio de Devis Leonel Rivera Maradiaga, el Cachiro, que dijo haber sobornado al ministro de Seguridad, Julián Pacheco Tinoco. La mayoría de los medios de comunicación nunca mencionó que EUA trabajaba en estrecha colaboración con estas fuerzas de seguridad y las financiaba.

Nuevos casos remecieron a Juan Orlando: en marzo de 2021, el Distrito Sur de Nueva York condenó a Geovanny Daniel Fuentes Ramírez por narcotráfico y tráfico de armas. Los fiscales establecieron que Fuentes Ramírez se reunió con el presidente Hernández en múltiples ocasiones para hablar sobre tráfico de drogas y un laboratorio de cocaína; y que acordaron «utilizar las Fuerzas Armadas de Honduras como seguridad», para proteger las actividades ilegales de Fuentes Ramírez. El Presidente le dijo a Fuentes que Tony estaba «manejando las actividades de narcotráfico en Honduras», y que se «reportara directamente» con él. Un exultante Juan Orlando le manifestó a Fuentes que «Meterían cocaína a Estados Unidos hasta por debajo de las narices de los gringos».

En abril de 2020, el Distrito Sur de Nueva York acusó al exdirector de la Policía Nacional, Juan Carlos «el Tigre» Bonilla, por narcotráfico, posesión de armas y asesinato. Presentó evidencia de que tanto el presidente Hernández, como su hermano convicto Tony, promovieron la carrera de Bonilla en la Policía; y que Bonilla correspondió protegiendo las operaciones de narcotráfico. Los fiscales señalaron que los hermanos Hernández «confiaron en Bonilla» asignándole «tareas especiales, incluido el asesinato».

Los fiscales actuaron con independencia de la Casa Blanca, del Departamento de Estado y del Departamento de Defensa. Pero cuando llegó la hora de acusar al pez gordo, de quien habían acumulado pruebas suficientes para acusar y solicitar en extradición, entraron en juego poderes de alto nivel, con el argumento de que, según los precedentes, un presidente en funciones es inmune; la Administración Biden siguió apoyando a su hombre, y no permitió que lo acusaran.

En otro escenario, las noticias de la prensa estadounidense sobre la eliminación de la MACCIH por decisión de Juan Orlando, en enero de

2020, socavó el discurso centrista estadounidense, que sostenía: «las cosas están mejorando en Honduras y hay voluntad política para enfrentar la corrupción». Si bien la MACCIH estaba cerca del Departamento de Estado y se instaló como resultado de las gestiones de EUA en su afán de prevenir cambios radicales, constituyó un medio importante para la investigación y posible enjuiciamiento de algunas personas corruptas, aunque no de quienes están en la cima del poder. Así, con su cancelación, es difícil sostener la ilusión de que hay un combate contra la corrupción. Mientras, los centristas estadounidenses trasladan sus elogios a organismos débiles, como la nueva Unidad Fiscal Especializada contra Redes de Corrupción (UFERCO) del Ministerio Público, y el Consejo Nacional Anticorrupción (CNA), instancia creada por el Gobierno.

Pese a esto, los funcionarios estadounidenses continuaron expresando su adhesión al régimen de Hernández y aumentando la cooperación a las fuerzas de seguridad y funcionarios públicos relacionados con el narcotráfico. Pocas semanas después del juicio de Tony, el almirante Craig Faller, jefe del Comando Sur, condecoró con la prestigiada Medalla Legión al Mérito al jefe saliente de las Fuerzas Armadas de Honduras, René Ponce Fonseca, y lo declaró «fundamental en el desarrollo de la capacidad hondureña para interceptar los flujos de drogas». En enero de 2020, Chad Wolf, subsecretario interino del Departamento de Seguridad Nacional —fotografiado estrechando la mano de Juan Orlando—, agradeció su trabajo en la lucha contra los cárteles de la droga y declaró que «Honduras es un socio valioso y probado para Estados Unidos». En los últimos días de febrero, el almirante Faller reiteró: «Honduras es un socio confiable en los esfuerzos para combatir el tráfico ilícito en Centro América». Más intimidante aun, en febrero de 2020 Armando Calidonio, el alcalde de San Pedro Sula, anunció que su oficina y la Policía de la ciudad habían asumido un proyecto especial con la embajada de Estados Unidos y la Oficina de Asuntos Internacionales de Narcóticos y Aplicación de la Ley (INL), del Departamento de Estado; pese a que Calidonio ha sido vinculado, repetidamente y por muchos años, al narcotráfico.

Y Biden, ¿es el salvador del pueblo hondureño? Ciertamente, no. Su Administración continúa con la arrogante tradición de tratar a Honduras como una «nación cautiva», administrada por EUA para servir a sus intereses. La política de la Administración Biden en Honduras, así como en Guatemala y El Salvador, está regida sobre todo por la migración, además de los objetivos geopolíticos clave.

Por su parte, el Partido Republicano sigue sonando las alarmas sobre la supuesta «crisis» de los migrantes invasores en la frontera, con la esperanza de utilizar el tema a su favor. En los primeros meses de gobierno, Biden daba la impresión de que no caería en su juego, y anunció varias medidas progresistas en torno de la migración: poner fin a los acuerdos de «Tercer País Seguro» y a la prohibición de la migración de países musulmanes, acelerar los tribunales de asilo, extender el Estatus de Protección Temporal (TPS, por sus siglas en inglés), y anunció el comienzo del cierre de los centros de detención, especialmente de aquellos donde había niños encarcelados. Pero, a medida que los migrantes buscaban ingresar a EUA, Biden se movió a la derecha. Los centros de detención volvieron a florecer, y Estados Unidos negoció acuerdos con México, Guatemala y Honduras para trasladar el control fronterizo al sur, con un mayor apoyo para las fuerzas armadas fronterizas.

En junio de 2021, los principales medios de comunicación de EUA percibieron el cambio cuando, la vicepresidenta Kamala Harris, encargada del seguimiento a Centroamérica, advirtió a los posibles migrantes centroamericanos: «No vengan». De hecho, la frase fue expresada antes, en enero, por Juan S. Gonzáles, el principal asesor de Biden para América Latina en la Casa Blanca, y por Anthony Blinken, en su audiencia de confirmación como Secretario de Estado. Las políticas de Biden continúan agudizándose. Mientras escribo este epílogo, Estados Unidos envía a hondureños y otros migrantes a zonas remotas de Guatemala, contra su voluntad; violenta así el derecho de los solicitantes de asilo a una audiencia inicial justa, y acelera las deportaciones.

En términos generales, la Administración Biden promete abordar la migración de Centroamérica a los Estados Unidos enfrentando las «causas fundamentales», pero ignora su complicidad como una de las causas fundamentales, cuando ejerció como vicepresidente de Obama. La definición de las causas y las soluciones propuestas son, en el mejor de los casos, limitadas y, en muchos, altamente peligrosas; y la escala económica de la intervención es monumental.

La «anticorrupción», por ejemplo, se centra en el robo de fondos públicos o el tráfico de drogas; no incluye atrocidades contra los derechos humanos, represión militar o la lógica devastadora del capitalismo. A falta de una MACCIH, Estados Unidos está formando una organización «transnacional» de fiscales que compartirán información y trabajarán juntos en los casos. Sin embargo, guarda silencio cuando trabaja con el corrupto fiscal general, Oscar Chinchilla —un gran aliado y protector de Juan Orlando Hernández y sus compinches—, quien engaveta cientos de casos, mientras procesa a defensores de la tierra y del agua, y tolera las desapariciones forzadas y homicidios documentados de activistas garífunas.

En el ámbito económico, Estados Unidos afirma que hace frente a la pobreza; pero continúa apoyando el modelo extractivista de la minería, las hidroeléctricas y la expropiación de tierras indígenas y campesinas. No se compromete públicamente a defender y restaurar esos derechos. Expresa su apoyo a las pequeñas empresas, pero no tiene planes efectivos para combatir las maras, cuyos métodos de extorsión acaban con los negocios y sus propietarios. A los pequeños agricultores les proporciona tabletas para monitorear los precios del mercado, pero sin detener las incursiones de las transnacionales agrícolas en el marco del CAFTA.

De hecho, Estados Unidos promete abordar la pobreza mediante el funcionamiento en la región de algunas de las corporaciones transnacionales más grandes del mundo, como Master Card, Microsoft y Nestlé. En julio de 2021, Wal-Mart, Proctor and Gamble y Nestlé anunciaron un programa por el que la población hondureña puede obtener asesoría médica en línea de forma gratuita si compran sus productos —sin tomar en cuenta la destrucción del sistema público de salud.

Para desarrollar su experimento de control de la sociedad hondureña, EUA recurre con más fuerza a lo que denomina «sociedad civil». En la práctica, significa más fondos y más presencia en los medios de comunicación de, por ejemplo, la ASJ. Más subrepticiamente, a través de la USAID, está formando y financiando una amplia gama de actores y organizaciones de la sociedad civil que defienden derechos, como los de las mujeres o de la población LGBTI. Estos actores suelen dividir los movimientos proderechos desde adentro, ya que las organizaciones afines a EUA guardan un sutil silencio sobre la presencia e intervención de los Estados Unidos en temas más amplios que afectan al país. En algunos casos, sin darse cuenta, los actores son manipulados para velar por los intereses estadounidenses de largo plazo: EUA trabaja sentando las bases de partidos políticos y movimientos que pueda controlar en el futuro.

Esta estrategia de «sociedad civil» también se está empleando cuidadosamente en EUA, cuando la Administración organiza y publicita reuniones con líderes religiosos, organizaciones latinas, grupos de migrantes, líderes de fundaciones y otros grupos, con la finalidad de discutir su política en Centroamérica. Por ejemplo, en abril de 2021, la vicepresidenta Harris se reunió con «expertos», cuidadosamente seleccionados, sobre «causas fundamentales», y después tuiteó fotos de la reunión que tuvo lugar vía Zoom, tratando de eliminar críticas potenciales y sacar del circuito a las voces progresistas. Tanto en Honduras como en Estados Unidos, los actores privados refuerzan esta dinámica, como la Seattle International Foundation, que apoya la estrategia del Departamento de Estado.

Mientras promovía sus iniciativas, la Administración Biden respondía a los críticos de Hernández —especialmente ante la evidencia de su participación en el tráfico de drogas—, argumentando que no trabajaba con él. Sin embargo, trabajaba con el Ministerio Público, que Juan Orlando controlaba a través de Chinchilla. Con mayor vigor, Estados Unidos continúa capacitando, apoyando y financiando a las Fuerzas Armadas y a la Policía de Honduras, entre líneas: mientras promueve sus intervenciones para, supuestamente, enfrentar la pobreza, la corrupción, el cambio climático, los problemas de las mujeres, etc., la Administración espera que nadie se dé cuenta de que está apuntalando a los militares y policías que han mantenido a Hernández (y en el futuro, aparentemente, al Partido Nacional) en el poder.

A Estados Unidos parece no incomodarle la represión que mata, ataca y silencia a los grupos independientes de la sociedad civil, periodistas, abogados y activistas que desafían al régimen y luchan por un futuro diferente, basado en la justicia social. Después de años de promover y controlar comisiones de reforma policial en Honduras, que obviamente han fracasado, Estados Unidos ahora guarda silencio sobre la Policía, incluyendo su colusión con bandas asesinas.

No debemos subestimar el poder de las fuerzas armadas de EUA en todo esto. En una audiencia del Comité de Servicios Armados del Senado, en marzo de 2021, el senador Jack Reed, presidente del Comité, le preguntó al almirante Craig Faller, entonces jefe del Comando Sur, cómo se sentía al trabajar con las Fuerzas Armadas y la Policía de Honduras, dada la creciente evidencia de tráfico de drogas, corrupción y abusos a los derechos humanos en la cúpula del Gobierno, incluido Juan Orlando Hernández. En su respuesta, Faller simplemente enfatizó la estrecha cooperación entre las fuerzas estadounidenses y hondureñas, y una capacitación en derechos humanos, supuestamente exitosa. No reconoció ninguno de los problemas existentes. En agosto, Reed volvió a plantear el tema ante la sustituta de Faller, Laura Richardson. Ella no tuvo nada que decir al respecto.

En general, el patrón sugiere que la Administración Biden quiere trabajar en estrecha colaboración con las fuerzas de seguridad de Honduras —y con las de Guatemala y México—, para confinar a los pueblos dentro de sus fronteras, y ponerlos a trabajar al servicio de corporaciones con sede en Estados Unidos, que les venden sus productos y destruyen el medioambiente y las comunidades indígenas, con el fin de extraer los minerales, la energía y la mano de obra que generan las ganancias en EUA. Está utilizando, cada vez más, el pretexto de una Guerra Fría con China para profundizar los compromisos militares en América Latina, donde pueda, con el fin de hacer del Hemisferio un lugar seguro para las corporaciones transnacionales de los EUA.

Pero no hay que perder de vista las preguntas que el senador Reed formuló en las audiencias del Comando Sur. La primera pregunta, tanto para Faller como para Richardson, evidenció la importancia que Reed da a los problemas de violaciones a los derechos humanos y de corrupción en la cúpula del gobierno hondureño y sus Fuerzas Armadas. En junio, Reed se unió a otros 27 senadores y congresistas en una carta dirigida al secretario de Estado Blinken, que encabezó la congresista Schakowsky, donde expresaban su interés de que se haga justicia en el juicio de David Castillo por el asesinato de Berta Cáceres.

De manera más abierta y poderosa, doce senadores han copatrocinado un nuevo proyecto de ley: Ley de Derechos Humanos y Anticorrupción en Honduras, de 2021 (S 388), presentado en febrero por el senador Jeff Merkley. El proyecto de ley pide la suspensión de todo financiamiento, entrenamiento y apoyo de EUA a la Policía y el ejército de Honduras; suspensión de licencias estadounidenses para la venta de gases lacrimógenos, balas de goma y otras municiones utilizadas por las fuerzas de seguridad; sanciones al presidente Hernández; dos millones de dólares para la Oficina del Alto Comisionado de los Derechos Humanos de las Naciones Unidas; oposición de EUA a todos los préstamos nuevos de los bancos multilaterales de desarrollo a las fuerzas de seguridad hondureñas, y otras medidas. Entre los firmantes se encuentra gran parte de los principales líderes del Partido Demócrata en el Senado, incluidos los presidentes de comités Patrick Leahy, Richard Durbin, Bernie Sanders y Gary Peters, y otros senadores prominentes como Elizabeth Warren, Edward Markey y Jeanne Shaheen. Por primera vez, un senador solicita, mediante un proyecto de ley, la suspensión de la ayuda en seguridad; constituye un desafío para la política de la Administración Biden.

El proyecto de ley Merkley se basa e incorpora las demandas de la Ley de Derechos Humanos Berta Cáceres en Honduras, que pide la suspensión de toda la ayuda policial y militar, y que Estados Unidos vote en los organismos financieros internacionales contra los nuevos préstamos para las fuerzas de seguridad hondureñas. Presentada por primera vez por el congresista Hank Johnson en 2016, la versión en el 116° Congreso, en diciembre de 2020, tenía 80 firmantes. Al momento de escribir este artículo, el proyecto de ley actual, HR 1474, presentado en marzo de 2021, cuenta ya con 60 copatrocinadores. En abril de 2021, Jan Schakowsky, líder por muchos años de la política progresista para Honduras en la Cámara de Representantes, trabajó en estrecha colaboración con Johnson para presentar un proyecto de ley complementario, HR 2716, que coincide en su totalidad con el proyecto de ley Merkley en el Senado, S. 388. El número de copatrocinadores también continúa en aumento.

La designada de la Administración para hacer frente a estos poderosos esfuerzos es la congresista Norma Torres, quien continúa trabajando en estrecha colaboración con las ONG centristas aliadas del Departamento de Estado, para promoverse como la líder de asuntos de Centroamérica en el Congreso. Sus soluciones son limitadas y débiles, basadas en enfoques reducidos sobre anticorrupción o listas de personas sancionadas, como la «Lista Engel», que son definidas de forma restringida por el Departamento de Estado. De forma predecible, cuando el Departamento de Estado dio los nombres de los hondureños que serían sancionados, omitió docenas de figuras de alto nivel en el Gobierno de Hernández que están documentadas como corruptas, incluyendo al propio JOH. Torres sigue negándose a firmar la Ley Berta Cáceres y el proyecto de ley Schakowsky-Merkley. Durante 2020-21, su asistente en política exterior ha sido un empleado de carrera del Departamento de Estado, becado por un año para trabajar en su oficina.

Recientemente, Norma Torres ha promovido el fortalecimiento de la investigación de antecedentes de las fuerzas de seguridad centroamericanas, financiadas y entrenadas por Estados Unidos, como alternativa a la suspensión de la ayuda en seguridad. Sin embargo, personas y unidades que fueron investigadas cometieron abusos contra los derechos humanos en repetidas ocasiones; además, la investigación de antecedentes no aborda, por ejemplo, el importante papel de EUA en el apoyo a las corruptas fuerzas de seguridad que, a la vez, mantienen a criminales en el poder.

Como ha sucedido desde el golpe de Estado, un floreciente mundo de activismo de base en los EUA hace posible la valiosa crítica del Congreso a las políticas de Biden en Honduras. Hacemos el mejor esfuerzo para que nuestro gobierno asuma la responsabilidad de sus intervenciones destructivas, trabajando de la mano con hondureños y hondureñas, en tanto luchamos por un futuro basado en la justicia social en ambos países.

Agradecimientos

Este libro, y la historia que cuenta, ha sido posible gracias a la vasta red de hondureños y sus aliados que han luchado por la justicia social en Honduras desde el 28 de junio de 2009, y mucho antes. Comienzo agradeciendo a quienes son parte del movimiento de solidaridad con Honduras en Estados Unidos, Canadá, México, países europeos y otros países. Ha sido un gusto trabajar con ellos: Michael Bass, Beverly Bell, Diana Bohn, Laura Carlsen, Vicki Cervantes, Jesse Freeston, Babette Grunow, Matt Ginsberg-Jaeckle, Brigitte Gynther, Jack Herbert, Kate Hubbard, Sharon Hunter-Smith, Chuck Kaufman, Celeste Larkin, Susan Letendre, Tom Loudon, Michael Ring, Dale Sorenson y Karen Spring. Mi agradecimiento especial a Gary Cozette, Lucy Edwards y Elise Roberts. Quiero agradecer particularmente a Vicki Cervantes, quien hizo una valiosa coordinación, y a Daniel Langmeier por las invaluables actualizaciones. Estoy profundamente agradecida por la oportunidad de trabajar con hondureños y honduroestadounidenses en Estados Unidos: Silvio Carrillo, Tanya Cole, Alexy Lanza, Tito Meza, Lucy Pagoada, Roberto Quesada, Porfirio Quintano y, sobre todo, Zenaida Velásquez, quien me favoreció con su camaradería y cariño.

Mis inicios en este trabajo tuvieron lugar en el Proyecto de Educación Laboral en Las Américas (USLEAP, siglas en inglés): Stephen Coats, Rebecca Van Horn, Gloria Kanu y, especialmente, la maravillosa Lupita Águila Arteaga, quien me enseñó mucho y me sostuvo en los días difíciles.

En Washington, D.C., muchos colegas y amigos me brindaron ayuda, orientación y trabajo infatigable en muchos frentes; entre ellos Jeremy Bigwood, Beth Gaglia, Judy Gearhart, Eric Gottwald, Walker Grooms,

Lisa Haugaard, Kathryn Johnson, Lora Lumpe, Caitrin McKee, Laura Raymond, Gabby Rosazza, Alexis Stombelis, Lisa VeneKlasen, Arturo Viscarra y José Miguel Vivanco. AFL-CIO ha sido firme y esencial en su compromiso con la justicia en Honduras desde el día del golpe; mi agradecimiento a Alexis De Simone, Celeste Drake, Héctor Sánchez, Brian Finnegan y, especialmente, a Cathy Feingold; gracias también a Tim Beaty en Teamsters. Quiero expresar mi particular agradecimiento al Center for Economic and Policy Research por sus enseñanzas y generosa acogida; gracias a Mark Weisbrot, Alexander Main, Jake Johnston, Eileen O'Grady y Rebecca Watts. Un agradecimiento especial a Dan Beeton por instruirme sobre los medios de comunicación y compartir información. Más cerca de casa, John Lindsay-Poland me enseñó sobre los militares, la política de Estados Unidos y a mantener los pies sobre la tierra.

Estoy profundamente agradecida con docenas de asistentes del Congreso que asumieron defender la causa de Honduras y trabajaron incansablemente en su nombre, aunque ninguno es responsable de las ideas presentadas en este libro. Entre ellos, mi agradecimiento especial a Fulton Armstrong, Nina Besser, Cindy Buhl, Joel Colony, Andrew Goczkowski, Eric Jacobstein, Daniel Mauer, Brieana Marticorena, Erin Neill, Angel Nigaglioni, Erik Sperling, Cathy Hurwit, Ben Weiner, Caitie Whelan y Cassandra Varanka. Mi agradecimiento especial a Jenny Perrino por ser tan dedicada y amena; a Wyndee Parker por concederme el gran honor de creer en mí; y a la magnífica Algene Sajery por el gran regalo de su atención, dedicación e ingenio; Sascha Foertsch (antes Thompson) estuvo presente año tras año. Fue una gran alegría trabajar con ellos; estoy agradecida, en especial, por el proyecto de ley y la fortuna de haber trabajado juntos. Peter Quilter me asombró siempre por su compromiso, respeto, capacidad análisis y agudeza. Gracias. Finalmente estoy agradecida, sobre todo, con Tim Rieser por su confianza, su paciencia y por sus más de seis años de esmerado y hermoso trabajo a favor del pueblo hondureño. Mi agradecimiento adicional a Algene, Angel, Peter, Sascha y Tim por permitirme mencionarlos en este libro.

Quiero agradecer a todos los congresistas y senadores que hablaron en nombre de los derechos humanos y la justicia en Honduras. Ante la crisis hondureña, me emociona saber que una persona alza la voz y decide usar su poder a favor del bien. Mi agradecimiento especial a los congresistas Raúl Grijalva, Mike Honda, Betty McCollum, José Serrano, Jared Polis y, especialmente, a Sam Farr por las cartas sobre Honduras; al congresista James McGovern por su compromiso con Honduras en tantos aspectos, así como con toda América Latina. Gracias a los congresistas McGovern y Frank Wolf por su atención a Honduras mientras copresidían la Comisión de Derechos Humanos Tom Lantos. Gracias a la congresista Nancy Pelosi por prestar mucha atención y cuidado y, especialmente, a la congresista Marcy Kaptur por su calidez, dedicación y ejemplo; al congresista Keith Ellison por el obsequio de su respeto y compromiso continuo con Honduras, y al congresista Hank Johnson por sus años de preocupación sobre Honduras, incluyendo su apoyo a la Ley Berta Cáceres. La congresista Jan Schakowsky es un milagro inspirador que ha liderado los temas sobre Honduras por muchos años; me ha impresionado con su claridad, sentido del humor y opiniones políticas. Estoy especialmente agradecida con los senadores Tim Kaine, Jeff Merkley, Barbara Mikulski, Jack Reed y, en particular, Benjamin Cardin. Agradezco sobre todo al senador Patrick Leahy por sus años de apoyo al pueblo de Honduras.

Agradezco a mis amigos y colegas académicos que me apoyaron en este trabajo, me inspiraron y orientaron con sus investigaciones y análisis: Mark Anderson, Lauren Carasik, Darío Euraque, Greg Grandin, Suyapa Portillo Villeda, Miguel Tinker Salas y David Vine. Un agradecimiento especial a Jonathan Fox y Helen Shapiro por la hospitalidad y compañerismo intelectual. Estoy especialmente en deuda con Adrienne Pine por su blog *Quotha* y con Russell Sheptak y Rosemary Joyce por *Honduras Culture and Politics*.

También quiero agradecer a los dedicados periodistas que le dieron cobertura a Honduras durante estos años e hicieron el trabajo de abrir el telón: Luis Alonso, Alberto Arce, Parker Asmann, Jonathan Blitzer,

Chris Brooks, Carrie Kahn, Jeremy Kryt, Matt Lee, Danielle Mackey, Elisabeth Malkin, Martha Mendoza, Adam Raney, Tracy Wilkinson y Karla Zabludovsky; gracias también a Ginger Thompson por su trabajo anterior sobre B-316. Gracias a Marc Charney por esa enriquecedora experiencia de edición. Agradezco especialmente a Betsy Reed por publicar mis escritos en *The Nation,* en un periodo crucial, y a Amy Goodman, Juan Gonzales, Laura Gottesdeiner y Nermeen Shaikh, de *Democracy Now!,* por invitarme al programa y, de mayor importancia, por su incansable e incisivo compromiso de tratar el tema de Honduras. También estoy agradecida con Daniel Alarcón por su apoyo al libro y sus reportajes sobre Honduras.

En la UC Santa Cruz estoy agradecida con Carlos Calierno, Anne Callahan, Alison Galloway, Robin Jacobs, William Ladusaw, Judit Moschkovich, Catherine Ramírez, Scott Rappaport, Juan Poblete, Irena Polic, David Symonik, el Academic Senate, el Vice Chancellor for Research, the Chicano/Latino Research Center y, especialmente, con Matt O'Hara, Stephanie Hinkle, Stephanie Sawyer, Kayla Ayers y Cindy Morris en el Departamento de Historia. Permaneceré en deuda con Jay Olson, quien estuvo presente por mucho tiempo de forma eficiente, oportuna y con tan entusiasta compromiso por la causa. También agradezco al personal de la UC en Washington.

Gracias a las muchas personas que respondieron las preguntas de investigación de último momento, incluidos Jerold Block, Vicki Cervantes, Lucy Edwards, Darío Euraque, Tirza Flores Lanza, Chuck Kaufman, Babette Grunow, Bertha Oliva, Mandel Pandey y Karen Spring.

Estoy muy agradecida con Haymarket Books por asumir este libro, por haber hecho un gran trabajo en proyectos anteriores y por su compromiso con las publicaciones progresistas. Ha sido un enorme placer trabajar con ellos. Mi agradecimiento a Anthony Arnove, Dana Blanchard, Nisha Bolsey, Rachel Cohen, Julie Fain y, especialmente, a Amy Rosenberg por el valioso trabajo de edición.

En casa y más allá, mi mayor gratitud a los queridos amigos que me sostuvieron, como siempre, con su amor, aceptando y animando con benevolencia mi repentina y obsesiva transformación en una combatiente por la libertad de Honduras. Gracias a Craig Alderson, Frank Bardacke, Eva Bertram, Joe Chrastil, Adriana Craciun, Miriam Frank (¡sin parentesco!), Frank Galuszka, Toni Gilpin, Lorchen Heft, Jean Ingebritson, Lisbeth Haas, Desma Holcomb, Nelson Lichtenstein, John Logan, Priscilla Murolo, Ron Pomerantz, Mary Beth Pudup, Judy Shizuru, Bill Spencer, Vanessa Tait, Jane Weed-Pomerantz y Alice Yang. Gracias a Cheri Brooks y Andrea Weiss por ser mi club de escritura. Gracias a Julie Greene por la hospitalidad y la amistad en Washington, y, especialmente, a Gwendolyn Mink por la amistad, los consejos y el refugio seguro. Gracias a mis queridas Becky McCabe, Ramona McCabe, Gerri Dayharsh, Josh MacCallister y Stephen McCabe; gracias a Karin Stallard por su sabiduría y atenciones (inluido el retiro de escritura que tuvimos en Montana); y a mi madre, Carolyn Frank, y a mi hermana Laura. Gracias, Hamsa Heinrich, por ser la vecina presente siempre durante las alegrías y tristezas de la vida cotidiana, y por escucharme tantas veces.

Este libro es el resultado de 17 años de trabajo y de relaciones de amistad en Honduras. Si bien las preocupaciones por el país han roto mi corazón, su gente lo ha llenado de alegría, solidaridad, sabiduría y el ejemplo de su dedicación; me han privilegiado con su amistad y compañerismo. Mi gran agradecimiento a José María Martínez, Nelson Núñez, Belkis Castro, Gloria García, Tomás Membreño Pérez y Gloria Guzmán, del equipo de la FESTAGRO. El más profundo amor y gratitud a mi familia hondureña: Jessika Isela Álvarez Munguía, Roberto Enrique Vásquez Mejía, Adolfo Antonio Álvarez Munguía, Iván Álvarez Munguía, Dafhne Darian Zelaya Vargas, las nietas y nietos, primas y primos. Durante los años de trabajo de este libro y su investigación, docenas de hondureños compartieron conmigo sus ideas y su tiempo en las entrevistas. Ninguno de ellos es responsable de las ideas aquí expresadas. No es seguro, por desgracia, agradecerles a todos por su nombre. Entre los que sí puedo nombrar están Efraín Aguilar, María Luisa Borjas, Mario Díaz, Ruy Díaz, Rodolfo Pastor Fasquelle, Rodolfo Fasquelle de María y Campos,

Matías Funes (+), Tirza Flores Lanza, Zoila Lagos, Orfilia de Mejía, Miriam Miranda, Leticia Salomón, Guillermo López Lone, Víctor Meza (+), Enrique Reina, Carlos H. Reyes, Guadalupe Ruelas, presidente José Manuel Zelaya Rosales y Berta Cáceres (+). Estoy especialmente en deuda con Ismael Moreno, SJ (Padre Melo) y Bertha Oliva por sus vidas de coraje, dedicación e ingenio, y por el honor de su amistad y respeto. Iris Munguía permanece en el centro de mi vida hondureña. Después de diecisiete años, sigo muy agradecida por su calidez, su sentido del humor y su hospitalidad ilimitada.

Finalmente, quiero agradecer profundamente a cuatro colegas y amigos cercanos en los Estados Unidos, sin los cuales nada de esto hubiera sido posible y con quienes ha sido un gusto hacer trabajo de solidaridad con Honduras durante muchos años. También les agradezco por reservar tiempo en su cargada agenda de trabajo para leer partes del texto original y responder a mis molestas preguntas de investigación. Jenny Atlee me apoyó en los altibajos y me mostró un modelo de activismo comprometido y duradero, así como el vínculo que me conectó con luchas anteriores. Alexander Main fue un compañero afable en el Capitolio, me inspiraban sus escritos, su tolerancia y su visión de conjunto. El vasto conocimiento de Annie Bird, su increíble compromiso y su trabajo, el visible y el no visible, fueron siempre una inspiración; fue una dicha compartir nuestro amor por la investigación y por Honduras. Finalmente, la impresionante Jean Stokan fue un referente moral y un modelo a seguir sobre cómo establecer buenas relaciones y, lo esencial, cómo transitar el mundo guiada por el corazón.

Este libro está dedicado a las dos personas que cimentaron las bases de mi trabajo y me mantuvieron política y personalmente en contacto con la realidad desde mi primer viaje a Centroamérica en 2000, afianzándome con su sabiduría, claridad y compromiso permanente con la justicia social. En Honduras, German Zepeda, desde esa primera reunión en Guatemala y durante los siguientes 17 años de trabajo sindical solidario, incluido el golpe de Estado, me dio el privilegio de enriquecerme con sus análisis políticos y, sobre todo, su respeto y camaradería. En los

Estados Unidos, Stephen Coats me invitó a trabajar por primera vez con los sindicatos bananeros en 2000, y cambió mi vida con una llamada telefónica. Me enseñó a hacer este trabajo y a respetar a nuestros compañeros, incluso cuando nos sentíamos muy presionados. «Trabajamos para ellos», era una de sus enseñanzas. Es la persona a la cual llamé la mañana del golpe, y a quien recurría cuando me desmoronaba ante la tragedia. Él fue mi guía, mi fortaleza. Durante los primeros cuatro años después del golpe, cuando pensaba que debía estar preparada en caso de recibir malas noticias sobre mis amigos hondureños, jamás imaginé que él sería la persona a la que perdería. Nos dejó en abril de 2013, a los 61 años, sin previo aviso, mientras dormía. He seguido adelante desde entonces con un vacío en el corazón. Solo espero que el trabajo que he realizado haya llenado sus expectativas.

Sobre la autora

Dana Frank es profesora eméri-
ta de Historia en la Universidad
de California, Santa Cruz. Ha
escrito los siguientes libros:

La autora en una toma de carretera en Choloma,
Cortés, 28 de junio de 2010.

- *Bananeras: Women
Transforming the Banana
Unions of Latin America* (2005,
reprinted Haymarket, 2016).

- *El poder de las mujeres es
poder sindical. La transformación de los sindicatos bananeros en América Latina* (Tegucigalpa, Guaymuras, 2006).

- *Buy American: The Untold Story of Economic Nationalism* (Beacon, 1999).

- *Purchasing Power: Consumer Organizing, Gender, and the Seattle
Labor Movement,* 1919-1929 (Cambridge, 1994).

- *Local Girl Makes History: Exploring Northern California's Kitsch
Monuments* (City Lights, 2007).

- *Three Strikes: Miners, Musicians, Salesgirls and the Fighting Spirit
of Labor's Last Century* (en conjunto con Howard Zinn y Robin D. G.
Kelley) (Beacon, 2001).

Su aporte en la publicación *Three Strikers: Miners...* fue reimpreso
con el título *Women Strikers Occupy Chain Store, Win Big* (Haymarket
Books, 2012).

A partir del golpe de Estado de 2009, sus artículos sobre derechos
humanos y política de EUA en Honduras han aparecido en *The Nation,
The New York Times, Politico Magazine, Foreign Affairs.com, Foreign
Policy.com, Miami Herald, Los Angeles Times* y *The Baffler,* entre otros;
además, ha testificado ante el Congreso de Estados Unidos y el Parlamento canadiense.

Acerca de Haymarket Books

Haymarket Books es una editorial radical, independiente y sin fines de lucro con sede en Chicago. Nuestra misión es la publicación de libros que contribuyan a las luchas por la justicia social y económica. Nos esforzamos por hacer que nuestros libros sean una parte vibrante y orgánica de los movimientos sociales y de la educación y del desarrollo de una izquierda crítica, comprometida e internacional.

Nos inspiramos en nuestros tocayos, los mártires de Haymarket, que dieron su vida luchando por un mundo mejor. Su lucha de 1886 por la jornada de ocho horas—que nos dio el Primero de Mayo, el día internacional de los trabajadores—les recuerda a los trabajadores de todo el mundo que la gente común y corriente puede organizarse y luchar por su propia liberación. Estas luchas continúan hoy día en todo el mundo: luchas contra la opresión, la explotación, la pobreza y la guerra.

Desde nuestra fundación en el 2001, Haymarket Books ha publicado más de quinientos títulos. Radicalmente independientes, buscamos abrir una brecha en el mundo de la publicación de libros corporativos, que es reacio al riesgo. Entre nuestros autores se encuentran Noam Chomsky, Arundhati Roy, Rebecca Solnit, Angela Y. Davis, Howard Zinn, Amy Goodman, Wallace Shawn, Mike Davis, Winona LaDuke, Ilan Pappé, Richard Wolff, Dave Zirin, KeeangaYamahtta Taylor, Nick Turse, Dahr Jamail, David Barsamian, Elizabeth Laird, Amira Hass, Mark Steel, Avi Lewis, Naomi Klein y Neil Davidson. También somos los editores comerciales de la aclamada Historical Materialism Book Series y de Voice of Witness.

Haymarket también gestiona Haymarket House, un vibrante espacio para eventos y organización comunitaria en Chicago, la popular serie de eventos y podcasts Haymarket Books Live y la anual Conferencia de Socialismo.